国家科技重大专项资助项目
（编号：2016ZX05037006-003）

天然气产业链视角区域定价中心研究

Regional Natural Gas Pricing Center
from the Industry Chain Perspective

刘毅军　林娟　章淑华　等著

石油工业出版社

内 容 提 要

本书结合国际经验,对区域性天然气定价中心进行了系统、深入研究,建立了通过天然气产业链结构改革构建区域性天然气定价中心的框架体系,具体内容包括三大部分:第一部分对国际天然气产业链发展及区域定价中心进行分析,奠定相关理论基础;第二部分对中国天然气产业链市场化定价改革进行分析,并对北美、欧盟天然气产业链结构改革及区域定价中心进行剖析,梳理中国情况、总结国际经验;第三部分就亚太地区天然气区域定价中心形成进行分析,提出中国构建亚太天然气区域定价中心的若干对策。

本书可供政府及企业从事能源经济与管理(特别是从事天然气经济与管理)工作的人员阅读、参考,也可供相关高校及研究机构的人员阅读、参考。

图书在版编目(CIP)数据

天然气产业链视角区域定价中心研究 / 刘毅军等著. —北京:石油工业出版社,2020.4
ISBN 978-7-5183-4131-3

Ⅰ.①天… Ⅱ.①刘… Ⅲ.①天然气工业–产业链–价格–研究–中国 Ⅳ.①F426.22

中国版本图书馆CIP数据核字(2020)第123950号

天然气产业链视角区域定价中心研究
刘毅军　林娟　章淑华　等著

出版发行:石油工业出版社
　　　　　(北京市朝阳区安华里二区 1 号楼 100011)
网　　址:www.petropub.com
编 辑 部:(010)64523714　图书营销中心:(010)64523633
经　　销:全国新华书店
印　　刷:北京晨旭印刷厂

2020年4月第1版　2020年4月第1次印刷
710毫米×1000毫米　开本:1/16　印张:21.5
字数:350千字

定　价:68.00元
(如发现印装质量问题,我社图书营销中心负责调换)
版权所有,翻印必究

前　言

中国天然气产业链自 2004 年进入快速发展阶段，预计还要经历 10 年的快速发展。"十三五"期间，开始对整个天然气产业链结构进行深化改革，天然气供应保障能力大幅提升；同时，面对国际和国内二氧化碳减排的双重压力，中国向国际社会承诺，将于 2030 年左右使二氧化碳排放达到峰值并争取尽早实现，2030 年单位国内生产总值二氧化碳排放比 2005 年下降 60%～65%；与国家经济发展水平迈上新台阶相适应，国内具备了消费高端清洁能源的更强支付能力。天然气作为一种优质、高效、清洁的低碳能源，加快天然气产业链的发展，大幅度提高天然气在一次能源消费中的比例，是国家从能源角度应对国内外挑战的重要战略安排。在中国天然气产业链快速发展阶段进入后半程，特别是"十四五"期间，可以预期整个天然气产业链结构改革将加快，推动天然气价格通过交易中心由市场形成，加大亚太地区天然气定价中心的建设力度。

尽管中国天然气产业链经历了 15 年的快速发展，对其经济与管理问题的深入系统研究却严重滞后。本书集中对天然气区域定价中心展开研究，探索研究其理论、方法和实践，希望以此为突破口，争取亚太地区天然气定价中心落户中国，推动中国天然气产业链经济与管理研究工作走向深入。同时，开展天然气区域定价中心研究，对保障天然气用气安全、实现天然气产业链可持续发展、实现国家战略意图具有重要意义。

天然气产业链经济与管理属于应用经济学学科的一个分支，本书遵从应用经济学学科的思想和方法，从天然气产业链角度出发，运用天然气产业链的维度理论和方法，开展天然气区域定价中心的研究。研究成果如下：（1）国际天然气产业链发展及区域定价中心的分析，包括：天然气产业链及其发展分析、天然气产业链理论分析、天然气区域定价中心分析、天然气区域定价中心演变分析等；（2）中国天然气产业链市场化定价改革分析，包括：中国天然气产业链发展阶段及结构改革历程分析、中国天然气市场化定价改革演变分析、天然气市场化定价改革深化分析、市场化定价改革下的市场交易分析、产业链结构改革推动市场化定价改革分析等；（3）美国天然气产业链结构改革及区域定价中心分析，包括：美国天然气产业链发展阶段及结构改革历程分析、北美天然气交易中心的形成与发展、北美天然气区域定价中心的形成与发展分析、北美天然气区域定价中心的运营与管理分析等；（4）欧盟天然气产业链结构改革及区域定价中心分析，包括：欧盟天然气产业链发展阶段及结构改革历程分析、欧盟天然气交易中心的形成与发展分析、欧盟天然气区域定价中心的形成原因分析、欧盟天然气区域定价中心的运行分析、北美实体与欧盟虚拟区域定价中心比较分析等；（5）亚太地区天然气区域定价中心形成分析，包括：构建亚太地区天然气区域定价中心的分析、天然气区域定价中心的形成条件分析、日本构建亚太区域定价中心分析、新加坡构建亚太区域定价中心分析、中国构建亚太区域定价中心分析、亚太区域天然气定价中心情景模拟分析等；（6）中国构建亚太天然气区域定价中心的对策，包括：加快推进天然气产业链结构改革、统筹构建天然气金融交易平台、构建亚太天然气区域定价中心、建立与市场化定价相适应的规则体系、建立与市场化定价相适应的监管体系等。

  本书是天然气产业链经济与管理理论体系整体的重要组成部分，是该领域内研究的又一个阶段性成果，将以此为新起点继续深化研究。希望本项研究成果的出版，能够有更多的研究者共同参与研究，对其中的不足和缺陷，恳请广大读者给予批评指正。

著 者

2020 年 1 月

Preface

Since 2004, China's natural gas industry chain has been entering a stage of rapid development, which is expected to continue ten years. During the "13th Five-Year Plan" period, not only the structure of the natural gas industry chain has experienced a profound reformation, but also the supply capacity of natural gas has been dramatically improved. At the same time, facing both international and domestic pressures to reduce carbon dioxide emissions further, China has committed to the international community that, will peak its carbon dioxide emission around 2030 and make every effort to achieve the goal ahead of time; also, reduce CO_2 per unit of GDP by 60%~65% over the 2005 level, by 2030. Compatible with the new level of national economic development, the country has stronger paying abilities for the consumption of high-end clean energy. Natural gas is a high quality, efficient, and clean low-carbon energy. The natural gas industry chain is facing both international and domestic challenges, so it is crucial to make a strategic energy arrangement to speed up the development of the industry chain, as well as to increase the proportion of natural gas in primary energy consumption in China. In the second half of the rapid development of China's natural gas industry chain, especially during the "14th Five-Year Plan" period, it can be expected that the structural reformation of the entire natural gas industry chain will accelerate. The reformation will promote the formation of natural gas prices from the market through the trading center, and increase the construction efforts of the natural gas pricing center in the Asia-Pacific region.

Although China's natural gas industry chain has experienced nearly fifteen years of rapid development, in-depth and systematic researches of its economic and management issues are seriously lagging. The monograph focuses on the researches of the region's natural gas trading and pricing center, exploring the theory, method, and practice. As a breakthrough, the monograph is used to compete for the establishment of an Asia-Pacific region's natural gas pricing center in China, as well as push the research of the industry chain's economic and management issues deepening. At the same time, it is significant for the research to ensure the safety of natural gas, guarantee the sustainable development of the whole industry chain, and achieve national strategic intent.

Natural gas industry chain economy and management locates in a branch of applied economics. The monograph follows the ideas and methods of the discipline. From the perspective of the natural gas industry chain, the book uses the dimensional theory and methods of the natural gas industry chain to develop the study of the region's natural gas trading and pricing center. The results mainly include: (1) Analysis of the development of the international natural gas industry chain and its regional pricing center, including: the industrial chain and its development, theoretical analysis of the chain, region's natural gas trading and pricing center, evolution of the center, etc.; (2) Analysis of market-oriented pricing reform of China's natural gas industry chain, including: the development stage and structural reform process, evolution of market-oriented pricing reform, in-depth analysis of market-oriented pricing reform, market transaction under market-oriented pricing reform, the promotions of market-oriented pricing reform under industrial chain structure reform, etc.; (3) Analysis of U.S. natural gas industry chain structural reform and its regional trading and pricing center, including: the development stage and structural reform process, the formation and development of North American's trading center, the formation and development of the North American's regional pricing center, the operation and management of the North American's regional pricing center, etc.;(4) Analysis of EU natural gas industry chain structural reform and its regional trading and pricing center, including: the development stage and structural reform process, the formation and development of trading center, the cause of formation of the regional pricing center, the operation of the regional pricing center, regional pricing centers comparison between North American physical hub and the EU virtual hub, etc.; (5) Analysis of the formation of Asia-Pacific's natural gas regional pricing centers, including: the construction of the center, the formation conditions of the center, establishment of the centers in Japan, Singapore, and China, scenario simulation of the centers, etc.; (6) Countermeasures of constructing the Asia-Pacific natural gas regional pricing center in China, including: acceleration of the natural gas industry chain's structural reform, the construction of the natural gas financial trading platform, the construction of the regional pricing center, establishment of the Rule-based and regulatory system that suitable for market-based pricing, etc.

This monograph is an important part of the natural gas industry chain's economy and management theory system. It is the latest result in this field. The author will take this as a new start and continue further studies. With the publication of research results, it is hope there will be more researchers to participate in the research of this field. If there are inadequacies and errors, suggestions, and criticisms are welcomed.

Author
January 2020

目 录

第 1 章　国际天然气产业链发展及区域定价中心分析 ············ 1
　　1.1　天然气产业链及其发展·························· 1
　　1.2　天然气产业链理论分析·························· 23
　　1.3　国际天然气区域定价中心分析···················· 40
　　1.4　国际天然气区域定价中心演变分析················ 49

第 2 章　中国天然气产业链市场化定价改革分析 ············· 54
　　2.1　中国天然气产业链发展阶段及结构改革历程········ 54
　　2.2　中国天然气市场化定价改革演变分析·············· 78
　　2.3　天然气市场化定价改革深化分析·················· 90
　　2.4　市场化定价改革下的市场交易分析················ 102
　　2.5　产业链结构改革推动市场化定价改革·············· 112

第 3 章　美国天然气产业链结构改革及区域定价中心分析 ······ 118
　　3.1　美国天然气产业链发展阶段及结构改革历程········ 118
　　3.2　北美天然气交易中心的形成与发展················ 132
　　3.3　北美天然气区域定价中心的形成与发展············ 135
　　3.4　北美天然气区域定价中心的运营与管理············ 157

第 4 章 欧盟天然气产业链结构改革及区域定价中心分析 …… 168

    4.1 欧盟天然气产业链发展阶段及结构改革历程………… 168

    4.2 欧盟天然气交易中心的形成与发展………………… 178

    4.3 欧盟天然气区域定价中心的形成原因……………… 183

    4.4 欧盟天然气区域定价中心的运行…………………… 197

    4.5 北美实体与欧盟虚拟区域定价中心比较分析……… 211

第 5 章 亚太地区天然气区域定价中心形成分析 ………… 224

    5.1 构建亚太地区天然气区域定价中心的分析………… 224

    5.2 天然气区域定价中心的形成条件…………………… 230

    5.3 日本构建亚太区域定价中心分析…………………… 236

    5.4 新加坡构建亚太区域定价中心分析………………… 244

    5.5 中国构建亚太区域定价中心分析…………………… 248

    5.6 亚太区域天然气定价中心情景模拟分析…………… 261

第 6 章 中国构建亚太天然气区域定价中心的对策 ……… 277

    6.1 加快推进天然气产业链结构改革…………………… 277

    6.2 统筹构建天然气金融交易平台……………………… 288

    6.3 构建亚太天然气区域定价中心……………………… 295

    6.4 建立与市场化定价相适应的规则体系……………… 300

    6.5 建立与市场化定价相适应的监管体系……………… 310

参考文献 ……………………………………………………… 318

后记 …………………………………………………………… 328

Contents

CHAPTER 1 THE DEVELOPMENT OF THE INTERNATIONAL NATURAL GAS INDUSTRY CHAIN AND ANALYSIS OF REGIONAL PRICING CENTER 1

    1.1 The Natural Gas Industry Chain and Its Development 1
    1.2 Theoretical Analysis of the Natural Gas Industry Chain 23
    1.3 Analysis of International Natural Gas Regional Pricing Center 40
    1.4 Analysis of the Evolution of International Natural Gas Regional Pricing Center 49

CHAPTER 2 ANALYSIS OF MARKET-ORIENTED PRICING REFORM OF CHINA'S NATURAL GAS INDUSTRY CHAIN 54

    2.1 The Development Stage and Structural Reform Process of China's Natural Gas Industry Chain 54
    2.2 Evolution Analysis of Market-oriented Pricing Reform of China's Natural Gas Industry Chain 78
    2.3 Analysis on Deepening the Reform of Natural Gas Market Pricing 90
    2.4 Market Transaction Analysis Under Market-oriented Pricing Reform 102
    2.5 The Promotions of Market-oriented Pricing Reform Under Industrial Chain Structure Reform 112

CHAPTER 3   STRUCTURAL REFORM OF NATURAL GAS INDUSTRY CHAIN AND ANALYSIS OF REGIONAL PRICING CENTER IN THE UNITED STATES 118

    3.1   The Development Stage and Structural Reform Process of U.S. Natural Gas Industry Chain 118
    3.2   The Formation and Development of North American Natural Gas Trading Center 132
    3.3   The Formation and Development of Regional Pricing Center for Natural Gas in North America 135
    3.4   Operation and Management of North American Gas Regional Pricing Center 157

CHAPTER 4   ANALYSIS OF THE EU NATURAL GAS INDUSTRY CHAIN STRUCTURAL REFORM AND ITS REGIONAL TRADING AND PRICING CENTER 168

    4.1   The Development Stage and Structural Reform Process of the EU Natural Gas Industry Chain 168
    4.2   The Formation and Development of Natural Gas Trading Center in the EU 178
    4.3   The Reasons for the Formation of the EU Regional Pricing Center for Natural Gas 183
    4.4   Operation of the EU Regional Pricing Center for Natural Gas 197
    4.5   Regional Pricing Centers Comparison between North American Physical Hub and the EU Virtual Hub 211

CHAPTER 5 ANALYSIS OF THE FORMATION OF ASIA-PACIFIC'S NATURAL GAS REGIONAL PRICING CENTERS 224

    5.1 The Construction of Asia-Pacific Natural Gas Regional Pricing Centers 224

    5.2 The Formation Conditions of the Natural Gas Regional Pricing Center 230

    5.3 Establishment of Asia-Pacific Natural Gas Regional Pricing Center in Japan 236

    5.4 Establishment of Asia-Pacific Natural Gas Regional Pricing Centers in Singapore 244

    5.5 Establishment of Asia-Pacific Natural Gas Regional Pricing Centers in China 248

    5.6 Scenario Simulation of Asia-Pacific's Natural Gas Regional Pricing Center 261

CHAPTER 6 CHINA'S COUNTERMEASURES TO BUILD ASIA PACIFIC REGIONAL PRICING CENTER FOR NATURAL GAS 277

    6.1 Acceleration of the Natural Gas Industry Chain's Structural Reform 277

    6.2 The Construction of the Natural Gas Financial Trading Platform 288

    6.3 The Construction of Asia-Pacific Natural Gas Regional Pricing Center 295

    6.4 Establishment of the Rule-based System that is Suitable for Market-based Pricing 300

    6.5 Establishment of the Regulatory System that is Suitable for Market-based Pricing 310

REFERENCES 318

POSTSCRIPT 328

第1章

国际天然气产业链发展及区域定价中心分析

1.1 天然气产业链及其发展

1.1.1 天然气产业链的基本内涵

天然气产业指进行天然气勘探、开发、生产等的企业和单位的集合，天然气相关产业指进行天然气运输、存储、液化、气化、压缩、销售和其他以天然气及其副产品为投入进行利用等的不同企业和单位构成的不同产业[1]。天然气产业链则是指处于天然气产业及其相关产业不同环节的节点企业和单位之间，基于特定技术经济关联，围绕天然气的勘探、开发、生产、运输、存储、液化、气化、压缩、销售、利用及相应配套服务，以天然气及相应服务的价格为纽带，以供需关系为核心，形成的具有价值传导和价值增值功能的链网式关联结构[2]。通常，将进行天然气勘探、开发、生产等的企业和单位统称为天然气产业链的上游环节；将进行天然气管道运输、液化天然气（LNG）运输、天然气存储、天然气液化、LNG气化等的企业和单位统称为天然气产业链的中游环节；而将围绕天然气的不同利用，进行销售和以天然气及其副产品为投入的企业和单位等统称为天然气产业链的下游环节。

天然气产业链的演变对优化能源消费结构、促进国民经济科学发展具有重要意义。本章主要以国际天然气产业链的演变为出发点，分析企业、政府规制等多个方面在国际天然气产业链演变过程中所起的作用，厘清天然气资源、管网、天然气市场及产业链结构等演变历程，找出影响天然气产业链发展的动力因素。

1.1.2 国际天然气产业链发展历程

（1）天然气产业链上游发展历程。

天然气田是指在同一地质构造中的一个或一组储气层的总称，依天然气分布的特点，可将其分为聚集型和分散型，同时它又分为常规天然气田和非常规天然气田两种[3]。

截至 2009 年，全球共发现 1021 个大油气田，总体表现为不均匀分布的特征，全球大油气田发现高峰在 1950—1990 年，这一时间段共发现大油气田 685 个，占总数的 67%（图 1.1）。在此期间，亚洲和大洋洲（不包括中东和中亚）主要发现的大型气田为澳大利亚的 Gorgon 气田，中国的克拉气田，印度尼西亚的 Peciko 气田、Vorwata 气田和 Wiriagar-Deep 气田。中南美洲主要发现了玻利维亚的 Itau San Alberto 气田和 Margarita 气田，巴西的 Roncador 油田，哥伦比亚的 Cusiana 油田和 Volcanera 气田，阿根廷的 San Pedrito 气田。欧洲主要发现了挪威的 Ormen Lange 气田，俄罗斯的 Leningrad（Kara）气田和阿塞拜疆的 Shah Deniz 气田、南帕斯（Pars South）气田等。

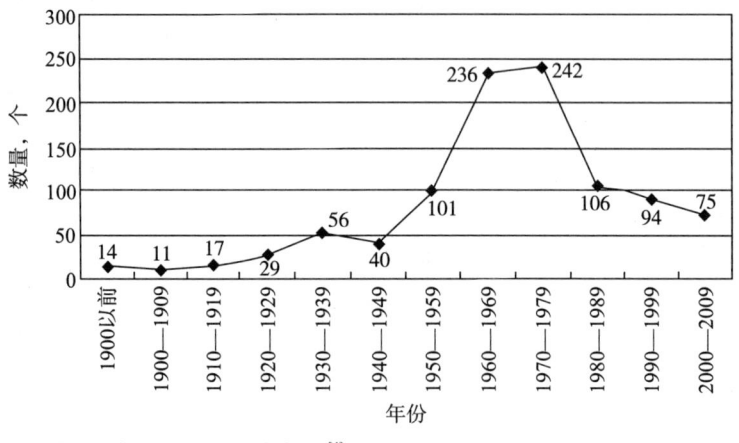

图 1.1　全球大油气田发现时间分布图 [4]

Fig. 1.1　Time distribution map of global large oil and gas fields discovery

1821 年，美国威廉·哈特（William Hart）在宾夕法尼亚州弗里多尼亚发现天然气并加以利用作为现代天然气产业链起点的标志[3]。随后，世界各国陆续发现天然气田，各国现代天然气产业链从发现天然气田开始。表 1.1 为世界各国或地区天然气田发现的年代表。

表1.1 世界各国或地区天然气田发现的年代

Table 1.1　Date of commencement of global natural gas fields in countries or regions

国家或地区	发现气田年份（年）	国家或地区	发现气田年份（年）
挪威	1968	捷克斯洛伐克	1914
丹麦	1966	奥地利	1923
英国	1965	匈牙利	1937
爱尔兰	1980	克罗地亚	1948
荷兰	1924	塞尔维亚	1952
比利时	1965*	罗马尼亚	1860
德国	1911	保加利亚	1952
法国	1939	阿尔巴尼亚	1917
加拿大	1858	阿塞拜疆	1873
意大利	1931	中国	1937
西班牙	1964	日本	1907
阿尔及利亚	1965	巴基斯坦	1915
利比亚	1959	越南	1974
美国	1821	印度	1889
埃及	1967	菲律宾	1977
墨西哥	1901	缅甸	1889
古巴	1916	巴林	1932
委内瑞拉	1921	卡塔尔	1940
科特迪瓦	1975	阿拉伯联合酋长国	1958
尼日利亚	1958	阿曼	1976
厄瓜多尔	1920	文莱	1929
喀麦隆	1972	泰国	1973
秘鲁	1863	巴布亚新几内亚	1986
巴西	1939	马来西亚	1911
刚果	1957	新加坡	1992*
玻利维亚	1922	印度尼西亚	1893
智利	1945	澳大利亚	1906
阿根廷	1907	新西兰	1959
南非	1974	以色列	1955
俄罗斯	1858	沙特阿拉伯	1938
波兰	1848	也门	1984

注：*表示输入天然气的第一年。

尽管很多国家发现气田，但其规模和对世界天然气产业链的发展影响力较小，现仅把世界上天然气可采储量大于5000亿立方米的气田及分布归纳成表，输往中国的国外气田也在其中（表1.2）。

表1.2 世界大型天然气田（＞5000亿立方米）
Table 1.2 World large gas fields (＞$5000×10^8 m^3$)

排序	所在国或地区	气田名称	可采储量（万亿立方米）	发现年份	投产年份
1	伊朗和卡塔尔的波斯湾水域	SouthPars/NorthDome	34.92	1988/1971	
2	俄罗斯	Urengoy	10.20	1966	1978
3	俄罗斯	Yamburg	5.20	1969	1986
4	俄罗斯	Bovanenkovskoe	4.40	1971	
5	俄罗斯	Leningradskoye	4.00	1990	
6	俄罗斯	Rusanovskoye	4.00	1989	
7	俄罗斯	Shtokman	3.80	1988	2015
8	俄罗斯	Zapolyarnoye	3.50	1965	
9	美国	Point Thomson	3.00		
10	荷兰	Groningen	2.85	1959	
11	美国	Anadarko	2.83		
12	土库曼斯坦	Yoloten	2.78	2006	2009
13	俄罗斯	Arctic	2.76		
14	俄罗斯	Astrakhan	2.71	1976	1986
15	阿尔及利亚	HassiR'Mel	2.42	1956	1961
16	美国	Hugoton	2.29	1922	1928
17	俄罗斯	Medvezhye	2.20	1973	
18	俄罗斯	Orenburg	1.90	1966	1974
19	伊朗	North Pars	1.56	1967	
20	伊朗	Kish	1.56	2006	
21	沙特阿拉伯	Ghawar	1.50	1948	1951
22	哈萨克斯坦	Kyzyl	1.40	1966	2007
23	匈牙利	Mak 6	0.61～1.55	1960	2006

续表

排序	所在国或地区	气田名称	可采储量（万亿立方米）	发现年份	投产年份
24	土库曼斯坦	Dauletabad	1.33	1957	1983
25	挪威	Troll	1.33	1979	1995
26	哈萨克斯坦	Karachaganak	1.20	1979	1984
27	印度尼西亚	Natuna	1.30	1970	
28	俄罗斯	Angaro-Lenskoye	1.22	1999	
29	墨西哥	Chicontepec	1.10	1926	
30	乌兹别克斯坦	Gazli	1.00	1958	
31	伊朗	Tabnak	0.88	2000	
32	俄罗斯	Yurkharovskoye	0.74	1970	
33	俄罗斯	Sakhalin-Ⅱ	0.50	1984	1999
34	印度尼西亚	Tangguh	0.50	1990	2008

资料来源：《世界气田集》和世界大气田概说，庞名立。

在全球412个大气田中，亚洲和大洋洲共有大气田90个，中东共有大气田57个，东欧、中亚及俄罗斯地区有大气田122个，西欧地区有大气田32个，北美地区有大气田49个，中南美有大气田30个，非洲有大气田32个[4]。在七大区中，东欧、中亚及俄罗斯地区大气田分布最为集中，大气田最富集的地区为亚洲和大洋洲及中东地区，其次为欧洲地区。

（2）国际天然气产业链中游管道发展历程。

1886年世界上第一条天然气管道建成以来，输气管道已经有了130多年的发展历史，俄罗斯、欧洲、美国等地区的天然气管网建设已经比较完善。截至2013年，全球天然气干线总长度超过160万千米[5]。

自20世纪60年代以来，世界天然气管道发展迅速，70年代、80年代是全球输气管道发展的高峰期，据统计，全世界现有的输气管道中，仅20世纪80年代建成的就约占1/3。世界上几条著名的大型输气管道几乎都是这一时期建成的，如横贯地中海的阿—意输气管道、美国与加拿大合建的阿拉斯加公路输气系统、苏联乌连戈伊—中央输气系统等。到20世纪80年代中期，世界天然气管道建设进入相对平稳期，新建管道主要包括加拿大—美国Alliance管道、南美玻利维亚—巴西管道等[6]。此后，全球范围内的输气管道建设速度放慢，相应地在输气管道技术上也没有突破性进展。因此，可以认为，20世纪80年代中后期的输气管道技术基本上代表了当今输气管道技术的国际先进水平[7]。截至2010年，世界上的长距离输气管道已达到150万千米。现有输气管道主要分布在北美、独联体和欧洲地区，其中美国约49万千米，独联体约23万千米，分居世界前两位。

在地理上的北美地区，从加拿大到美国到墨西哥形成了庞大的输气管网系统。北美地区第一条超过100英里的天然气管道始建于1891年，它将天然气从印第安纳州中部输往芝加哥，全长120英里，没有增压站。

1993年，北美商品气产量为6796.8亿立方米，天然气干线管道达到50多万千米，这些管网将北美的主要产气区（如加拿大西部、墨西哥湾的海上部分、陆地上的得克萨斯、路易斯安那及俄克拉荷马州）与美国、加拿大和墨西哥的约8500万个天然气用户连接起来，并向这些用户供气[8]。

加拿大的主要产气区在加拿大西部，其天然气干线管网便从西部的不列颠哥伦比亚地区向东经阿尔伯塔延伸到东部城市，再向南与美国管网相连。加拿大全国输气管网中包括了阿尔伯塔输气系统、横贯加拿大输气管道系统（TCPL）和西海岸输气系统。阿尔伯塔输气系统有80～1000毫米各种直径管道约7000千米、约30座压气站。该系统除主要为阿尔伯塔省内输气外，还在其东部边界向TCPL系统输气，在西部边界向西海岸输气系统供气；通过与TCPL合资的雷特希尔斯—英哥伦比亚管道将天然气输至美国边界。

20世纪20年代末是美国天然气管道建设的第一次高峰期。1927—1931年间，共建成了12条主要输气干线，每一条管线的直径都在20英寸左右，长度超过200英里。这些管道系统连接了潘汉德—胡果顿（Panhandle-Hugoton）气田、路易斯安那州的门罗（Monroe）气田、加利福尼亚州的圣胡安（San Joaquin）气田和消费市场。第二次世界大战后到20世纪60年代中期，是美国第二次管道建设高峰期。管道公司将中部和中西部的气田用输气管道连接，又通过建设支线和增加增压站为干线扩容。1950年至1960年，共修建了5条超过1000英里长的管道，将天然气从海湾输往西部和东部各地。

美国是世界天然气消费量最大的国家，天然气管网等基础设施比较完善。截至2009年，北美地区的天然气干线管道长度超过53万千米，其中洲际管线占70%。整体上已经形成管道网络化、供应多元化、地下储气库遍布全国的供气格局。

欧洲的天然气资源虽然丰富，但分布不均。经济发达的意大利、法国、德国、西班牙等国基本上属于天然气资源贫乏的国家，但却是油气消费大国和油气产品净进口国。20 世纪 80 年代后期，随着各国能源消费结构的变化，天然气已占各国一次能源消费的主导地位。为满足各国不断增加的天然气需求，20 世纪 90 年代以来，欧洲天然气管道建设发展迅猛，为世界之首，建成了纵横交错、相互贯通的欧洲天然气管网[9]。

作为世界上天然气管网密度最大的地区，欧洲天然气管道纵横交错，如同铁路网一样四通八达。俄罗斯是世界天然气产量和储量最大的国家，拥有规模最大的统一供气管网系统。该系统包括 500 多个气田、22.6 万千米的输气干线、900 多座压气站以及 46 个地下储气库，向 15000 多座城市和乡镇供气[10]。此外，欧洲建有 18 座液化天然气（LNG）接收站和各种类型的地下储气库 60 多个，它们与各类天然气干线、支干线相衔接，保障欧洲地区天然气的供应安全和管网的平稳运行。

从 20 世纪 90 年代中后期开始，亚洲地区的中国、印度等新兴经济体的崛起以及全球范围内油气资源的产需不平衡，推动了众多输气管道的规划和建设[11]。与此同时，西方发达国家的天然气输送管网不断完备，输气管道迎来了又一轮的建设高潮。近年来，亚太地区输气能力大于 100 亿立方米的主要跨国管道见表 1.3。

表 1.3 亚太地区的主要跨国管道（>100 亿立方米）

Table 1.3　Major transnational pipelines in Asia Pacific ($>1 \times 10^{10} m^3$)

管道名称	长度（千米）	年输气量（亿立方米）	建设年份	投产年份
中亚—中央管道	3000	600～700	—	1974
土库曼斯坦—伊朗管道	200	130	—	1997
中亚天然气管道	10000	300	2007	—
中哈天然气管道	1300	150	2008	2013
沿里海管道（新）	1600	200	2009	2012
土库曼斯坦—阿富汗—巴基斯坦—印度管道	1680	330	2010	2015
中缅天然气管道	1250	120	2010	2013
中俄天然气管道	4000	300	2014	—

孟加拉国石油公司建设的一条从孟加拉国的 Bibiyana 气田至印度新德里的输气管道，管道全长 1362.8 千米、管径 762 毫米，管道的输送能力为 142 万立方米/日。

中亚天然气管道有土库曼斯坦至中国的管道和哈萨克斯坦至中国的天然气管道。中土天然气管道管道全长 1818 千米，设计压力为 10 兆帕，设计年输气量为 300 亿～400 亿立方米。中哈天然气管道全长 1480 千米，设计压力 10 兆帕，设计年输气量为 100 亿立方米。

中南亚将建设以暹罗湾为起点，经泰国、马来西亚、苏门答腊、爪哇岛和婆罗洲，最后到达菲律宾的输气管道，全长 6275 千米，该管道建成后将形成东南亚地区的大型输气管网系统。中缅天然气管道起自缅甸兰里岛，进入中国后经过云南、贵州、广西，终到昆明，干线管道全长为 2806 千米，设计压力为 10 兆帕，设计年输气量为 120 亿立方米。

（3）国际天然气产业链中游储气库。

地下储气库的历史，可以追溯到 20 世纪初。世界上第一座利用枯竭油气田作地下储气库的是加拿大，1915 年建于安大略省韦兰市附近[12]。1916 年美国在纽约 BUFFALO 附近的枯竭气田 ZOAR 利用气层建设储气库，1954 年美国在 CALG 的纽约城气田首次利用油田建成储气库，1958 年美国在肯塔基首次建成含水层储气库，1963 年美国在科罗拉多 DENVER 附近首次建成废弃矿坑储气库[13]。法国在 1956 年开始地下战略储气库的建设。1959 年苏联建成第一个盐层地下储气库[14]。截至 2014 年，世界上约有 630 座地下储气库，工作气容量高达 3588 亿立方米[15]。图 1.2 为不同时期储气库的数量分布图，从图中可知，1950—1980 年是建设高峰期，全球一半以上的储气库是在这一时期建设完成的。

从类型上看，全球范围内地下储气库有枯竭油藏型（depleted oil reservoirs）、枯竭气藏型（depleted natural gas reservoirs）、含水层型（aquifers）、盐穴型（salt caverns）、硬岩穴型（hardrock caverns）5 种，其中枯竭气藏型、含水层型、盐穴型为最常见的 3 种类型（图 1.3）。

从区域分布看，这些地下储气库集中分布在北美洲和欧洲地区（图 1.4）。在图 1.4 的分析中，美、欧、俄、乌的其地下储气库总数为 584 座，占全球 630 座的 93%，工作气容量合计 3269 亿立方米，占全球 3588 亿立方米的 91%[15]。其中，美国拥有地下储气库 400 座，工作气容量 1130 亿立方米，占全球总量的 31%；欧盟拥有 145 座，工作气容量 1083 亿立方米，占全球总量的 30%；俄罗斯拥有 26 座，工作气容量 736 亿立方米，占全球总量的 21%；乌克兰拥有 13 座，工作气容量 320 亿立方米，占全球总量的 9%。

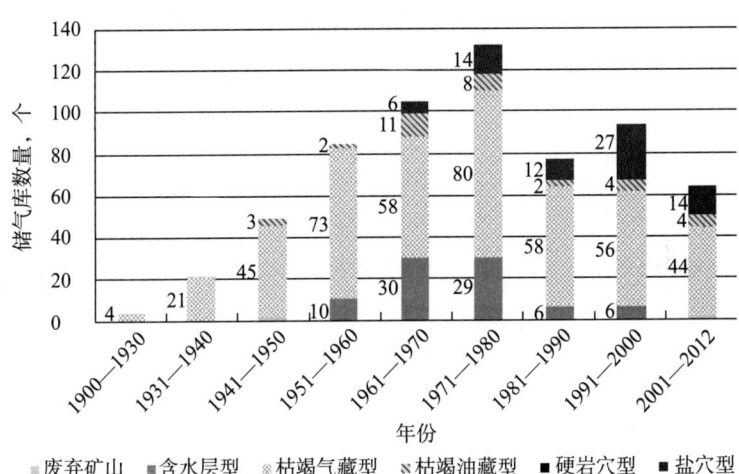

图 1.2　不同时期储气库的数量分布图

Fig. 1.2　Distribution diagram of gas storage in different periods

资料来源：国际天然气联盟。

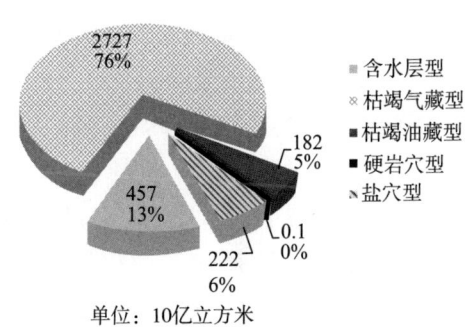

图 1.3　全球各类型地下储气库工作气容量及所占比例

Fig. 1.3　Working gas capacity and proportion of all types of underground gas storage in the world

资料来源：国际天然气联盟。

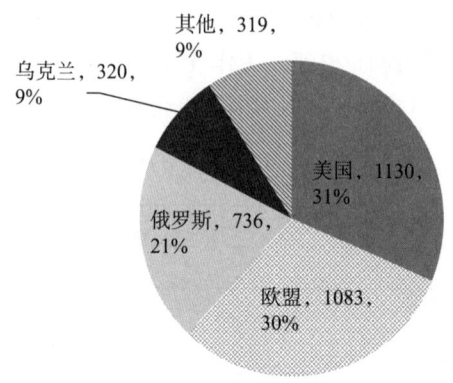

图 1.4　欧盟、俄罗斯和乌克兰地下储气库工作气容量及其占全球的比例

Fig. 1.4　The working gas capacity of the underground gas storage in Europe, Russia and Ukraine and its proportion in the world

　　美国是天然气产业链中利用储气库的先驱。1916 年美国第一座地下储气库（世界第二座），即 Zoar 枯竭气藏型储气库，建于纽约州，目前仍在运行。经过 100 多年的储气库的建设，美国的储气库以油气藏型为主。截至 2014 年，美国地下储气库总数约为 400 座，工作气容量合计 1130 亿立方米[16]。这 418 座地下储气库分布在美国 30 个州内，理论上，这 1130 亿立方米天然气可供美国居民住宅燃气用气 20 年[15]。由于美国是天然气资源禀赋较高的国家，且其油气开发历史较长，因而境内有诸多的枯竭油气田。截至 2014 年年底美国有 333 座枯竭油气藏型地下储气库，46 座含水层型地下储气库和 39 座盐穴型地下储气库。此外，独立专业化运营以天然气管道公司和城市燃气公司为主，大部分工作气容量向第三方开放，拥有完善的监督管理法律法规。

　　欧盟作为一个整体，拥有世界上第二大工作气容量的地下储气库。欧盟地下储气库存在分布不均匀、盐穴型储气库占比相对较高、人均占有量较低的特点。目前在欧盟 28 个成员国中，21 个国家建有地下储气库，总数 145 座，工作气容量合计 1083 亿立方米（图 1.5）。这些地下储气库分布非常不均匀，其中排名前 7 位的全部为西欧国家，这 7 个国家分别是德国、意大利、荷兰、法国、奥地利、匈牙利、英国，整体呈现"西欧多东欧少、北欧多南欧少"的局面。

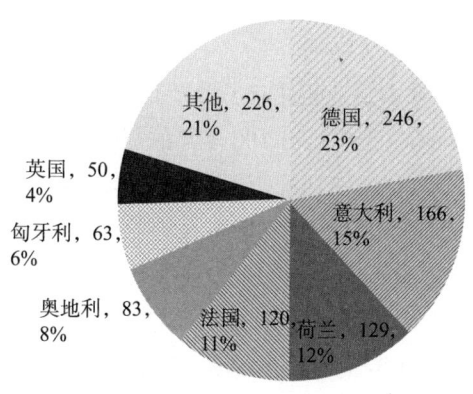

单位：亿立方米

图 1.5 欧盟主要国家地下储气库工作气容量

Fig. 1.5 Working gas capacity of underground gas storage in major EU countries

有别于美欧地下储气库的大小不一，俄罗斯的地下储气库规模普遍偏大。目前26座地下储气库工作气容量合计736亿立方米。俄罗斯境内单座地下储气库规模之大在全球首屈一指，有的地下储气库单库工作气容量超过欧盟地下储气库所有工作气容量（1083亿立方米）的1/3。俄罗斯26座地下储气库中，枯竭油气藏型17座，含水层型8座，盐穴型1座。与美欧盐穴型地下储气库所占一定比例不同，俄罗斯的地下储气库类型相对单一。1990年至2015年中，俄罗斯地下储气库的发展速度与规模比较缓慢，这期间仅有5座地下储气库落成。总体上看，相对于日益通过各种途径寻求能源安全的欧盟以及寻求能源独立的美国，俄罗斯地下储气库的发展处于相对滞后的状态。

美国境内地下储气库数量及工作气容量均占全球首位，其地下储气库具有布局合理、发展稳定且速度快、配套软硬件完善的特点。欧盟拥有世界第二大工作气容量的地下储气库，并存在"西欧多东欧少、北欧多南欧少"，盐穴型储气库占比相对较高，人均占有量较低的特点。俄罗斯地下储气库则分布过于集中，且单座库容量大、出口导向性强、较美欧发展相对迟缓。此外乌克兰地下储气库与国土面积比例之高以及人均占有量之高在世界上绝无仅有，其地下储气库类型规模与俄罗斯类似，呈现东西两地库容差异大、战略位置突出的特点。未来除乌克兰外，其他三方的总体发展趋势将不同程度地朝着逐步扩大的方向发展。

（4）LNG设施及贸易（终端）。

1917年美国在西弗吉尼亚州建起了世界上第一个甲烷液化工厂，对甲烷气体进行液化得到LNG，至今已有100多年的历史[17]。液化天然气的技术和商业发展经历了半个世纪的前期开拓性研究工作，第一船LNG于1959年由美国运往英国，20世纪60年代初在阿尔及利亚建立了世界首座天然气液化工厂（LNG厂），这种独特的货物安全地横渡海洋是世界海运史的首例，标志着LNG进入了商业化国际贸易阶段。1964年英国与阿尔及利亚实现首次LNG贸易。日本从1969年开始引进LNG，目前其进口量占全球LNG产量的65%[18]，主要从印度尼西亚、文莱和马来西亚进气。1986年韩国开始从印度尼西亚进气。1992年中国台湾地区也开始从印度尼西亚进气[19]。20世纪70年代以来LNG贸易量每年平均增长20%，至1995年已达7000万吨/年，价值100亿美元。截至2016年，有33个LNG进口国，排名前三的为日本、韩国、中国。此外，还有19个国家持有液化天然气出口能力，仅卡塔尔就占了总容量的25%。

1964年，英国建造了世界第一艘LNG船（美国改造第一艘LNG船），法国于1965年也造出了LNG船，瑞典、意大利、西班牙、挪威等国纷纷于20世纪60年代末至70年代初涉足LNG船建造业，并在20世纪90年代前占据了统治地位。但这一格局在20世纪90年代被日本打破。1981年，日本造出本国第一艘LNG船[20]。随后，在引进欧美技术的基础上，日本船厂为本国船东大量建造LNG船，取代欧洲成为新的世界LNG船建造中心。欧日之间竞争加快，韩国也大举进军LNG船建造市场，并于1994年造出了本国第一艘LNG船。欧洲则基本被挤出了这一市场。进入21世纪，韩国夺取了全球大部分订单，取代日本成为世界LNG船建造市场霸主。按能力和年龄，活跃的全球液化天然气船队数量逐年增多，目前还处于快速发展时期（图1.6）。

美国是世界上最早开发LNG的国家，早在1959年就成功开发了LNG，并通过"甲烷先锋号"远洋外送LNG至英国。随后又在阿拉斯加州建厂输出LNG给日本。美国、日本和中国是世界上能源需求最大的3个国家，近年来正大量建设LNG接收站。日本在1969年才起步，却迅速成为世界上最大的LNG进口国，建有世界最多的LNG接收站[21]。随着经济的发展，各国LNG接收站数量逐年增多（由图1.9得知），现在仍处于建设LNG接收站的高峰期，截至 2015 年，全球 23 个国家和地区拥有 100 个 LNG 接收站，共 429 个储罐，储存能力超过 5020 万立方米，接收能力超过 7 亿吨/年。

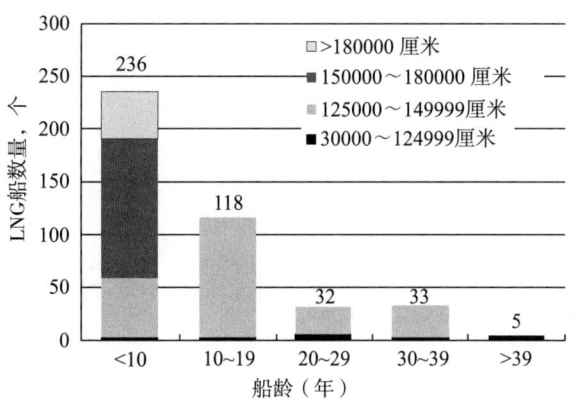

图 1.6　按能力和年龄，活跃的全球 LNG 船数量，2015

Fig. 1.6　Number of active global LNG eets by capacity and age, 2015

　　美国由于能源充足，一度未对引进 LNG 给予重视。但 20 世纪 70 年代后，美国开始建设 LNG 接收站，从输出 LNG 变成输入 LNG。近几年更是大规模建设 LNG 接收站。截至 2009 年 7 月，美国已建成 LNG 接收站 11 个，在建 5 个，已批准未建 13 个，总容量为 11.49 亿立方米/日。美国的接收站储罐容量一般都较小，数量也较少，周边安全距离较大，最远的采用离岸接收站。

　　美国率先开发 LNG 成功后，急需能源的日本迅速学习 LNG 理论，引进 LNG 技术，建设接收站及输入 LNG。1969 年，日本首个 LNG 接收站——根岸接收站引入美国阿拉斯加州的 LNG。截至 2016 年年末，日本共建成投运 34 个 LNG 接收站。日本和韩国一直主导着 LNG 进口市场，2016 年日本的 LNG 消费量超过了 8300 万吨，而韩国在这一年的消费量则接近 3400 万吨。中国和印度在 LNG 市场上的占有率在过去几年中大幅增长，随着需求的增加，将继续影响 LNG 贸易。此外，由于部分 LNG 生产国国内消费增长，LNG 产业没有太多的新项目投产，现有的生产线又状况百出等，使得市场供应量有限。因为需求和供应的区域性变化，导致全球贸易移向也有微小变化。非洲 LNG 产量的下降、南美地区的强劲需求，使美洲及非洲的 LNG 贸易大多保留在大西洋地区。亚洲的需求增长以及亚洲溢价下的高利润，促使以卡塔尔为代表的中东地区将LNG销售中心由欧洲转向亚洲。同时，太平洋地区的澳大利亚、马来西亚、印度尼西亚等亚太地区的主要出口国也将亚洲作为主要销售方向。

天然气是一种无色气体，1659年在英国发现了天然气，欧洲人才对它有所了解，然而它并没有得到广泛应用。从1790年开始，煤气成为欧洲街道和房屋照明的主要燃料。在北美，石油产品的第一次商业应用是1821年纽约弗洛德尼亚地区对天然气的应用。他们通过一根小口径导管将天然气输送至用户，用于照明和烹调。世界天然气的开发利用，是从19世纪城市煤气工业的基础上发展起来的，并以天然气逐步取代城市煤气为进程[3]。应该以1925年美国铺设第一条天然气长输管道作为现代工业利用的标志[22]。

20世纪50年代末，世界天然气的消费量尚不足5000亿立方米，至20世纪70年代末期就达到1万亿立方米以上[23]。2016年全球天然气的年消费量约3.54万亿立方米，在一次能源消费结构中的比例约为24.13%。1965—2016年全球天然气的消费量及增长率如下（图1.7）。

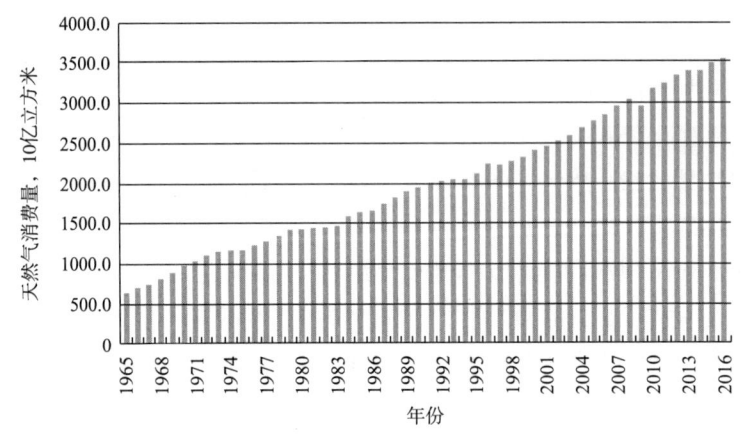

图1.7　1965—2016年全球天然气消费量

Fig. 1.7　Global natural gas consumption in 1965—2016

资料来源：《BP世界能源统计年鉴2017》。

世界天然气消费主要用于发电、交通、工业、化工和城市燃气等方面。天然气自发现首先用于民用；20世纪20年代，天然气用于工业，至今一直保持稳定发展，近20多年发展速度加快，20世纪70年代世界约5%的天然气资源用作化工原料，20世纪80年代上升约10%。1966—2016年全球天然气消费量增长率变化如图1.8所示。目前，世界上约有50多个国家不同程度地发展了天然气化工。天然气化工比较发达的国家有美国、俄罗斯、加拿大等。发展天然气化工最早的国家是美国，其产品种类和产量目前仍居世界首位。天然气汽车从20世纪30年代起，已有70多年的历史。美国在LNG车用技术上处于领先位置，从推广车型来看，LNG不仅适用于城市公交车，同样也适用于出租车和大型货运车辆。

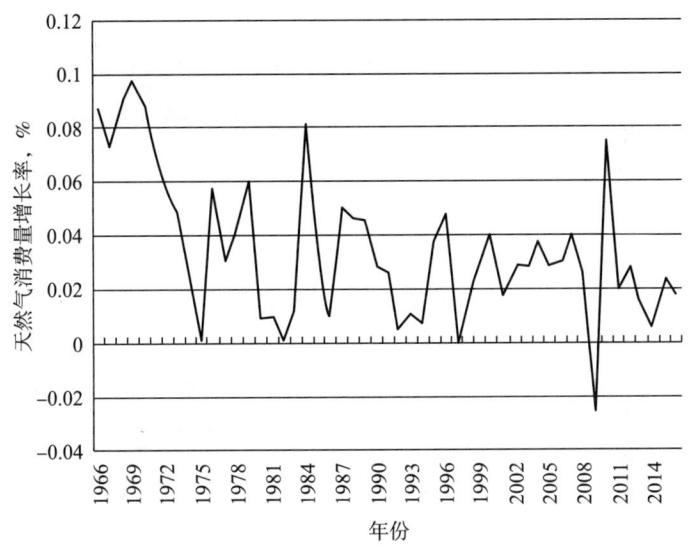

图1.8　1966—2016年全球天然气消费量增长率变化图

Fig. 1.8　Change in growth rate of global natural gas consumption from 1966 to 2016

资料来源：《BP世界能源统计年鉴2017》。

从消费结构来看，世界天然气消费以工业和发电为主，在2015年世界天然气消费结构中，工业用气占比39.7%（含化工），发电用气占比37.9%，城市燃气占比21.0%，交通用气占比1.4%。2015—2035年，天然气年均增速1.6%（2000—2015年年均增速2.4%），其中，发电用气年均增量235亿立方米，占总增量的36%，工业用气年均增量292亿立方米，占总增量的45%，工业与发电仍是天然气消费大户（见图1.9）。

由于世界天然气发展不平衡，大致分为三种典型的天然气消费结构模式，分别是以美国为代表的结构均衡模式，以英国、荷兰为代表的城市燃气为主的模式，以日本、韩国为代表的发电为主的模式。这些典型的消费模式都是由于各国的情况不同而形成的。

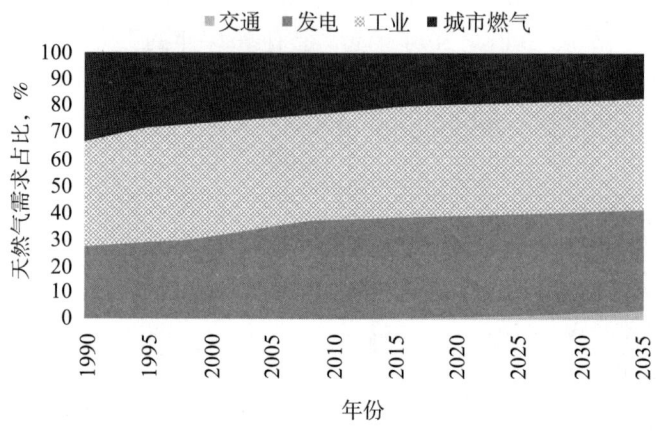

图 1.9　1990—2035 年世界天然气分行业需求占比

Fig. 1.9　World demand share of natural gas sector from 1990 to 2035

美国是世界头号天然气消费大国，其天然气消费结构较为均衡。据美国能源信息署资料，2016 年美国天然气消费量为 7786 亿立方米，比 2015 年增长 0.4%。纵观美国天然气利用过程，我们把它分为发展初期、快速发展期和成熟期三个阶段。在发展初期，美国天然气消费以工业用户为主，工业用气比例高达 60%。进入快速发展期后，发电和城市燃气比例不断提高，工业用气比例逐年下降。进入成熟期后，民用和商业消费基本稳定，发电用气是主要增长动力。

英国的天然气消费增长很快，20 世纪 70 年代和 90 年代是消费增长最快的两个阶段，居民和商业用气是增幅最大、用量最多的两个领域。英国天然气市场发展比较成熟，2008 年，天然气在一次能源消费中的比例为 39.9%。

为实现天然气资源的合理开发和利用，荷兰政府制定了许多政策，建立了遍布全国的输气管网，确保了城市燃气的消费量。2008 年，天然气在荷兰一次能源消费中的比例为 40%。

由于国内资源贫乏，日本和韩国在利用天然气上更加节约与高效。日本政府通过立法的方式取消了对天然气消费的管制，大力发展燃气消费，鼓励天然气发电。韩国通过联合循环发电、天然气制冷和压缩天然气动力车等技术的使用，进一步促进了天然气产业的发展。天然气发电作为传统项目，在日本和韩国的天然气消费中占了很大的比例。不过，近年来，这两国的天然气消费呈现向城市燃气模式转化的趋势。

1.1.3 国际天然气产业链发展现状

2016年全球天然气产业在波动中前行，北美、欧洲和亚洲这三大天然气市场在市场因素、政治因素和环境因素的综合影响之下都产生了不同程度的波动，北美市场由于页岩气的"爆发式"增长而导致原本的天然气市场结构发生了变化，欧洲天然气市场则受到俄乌局势紧张及冬季寒冷气候的双重影响经历了一段时间的供给不足的情况，相比之下亚洲市场则显得较为平稳，不断增长的需求能够得到很好的满足。总之，尽管遭遇挫折，但全球天然气市场并未停下向前的脚步。目前，国际天然气产业链处于快速发展时期，截至2016年，天然气产业链的情况在下文通过从储采比、已探明储量、生产量、消费量、价格以及全球贸易流向几个方面来进行分析。

（1）天然气储采比。

从图1.10可以看出，全球天然气储量分布情况与过去相比没有发生太大变化，中东地区仍处于主导地位，天然气储采比要远远高于其他地区。从历史角度来看，1993—2016年不同地区天然气储采比也发生了不同的变化。中东地区天然气的储采比在1993—2016年这20多年间急剧下跌，由1993年的600多迅速降至2016年的120左右，其他地区虽都有所降低但均较为平稳，储采比长期处于稳定的区间。中东地区储采比遥遥领先于其他各大区域，非洲、欧洲以及中美和南美次之，亚太地区和北美地区相对较少。

（2）天然气已探明储量。

从图1.11可以看出，2016年全球已探明天然气储量186.6万亿立方米，与2015年相比有了小幅增加，目前生产状况下能够满足各国55.1年的生产需求。另据《BP世界能源统计年鉴2017》，2016年全球天然气探明储量的上涨绝大部分来自美国，同时中东地区和欧洲地区位列储量排名前两位。天然气已探明储量依然是中东地区遥遥领先，欧洲地区次之，亚太地区、非洲地区、美洲地区相对较少。

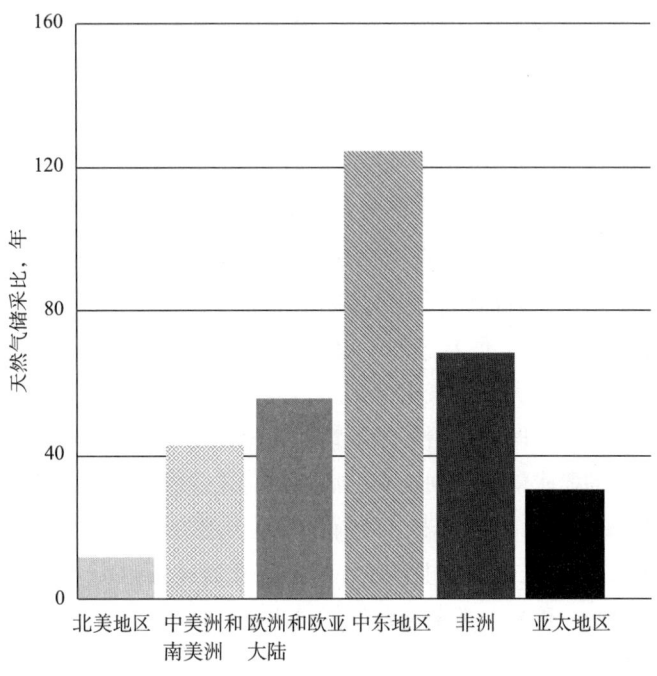

图 1.10 2016 年天然气储采比（按地区划分）

Fig. 1.10 Ratio of natural gas storage and production in 2016

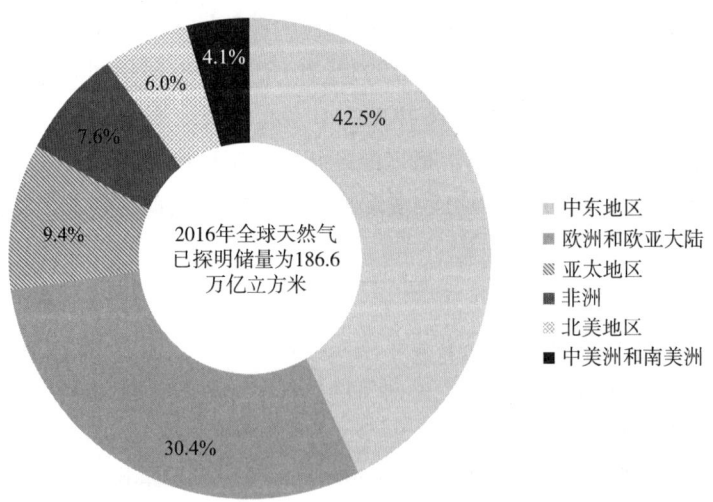

图 1.11 2016 年天然气已探明储量分布

Fig. 1.11 Distribution of proven natural gas reserves in 2016

资料来源：《BP 世界能源统计年鉴 2017》。

（3）天然气生产量和消费量。

2016年全球天然气产量仍然保持了上升趋势，但与之前几年相比增速有所放缓。近些年，美国爆发了"页岩气革命"，这很好地实现了对原有常规天然气的储量替代，但其他地区缺乏有效的替代，出现了天然气储量替代率的结构性下滑。同时，天然气生产相关基础设施建设缓慢也很大程度上影响了天然气产出，这种情况在新兴天然气生产国尤为突出。除了产业内的因素之外，地缘政治风险、安全形势恶化及内部冲突对于天然气生产的消极作用也不可忽视。

综合因素作用之下全球天然气生产呈现放缓的态势，但不同区域生产也有各自的特点：北美地区仍为主要产出区域，但北美主要产气国美国生产放缓，页岩气产出则增速较快，北美市场另外两个主要产气国墨西哥和加拿大天然气产量则持续下滑；亚太地区表现则较为平稳，区域内增速保持平均水平，其中中国依然扮演着主导角色，印度、巴基斯坦及其他国家产量则呈现大幅下滑；欧洲地区天然气产量在2016年再度下跌，区域内除荷兰和罗马尼亚之外多国大幅减产；中东地区产量持续增长但发展较不均衡：卡塔尔、沙特阿拉伯和伊朗这三个老牌产气国尽管增速放缓但保持了上升态势，以色列和也门的产量则呈现大幅上涨，反观叙利亚则受制于局势动荡产量降低；非洲天然气生产由于政治和安全局势原因严重滑坡，各区域表现不同，但都传递出同样的信息——全球天然气生产十分疲软。

2016年全球天然气使用量与2012年相比上升1.4%，这一增幅小于2003—2013年的平均水平。2009年金融危机爆发以来，全球经济进入了低谷，直到2013年，北美、欧洲等地区的经济才略微展现出复苏的势头，但趋势相当微弱，一些新兴经济体还在持续的衰退，这样的经济背景之下，世界各国对天然气的需求不再强劲，消费增速降低也在情理之中。全球天然气消费情况较为稳定，北美、中南美、亚太、非洲、中东都稳中有升，欧洲及欧亚大陆则由于经济低迷和气候方面等原因天然气消费有所下降，总体消费仍稳中有升。北美地区，美国由于其国内供暖需求陡增，天然气消费量增加。欧盟方面，经济环境的不景气以及欧洲加大可再生能源和煤炭在发电领域的使用，使得消费量不尽如人意。亚洲地区得益于稳定的经济状况和中国、印度等国家旺盛需求的拉动，天然气消费有了进一步的增长并且体现出持续性的需求增长态势。

由图 1.12 可知，整体来看，天然气呈现供过于求的严重市场形势。天然气生产量和消费量呈现相对应的态势，北美地区和欧洲地区总量始终保持在很高水平，增长缓慢；亚太地区虽然占比相对来说较少，但是增速迅猛。

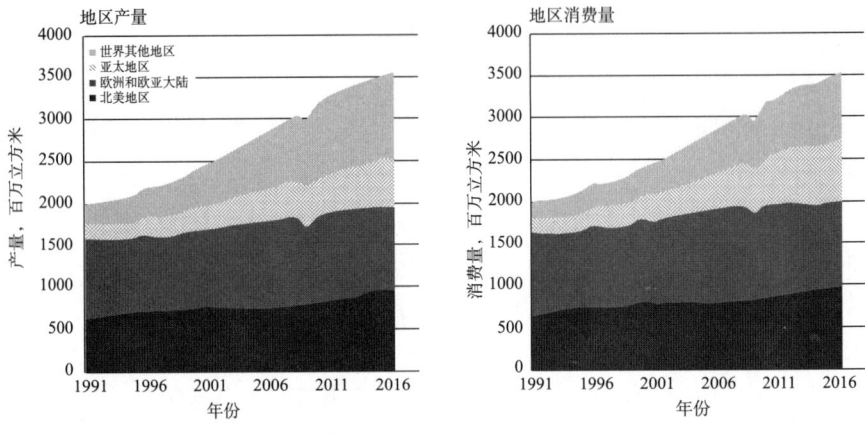

图 1.12　全球天然气产量和消费量

Fig. 1.12　Global gas production and consumption

（4）天然气价格。

北美、欧洲和亚洲是世界范围内主要的区域性天然气市场。从图 1.15 可以看出，亚洲天然气价格开始明显高于欧洲、北美的价格，从 2009 年开始，这种巨大的"亚洲溢价"一直延续到 2016 年。尽管如此，不同区域还是有新的变化，可以看出 2009 年之后尽管亚洲与其他地区价差增大，但亚洲与欧洲市场价格走势仍表现出了一致性，这是因为两个市场价格形成机制都跟油价有一定关系。反观北美市场则与其他两大市场差别明显，其天然气价格在 2009 年大跌之后一路走低，一直维持在 4 美元/百万英热单位以下，其主要原因在于美国页岩气产业的巨大发展，近些年美国国内政策趋向于能源独立，减少进口的同时也逐步减少天然气的出口，与此同时美国本土页岩气产量的增加使得天然气供给侧较为宽松，在充分竞争的市场机制下便形成了明显低于其他市场的天然气价格。

具体价格方面的对比，2013 年北美、欧洲和亚洲三个市场发生了分化，2013 年北美市场均价在 3.72 美元/百万英热单位，以英国国家平衡点（NBP）为代表的欧洲市场要高一些，大概为 11.79 美元/百万英热单位，以日本 JCC 为代表的亚洲市场气价则依旧高于其他地区，达到了 15.96 美元/百万英热单位（图 1.13），比较之下亚洲市场存在明显的"溢价"，这其中巨大的成本差距对于亚洲各国经济的发展造成了不利影响。截至 2016 年，北美、欧洲、亚洲三个市场的价格均有下降趋势，北美市场均价降为 2.49 美元/百万英热单位，以 NBP 为代表的欧洲市场为 4.86 美元/百万英热单位，以 JCC 为代表的亚洲市场 7.37 美元/百万英热单位，依旧高于其他地区。亚洲市场的天然气进口溢价与目前亚洲市场发展水平和资源状况有着密不可分的关系，但亚洲在气价制定过程中话语权的缺失是这种状况产生的重要原因，因此要谋求不断提高亚洲市场在定价方面的影响力，通过发出符合自身市场状况的价格信号逐步改变现状是较为合理的做法，所以，提早准备、加速形成亚太地区天然气定价中心很有必要。

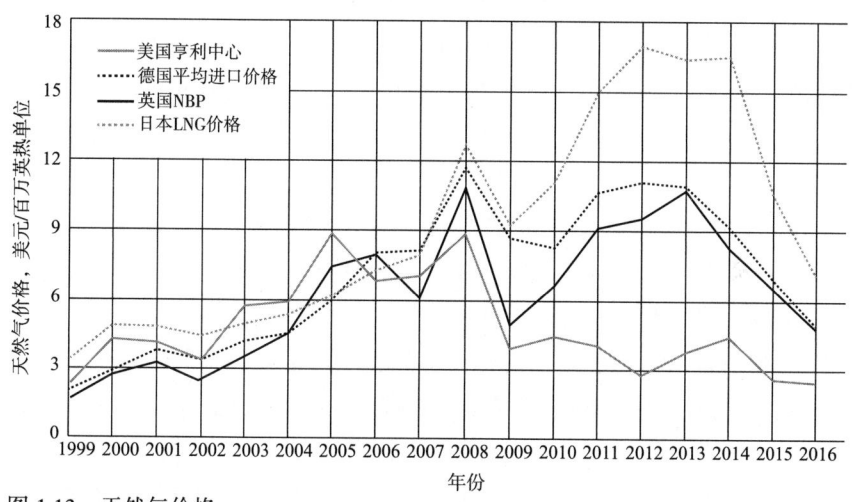

图 1.13 天然气价格

Fig. 1.13 Natural gas price

通过现货市场和金融市场两方面的建设快速形成自己市场的价格信号：现货交易市场形成的价格体现了市场竞争条件所决定的天然气价格，期货交易形成的价格体现了与市场状况相结合形成的对价格中长期的预测，现货、期货共同作用以形成亚太地区天然气基准价格，有区域中心定价机制再逐步引导价格回归，达到降低进口溢价的目的。

（5）2016年天然气主要贸易流向。

2016年在欧洲市场需求回升和世界天然气市场供应充足的前提下，世界天然气贸易量继2015年强势反弹后增势获进一步扩大，增幅3.2%，贸易总量升至10940亿立方米，创历史新高。2016年世界管道气和LNG贸易量分别增长5%和6.7%，区域间贸易量和区域内贸易量分别增长3%和3.1%[24]。具体增长因素主要包括：一是俄罗斯向欧洲市场的天然气出口创新高，促进了区域间管道气贸易量增长；二是澳大利亚供应量增加，使亚洲区域内LNG交易量飙升17%；三是北美低成本天然气持续增供并启动LNG出口，成为天然气供应市场中的新力量。

世界天然气贸易量占天然气商品总量的比例由2014年的29%升至2016年的31.3%，反映了地区间供应不平衡的趋势走向。此时，由于较低的价格和充足的供应，LNG成为价格敏感的新兴市场平衡需求的重要手段，全球LNG贸易量占比从9%增至10%，其市场平衡作用日益增强。欧洲和亚洲仍是全球最主要的两大天然气进口地，欧洲各国进口量继续上升，亚洲新兴市场——中国弥补了日韩进口量下跌，在全球天然气贸易总量中占比升至7%。

在管道发达的欧洲，管道气贸易相对于LNG的优势继续保持。2016年欧洲天然气总进口量2870亿立方米，管道气进口量2305亿立方米，占比80%。挪威和荷兰仍然是地区内的主要供应者，供应量继续增长；俄罗斯通过管道向欧洲出口约1694亿立方米天然气，较2015年增长11.1%，在欧洲天然气市场的占有率从2015年的31%上升到了2016年的34%；非洲出口欧洲管道气飙升30%，阿尔及利亚出口量大幅增加120亿立方米。

全球LNG贸易繁荣将继续起到积极作用。2016年，全球LNG新增产能430亿立方米，共有6条生产线投产，分别位于澳大利亚、美国和马来西亚。全球LNG新增再气化能力540亿立方米，分布在中国、印度尼西亚、韩国、哥伦比亚、牙买加、阿拉伯联合酋长国、印度、土耳其、法国和芬兰，其中，哥伦比亚和牙买加为新加入LNG进口国。截至2016年年底，全球LNG产能和再气化能力分别达到4660亿立方米和1107亿立方米。在过去两年新加入的进口国中，除波兰外，其他国家包括巴基斯坦、埃及、约旦、哥伦比亚和牙买加都开始采用浮式储存和再气化设施进口LNG。

1.2 天然气产业链理论分析

天然气产业链是指处于天然气产业及其相关产业不同环节的节点企业和单位之间，基于特定技术经济关联，围绕天然气的勘探、开发、生产、运输、存储、液化、气化、压缩、销售、利用以及相应配套服务，以天然气及相应服务的价格为纽带，以供需关系为核心，形成的具有价值传递和价值增值功能的链网式关联结构[2]。在了解天然气区域定价中心之前，我们有必要对天然气产业链相关理论知识进行梳理，包括天然气产业链特点、天然气产业链结构、天然气产业链结构类型、天然气产业链发展阶段、天然气产业链区域划分等。

1.2.1 天然气产业链特点

（1）天然气的可竞争性。

天然气的竞争性主要体现在两方面：一是天然气作为一种能源与其他能源相比具有可竞争性；二是天然气产业链本身各环节和产业链之间具有可竞争性。

天然气作为一种优质、高效、清洁的低碳能源，具有使用方便、热值高、无毒、燃烧后不留残渣、低成本等优点，是建设蓝天城市首选的理想能源，其在污染物等排放量上远远低于煤和石油的单位排放量，如表1.4所示。

表1.4 一次能源向大气排放的污染物[25]
Table1.4 Air pollutants by primary energy

单位：千克/吨油当量

污染物	天然气	原油	煤
SO_2	0	20	29.2
CO_x	2.3～4.3	8.2	11.5
NO_x	13.78	19.94	24.12

采用天然气作为能源可减少对煤和石油等能源的使用，大大改善环境污染，同时也可以大大减轻中国节能减排压力。

天然气是较为安全的燃气之一，它比空气轻，一旦泄漏，会立即向上扩散，不易积聚形成爆炸性气体，安全性较高。

天然气作为煤、石油等能源的替代能源，通过利用天然气，可减少煤和石油等其他能源的使用，从而改善环境污染，同时可以大大减轻中国节能减排压力。近年来，中国多地出现雾霾天气，引起了社会各界对于环境污染的关注。当前 PM2.5 问题严重，推广 LNG 等低碳清洁能源有助于解决这一问题。而环境污染的一个重要污染源就是汽车尾气和燃煤排放，如何平衡能源消耗与环境污染之间的关系，成为中国可持续发展过程中的一个突出问题，同时也为天然气产业链加快结构调整和实现绿色、低碳和全面可持续发展提供了契机。随着环保问题的日益严重及绿色 GDP 观念的提出，国家将节能减排作为政府考核指标之一，各地政府均加大了能源结构的调整，鼓励使用天然气作为替代能源，以减少温室气体排放。2015 年，煤炭在中国一次能源消费中占的比例为 63.7%，以煤为主的能源消费结构二氧化碳排放过多，对环境压力较大。相比之下，天然气是清洁、优质、具有市场竞争力的能源和化工原料，天然气代替煤和石油，可使燃烧后的废物排放大幅度降低。天然气目前处于发展期，有较大的发展优势。因此，从可持续发展的角度而言，天然气拥有巨大的发展潜力。当天然气的应用范围达到一定程度时，以煤的烟尘、煤与石油产品燃烧后排放的二氧化硫为主体的空气污染将得到有效抑制，城市空气质量将得到明显改善。节能减排、大力发展天然气等清洁能源，是中国实现低碳发展的重要途径。

以等热值比价为标准，2004 年以来，石油、天然气和煤的比例保持在 6∶2∶1 左右，与石油相比，天然气价格相对比较便宜，竞争力强，但与煤相比，价格上天然气并不占优势，特别是在化工方面（如化肥行业），更倾向于使用低价的煤作为原料；随着天然气使用的普及，天然气的价格也将升高，天然气在价格方面的优势将逐渐消失[26]。

随着市区对生活用煤的行政限制，将会促进城市居民使用天然气；天然气与液化气在费用方面相比，天然气可降低成本费用 50% 以上，并且比液化气使用更方便、更安全、更洁净。随着天然气产业链的不断发展，上游生产厂商越来越多，下游市场可供选择的供给商也越来越多，下游配气市场本身就是偏竞争的结构，这样天然气产业链各环节竞争性逐渐显现出来；中游管道逐步独立运营后，天然气的价格将由上游厂商和下游用户的直接竞争决定。

（2）天然气产业链的各环节要求整体紧密衔接。

基于天然气的自然属性以及天然气生产运输的特殊性，天然气产业链的上中下游之间有着密切的联系，各环节要求整体紧密衔接。天然气的勘探、开发及生产活动可以保证天然气资源的生产，即形成气源。但上游生产的天然气并不能直接供给用户，通常需要通过中游的管输或LNG运输环节才能最终到达下游市场，供给下游用户，大量用户形成下游市场的需求。管输环节不仅需要大量的资金投入，而且需要上游气源的储量支持以及与上游企业之间的长期契约来规避风险。天然气产业链下游的发展必须基于上游充足的气源供应和中游管线的建设。可见，天然气产业链上中下游之间既相互制约又相互促进，共同推动产业链整体的发展。

上游生产环节掌握着天然气产业的勘探、开发和生产等，是整个产业链供给的起点，如果上游生产环节不能保证充足的供给，整个天然气产业链的运行将会出现脱节，这表现在下游主要是"气荒"，比如2009年年底发生的供给不足，直接影响整个产业链的安全、平稳运行。

天然气在通常情况下呈气态存在，管道输送是陆上长距离运输最常见的方式，随着技术进步，还发展起来 CNG（Compressed natural gas）或 LNG（Liquefied natural gas）车载区域运输、LNG船运跨洋运输方式。采用LNG技术跨洋运输，离岸前和到岸后仍然是主要依托管网进行输配，LNG在接收终端气化后需要通过管道输送至用户。天然气调峰主要依靠储气库、可中断可转换用户和管道等，在不适合建储气库和可中断可转换用户缺乏的地区，通过管道进行调峰就有一定作用。如果中游管输环节不能将上游生产环节的天然气产量及时输送到目标市场，也会导致整个天然气产业链的脱节。

下游目标市场是天然气产业链发展的重要环节，下游市场的扩张，直接拉动着上游生产商增加供给，当然上游增加的供给需要额外的中游管输配合。

天然气产业链的成功运行需要三个环节整体良好衔接。上游的生产企业通过对天然气资源的勘探、开发和生产，或企业通过国际贸易购买LNG，然后利用中游管网输送到下游目标市场。有很多地方在下游市场，通常需地方配气公司再通过城市配气管网将天然气输送给终端用户。只有保证天然气产业链各个环节之间良好的衔接，才能保证整个产业链的平稳、可持续发展。

（3）天然气产业链的各环节衔接具有长期性。

天然气管道特别是长距离管道建设需要数百亿元的投资，而且运行周期很长，天然气市场上生产与消费的关系一经形成，也需要保持长期的相对稳定，因此天然气管道投资建设必须满足许多特定的条件。充足的天然气储量是投资新管道项目的必要条件。管道固定资产的摊销期可以长达20年或者更长，为了保证大型管道建设经济可行，必须有可靠的供气源，只有这样才能保证巨额投资的管道不处于闲置状态。

足够大的市场需求也是建设长距离管道的最重要的先决条件。目标市场必须可以吸纳管道输送的大量天然气，并保证下游市场用户具有一定的承受能力，保证足够长时间的需求，只有这样才能保证上游气田的天然气不滞销，同时保证中游管道的有效运行。

以当初西气东输一线管道建设为例，项目干线总长 3900 千米，供气年限为 30 年，年供气量 120 亿立方米。西气东输一线管道工程由两个盆地气田供气——鄂尔多斯盆地和塔里木盆地。国家储量委员会确认的鄂尔多斯盆地长庆地区 2001 年年底的天然气探明地质储量为 7500 亿立方米。西气东输一线管道的主供气源是塔里木盆地的库车—塔北地区，国家储量委员会确认的 2001 年年底的天然气探明地质储量为 5270 亿立方米，其中可采储量为 3720 亿立方米。该地区有一个储量 2500 亿立方米的大气田和 6 个年总产量达到 150 亿立方米的中型气田，可以保证每年 120 亿立方米的规模供气 30 年。西气东输一线管道的目标市场是中国经济发达的东部地区，其中又以长江三角洲地区为主要供气目标市场。迫于改善环境状况和提高优质能源的压力，东部沿海地区对于优质高效的天然气需求巨大，可以保证吸纳西气东输管线的天然气输送量。要保证西气东输管线 30 年的安全、稳定运行需要天然气产业链各环节的长期、有效衔接。

（4）天然气产业链气田开发和管道建设等具有规模经济性。

规模经济指在一定技术水平下随着生产能力的扩大，使长期平均成本下降的趋势，即长期平均成本曲线呈下降趋势。在某些情况下，生产一种商品所使用的技术或市场规模过小，会导致一个市场上只有一个企业或只有很少几个企业。任何企业进行生产时，总会面临生产成本问题，如果企业的单位生产成本相对过高，会使其处于竞争的劣势地位。但是，企业的生产成本并不是固定不变的，除了技术和其他因素的作用，即使在相同的条件下，企业的单位生产成本往往也可以随着总产量的增加而趋于下降，原因在于当企业的总产量不断扩大时，原先的固定成本被逐渐摊薄，这在固定成本投资较大的企业中表现得尤为明显。

天然气产业链是需要巨额投资的，它的构建必须要有大量的前期投资用于天然气的勘探开发、运输、储存和配送，这不是一个小企业或者单个企业可以承受的。以西气东输一线管道为例，西气东输一线项目当初投资预计为

1480亿~1500亿元，其中主要部分的气田勘探开发投资约274亿元，输气管道投资约477亿元，支线管道投资约19亿元，下游用气市场投资约661亿元等。如果两家配气企业在一个城市的每一条街道上同时铺设管线，其中一家配气企业把燃气输送到一家用户，而另一家配气企业则负责隔壁另一家用户的燃气输送，这将严重缺乏效率。庞大的固定资产投资和重复建设的无效率决定了天然气产业链具有规模经济性。

（5）天然气产业链上游资源具有高度不确定性。

天然气产业链上游资源的不确定性主要表现在三方面。第一个表现是储量的不确定性，包含两层含义：一是勘探活动发现气藏的不确定性，即资源是客观存在的，但是人们不能确切地知道何时何地能够发现，而且通过生产实践的活动及理论上的分析和推理，大致上也只能够知道它的概率分布规律；二是已发现气藏储量的不确定性，这是由地下资源固有的特点所决定的，人们不可能对地下资源的赋存状态完全把握。第二个表现是与其他能源勘探环节的周期相比，天然气勘探周期相对较长，一般长达6~8年。由于工作对象高度分散、技术经济不确定、建设周期较长，在一定程度上增加了天然气勘探开发的不确定性。第三个表现是在地质储量一定的情况下，最终开采出来的资源量取决于开采方案。众所周知，地下的油气资源是不可能完全开采出来的，而开采方案中所涉及的技术、开发策略等问题的不确定性，也是天然气资源不确定性表现的一方面。

（6）天然气产业链下游市场具有波动性。

天然气产业链下游市场对于天然气的需求量会因为时间和温度的不同而产生波动。以城市燃气为例，城市燃气的应用状况具有不均匀性，包括季节、月、日和小时的峰谷波动。但上游天然气的供应是相对均匀的，很难按照用户用气负荷的变化而随时调节，这就会产生波动性化解难题。

城市天然气负荷受气候变化以及社会生活习惯的影响，具有明显的以12个月为周期的季节性变动的特征。特别是对于中国北方地区城市，冬夏温度差异较大，各月间用气量很不均匀。随着天然气用气规模的扩大，用气量的季节性波动也将逐步增大，特别是采暖用气的增长加大了波动的剧烈程度。工程上常用月不均匀系数表示月用气工况，其定义是某月的日平均用气量除以全年日平均用气量的比值。即使现有的调峰设施可以满足一般的季节调峰的需求，但是日气温变化、大型用户用气量调整、特殊大型活动等因素也将引起城市天然气日供应量存在大量缺口，而且由于中午温度高、早晚温度低和生活炊事用气等原因和其他偶然性因素还会带来时段用气的波动。

另外，季节用气差别和日用气差别导致波动存在的同时，天然气产业链快速发展阶段不断变化的用气结构也会增加下游市场的波动。

（7）天然气产业链下游部分用户具有需求刚性。

天然气产业链下游用气结构主要包括城市燃气、工业用气、发电用气和化工用气四大类，其中城市燃气又包括居民用气、商业用气和 CNG、LNG 汽车用气以及一些城市小型工业企业用气。

进入 21 世纪以来，中国天然气用户消费结构发生了明显的变化，其中以城市燃气的增长最为迅速，这主要表现为居民燃煤的替代和城市建筑群对于分布式能源的逐步应用。天然气由于其优质、高效、清洁等众多优点已被人们普遍接受，对于人们来说，天然气就是当前物美价廉的清洁生活能源，尤其是烹饪、烧水等生活用气，国家优先保证居民用气；城镇化建设步伐的加快，大量新建楼盘和商业用房都需要天然气来保证能源供给，从而使得居民用气和商业用气需求量激增；与汽油动力相比，天然气汽车具有排放量少、环境污染程度低等特点，同时，天然气汽车在安全性能、经济性能和维护成本等方面具有较大优势，作为城市交通工具而言，有着非常重要的意义，这使得天然气汽车发展极为迅速，这也增加了对天然气的需求。这些用户，特别是居民用户，相对而言一旦使用上方便、价廉的天然气，要中断或减少供应是非常困难的。由于涉及民生问题，政府也往往会要求强制优先保证其用气量，其需求具有极强的刚性。

工业用气比较稳定，而且是能源消耗大户，同时也是天然气需求大户，直接关系着下游市场的开拓和对环境污染的程度。天然气燃烧效率高，有利于工业企业减少污染，这使得工业用气刚性也较强。

（8）天然气产业链下游市场的居民用气具有民生特征。

随着国内基干天然气管网的形成和区域支线管网的不断完善，天然气市场覆盖区域越来越广阔。2014 年 11 月 19 日国务院办公厅印发《能源发展战略行动计划（2014—2020 年）》，该计划中提出：坚持增加供应与提高能效相结合，加强供气设施建设，扩大天然气进口，有序拓展天然气城镇燃气应用。到 2020 年，天然气在一次能源消费中的比例提高到 10% 以上，城镇居民基本用上天然气。随着城市化进程的加快和环境保护力度的提高，天然气逐渐成为城市能源的主角。2012版《天然气利用政策》要求明确天然气利用顺序，保民生、保重点、保发展，按照天然气利用优先顺序加强需求侧管理。其中城市燃气列入优先类，具体包括：城镇（尤其是大中城市）居民炊事、生活热水等用气；公共服务设施（机场、政府机关、职工食堂、幼儿园、学校、医院、宾馆、酒店、餐饮业、商场、写字楼、火车站、福利院、养老院、港口、码头客运站、汽车客运站等）用气；天然气汽车（尤其是双燃料及液化天然气汽车），包括城市公交车、出租车、物流配送车、载客汽车、环卫车和载货汽车等以天然气为燃料的运输车辆；集中式采暖用户（指中心城区、新区的中心地带）；燃气空调。

2004年入冬以后，大面积"气荒"相继席卷了河南、天津、陕西、重庆等数个省市，百姓用气压力不足，对普通民众的生活构成一定影响。其中，极个别地区出现居民用户采暖用气受限制，出租车用户加不上气等状况，严重影响了居民生活质量[27]。

2009年1月7日上午，俄罗斯曾完全停止向乌克兰境内天然气管道送气，"断气"共对欧洲18个国家造成了严重影响。这些国家对俄罗斯的天然气供应有着不同程度的依赖，其中依赖程度最严重的保加利亚在一些地区出现了不同程度的"断气"局面，几个欧盟国家甚至因为天然气短缺宣布进入"紧急状态"。保加利亚等商店里的电暖气也销售一空，大量的保加利亚人涌入公众场所，如咖啡店和夜总会，用群聚和跳舞取暖；而在北欧，许多老派的欧洲人恢复劈柴引火，围炉而坐。

"气荒"和"断气"严重影响人们的日常生活，尤其是城市燃气供应出现问题时，做饭、洗澡、取暖等与人民群众切身利益相关的活动都受到影响，天然气的民生特征凸显。近年来，中国居民用气绝对量和相对量增长都很迅速，居民用气已经成为城市居民的主流能源，直接关系人们的生活质量。

从表1.5中可以看出，2014年居民用气量达到342.6亿立方米，远远超过1995年全国天然气消费总量，占天然气当年消费总量的比例也已经达到18.33%，这说明居民用气不论从绝对需求量还是相对需求量来说，都已经很大，一旦出现断气现象，将大范围影响用气居民的日常生活。随着城镇化水平的提高和城市环保意识的提升，城市燃气的绝对量和相对量仍将持续增长，居民用气的稳定供应与否，对整个社会的和谐发展起到至关重要的作用，居民用气的民生特征将更加明显。

表1.5　1995年、2000—2014年中国居民用气消费情况

Table1.5　Residential consumption of natural gas in China, 1995 and 2000—2014

年份	生活消费（亿立方米）	天然气消费总量（亿立方米）	居民用气所占比例（%）
1995	19	177	10.73
2000	32	245	13.06
2001	42	274	15.33
2002	46	292	15.75
2003	52	339	15.34
2004	67	397	16.88
2005	79	466	16.95
2006	103	573	17.98
2007	143	705	20.28
2008	170	813	20.91
2009	178	895	19.89
2010	227	1080	21.02
2011	264	1341	19.69
2012	288	1497	19.24
2013	323	1705	18.94
2014	342.6	1868.9	18.33

资料来源：国家统计局能源统计司，《中国能源统计年鉴2015》。

注：2010年起包括液化天然气数据。

1.2.2　天然气产业链结构及类型划分

（1）天然气产业链结构的含义。

结构是指构成某一系统的各要素之间的内在联系方式及其特征。产业链结构是指产业链节点企业之间根据资源和需求状况的不同，形成一种结构比例关系和内在交易关系，即构成产业链的卖者（企业）之间、买者（企业或消费者）之间、卖者与买者之间的结构比例关系和内在交易关系，简言之，就是产业链是如何被组织起来的[28]。天然气产业链结构则是指围绕天然气的勘探开发、生产、运输、存储、利用以及提供相应配套服务的产业链节点企业之间的结构比例关系和内在交易关系，反映了天然气产业链的组织方式。

(2)天然气产业链结构的特征。

①天然气产业链上游结构具有可竞争性和产业集中度高的特征。天然气产业链的上游是可竞争的,一方面天然气资源的丰度决定了上游市场企业可容纳的数量;另一方面,区域间的天然气贸易使得上游供气来源多元化,从而形成竞争。产业集中度高强调了天然气的勘探开发具有一定规模经济的特点,再加上天然气资源丰度的制约,决定了上游具有集中度高的特征。

②天然气产业链中游结构具有自然垄断性和网络性的特点。具有自然垄断性和网络性特征的主要是天然气管网,自然垄断性决定了管网领域由少数运营商经营优于多家运营商经营,网络性是天然气管道联网后的重要特征,它决定了多生产商向多用户实现交易的基础条件。

③天然气产业链下游结构具有用户多、差异大的特点。天然气产业链下游用户总体上包括工业用户、发电用户、商业用户、居民用户以及其他类型的用户,往往数量众多。由于天然气既可以作为燃料也可以作为化工原料,不同用户对天然气的需求特征不同,差异性较大。

④天然气产业链具有整体竞争、局部垄断的特点。天然气产业链整体上具有竞争性,这包括两个方面,一是来自石油、煤炭、电力等替代能源的竞争;二是天然气产业链自身纵向和横向节点企业间的竞争。部分环节具有自然垄断性主要是指天然气干线管道(网)和配气管网等环节。

(3)天然气产业链结构的类型划分。

根据天然气产业链结构的不同,本书将天然气产业链划分为竞争型天然气产业链和垄断型天然气产业链两种主要类型。根据各国天然气产业链发展的经验,垄断型天然气产业链又包括管道公司兼营天然气配售及运输和管道公司售运业务拆分这两种情况,竞争型天然气产业链又包括局部竞争型和整体竞争型这两种情况。各国天然气产业链结构的实际情况介于这几种理论划分结构类型之间。

参考《不列颠百科全书》对于市场是垄断还是竞争的定义:垄断是由一种产品或服务的供应商单独占有一市场,而其产品或服务无可替代。在此情况下,供应商可以决定其产品或服务价格而不必担心其他来源的竞争或替代产品。一般认为供应商会选择能获得最高利润的价格。竞争是指在市场中有多个供应商提供产品或服务,而这种产品或服务是同质的。在此情况下供应商不能决定其产品和服务的价格,只能接受由市场决定的竞争性价格。

①典型垄断型天然气产业链结构。

在典型垄断型天然气产业链结构中,天然气企业既是上游的天然气生产商,也是中游天然气管道经营商,兼营天然气的销售和运输,同时也是下游的城市燃气企业,负责给居民用户、商业用户、工业用户和发电用户配售天然气。即整个天然气产业链上的生产、运输、销售、配送均为同一公司的不同业务,天然气企业对整个天然气产业链具有垄断力量,如图1.14。

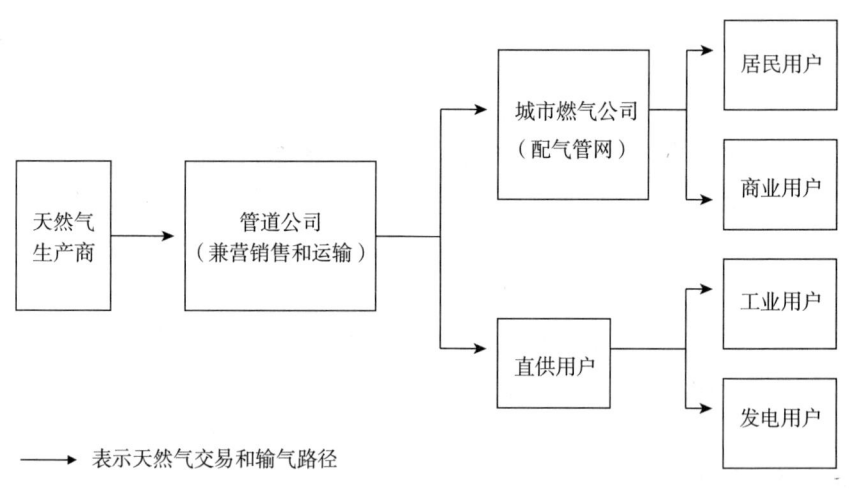

图 1.14 典型垄断型天然气产业链结构

Fig. 1.14 Typical monopoly natural gas industrial chain structure

②优化的垄断型天然气产业链结构。

在优化的垄断型天然气产业链结构中,天然气企业将原来天然气产业链中的销售环节分离出来,由天然气销售商负责,其他环节仍然由其本身经营;这样就在部分环节优化了垄断型天然气产业链结构。与典型垄断型天然气产业链结构不同的是销售环节不再隶属于天然气企业,在这一天然气产业链结构中,天然气企业对除了销售以外的产业链其他环节实现垄断,如图1.15所示。

根据竞争型结构形成过程的特点,竞争型天然气产业链结构可以分为优化局部竞争型天然气产业链结构和整体竞争型天然气产业链结构,其中,优化局部竞争型天然气产业链结构属于一种暂时的过渡结构。

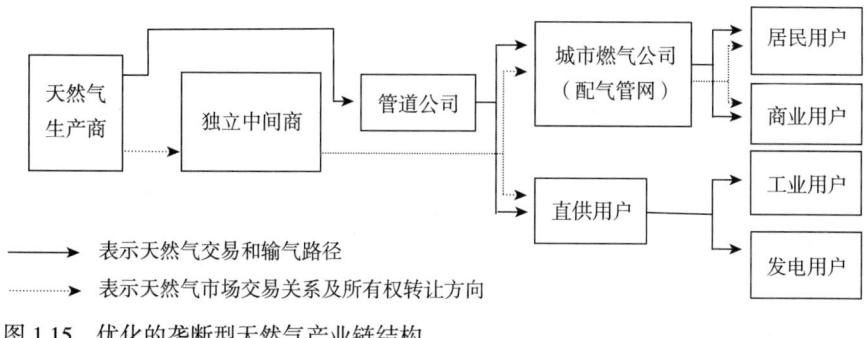

图 1.15 优化的垄断型天然气产业链结构

Fig. 1.15 Optimized monopoly natural gas industrial chain structure

③优化局部竞争型天然气产业链结构。

a. 优化局部竞争型天然气产业链结构Ⅰ。在优化局部竞争型天然气产业链结构Ⅰ中，负责经营天然气管道的公司负责兼营天然气的销售和运输；同时在天然气产业链上、中、下游的某个阶段拥有许多天然气企业，在这个阶段形成竞争性市场；但在其他阶段则仍是由某个天然气企业垄断经营，从而形成优化局部竞争型的天然气产业链结构Ⅰ。即优化局部竞争型的天然气产业链结构Ⅰ仅在上、中、下游某一阶段实现竞争，其余阶段仍被天然气企业垄断。优化局部竞争型的天然气产业链结构Ⅰ如图 1.16 所示。

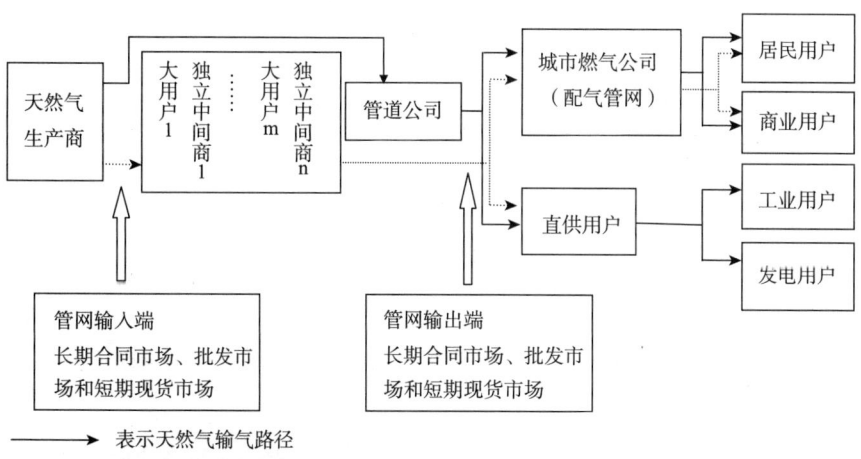

图 1.16 优化局部竞争型天然气产业链结构Ⅰ

Fig. 1.16 Optimized local competitive natural gas industry chain structure I

b. 优化局部竞争型天然气产业链结构Ⅱ。在优化局部竞争型的天然气产业链结构Ⅱ中，天然气的销售和运输是分开的，管道公司拥有较少的经营商；在天然气产业链上、中、下游的某个或某几个阶段拥有许多天然气企业，在这个阶段形成竞争性市场；但在其他阶段则仍是由某个天然气企业垄断经营，从而形成优化局部竞争型的天然气产业链结构Ⅱ，如图1.17所示。

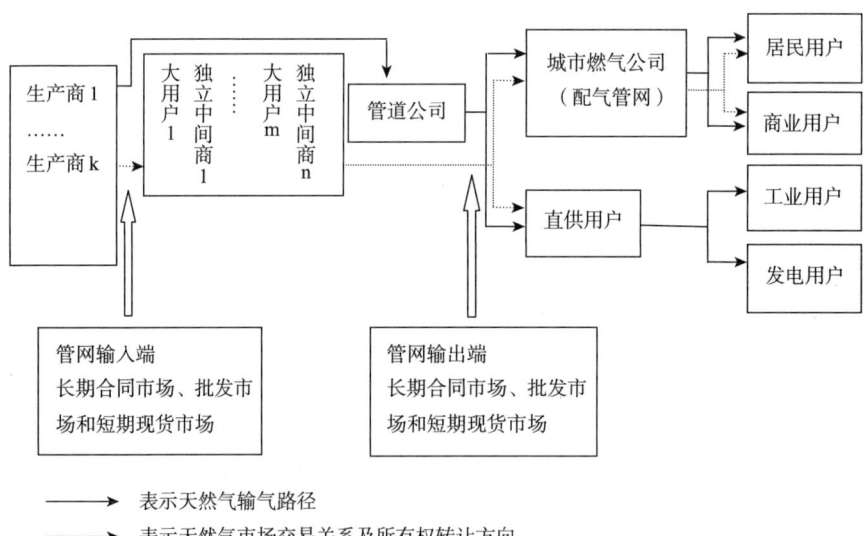

图1.17 优化局部竞争型天然气产业链结构Ⅱ

Fig. 1.17 Optimized local competitive natural gas industry chain structure Ⅱ

④整体竞争型天然气产业链结构。

如图1.18所示，在整体竞争型天然气产业链结构中，天然气产业链的上、中、下游都是竞争型的，从天然气的生产到运输、销售、配送，任何一家天然气企业都不是某一阶段的垄断厂商，从而逐渐在各个阶段形成竞争性市场。

在本书，北美和欧洲地区天然气产业链被认为属于竞争型天然气产业链；亚太地区天然气产业链被认为属于垄断型天然气产业链。

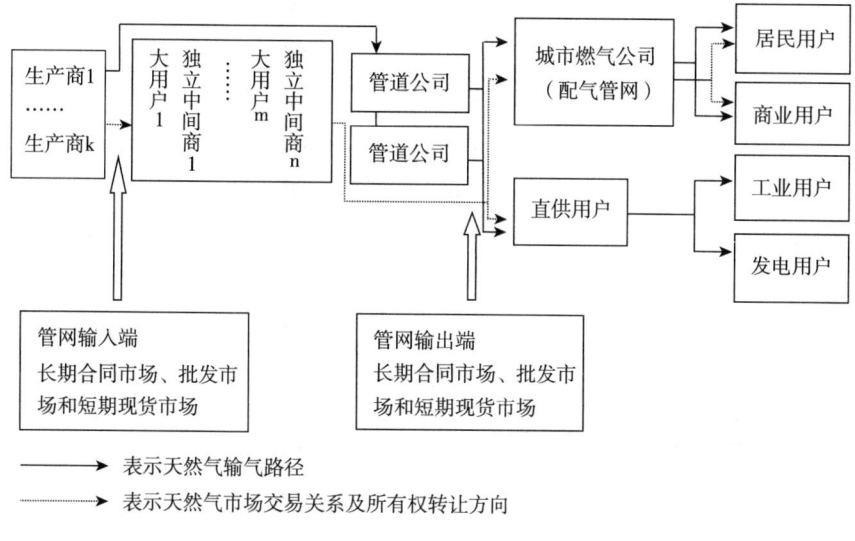

图 1.18　整体竞争型天然气产业链结构

Fig. 1.18　Overall competitive natural gas industrial chain structure

（4）天然气产业链上、中、下游的子结构特征。

天然气产业链整体结构包括上、中、下游三个主要的子结构。其中上游子结构中包括的市场主体主要有天然气勘探开发生产商（统称为天然气生产商）、天然气净化服务商、设备研发和供应商、技术支持和咨询商等；中游子结构中包含的市场主体主要有管道运营商、LNG 运输商、天然气存储商以及其他提供技术服务和咨询的企业；下游子结构中包含的市场主体主要由独立中间商和众多的天然气用户构成，包括工业用户、发电用户、居民用户和商业用户等。

天然气产业链上游主要由天然气生产商等构成。天然气生产商勘探开发、生产天然气，并以出厂价将天然气出售给大用户或中间商，也可能出售给管道公司或生产商自己的销售公司。在天然气产业链发展的成熟阶段，生产商通常与大型用户或独立中间商以"照付不议"的合同、甚至现货方式直接进行天然气交易。从各国天然气开发利用的历史来看，在产业链发展的引入阶段，上游往往由国有企业或个别大公司垄断经营，一方面由于勘探开发存在技术壁垒；另一方面，生产环节总体上投入大、风险高，阻碍了潜在的进入者。当天然气产业链发展步入成熟阶段后，在潜在竞争者和政府打破垄断努力的双重作用下,上游的垄断结构将被改变,实现从垄断走向竞争。

当上游天然气生产商处于垄断地位时,为了实现利润最大化,理论上会按照边际成本等于边际收益的原则来安排产量,并收取垄断价格,而且由于下游市场用户是可识别的,垄断的天然气生产商还可以通过实施价格歧视来更多占有消费者的剩余。当垄断的上游结构被打破时,竞争使得天然气生产商更多考虑市场价格后,按照边际成本来定价,从而提高了天然气产量,降低了价格。

天然气产业链的中游主要由管道公司、LNG运输商和天然气存储商等构成。从各国的历史来看,天然气产业链发展的引入阶段,管道公司兼营销售业务和管输业务,既充当批发商又是管输服务的供应商。随着政府监管方向的转变,将迫使管道公司将销售业务和管输业务分离。在天然气产业链的成熟阶段,大用户、独立中间商与天然气生产商之间相互竞争,根据自己议价能力的不同,以出厂价向生产商购买天然气,并向管道公司购买管输容量,委托管道公司提供输气服务。在生产商和独立中间商之间形成了批发市场,在独立中间商和下游用户之间形成零售市场。由于产业链的批发和零售环节竞争加剧,独立中间商制定的天然气销售价格将趋向于边际成本,部分避免了垄断结构下双重加价产生的社会福利损失。

管输环节具有明显的自然垄断性。这里的管线主要是指跨区域的长输管线和进入城市配气管网之前的支线以及直供用户的支线等。无论是天然气产业链发展早期,还是成熟期,管输环节始终具有垄断性。该环节或者由国有企业统一经营,或者是由少数几家管道公司分区域经营,但由国家监管机构统一监管,包括管输费率、第三方准入等。管道公司一般不具有定价权,管输费受政府严格监管。

天然气产业链下游主要由独立中间商、天然气零售商和各类终端用户等构成。独立中间商包括从天然气生产商处购得天然气并从事批发业务的批发商和贸易商以及在期货市场上的投机商等。零售商同属于独立中间商的范畴,其也通过买入卖出获得收益,典型的天然气产业链下游零售商是城市燃气公司。城市燃气公司通过城市配气管网向用户端供气,并按照流量收取气费。天然气产业链发展早期,城市管网配气和销售业务不分离,但天然气产业链成熟的一个特征就是分离垄断环节,使可以竞争的环节放开竞争,因此城市配气管网的一个趋势就是实现配气和销售业务分离,使终端用户能够自由选择天然气供应商。如天然气产业链发展较为成熟的美国市场，其大约有二十几个州已经实现了配气和销售业务的分离。城市配气管网是具有自然垄断性的，一方面政府对最终入户的天然气价格实施价格监管，另一方面，配气业务和销售业务的分离将导致更多的零售商进入市场，从而加剧竞争。

下游用户主要包括工业用户、商业用户、发电用户和居民用户等，其中大部分用户需要通过城市配气管网实现供气，一小部分大型用户，由于其具有稳定的需求，往往选择直供的方式连接主干管线，直接向生产商或批发商购气。上述四类用户的比例结构因特定区域的供气充足度、气价以及国家相关政策的差异而不同。大多数情况下，民用天然气被鼓励，占据一定比例。总体上，下游用户对天然气需求弹性较小，特别是短期内消费呈刚性。

1.2.3 天然气产业链的发展阶段划分

国际各区域天然气产业链的形成和发展一般可经历四个阶段：引入阶段、发展阶段、成熟阶段和衰退阶段。这四个阶段是顺延承接的关系，进入各主要阶段前可能经历一定的过渡阶段。发展阶段又可细分为快速发展阶段和稳定发展阶段。

从北美和欧洲地区天然气产业链发展历程可以看出，目前的区域性天然气产业链的发展基本上都经历过三个阶级，即引入阶段、发展阶段和成熟阶段。在每一个阶段，都具有一些共同的特征。本书依据天然气在一次能源中的地位、输气管网的规模、储气库的数量、消费市场的大小和政府的监管等指标划分天然气产业链的发展阶段，具体天然气产业链发展不同阶段各项指标对比如表1.6所示。

在天然气产业链的引入阶段，天然气在国民经济和一次能源结构中处于次要位置。虽然有大型气田发现，但天然气基础设施薄弱，没有跨地区间的管道。天然气消费市场有限，基本上是就地利用，主要用于油田生产和一些工业用户，城市民用仍以煤气或者其他燃料为主。在政府规制方面，没有全国统一的天然气产业链法律，只有一些地方法律。政府监管水平低下，没有专门的主管部门对天然气产业链进行统一监管。

天然气产业链发展阶段是以跨地区远距离管道建成为转折点。在该阶段，天然气在国民经济和一次能源消费结构中的地位显著提高，同时跨地区远距离管道建成，基础设施建设速度加快。天然气消费量迅速增长，市场向周边和全国延伸,市场范围为多个不同的区域市场,逐步相互联系。在城市民用方面,天然气逐渐取代煤气。在管制方面,政府制定全国统一的天然气产业链法律,同时成立专门的部门来统一监管天然气产业链。

以多气源、多用户的全国性天然气管道网络形成为标志,天然气产业链由发展阶段进入成熟阶段。这时天然气在一次能源消费结构中成为主要能源,天然气基础设施高度发达,输气干线、配气管线及储气设施形成网络,形成一个相对稳定的天然气产业链下游市场。天然气消费结构比较合理,天然气成为主要能源,特别是成为城市民用的主要能源。政府对天然气产业链高度重视,形成合理、有效的监管。

目前,国际各区域天然气产业链还没有进入衰退阶段的,这里不再赘述。

表1.6　天然气产业链发展不同阶段各项指标对比

Table1.6　Comparison of indexes of natural gas industry in different periods

阶段	引入阶段	发展阶段	成熟阶段
在能源中的地位	次要地位	地位显著提高	主要能源
管道输送	无跨地区管道	有跨地区管道	全国性管网
下游市场	就地利用	区域性市场	全国性市场
城市民用	煤气	逐步取代煤气	普及天然气
储气库的数量	无	少	较多
政府的监管	缺乏监管	专门的部门监管	合理有效的监管

1.2.4　国际天然气产业链的区域划分

从国际天然气勘探、开发、生产、运输、贸易和消费分布可以看出,天然气产业链具有较强的区域性,而且天然气产业链发育程度差异比较大。本书对国际天然气产业链区域的划分依据以下几个原则:

首先要地理区域相邻。由于天然气资源禀赋的不同,不同地理区域的天然气产业链上游发展状况不同。虽然全球LNG市场发展迅速,但是管道运输依然是天然气转移运输的主要方式,已有天然气管道和再建天然气管道的限制,使得地理区域相邻成为划分国际天然气产业链下游区域市场的第一个要素。如果地理不相邻,市场的划分就会过多、过杂,天然气产业链下游市场的开拓就无从下手。

其次是区域内拥有完整天然气产业链。从产业链上游来看,区域内拥有相对丰富的天然气储量和生产能力；从产业链中游来看，拥有覆盖全区的管输网络或者LNG运输和接收设施；在产业链下游，拥有较集中的天然气消费市场和较强的消费能力，天然气消费结构相似。

最后是区域内经济发展程度相近。经济发展程度差异较大的地区，不同的经济发展水平、经济结构、城市化进程，以及面临的环境和能源局面的不同，其天然气的需求以及天然气产业链的发展战略也就存在较大差异，市场开拓也就不宜采取相同或者相近策略，导致无法形成区域性的下游消费市场。

通过对当前国际天然气产业链的相关资料研究，可以发现国际天然气产业链在发展程度不均衡的情况下，又呈现出明显的区域性，每个区域发展的程度和特征都有各自的特点。以天然气管网建设为例，目前北美和欧洲已经经历了管道发展高峰期，形成了北美输气管网、欧洲及欧亚大陆天然气管网和北非至欧洲的洲际管网。亚太地区则面临着主要输气干线管道建设的快速发展期。以产业链上游资源的分布、产业链中游管道的走向、管网完善程度和产业链下游消费市场的类型为基础，按上述原则，可将国际天然气产业链划分为北美地区、欧洲地区（包括欧亚大陆）、亚太地区这三个有代表性的区域来研究。北美地区、欧洲地区、亚太地区天然气产业链涉及的主要国家如表1.7所示。

表1.7　北美地区、欧洲地区、亚太地区天然气产业链涉及的主要国家及地区

Table 1.7　Main countries and regions involved in natural gas industry chain in North America, Europe and Asia Pacific

北美地区	美国、加拿大、墨西哥
欧洲及欧亚大陆	奥地利、阿塞拜疆、白俄罗斯、比利时、保加利亚、捷克共和国、丹麦、芬兰、法国、德国、希腊、匈牙利、爱尔兰、意大利、哈萨克斯坦、立陶宛、荷兰、挪威、波兰、葡萄牙、罗马尼亚、俄罗斯、斯洛伐克、西班牙、瑞典、瑞士、土耳其、土库曼斯坦、乌克兰、英国、乌兹别克斯坦、其他欧洲及欧亚大陆国家
亚太地区	澳大利亚、孟加拉国、中国、中国香港、印度、印度尼西亚、日本、马来西亚、新西兰、巴基斯坦、菲律宾、新加坡、韩国、中国台湾、泰国、越南、巴布亚新几内亚、文莱、其他亚太地区国家

其中，在天然气产业链及区域定价中有重要作用的国家为北美地区的美国、加拿大；欧洲地区的英国、荷兰、德国、丹麦、俄罗斯等；亚太地区的中国、日本、新加坡等。

1.3 国际天然气区域定价中心分析

1.3.1 国际大宗商品定价中心及基本内容

目前,国际市场几乎所有的大宗商品都已经形成一个定价中心,全球主要的国际期货交易场所均设在欧美发达国家,可以说英美两国的原材料期货市场主导了全球石油、金属、农产品等大宗原材料的定价权。如大多数原油交易以纽约商业交易所(NYMEX)的原油价格作为定价基准;农产品贸易以芝加哥期货交易所(CBOT)的农产品价格作为定价基准;金属交易以伦敦金属交易所的有色金属价格为定价基准;燃料油交易以新加坡普氏公开市场价格(PLATT)为定价基准。

大宗商品主要指用于工农业生产与消费的大批量买卖的物质商品,主要包括三类:一是黄金、原油等金融属性强、避险保值功能强的商品;二是以有色金属为代表的工业品,如铜、铝、镍、锌、铅、锡等;三是农产品,如大豆、玉米、小麦、橡胶、糖、棉花等。所谓商品的定价机制,就是确定商品进出口贸易的交易价格模式。定价权是指企业对其产品价格制定拥有主动权,若改变产品定价不会对需求产生过大的负面影响。商品的定价机制与定价权紧密相关,其内容包括商品中潜在的或普遍认可的定价规则和贸易双方所确定的或参考的基准价格。目前在大宗商品的国际贸易中,主要有两种定价方式:一是对于有着成熟期货品种和发达期货市场的初级产品来说,其价格基本上是由最著名的期货交易所的标准期货合同价格决定,如纽约商品交易所(NYMEX)的 WTI 原油期货价格,伦敦金属交易所(LME)的三月铜期货价格等;二是对于尚未得到广泛认可的期货品种和期货市场的初级产品,其价格由市场上的主要买方和卖方每年谈判达成。

由于期货市场产品的多样性以及高流动性,大宗物资的交易基本上都是在期货合约的交易基础上实现的。通过期货市场进行大宗物资的交易,不仅速度快、手续简便,而且在很大程度上不需要担心交易对象的质量、规格等问题,对于大宗实物交易而言,期货市场提供了极大的方便。期货市场为投资者提供了规避风险的工具,通过期货市场预测资产的供需形势和价格走势,政府和企业可以更成功地进行宏观调控和微观决策,以实现资源的优化配置。合约交易双方通过期货市场交易,在一个生产周期开始之前,就使买卖双方根据期货价格预期未来的供求状况,从而指导生产和消费,起到了稳定供求的作用。由于投机者的介入和期货合约的多次转让，使买卖双方应承担的价格风险平均分散到参与交易的众多交易者身上，减少了价格变动的幅度和每个交易者承担的风险，实现了套期保值，在很大程度上避免了现货价格周期性波动带来的风险，保证了生产经营活动的可持续发展。

随着大型现货市场发展，高流动性的金融衍生市场也发展起来并且在形成市场价格方面起着重要作用[29]。现货和金融市场交易在价格发现功能上互相加强，大型生产商和消费者相互议价，从而形成原油价格由市场决定的现货和期货价格。单纯的远期合同贸易具有无法弥补的缺陷："首先是远期合约的规范化程度比较低，每次交易都必须另行磋商，不仅交易手续烦琐，而且也增加交易成本。同时，它还存在着一定的信用风险，成交之后的合约转手买卖也不易，并不能完全达成转移价格风险的目的[30]。"因此将贸易基准价格与定价中心挂钩是国际贸易发展的要求。陈玉财（2009）认为："大宗商品定价中心及定价中心形成的价格是不从属于或服务于某一特定主体的，定价权属于所有期货市场的参与者，单一机构无法控制整个期货市场的价格，定价中心的实质是发展层次高并具有国际影响力的期货交易市场。"[31]因此，发展天然气自由交易市场是建设定价中心的重要前提。

1.3.2 国际天然气区域定价中心形成及界定

天然气区域定价中心是一个物理或虚拟的交易平台，该平台通过大量交易发现现货与期货市场价格，并吸引区域内天然气交易以此价格作为参考基准。随着区域天然气产业链从发展阶段走向成熟阶段，区域管网覆盖范围广泛，输送能力增强，天然气供给与需求量变大，这增加了该区域对天然气交易的需求；同时，推动政府管制改变，从价格管制转变为限制垄断，实现第三方准入，解除捆绑，促进天然气产业链走向竞争，增加市场参与者[32-35]。当整个区域天然气产业链出现了大量市场参与者，天然气交易需求激增，便需要一个可供各方交易的中心（地点或平台），该平台需要具备以下条件：天然气资源丰富，基础设施完善，管网运输系统发达，市场开放，交易信息公开透明[36-37]。以此吸引大量市场参与者进行天然气的交易，从而形成反映天然气市场供求关系的竞争性价格。经过一段时期的发展，当市场参与方交易量足够多时，中心价格能够客观公允地反映市场供求状况。但这种现货交易方式无法避免长期的供需风险敞口，许多用户从稳定供需出发，仍将签订不同类型的长期合同。但长期合同缺点是时间过长，合同条款不灵活，部分市场参与者为了规避风险，会选择使用天然气期货合约进行对冲。这便促进了区域天然气期货市场的发展，随着金融机构的介入，各种金融组合产品的出现，例如远期、期货、掉期、期权等合约，为形成稳定、可预期的天然气交易价格提供市场信号。这种通过在虚拟或物理交易平台大量交易的现货与期货市场价格，吸引区域内天然气交易以此作为参考基准，成为天然气产业链区域定价中心。

天然气产业链区域定价中心是区域天然气产业链发展的结果。首先，从区域产业链结构来看，竞争型天然气产业链结构下的市场具有开放性与竞争性，大量市场参与者之间的竞争关系确保天然气定价中心的价格最大程度上反映市场供求状况[38-39]。其次，从区域产业链发展阶段来看，处于成熟阶段的区域天然气产业链其天然气供给与需求量大，交易需求多。区域拥有覆盖面积广与输送能力强的管网设施，能够产生交易双方进行现货交易的物理交割点，并能随着交易量的发展产生一个信息透明、成熟的期货市场交易平台[40-41]。但这并不意味着只有成熟阶段的区域产业链才能形成天然气产业链区域定价中心。由于处于产业链快速发展阶段的国家，可以充分发挥政府作用，在交易中心建设初期，由政府扶持进行基础设施投资、建立和规范市场交易规则、设立税收激励机制等刺激市场交易的政府行为，为处于萌芽状态的天然气交易中心指引了前进方向。作为天然气产业链区域定价中心的初级形态，随着交易中心不断发展成熟，政府的角色也要完成从管制者向仲裁者或监管者的调整，促进天然气产业链结构进一步走向竞争，促进天然气产业链区域定价中心的形成[42]。

1.3.3 国际天然气区域定价中心构成及特点

目前，全球天然气市场主要分为北美、欧洲和亚太三大区域市场，其中，北美地区和欧洲地区已形成区域性天然气定价中心。根据对这两大天然气定价中心的研究，发现天然气区域定价中心一般由以下几个要素构成：现货交易市场、期货平台、容量交易市场、天然气基础设施、信息管理平台以及监管体系。

现货交易市场是天然气区域定价中心的主要交易场所，也是期货合约的交割地。它是指以固定气量和价格进行的30天以内（最长不超过3个月）

的短期交易。交易可以通过经纪人或不通过经纪人，由交易双方直接谈判达成，之后双方签订一份简短的天然气现货交易合同，或者是书面形式迅速确认[43]。天然气现货交易始于美国。20世纪70年代末，美国天然气管制刚有所松动便开始了天然气现货交易。随着天然气现货交易量的增加和天然气管道的发展，美国和西欧以输气管道枢纽为核心逐渐发展建立了大量天然气交易中心，进行规范的天然气现货交易。其中，美国路易斯安那州的亨利中心和英国的国家平衡点 NBP 是全球天然气市场最知名的两个天然气交易中心。它们不仅是美国和英国天然气期货的法定交割点，而且其天然气现货交易价格已成为北美地区和欧洲地区天然气交易价格的参考基准，是进口管道气和 LNG 的定价依据之一。

期货交易平台是天然气区域定价中心重要的构成要素之一。一个区域的天然气交易基准价格体系的产生和发展背后都拥有成熟的期货交易市场，而市场背后的交易所和报价机构则是推动天然气基准价格发展的决定性力量。以美国亨利中心为代表的北美天然气区域定价中心的期货交易平台是纽约商品交易所 NYMEX（New York Mercantile Exchange），1990 年，纽约商品交易所推出了北美的亨利中心价的天然气期货交易，NYMEX 的天然气期货合约自 1990 年 4 月上市以来，成交逐渐活跃，美国亨利中心定价中心是 NYMEX 天然气期货合约的交割地。另外，由于天然气价格的易变性，市场需要发展亨利中心和美国、加拿大进口天然气市场的价格关系，因此 NYMEX 推出一系列互换期货合约[44]。由于期货交易和持仓的发展，NYMEX 天然气期货价格已成为北美地区天然气的基准价格。以英国 NBP 为代表的欧盟天然气区域定价中心的期货平台有多个，主要的商品交易所洲际交易所 ICE、欧洲能源交易所 EEX 交易所和欧洲大陆能源交易所 ICE-Endex 都推出了 NBP 天然气交易合约。经过数十年的培育，这两大天然气期货交易平台已经成为天然气定价中心发挥作用不可或缺的要素。

容量交易市场是天然气区域定价中心的特色，它有别于其他大宗商品定价中心。其产生交易主要是由于天然气自身属性——天然气产品在通常情况下呈气态存在，决定其管道输送和 LNG 船运的运输方式，由于管道和 LNG 接收站建设具有自然垄断性质，天然气产业链中游资产的专用性特征决定了在近乎完全竞争的天然气区域定价中心市场交易中，天然气管道、LNG 接收站的所有权和使用权必须分离，即实现第三方无歧视准入和网运分离（管输使用权和气体销售业务解除捆绑），由此，催生了天然气容量交易市场。从而，天然气市场交易体系分为两大部分，一个是天然气商品交易市场，另一个是天然气容量交易市场。目前，欧盟天然气区域定价中心 NBP 经过长年运行，逐渐形成成熟的容量交易市场，其容量交易在管道运营商 NGG 搭建的电子化容量交易平台进行。英国的容量交易市场还可分为一级批发市场和二级零售市场[45]。在一级批发市场上，由管道运营商或 LNG 接收站、储气库运营商根据一定的配置规则将容量销售给用户；在二级零售市场上，用户可以将多余的管输容量让渡给其他用户。

天然气基础设施作为天然气区域定价中心的物理基础，包括天然气管道、储气库、LNG 接收站等。其中，美国作为世界天然气消费量最大的国家，天然气管网等基础设施比较完善。北美地区的天然气干线管道长度超过 53 万千米，其中洲际管线占 70%。整体上已经形成管道网络化、供应多元化、地下储气库遍布全国的供气格局。作为世界上天然气管网密度最大的地区，欧洲天然气管道纵横交错，如同铁路网一样四通八达。欧洲在运行的储气库共 163 座（欧盟 145 座），建设中 9 座，规划 32 座[46]。它们与各类天然气干线、支干线相衔接，保障欧洲地区天然气的供应安全和管网的平稳运行。而欧盟天然气区域定价中心英国 NBP 以国家管网系统 NTS 为虚拟交易点的物理基础，使英国在过去 15 年经历了重大变化，包括长输管道（Langeled 和 BBL）、LNG 接收站，NTS 管网系统完善和联通管道建设，这就意味着英国天然气市场不再是一个孤岛，与外界有很好的联系，从而为 NBP 区域定价中心更好地发挥作用奠定了基础。

信息管理平台是天然气区域定价中心产生基准价格的决定性要素。这些信息管理平台不仅发布关于天然气商品的价格信息，也提供有关管输容量、LNG 接收站容量、储气库容量等交易有关的信息。例如，天然气商品价格的形成受到供需状况、当前价格、市场预期等因素影响。每天在每个交易中心有大量的天然气交易，一些咨询机构、行业期刊、行业报纸等权威信息平台通过收集和发布天然气交易信息，使市场交易者可以很容易地获取交易价格、交易量、交易走势等资讯，并对自己下一步的出价行为做出决策，从而形成新一轮市场价格。可以说，天然气市场信息的高度透明促进了天然气交易价格的客观形成。能源交易所和咨询机构也会根据交易价格和交易量定期发布相关指数，这些指数被普遍用于指导交易合同的签订，也对天然气商品价格形成产生影响。例如，欧盟天然气基础设施信息平台（Gas Infrastructure Europe，缩写 GIE）在网站上公布可用管输容量、储气库容量、LNG 接收站容量、服务价格和气体质量数据等，为用户使用基础设施提供了便利。

天然气区域定价中心的平稳高效运行离不开政府的有效监管。为了保障天然气区域定价中心健康稳定运行，更好发现竞争性市场价格以及避免市场恶意操控，各区域定价中心所在国都建立了专门的监管机构和监管体系，如在欧盟，主要以欧盟委员会 EC（European Commission）和能源监管合作司 ACER（Agency for the Cooperation of Energy Regulators）为两个主要的天然气市场监管机构。此外，欧盟各国也成立了独立的天然气监管机构，如英国政府根据《1986 年天然气法》，针对天然气行业成立了专门的监管机构——天然气供应办公室（OFGAS）；2000 年根据《公用设施法》，英国天然气供应办公室和英国电力办公室合并，组成新的监管机构——英国天然气和电力市场办公室（OFGEM）。在欧盟天然气区域定价中心 NBP 建立以后，OFGEM 也是 NBP 安全高效运行的监管者。该机构由议会批准设立，虽先后隶属于能源部和贸易工业部，但依法享有独立监管决策的权力。美国的天然气监管机构即联邦能源管理委员会 FERC 由立法机构批准设立，是一个独立的能源监管机构，具有司法审判功能，独立于政府，委员会的主要职责是依法监管全美天然气工业、电力设施、水电项目和输油输气管道。

天然气区域定价中心具有以下特点：市场具有开放性、交易活跃且交易量大、定价具有辐射力和区域影响力。

（1）市场具有开放性。目前，世界上主要的天然气定价中心已经成为一个区域化的、开放的共同交易场所。在发达国家几乎所有的区域定价中心及其期货市场都是对外开放的。在发展中国家，天然气交易市场正在走着一条从本土规范化到区域自由化的道路。无论是像英、美那样的天然气交易市场在建立之初就是一个开放的市场，还是像日本和新加坡、中国目前所采取渐进的方式实现天然气市场开放，开放和国际化是天然气定价中心发展的一个共同趋势和特点。作为区域定价中心必须具备开放性的特征，也就是说，所有区域定价中心均应该是一个开放式的交易场所，以此促进投资者的多元化，导致市场规模扩大，流动性增强，期货价格更为有效，市场信息更为透明，市场影响力大大增强，从而为这些天然气区域定价中心发现价格和规避市场风险做出贡献。例如，美国和英国期货交易所都允许外资企业申请成为其会员，并通过立法来保障国外投资者的合法权益。美国期货市场的会员来自世界各地，目前在美国期货交易所注册的4000多家会员中，外国会员占25%以上。英国期货市场中会员的国际化还超过了美国。

（2）交易活跃且交易量大。作为定价参考基准的天然气区域定价中心必须要有足够深度的天然气金融市场，广泛而数量众多的市场主体，市场交易活跃并且交易量大。交易量是指在某一时段内市场上天然气成交的数量，交易量是观察市场活动最直观、最简单的指标。只有在该交割地的天然气交易量达到一定比例，足够多时才能产生反映市场供求关系的竞争性价格。基准枢纽交易的主要品种是期货，市场参与者有许多金融机构，交易的目的大多是投机和风险管理，而非为了实际交割。期货交易量和实际交割量的比值（Churn Rate），是衡量市场流动性的重要指标之一，以此来反映市场交易的活跃度。俄罗斯天然气公司要求在一个可信任的市场，这个比值不能低于15。NBP和TTF的这个数值都超过了20。由于"马太效应"（Matthew Effect，指强者越强、弱者越弱的现象，广泛应用于社会心理学、教育、金融以及科学领域。马太效应，是社会学家和经济学家们常用的术语，反映的社会现象是两极分化，富的更富，穷的更穷），越是发达的期货市场越吸引投资者，导致金融交易量大多数集中在基准交易枢纽。一般在一个联通的市场内，只有一个基准交易中心，也就是区域定价中心。但是，英国和欧洲大陆使用不同的货币，为了规避汇兑风险，导致了TTF的崛起。

（3）天然气区域定价中心发挥作用主要表现在产生区域内天然气交易的基准价格。基准价格是指某个行业中的商品的定价标准，它是最基本的价格，也是其他市场对该商品定价的参考价格。也就是说区域定价中心产生的价格要能够影响区域内其他天然气市场的交易活动，其他市场交易价格向定价中心看齐或参考其价格。这是天然气区域定价中心或者其他大宗商品定价中心的共同特点。以大豆为例，美国的CBOT交易的是美国大豆的品种，而不是全球的大豆，近几年才上市了南美大豆品种，还没有上市中国大豆。但是，由于CBOT的辐射力和影响力，它交易产生的价格自然成为全球大豆的基准价格。因此，区域定价中心的价格必须具备影响力和辐射力，才能称之为天然气区域定价中心，这就要求其不仅交易运行机制合理，规则规范，交易公平透明，还要有足够深度的天然气金融市场和信息发布平台，使交易商能够及时了解市场价格及交易信息。

1.3.4 国际天然气区域定价中心类型及功能

天然气产业链区域定价中心是一个实体或虚拟的交易平台,该平台通过大量交易发现现货与期货市场价格,吸引区域内天然气交易以此价格作为参考基准,并辐射到整个区域内,最终形成天然气区域定价中心。天然气定价中心的建立,促进了区域内天然气市场资源的优化配置,为发现天然气价格和规避市场风险创造了条件。目前,就全球天然气区域定价中心来看,主要有两种基本类型的天然气定价中心——实体定价中心(如美国的亨利中心)和虚拟定价中心(如英国的NBP)。实体定价中心被界定为管网系统中一个具体地点或管道运输枢纽点,天然气的交易活动发生在某个确定的物理位置,例如,在几个管道连接处或者"节点"处,以这个实体地点的价格作为依据来确定区域内其他地点的天然气价格;而虚拟定价中心则针对更广泛的地理区域设定天然气价格,它覆盖了整个管网区域,天然气交易都在该管网系统内进行,由于不能明确气流路径,所以管网中任何一个点都可能是市场供需反映的平衡点,因此也叫虚拟平衡点。与美国亨利中心不同的是,NBP价格反映的是整个区域的天然气交易价格,价格确定是根据上、下气的容量,而不是按照实际输送距离来计算。

国际天然气区域定价中心的演变路径遵循这样的规律,起初是长期协议合同交易,之后为了平衡市场供需发展起来现货交易,随着交易期限进一步缩短,市场交易越加活跃,短期现货市场取代长期协议合同成为市场上的主体交易方式,直到具有风险规避和价格发现功能的金融期货交易市场的出现,表明天然气市场发展成熟,市场结构相当于完全竞争市场,天然气区域定价中心也正是在期货交易市场发展成熟时形成,因此区域定价中心是市场化定价的高级形态。天然气区域定价中心具有发现价格、平衡市场供需、提供区域交易的基准价格或参考价、规避价格波动风险等功能。

(1)价格发现。

天然气区域定价中心最重要的功能是发出关于天然气市场价值的有效价格信号。天然气区域定价中心是在区域天然气产业链不断发展的大背景下形成的。无论是在实体定价中心还是虚拟定价中心,无论是在一个点还是在一个"圈"内交易,区域定价中心的天然气买卖活动是集中进行的,因此场内的天然气市场参与者众多,买卖双方进行激烈的竞价交易,交易量大,流动性强，产生了能够客观公允地反映市场供求状况的中心价格，并且通过期货市场公开、公平、高效、竞争的交易运行机制，进一步加强价格的真实性、预期性、连续性和权威性，从而，天然气区域定价中心具有了价格发现的功能[47]。价格发现是指在市场经济条件下，买卖双方通过交易活动，使某一时间和地点上某一特定质量和数量的产品的交易价格接近其均衡价格的过程。天然气区域定价中心有两个主要市场：现货交易市场和期货市场，现货交易形成的价格体现了市场对天然气价值的公允判断，期货交易形成的价格体现了市场对天然气价值的中长期预测，两者相互作用，共同决定天然气贸易价格和市场走势，形成准确反映区域真实供求状况的天然气价格。因此，天然气区域定价中心的建立对发现气体价格、传递市场信号具有非凡意义。

（2）平衡天然气市场供需。

天然气区域定价中心还具有平衡天然气市场供需的功能，对稳定和保障区域天然气市场供给和消费作用重大。在天然气区域定价中心，以供需形成价格，用价格反映供需，以此共同促进区域天然气市场良性运转。通过区域定价中心市场交易满足天然气用户长期合同或当年合同气量的不足，满足用户在特定时间和特殊市场条件下的特殊需求，应对突发事件，如气候剧变、自然灾害、事故、替代燃料供应紧张等所引发的天然气需求急剧上升。此外，在天然气区域定价中心交易的来自不同气源的众多供应商，能够增加供气的安全性和灵活性，促进竞争，降低交易成本，繁荣市场。

（3）提供区域交易的基准价格或参考价。

基准价格是指某个行业中的商品的定价标准，它是最基本的价格，也是其他市场对该商品定价的参考价格。前面提到，在天然气区域定价中心形成的价格能够客观公允地反映市场基本面情况，具有价格发现的功能。该中心发现的客观、公允的价格进一步吸引区域内其他市场天然气交易以此作为参考基准，并辐射到整个区域内。因此，在区域性市场上的天然气交易活动涉及范围广、定价复杂的情况下，天然气区域定价中心能够为区域的天然气交易提供基准价格或参考价，这也是区域定价中心发挥作用的直观体现。

北美市场主要采用的是天然气期货合约定价，又称金融定价法。天然气的市场价格主要由市场供需现状决定，其中管道气与LNG的竞争是天然气价格形成的主要因素之一。目前北美市场天然气区域定价中心为亨利中心，美国LNG进口价格采用美洲管道天然气长期合同与亨利中心短期天然气价格挂钩的方式。因此，亨利中心价也就是北美天然气基准价格。欧洲天然气市场主要采用长期协议价格与市场竞争价格并存的定价机制。目前，欧洲约有50%天然气交易采用与国际油价油品挂钩联动，主要集中在东欧和地中海地区。另外50%的天然气交易采用现货市场定价，主要集中在以北海产区为中心的西北欧地区，主要包括英国、荷兰和比利时。NBP作为欧盟天然气区域定价中心，其交易规模量和流动性最大，发挥着欧洲天然气现货贸易价格基准的作用。

（4）规避价格波动风险。

天然气区域定价中心的天然气交易价格和交易量具有强烈的相关性，是天然气当前市场价值和市场需求的真实反映，供气方可以据此有效地组织天然气供应，需求方也可合理安排生产经营和制定发展战略或规划，避免价格信号失真带来的风险。另外，天然气区域定价中心拥有一定深度的金融期货交易平台，期货市场中汇集了大量的交易商，他们或者出于套期保值的目的，或者出于投机的目的入市进行交易，大量交易者的存在使得任何一个交易者不能操纵市场价格，从而能够稳定市场价格，规避天然气价格波动风险。期货交易市场最具代表性的特征是其能够有效地进行套期保值、规避商品价格波动风险。期货套期保值是指把期货市场当作转移价格风险的场所，利用期货合约作为将来在现货市场上买卖商品的临时替代物，对其现在买进准备以后售出商品或对将来需要买进商品的价格进行保险的交易活动。因此，不论是从供给方、需求方安排生产规划，还是交易商在期货市场的套期保值活动，天然气区域定价中心的形成都能够规避价格波动风险，为市场主体带来实际的利益。

1.4 国际天然气区域定价中心演变分析

1.4.1 国际天然气区域定价中心演变划分

从国际天然气勘探开发、生产、运输、贸易和消费分布看，天然气产业链具有较强的区域性，而且天然气产业链发展阶段和结构差异比较大。可将国际天然气产业链划分为北美地区和欧洲地区这两个有代表性的区域来研究，目前国际上天然气区域定价中心基本上是在交易中心的基础上形成的。

（1）北美天然气定价中心的建立。

北美主要的天然气交易中心分布在天然气的主产区和主要消费区，如墨西哥湾附近的气田和东北部的消费区。目前，有超过15个交易中心分布在美国的西南部区域，而最大的交易中心位于美国东北部区域。这些交易中心使得天然气的生产保持稳定。

北美最早的天然气市场交易中心成立于1985年，位于加拿大和美国交界的安大略省。美国最早的天然气交易中心是亨利中心，成立于1988年。从时间上看，1993—1998年是北美天然气交易中心成立的主要时间段，美国天然气管网覆盖范围内共建成36个天然气交易中心。到2003年，其中13个天然气交易中心因为交易基础条件不够完备、交易量小、不具备竞争能力而被关闭。例如，1997年至2003年有6个新的市场中心投入使用，最新的一个是ANR Joliet Hub（2003年，伊利诺伊州）和Cheyenne Hub（2000年，科罗拉多州），而同期有8个交易中心失效（倒闭），主要原因是由于其他中心的竞争而缺少交易，如靠近亨利中心的Texaco Gulf Star Center。2008年，北美有33个正常运行的交易中心，美国有24个，其余9个在加拿大。和2003年相比，2008年有4个交易中心的日运营量增加了一倍，分别是Perryville Center（路易斯安那州）、Egan Hub（路易斯安那州）、Katy（DCP）Hub（得克萨斯州）和Opal Hub（怀俄明州）。

亨利中心随着其交易量的不断增加、竞争力逐渐增强，对整个北美区域天然气价格起到了基准定价的作用而逐渐成了北美区域定价中心。从交易主体构成来看，在亨利中心进行天然气交易的参与者主要包括天然气生产商、管道公司、区域分销商、独立交易商、大型终端用户等。截至目前，亨利中心的市场参与主体超过200家。

（2）欧洲天然气定价中心的建立。

欧洲天然气市场交易中心起始于20世纪90年代，目前有英国NBP、荷兰TTF、德国NCG和GPL、比利时Zeebrugge和ZTP等。与北美不同，欧洲的天然气交易中心大多为虚拟型，这种交易中心是将区域性的管网视为一个虚拟的点，天然气交易都在该点进行，而不区分实际交割地点的差异。这样，管网中任何一处的天然气均为相同价格，因此在天然气管输费采用"入口/出口"法的情况下，天然气交易可以不考虑管道运输距离和价格问题。由于管网连通程度、局部供需状况、发展历史阶段等的不同，欧洲各大天然气交易中心的市场认可度和功能作用存在差异（表1.8）。

表1.8　欧洲主要天然气交易中心现状

Table 1.8　Current situation of major natural gas trading centers in Europe

交易中心	所在国	建立时间	交易中心类型	目前交易中心主要功能	2013年流转率
NBP	英国	1996年	虚拟型	平衡气量供需、资产配置、天然气价格避险、投机	22
TTF	荷兰	2003年	虚拟型	平衡气量供需、资产配置、天然气价格避险、投机	15.9
NCG	德国	2009年	虚拟型	平衡气量供需	3.2
GPL	德国	2009年	虚拟型	平衡气量供需	2.8
Zeebrugge	比利时	2000年	实体型	天然气过境的平衡供需	4
ZTP	比利时	2012年	虚拟型	平衡气量供需	3.3
PEG	法国	2004年	虚拟型	平衡气量供需	3.3

欧洲天然气市场的诞生缘于1959年荷兰格罗宁根大气田的发现。在20世纪60年代至70年代，大多数欧洲国家都成立了覆盖天然气勘探、开发、进口、管输和销售的一体化公司，纵向垄断了各国的天然气市场。自20世纪80年代起，以英国天然气公司私有化改革为标志的欧洲天然气市场化改革开始启动，主要措施是打破一体化垄断、放开上游市场。上游与管道公司的交易方式虽然仍采用长期合同约定，但建立了与油价挂钩的市场净回值定价法（所谓"市场净回值定价法"，是以商品的市场价值为基础确定上游供货价格，而商品的市场价值按照竞争性替代商品的当量价格决定，最终用户价格按市场价值确定），价格根据油价波动，由此实现了价格波动的半市场化交易。管道公司的批发环节采用捆绑销售，将购气和管输成本直接转嫁到用户，批发环节的交易仍不具有市场化特征。

英国天然气交易市场的改革发展始终走在欧洲前列，所以英国也是最早建立天然气交易中心的国家。1996年，依附于国家天然气高压管网的国家平衡点（NBP）开始作为英国的天然气交易枢纽，起初主要用于平衡管网压力，后来成为交易和定价的中心。1997年推出的欧洲首份标准化的双边交易条款"NBP97"，进一步提高了NBP交易中心的重要性。1997年1月31日，伦敦国际石油交易所（International Petroleum Exchange，缩写为IPE）发布首份NBP天然气期货合同，标志着英国和欧洲天然气金融交易市场的诞生。

1.4.2 天然气产业链发展阶段对区域定价中心的影响

由前文可知，目前的区域性天然气产业链的发展基本上都经历过三个阶级，即引入阶段、发展阶段和成熟阶段，每个阶段对天然气区域定价中心产生着不同的影响。

下面将从北美、欧盟两个天然气定价中心具体分析。

20世纪80年代后北美天然气市场开始进入成熟期，天然气储采比下降；生产量、消费量增长迅速，管道建设加速并逐渐形成管网，气库逐步投入建设，与此同时政府为了刺激天然气市场的发展，逐步修改并完善管制政策。到20世纪80年代中期，基本上全国各州全部通气，形成互相连接的天然气管网。这加快了天然气价格市场化的步伐，天然气区域定价中心出现并发展，逐渐形成了以亨利中心为区域定价中心的天然气市场，其价格可辐射整个北美天然气市场。

欧洲的天然气市场化改革以20世纪70年代在英国率先实施为起点，英国的天然气市场化改革以英国天然气公司私有化为突破口，然后将管道运输业务与上游生产和销售业务分离，通过天然气现货交易逐渐形成了NBP虚拟天然气交易市场。通过借鉴英国的经验，欧洲大陆也开始了天然气市场化改革，欧盟国家逐渐统一认识，学习美国经验，督促各国先后实施以打破纵向一体化垄断经营、引入市场竞争、提高输配气效率为核心的天然气产业链结构改革；德国、荷兰、比利时、意大利和法国等相继建立了天然气交易中心，实行随市场供求关系而变化的价格机制。

1.4.3 天然气产业链结构演变对区域定价中心的影响

根据对市场的竞争与垄断定义，将区域天然气产业链结构划分为竞争型结构与垄断型结构。竞争性的天然气产业链是指从天然气产业链上中下游看，天然气生产商众多，不存在垄断上游的天然气供给厂商；有众多的干线管道输气服务商、LNG运输商和天然气存储商，它们和众多的独立中间商打破了原有的捆绑式服务；众多的独立中间商、配气商和下游用户可以与生产商直接相互选择；产业链各个环节的单个市场主体均不具有市场势力。垄断性的天然气产业链是指上游生产商较少，对气体的供给拥有垄断势力；几个大型管输公司、甚至一个管输公司垄断气体运输甚至分销；众多的下游用户无法选择生产商，通常只能接受管输公司的捆绑式服务；也可在产业链下游只有较少的独立中间商或配气公司，以期拥有控制下游市场的强大势力。

根据世界各区域天然气产业链的发展历程，从垄断型结构到竞争型结构是天然气市场结构的演变趋势。交易中心的建立伴随着市场自由化改革，通过第三方准入、网运分离，市场自由化改革成为定价中心建立的先决条件。

竞争型结构促进天然气区域定价中心形成。竞争型天然气产业链结构市场参与者数量众多，产业链各环节不具有垄断势力，中游管输无歧视准入及网运分离为市场交易者提供了公平交易的基础，从而促进短期现货和期货交易，形成天然气交易中心。随着交易中心市场参与度、交易量、流动性增强，充分反映区域供求状况的天然气区域定价中心形成。

一方面，天然气产业链结构演变是天然气市场组织形式的变化，而天然气区域定价中心的出现是作为天然气市场组织一种表现形式的结果；产业链结构演变的最终目标寻求的是资源的最优配置，由市场本身自由灵活地配置资源，定价中心可以说是产业链结构演变的一种市场配置资源的结果。另一方面，产业链结构改革，促进市场价格机制的形成，价格机制的表现形式之一就是市场化定价，定价中心的出现则是市场化定价的最高表现形式。区域定价中心作为市场化高级形式的体现，推动了天然气产业链结构改革，进一步促进了价格机制的形成，两者之间相辅相成，相互促进。

1.4.4 天然气区域定价中心与市场化定价

天然气市场化定价指供求双方通过在市场上买卖竞价形成竞争性价格的定价方式。天然气市场化定价与天然气产业链的特点、结构、发展阶段密不可分，其关键受制于以下几个方面的影响：一是上游市场主体多元化且数量足够多，相比之下，下游的多市场主体相对较容易实现。二是中间环节的存储和运输业务独立。从欧美的经验来看，只有中间环节实现了较好规制，管输、储气、配气等业务同产业链其他业务拆分，才能实现市场化定价。三是下游市场主体数量充足且呈现竞争性的市场形势。根据上述研究，天然气区域定价中心的形成是产业链发展至成熟阶段的结果，也是竞争型产业链结构积极促成的成果。

当天然气产业链生命周期走向成熟阶段，天然气产业链结构趋于竞争型，这一过程同时也伴随着天然气市场化定价机制的形成。交易中心是天然气市场化定价的初级形态，而区域定价中心是市场化定价的高级形态。

第2章

中国天然气产业链市场化定价改革分析

2.1 中国天然气产业链发展阶段及结构改革历程

2.1.1 中国天然气产业链发展历程分析

（1）资源勘探开发。

中国天然气自20世纪初开始勘探开采，主要勘探地点为西北地区，收效并不明显，1950年6月，西南军政委员会工业部决定继续利用圣灯山气田嘉三气藏隆2井和石油沟气田嘉五气藏巴1井开采天然气，并利用隆2井所产天然气试制炭黑，揭开了中华人民共和国成立以后四川盆地天然气开发的序幕[48]。

直至1956年1月24日至2月4日，石油工业部在北京召开第一次石油勘探会议，明确了"把勘探重点从山前坳陷及山间小盆地移向大盆地，进行全面系统的区域勘探"[49]。截至1956年，川渝地区投产气田仅有两个。

1958年2月11日，中共中央总书记邓小平亲自听取了石油工业部李聚奎、余秋里等人的汇报，确定了油气勘探重点从西向东转移[49]。1958年4月，石油工业部在南充召开"全国石油工业南充现场促进会"，余秋里部长指出"川中油区有全国意义[48]"。

1958年至1959年，石油工业部在川中地区集中力量进行勘探，组织了第一次油、气勘探开发会战，发现并初步探明了川中油田，并证实川东南三叠气藏广泛分布[50]。20世纪50年代后期国家一系列决策，使中国天然气勘探开发取得巨大进展，突出表现在克拉玛依地区、柴达木盆地和四川盆地。

1965年6月1日，石油会战指挥部成立，张文彬任指挥，开始了第二次油、气勘探会战，根据当时四川地区油、气勘探的进展情况，石油会战队伍集中力量，勘探泸州古隆起和威远气田，并在之后的一年内投产了 5 个气田[48]。1965 年和 1966 年在川东和川西地区发现 10 个气田，并在四川省省内部分地区建成天然气管网，第二次会战直到"文革时期"才被迫中断[49]。

从 1971 年起，随着形势的转变，川南、川西北和川东陆续恢复勘探，同时进行了大规模的气田和输气管道建设，到 1978 年，新发现了川西北中坝气田和川南、川西南的 19 个气田。从 1966 年到 1978 年，在四川共发现和开发气田 30 个，1978 年天然气产量为 60.8 亿立方米。江汉油田在 1969 年 8 月也开始了江汉石油会战，并成功发现一个气田，到 1978 年，天然气年产量已达到 1611 万立方米。在江汉油田会战开展的同时，辽河油田也开始了进一步的勘探开发，到 1978 年天然气年产量已达到了 16.5 亿立方米。

"文化大革命"中勘探资源受到严重影响，勘探投资和勘探工作量大大减少。此外，由于技术以及对资源估计不足，导致"八五"前，天然气资源勘探进展缓慢。

"八五"期间，在全国陆上石油工业局长领导干部会议上，中国石油天然气总公司明确提出了"油气并举"的方针，大力加强天然气勘探和开发，力争使中国天然气工业上一个比较大的台阶。"八五"期间按照"油气并举"方针，中国天然气勘探取得重要突破，在陆地上形成了三个新的气区：一是陕甘宁气区，探明天然气储量 2283 亿立方米；二是四川川东气区，已探明天然气储量 2000 亿立方米；三是新疆气区，已探明天然气储量 1870 亿立方米。5 年探明的天然气地质储量相当于前 40 年的总和。

"九五"期间，中国天然气探明储量增加 2000 亿立方米。截至 2000 年，中国天然气探明储量已达 2.3 万亿立方米。

2014 年中国天然气新增探明地质储量总量超过 1.1 万亿立方米，呈快速增长态势，随着 2014 年页岩气的大力开发，2015 年及 2016 年中国天然气探明储量呈现快速增长趋势。2000—2016 年中国天然气探明储量如图 2.1 所示。

（2）资源供应。

新中国成立初期中国天然气资源主要为国产常规气，随着天然气勘探开发的不断深入以及开发技术的不断进步，中国天然气资源种类逐渐增加。

目前，中国天然气资源包括国产气和进口气，其中国产气包括国产常规气、非常规气、煤制气，进口气包括进口管道气和进口 LNG。

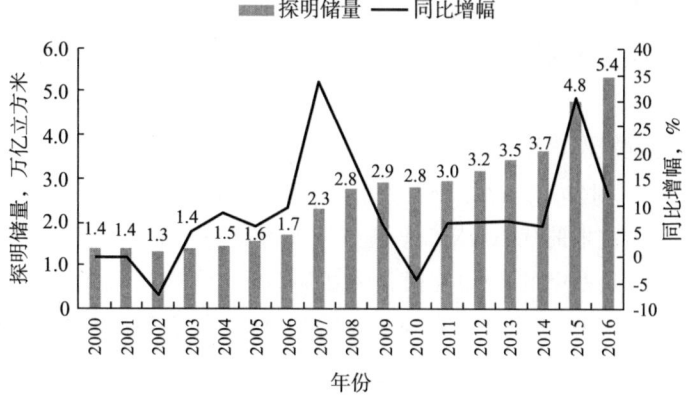

图 2.1　2000—2016 年中国探明储量

Fig. 2.1　Proved reserves in China from 2000 to 2016

资料来源:《BP 世界能源统计年鉴 2017》。

① 国产气。

中国天然气生产自 1956 年起正式开始,初期产量较小,如 1957 年 8 月在柴达木盆地发现马海气田,日产天然气 14 万立方米。1959 年四川天然气产量达 2.5 亿立方米。随着四川局部地区天然气管道的建设,以及川渝地区气田的开发,1965 年天然气产量达 8.9 亿立方米,1966 年天然气产量 12.1 亿立方米,保证了重庆、泸州、自贡和成都等城市的工业用气[49]。

1967 年 6 月,中国第一口海上探井海 1 井投产,日产气 1940 立方米[57]。

"六五"以前,中国天然气勘探开发较为缓慢,再加上天然气管道属于局部区域管道,天然气产量有限。到 1978 年,四川地区天然气年产量达到了 60.8 亿立方米,江汉油田天然气年产量已达到 1611 万立方米,辽河油田 1978 年天然气年产量已达到了 16.5 亿立方米[49]。

在 1997 年前,中国并没有长输天然气管道,天然气供应主要以局部区域供应为主。在 1997 年陕京线天然气长输管道建成后,中国天然气供应从局部供应转向跨区域供应。

1997 年以前,由于煤炭在中国一次能源中占比较大,国内天然气发展处于引入阶段,天然气长输管道并不完善,导致中国天然气产量较低。

目前,中国天然气生产以长庆气区、川渝气区、塔里木气区及海洋气区四大气区为主。2005 年至 2014 年,伴随着国际油价的攀升、中国天然气基础设施的快速发展以及天然气发展相关政策的陆续出台，中国天然气产量持续走高，保持较高增长速度。2014年下半年，国际油价开始大幅度下跌，由于国内油气开采相关技术的不完善和高成本，导致中国天然气产量增速降低，标志着中国天然气产量从快速增长期进入稳步发展期。

②国产非常规资源。

非常规天然气一直是国家重点扶持的产业，但由于开采技术以及天然气基础设施的不完善，2010年前，非常规天然气发展仅局限于油气田周边。2010年后，随着山西通豫煤层气输配有限公司、中国石油集团公司等公司在山西省内相继建成煤层气外输管道，再加上《国家发展改革委关于规范煤制天然气产业发展有关事项的通知》《国家发展改革委关于印发煤层气（煤矿瓦斯）开发利用"十二五"规划的通知》《页岩气发展规划（2011—2015年）》《关于进一步加快煤层气（煤矿瓦斯）抽采利用的意见》等一系列涉及非常规天然气发展的政策出台，非常规天然气发展迎来黄金时期。2016年，国家能源局先后发布了《页岩气发展规划（2016—2020年）》和《煤层气（煤矿瓦斯）开发利用"十三五"规划》分别对页岩气和煤层气提出了未来五年产业发展的指导思想、基本原则、发展目标、规划布局、重点任务和保障措施，为非常规天然气发展提供政策保障。

中国历年国产气产量如图2.2所示。

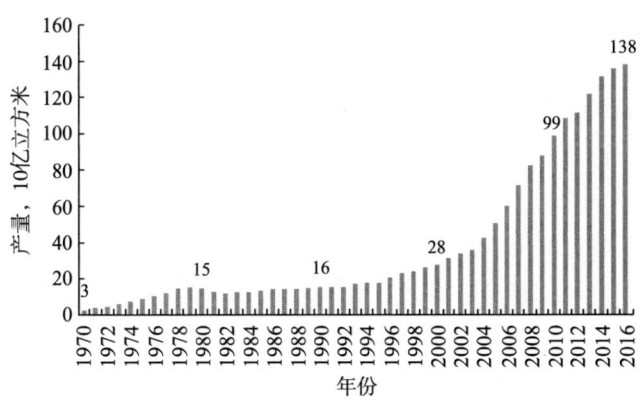

图2.2 中国历年国产气产量

Fig. 2.2 China's domestic gas production over the years

资料来源：《BP 世界能源统计年鉴2017》。

③进口管道气。

2007年以来中国天然气消费量逐渐赶超生产量,并且增长速度差距较大,由此产生的供给缺口主要由进口天然气弥补。截至2016年年底,中国进口管道天然气包括中亚天然气管道、中缅天然气管道进口的天然气。中国进口天然气管道基本情况见表2.1。

表2.1 中国进口天然气管道基本情况

Table 2.1 Basic information of imported natural gas pipeline in China

管道名称	年输气量（亿立方米）	投产时间
中亚天然气管道 A/B 线	300	2009 年/2010 年
中缅天然气管道	120	2013 年
中哈天然气管道	5	2013 年
中亚天然气管道 C 线	120	2014 年
中亚天然气管道 D 线	300	在建
中俄天然气管道（东线）	380	在建

中亚天然气管道 A 线 2009 年 12 月 15 日开始向中国境内输气,2010 年 8 月 23 日,中亚天然气管道 B 线实现氮气和天然气置换,从此中亚天然气管道正式实现双线运营,标志着中亚天然气管道 A/B 线全线每年 300 亿立方米设计输气能力建设全部完成（A 线 90 亿立方米）,日输气能力提升至 8900 万立方米。

2013 年中缅天然气长输管道建成,管径 1016 毫米,压力 10 兆帕,设计年输气量 120 亿立方米。

2013 年 6 月 27 日,广汇集团的中哈萨拉布雷克至吉木乃跨境天然气管线正式通气,设计年输气量 5 亿立方米。该项目生产的液化天然气将主要销往新疆阿勒泰地区,其余销往伊犁河谷、北疆沿天山经济带等地。这是中国民营企业首次建成的跨国天然气管道。2014 年 5 月 31 日,中亚天然气管道 C 线正式投产,设计年输气量 120 亿立方米。

目前在建管道为中亚天然气管道 D 线和中俄天然气管道。中亚天然气管道 D 线全长 1000 千米,其中境外段 840 千米,设计年输量 300 亿立方米,气源地为土库曼斯坦复兴气田。中俄东线天然气管道中国境内段起自黑龙江省黑河市中俄边境,止于上海市,途经黑龙江、吉林、内蒙古、辽宁、河北、天津、山东、江苏、上海等9省区市,拟新建管道3170千米,并行利用已建管道1800千米,并配套建设地下储气库,设计年输气量380亿立方米。

中国历年进口管道气量如表2.2所示。

表2.2 中国历年管道天然气进口量

Table 2.2 Natural gas import volume of pipeline in China over the years

单位:亿立方米

年份	2010	2011	2012	2013	2014	2015	2016
进口管道气	3.6	14.3	21.4	27.4	31.3	31.3	38.0

资料来源:《BP世界能源统计年鉴2017》。

④进口LNG。

2002年中国与澳大利亚签订LNG进口合约,合约为期25年,自2005年开始生效,(2006年)这是中国首次签订LNG贸易合约。随着2007年中国天然气消费量逐渐超过生产量,外购LNG也成了中国天然气资源不可或缺的来源。2014年前,随着中国天然气消费量的快速增长,进口LNG资源量也呈现快速增长趋势。2014年由于国际油价的突然暴跌,导致2015年LNG进口量有所下降,之后随着国际油价的逐渐回升,国内天然气市场的回暖,LNG进口量又呈现出快速增长态势。从各海关进口信息来看,目前深圳大鹏LNG仍是进口的主要接收站,其次为福州海关、上海海关、青岛海关。中国历年LNG进口量如表2.3所示。

表2.3 中国历年LNG进口量

Table 2.3 LNG import volume in China over the years

单位:亿立方米

年份	2006	2007	2008	2009	2010	2011	2012	2013	2014	2015	2016
进口LNG	1.0	3.87	4.44	7.63	12.8	16.6	20	24.5	27.1	26.5	34.3

资料来源:《BP世界能源统计年鉴2017》。

(3)基础设施。

①管道。

1951年，四川省圣灯山气田建成隆2井单井站和该站与隆昌炭黑厂间的集气管道，向隆昌炭黑厂提供生产炭黑所需的原料天然气，开始以现代工业方式进行天然气矿场集气生产[48]。

1956年，隆昌炭黑厂建成国内第一条金属输气管道，长1.82千米，管径101.60毫米，最高输气压力0.35兆帕。该管道的建成，是中国天然气基础设施正式发展的标志。至此，中国天然气发展从上游资源到中游基础设施再到下游终端用户均已形成，标志着中国天然气产业链引入阶段的开始。

20世纪60年代至70年代，川渝地区相继建成长纳线、东石线、峡渝线、卧渝线、相渝线、相两线等，初步形成向重庆、自贡、泸州三市输气的管道系统。

1965年至1966年，石油会战指挥部成立，张文彬任指挥，根据当时四川地区油、气勘探的进展情况，石油会战队伍集中力量，勘探泸州古隆起和威远气田，并在之后的一年内发现了10个气田，钻获气井49口，建立了威远气田至成都，长垣坝气田至纳溪和东溪气田至石油沟气田的输气管道。这是中国建成最早的规模较大的区域性天然气管道。

1992年中国海上气田锦州20-2配套上岸管道在辽宁建成投产，这是中国第一条海底天然气管道。1996年中国海上最大气田——莺歌海涯13-1气田配套上岸管道建成投产。

1997年，陕京一线建成投产，这是中国首条跨区域长输天然气管道，长度超过1100千米，设计年输气量30亿立方米。陕京一线的建成投产，标志着中国天然气发展由引入期正式进入快速发展期。

截至2016年年底，中国累计建成的天然气管道里程数约为10万千米，设计年管输能力为3500亿立方米，其中国家基干管道2.43万千米，国家支干线1.85万千米，省网干线1.75万千米，省网支线3.97万千米。目前中国天然气管网已初步形成了"西气东输、海气登陆、就近供应"的供应格局。天然气管道从点到面，由单一输气系统逐渐演变为地区性管网，形成了川渝地区、华北地区、长三角等地区相对完善的区域性管网。

中国部分基干管道情况见表2.4。

表2.4 国家基干管道基本情况

Table 2.4 Basic information of national main pipeline

管道名称	长度（千米）	设计年输气量（亿立方米）	投产时间
中沧线	114	10	1986年
鄯乌线	302	6	1996年
陕京一线	911	30	1997年
轮库线	192	12.5	1998年
长宁线	293	10.8	1998年
中济线	278	4	1999年
涩宁兰线	931	34	2001年
仓淄线	212	10.5	2002年
济淄线	141	28	2002年
淄青线	243	13	2003年
西一线干线东段	1918	170	2003年
西一线	1924	170	2004年
忠武线干线	719	70	2004年
淄莱线	77	5	2005年
陕京二线	977	170	2005年
安济线	250	30	2005年
胶莱线	117	4	2005年
冀宁线冀鲁段	496	110	2005年
宣宁线	213	8	2006年
冀宁联络线干线	389	56	2006年
淮武联络线	444	22	2006年
兰银线甘肃段	191	30	2007年
兰银线	222	35	2007年
永唐秦线	312	147	2009年
涩宁兰复线	921	35	2009年
胶日线	149	17	2009年
北疆管网联络线	14	30	2009年
西二线西段	2325	300	2009年
长长吉线	221	23.3	2010年

续表

管道名称	长度（千米）	设计年输气量（亿立方米）	投产时间
川气东送	2230	120	2010年
榆济线	996	30	2010年
西二线干线东段	2562	300/中卫－鲁山280/鲁山－南昌250	2010年
陕京三线	986	150	2010年
泰青威线	337	85.9	2011年
秦沈线	410	90	2011年
大沈线	428	84	2011年
平泰支干线山东段	241	90	2012年
轮吐支干线	526	170	2012年
西二线广南支干线广西段	343	100	2012年
唐山LNG外输管道	127	147	2013年
西三线西段	2453	300	2013年
伊霍支干线	63	300	2013年
大唐煤制气线	110	63	2013年
营盘联络线	70	42	2014年
泰兴—芙蓉管道	58	62.5	2014年
山东LNG干线	201	63	2014年
西三线68#阀室—中卫站	92	300	2014年
哈沈线	364	100	2015年
涪王管道	131	60	2015年
南乐寺庄管道	27	15	2015年
济青二线	365	50	2015年

资料来源：中国石油天然气集团有限公司，中国石油化工集团有限公司。

②接收站。

2004年前，由于中国长输天然气管道发展不完善，间接导致中国LNG接收站发展处于未起步阶段，之后随着2006年深圳大鹏LNG接收站的投产和中国天然气消费量逐渐赶超国内天然气产量，中国 LNG 接收站开始进入发展期。

2014 年，随着《油气管网设施公平开放监管办法（试行）》和《天然气基础设施建设与运营管理办法》的颁布，中国 LNG 接收站迎来快速发展期。中国已投产 LNG 接收站见表 2.5。

表2.5 中国已建成投产LNG接收站

Table 2.5 LNG terminal has been built and put into operation in China

省/市/区	名称	规模（万吨/年）	所属企业
广东	深圳大鹏 LNG 接收站	680	中国海油
福建	福建 LNG 接收站	630	中国海油
上海	上海 LNG 接收站	600	中国海油
江苏	如东 LNG 接收站	一、二期 650	中国石油
辽宁	大连 LNG 接收站	一、二期 600	中国石油
浙江	宁波 LNG 接收站	700	中国海油
广东	珠海 LNG 接收站	一期 350	中国海油
天津	天津 LNG 接收站	600	中国海油
河北	唐山 LNG 接收站	600	中国石油
海南	海南 LNG 接收站	一期 300	中国海油
山东	青岛 LNG 接收站	600	中国石化
广西	北海 LNG 接收站	600	中国石化
广东	粤东 LNG 接收站	一期 200	中国海油
广东	九丰 LNG 接收站	一期 150	九丰能源
江苏	启东 LNG 分销转运站	一期 60	新疆广汇
广东	深圳迭福 LNG 接收站	一期 400	中国海油
天津	南港 LNG 接收站	600	中国石化
上海	上海五号沟	50	上海申能
海南	海口储转库	30	中国石油
浙江	舟山 LNG 接收站	一期 300	新奥能源
广西	防城港 LNG 接收站	一期 60	中国海油

注：中国海油，即中国海洋石油集团有限公司；中国石油，即中国石油天然气集团有限公司；中国石化，即中国石油化工集团有限公司。此处都用简称。

③储气库。

2000年以前,中国仅有大庆喇嘛甸一座储气库,主要是为了满足当地油田生产、化工及生活需要。2004年随着中国西一线的建成投产,天然气消费量增长,国内各个地区陆续出现天然气调峰压力,地下储气库的建设才陆续开始,但由于中国天然气消费主要集中在京津冀以及沿海地区,而这些区域天然气管道相对完善,LNG接收站较多,内陆地区天然气消费能力相对较弱,再加上中国主要是根据天然气市场需求进行储气库建设,因此储气库在中国建设速度较为缓慢,相比国外仍有不小差距。中国目前已有天然气储气库基本情况见表2.6。

表2.6 中国已投产储气库
Table 2.6 Gas storage in operation in China

地市	储气库	性质	单位	投产时间
大庆	喇嘛甸北块	枯竭油藏	中国石油	1975年
大港	大张坨	凝析气藏	中国石油	2000年
大港	板876	凝析气藏	中国石油	2001年
大港	板中北	凝析气藏	中国石油	2003年
大港	板中南	凝析气藏	中国石油	2004年
大港	板808	凝析气藏	中国石油	2006年
大港	板828	凝析气藏	中国石油	2007年
廊坊	京58	凝析气藏	中国石油	2010年
廊坊	永22	凝析气藏	中国石油	2010年
廊坊	京51	凝析气藏	中国石油	2010年
常州	金坛	盐穴	中国石油	2012年
濮阳	文96	枯竭油气藏	中国石化	2012年
盘锦	双6	枯竭油气藏	中国石油	2013年
廊坊	苏桥储气库	枯竭油气藏	中国石油	2013年
昌吉	呼图壁	枯竭油气藏	中国石油	2013年
重庆	相国寺	枯竭油气藏	中国石油	2013年
大港	板南	凝析气藏	中国石油	2014年
淮安	刘庄	枯竭油气藏	中国石油	2014年
榆林	长庆陕224	—	中国石油	2015年
常州	金坛	盐穴	中国石化	2016年

（4）终端市场。

①消费量。

1960 年前，天然气消费量较小，主要用途是作为燃料，主要在四川地区。20 世纪 60 年代大庆油田及渤海湾油区相继发现，随着原油生产中溶解气的逐年增加，中国初步形成了以四川、大庆、渤海湾为主的天然气消费市场。20 世纪 70 年代中期，国家引进了 13 套大型化工、化肥装置，成了中国天然气产业链下游的主要用户，其中四川地区就有 6 套。直到 20 世纪 80 年代，四川地区已初步形成了天然气产业链体系。

1997 年以前，因为没有长输管道，中国天然气消费主要集中在各个油气田周边，其中以川渝地区发展最为明显，之后随着陕京线、忠武线、西气东输、川气东送等国家基干管道的不断建设，中国天然气终端市场不断被开发，再加上地区天然气管网的不断完善，沿海地区 LNG 接收站的陆续投产，中国天然气消费进入快速发展时期，由于经济、交通等因素的影响，近年来，天然气终端市场尤以沿海地区发展最为迅速。中国近年天然气消费量如图 2.3 所示。

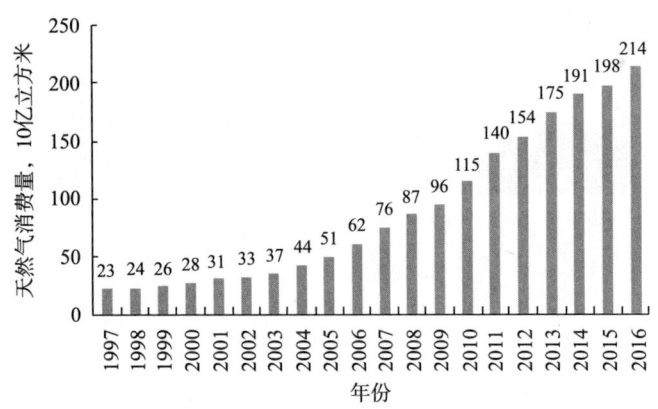

图 2.3 中国天然气消费量

Fig. 2.3 Natural gas consumption in China

资料来源：《BP 世界能源统计年鉴 2017》。

②消费结构。

20 世纪 90 年代前，国内并没有大型的跨省管道，天然气消费主要集中在油气田周边，用途主要是作为工业燃料，城市燃气用气量较少。

随着 1997 年陕京线的建成，以及后续西气东输、川气东送等大型国家干线的建成和各地区天然气支线的不断建成投产，中国天然气用气结构在不断改变，城市燃气成为继工业燃料之后的第二大用气结构，用气量快速增长。

2007 年，国家发展和改革委出台《天然气利用政策》规定：优先类应用中包括分布式热电联产、热电冷联产用户，允许在重要用电负荷中心且天然气供应充足的地区建设天然气调峰发电项目。这一政策的出台，使天然气发电进入了快速发展时期。

此后，《"十二五"节能减排综合性工作方案》《能源发展"十二五"规划》和《天然气发展"十三五"规划》的陆续出台，进一步优化了中国天然气消费结构，明确了天然气发展方向。近年中国天然气消费结构如图 2.4 所示。

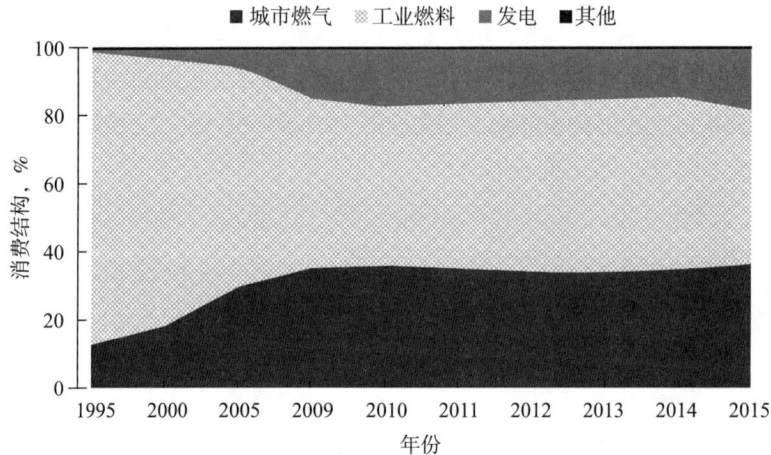

图 2.4　中国近年天然气消费结构

Fig. 2.4　China's natural gas consumption structure in recent years

2.1.2　中国天然气产业链发展阶段划分

借鉴美国天然气产业链发展的阶段性特征和对中国天然气产业链演变历程的分析，中国当前天然气产业链的发展可根据消费市场容量、跨区域管网建设状况和储采比大致分为引入阶段、快速发展的过渡阶端和快速发展阶段三个阶段，各阶段呈现不同的特点，但是中国至今尚未进入天然气产业链发展的成熟阶段。中国天然气产业链的发展呈现明显的阶段性特征，消费市场容量从小到大；跨区域管网建设从无到有，并逐步形成管网；资源储采比呈现先升后降的特点。

（1）中国天然气产业链的引入阶段（1956—1997年）。[51]

这一阶段主要表现为对陕甘宁、塔里木和四川等盆地和沿海地区进行大规模的勘探活动，为即将到来的快速发展阶段积累了资源基础；川渝地区区域长输管道建成、海底管道建成、天然气汽车研制成功，但是所有活动均是在区域内进行；天然气消费市场也主要在近气区附近。天然气产业链引入阶段的标志是1958年在四川盆地铺设了第一条输气管道，从永川黄瓜山气田到永川化工厂，向该厂提供工业用气。1971年至1980年，随着天然气大规模地勘探与生产，四川省和中国东北铺设了输气管线，生产的天然气输送到全国九大化肥厂和化纤厂，四川盆地的几个大城市如成都、自贡和重庆开始使用天然气作为民用燃气。同时，中国城市燃气，尤其是居民燃气于20世纪60年代至70年代以人工煤气起步，20世纪80年代开始，许多城市陆续建设了燃气管网等设施，为即将到来的城市天然气大规模利用奠定了设施基础和相关经验。从引入阶段来看，天然气利用具有支农惠民的特征，总体气价水平较低。此外，这一阶段天然气作为能源的商业使用（发电、工业燃料、城市燃气）是非常有限的，只占到天然气消费总量的1/3。1965年中国的天然气消费量仅为11亿立方米，到1997年，中国的天然气消费量为202亿立方米。

（2）中国天然气产业链快速发展的过渡阶段（1997—2004年）。

这一阶段是以陕京管线建成并投产作为起点，天然气管道从区域内向外延伸，跨省的长输管线建成、LNG工程启动，非常规天然气开始研究和勘探，中国开始频繁地与国外政府和公司谈判进口天然气的问题。2003年后，受经济发展水平迈上新台阶和持续城市化的支撑，天然气成为清洁城市能源的首选。同时，近年碳减排国际压力的持续增加，城市燃气需求呈爆发式增长，这构成了天然气产业链持续发展的新动力，但城市燃气需求的波动性特点也引发了"气荒"等新的问题。

（3）中国天然气产业链快速发展阶段（2004年至今）。

这一阶段是以"西气东输"项目的建成投产为标志，多条跨区域管道陆续建成并投产，并逐步形成管网；天然气消费量持续猛增；形成了跨地区、多样性的天然气消费市场，其中环渤海地区、长三角地区等消费市场快速升温；天然气消费结构不断变化，在一次能源消费结构中比例上升，发电和居民用气所占比例稳步上升，化工和工业用气比例呈下降趋势；LNG 和陆上管道进口增长迅速，四大进口通道形成雏形，天然气市场国际化程度越来越高；非常规天然气勘探开发取得明显进展，接连不断与国外燃气公司签订天然气进口协议，源源不断地将国外优质天然气资源引入国内市场。中国自 2006 年进口 LNG，2010 年开始进口管道天然气，截至 2012 年年底，中国的能源进口依存度为 25%，2015 年中国天然气进口量 598 亿立方米，进口依存度提高到大约 31.48%。核心能源消费对外依存度的逐年上升，对中国能源安全构成的压力日益突出。为了在一定程度上缓解能源安全压力，可获取能源的多样化是当前中国能源消费发展的一个趋势。

2.1.3 政府主导的产业链结构改革分析

根据天然气产业链结构的不同，将天然气产业链划分为竞争型天然气产业链和垄断型天然气产业链两种主要类型。根据各国天然气产业链发展的经验，垄断型天然气产业链又包括管道公司兼营天然气配售及运输和管道公司售运业务拆分这两种情况，竞争型天然气产业链又包括局部竞争型和整体竞争型这两种情况。各国天然气产业链结构的实际情况介于这几种理论划分结构类型之间。

垄断型天然气产业链结构是指在特定区域内，天然气产业链的上中下游各个环节（主要包括生产、运输及有时的销售环节）上都存在占据垄断地位的企业，整个产业链形成了一个多重垄断的结构。在垄断产业链结构下，天然气产业链的上游端只有唯一的天然气生产商提供天然气，中游的管道运输环节由于其自然垄断性，也由唯一的管道公司运营，销售业务或者由管道公司兼营，或者由垄断的独立中间商经营，下游端包括众多的用户和垄断的配气公司。垄断型天然气产业链结构按照天然气企业对于整个天然气产业链上、中、下游的垄断程度可以分为典型垄断型天然气产业链结构和优化垄断型天然气产业链结构。

（1）天然气产业链不同阶段的政府规制重点。

天然气产业链结构随着产业链发展的阶段不同而进行演变。在影响产业链结构变化的诸多因素中，政策性因素无疑是最重要的影响因素之一，甚至在一些情况下，政策性因素起到主导性作用。对应中国天然气产业链发展的不同阶段，国家相关部门都会出台相关的政策。

在天然气产业链引入阶段，政府的规制主要体现在对进口价的规制上，并尝试通过市场信号引导生产商决策。在天然气产业链快速发展的过渡阶段，政府规制由对出厂价规制转向管输价格规制。2005年，国家将实行了50年的天然气出厂价格由政府规定全部改为政府指导价，基准价和浮动范围由国家核准，建立天然气价格与替代能源价格挂钩机制。同时，推动出厂价由市场竞争形成的进程，增加政府定价的灵活性，更多反映市场供求。在政府对天然气规制的演变路径中，可以发现政府规制变化的主旋律主要围绕推进天然气产业链结构由垄断型向竞争型迈进。

政府部门对天然气产业链结构的规制是在天然气产业链的快速发展阶段开始推进的。2005年国家发展改革委下发的发计价格（2005）2756号文件将通过城市天然气管网公司供气的用户统一为城市燃气用户，保留原工业用气价和化肥用气价，这一阶段用户的分类方法更多体现出了用户在出厂价格形成中的作用。在此阶段，政府开始探索管道价格的"两部制"改革。发改价格（2004）2971号文件规定，从2006年起在忠武线采取"两部制"管输费率，这一规定改变了中国自收取天然气管输费以来所执行的天然气管输费率按量收费的"一部制"方式，是天然气管输费的一次重大改革。同时，地方政府对于配气环节的规制通过建立下游与上、中游价格的联动机制，将规制转向配气价格。2010年5月13日国务院再次发布《国务院关于鼓励和引导民间投资健康发展的若干意见》，明确规定鼓励民间资本参与石油天然气建设。支持民间资本进入油气勘探开发领域，与国有石油企业合作开展油气勘探开发。支持民间资本参股建设原油、天然气、成品油的储运和管道输送设施及网络。除此之外，政府针对非常规气源的勘探开发出台了一系列政策，针对制约非常规气产业链发展的两大关键障碍（有无独立的探矿采矿权和能否以合理成本持续盈利），更进一步放宽了非常规气源勘探开发的准入限制。2011年12月16日，国家发展改革委在《在广东省、广西壮族自治区开展天然气价格形成机制改革试点的通知》中再次明确"天然气价格改革的最终目标是放开天然气出厂价格，由市场竞争形成，政府只对具有自然垄断性质的天然气管道运输价格进行管理"。2013年6月28日，国家发展改革委发布了《关于调整天然气价格的通知》，指出天然气价格调整的基本思路是"按照市场化取向，建立起反映市场供求和资源稀缺程度的与可替代能源价格挂钩的动态调整机制，逐步理顺天然气与可替代能源比价关系，为最终实现天然气价格完全市场化奠定基础"。2014年6月召开的中央财经小组第六次会议明确提出，必须推动能源产业和消费革命，构建有效竞争的市场结构和市场体系，形成主要由市场决定能源价格的机制，转变政府对能源的监管方式，建立健全能源法治体系。在国家顶层设计的引领下，《能源发展战略行动计划（2014—2020年）》明确推出天然气结构改革时间表、路线图，并要求有序放开竞争性环节价格，天然气井口价格及销售价格由市场形成[52]。

  天然气产业链进入快速发展阶段后，由于煤、油等替代能源价格市场化步伐加快，特别是处于长期上行通道期（煤炭价格2012年下半年转入下行通道），而天然气价格受到政府管制，使天然气进入长期比价严重偏低局面，加之近年高价进口天然气比例迅速攀升，2012年进口资源占国内消费总量的比例达27%，并将继续增加。天然气产业链结构化改革进展缓慢，依赖政府有形之手进行，以模拟市场为特征，进行价格形成机制改革，每次改革又都是供气紧张的"气荒"之后推出。例如，2004年年底至2005年年初的冬季就经历了严重的"气荒"，政府非常担心2005年年底的冬季再次出现"气荒"，国家以特急的形式，在2005年12月下旬推出价格改革，改革又伴随价格上调，使得改革实际上首先体现的是对提高作为天然气生产商的石油公司保障供应的激励，其次才是更大地发挥价格在资源配置中的作用，这似乎成为惯例。2013年7月的天然气价格调整，从增量气的价格水平看，调价幅度从未有过，极大提升了以价格手段对供求失衡的调整作用。即便进行综合作价，以北京为例，存量和增量气价假如按最高价格执行到位，如2015年消费量达到200亿立方米，即使期间存量和增量气价均不再调整，门站综合作价也将达2.74元/立方米，这使将进入北京的大唐煤制天然气的价格非常具有竞争力。以天然气产业链各个环节打破行政性垄断、去除政府不当干预为突破口，立足产业链结构改革为前提，加快推进天然气价格市场化改革，以市场化的方法减少非常规天然气资源开发对财政补贴依赖应成为取向。由于价格双轨制可能产生严重问题，应确保2015年前实现价格并轨。下游用气端的一个观察指标是建立天然气季节性差价、可中断气价等差别气价制度。另一个观察指标是居民用气价格的调整，从历次居民用气价格管理制度和气价水平变化看，均以上游价格调整为改革动力契机，涉及上游价格欠账调整、下游与上中游气价联动和阶梯价格制度的建立，在此过程中需切实保证居民基本用气需求支出增速低于平均可支配收入增速,通过补贴使低收入群体支出不增。从不同区域天然气价格水平看,西部地区,特别是产气区价格水平偏高问题,可以通过提高资源税税率等加以缓解。以提速天然气产业链结构改革,尽快替代通过"市场净回值"模拟市场的办法,实现天然气价格的市场化,使产业链更具有竞争性是其可持续发展的动力源泉。

在国家顶层设计的引领下,《能源发展战略行动计划(2014—2020年)》明确推出天然气结构改革时间表、路线图,并要求有序放开竞争性环节价格,天然气井口价格及销售价格由市场形成。从这一中国对天然气产业链结构改革的整体谋划可以看出,国家已经将产业链结构改革置于价格形成机制真正的市场化改革之前,强调了结构改革对价格形成的决定作用,突出以天然气产业链结构的改革达到对天然气价格改革的目的[53]。

(2)政府对天然气产业链市场准入规制变化。

新中国成立初期,高度集中的计划管理阶段,确定矿产资源的国家所有原则,规定"全国矿藏,均为国有",而且准许并鼓励私人经营。鉴于当时存在公营、私营和公私合营等多种经营形式,条例规定了探采期限和权力的获得程序,经中央主管矿业机关审查核定后,颁发探采许可执照或租用执照等。

十年"文革"后期,油气资源的勘探和开采都处于政府的高度计划控制之下,油田的生产严格按照计划进行。在开采过程中,由于地质条件变化或者油气技术的发展,须修改原定工业指标的,需报请主管部门批准。因此这一时期国有油田开发利用是在政府直接组织下进行的,谈不上准入规制。

1982年在实行鼓励外商来华投资矿产资源勘查开发的政策指引下,中国政府颁布《对外合作开采海洋石油资源条例》,首先允许外国企业参与合作开采中国的海洋石油资源,标志着中国石油天然气产业链开始对外开放。随着改革开放的到来,1993年中国政府颁布《对外合作开采陆上石油资源条例》,进一步加大了利用国外资金和技术合作勘查开发石油天然气资源的力度,合作范围逐步扩大。允许外国公司参与合作开发中国的石油资源,中外双方按照合同确定的比例以实物方式收回投资和分配利润。伴随着开放程度的进一步扩大,中国政府根据国家产业政策和宏观经济调控的需要制定了一些对外合作的政策。2002年国务院颁布的《指导外商投资方向规定》将外商投资领域分为鼓励、允许、限制和禁止四类,理论上可以认为未列入《外商投资产业指导目录》的产业部门均允许外商进行投资。

2005年2月25日，国务院发布《关于鼓励支持和引导个体私营等非公有制经济发展的若干意见》（非公经济36条），成为新中国成立以来首部以促进非公有制经济发展为主题的中央政府文件。其中第二条，规定允许非公有资本进入垄断行业和领域。第三条，规定允许非公有资本进入公用事业和基础设施领域。加快完善政府特许经营制度，规范招投标行为，支持非公有资本积极参与下游城镇供气。自此，中国天然气产业链上中下游市场准入放开，民间资本、外企资本被允许进入。

从2007年修订后的《外商投资产业指导目录》来看，石油天然气产业的整个产业链已经不同程度地向外国公司开放。在石油天然气上游，油气的风险勘查与开发、低渗油气藏的开发和物探、钻井、测试、井下作业等油气勘查开发新技术的开发与应用列入了鼓励类，外商投资限于以合资或合作的方式进行。

2010年5月13日国务院再次发布的《国务院关于鼓励和引导民间投资健康发展的若干意见》。明确规定，鼓励民间资本参与石油天然气建设。支持民间资本进入油气勘探开发领域，与国有石油企业合作开展油气勘探开发。支持民间资本参股建设原油、天然气、成品油的储运和管道输送设施及网络。除此之外，政府针对非常规气源的勘探开发出台了一系列政策，针对制约非常规气产业链发展的两大关键障碍（有无独立的探矿采矿权和能否合理成本以持续盈利），更进一步放宽了非常规气源勘探开发的准入限制。

（3）政府对天然气产业链上游的规制变化。

政府对天然气产业链上游的规制变化主要表现为逐渐放开上游矿业权主体的限制。矿业权是指矿产资源使用权，包括探矿权和采矿权。前者是指在依法取得的勘查许可证规定的范围内，勘查矿产资源的权利；后者是指在依法取得采矿许可证规定的范围内，开采矿产资源和获得所开采矿产品的权利；根据《中华人民共和国矿产资源法》及其配套法规，矿业权经依法批准，可以转让他人。探矿权的审批机关是由国土资源部、省国土资源厅来负责的。采矿权取得方式有三种：协议、招拍挂、探矿权转采矿权。新授予的采矿权一律实行招标拍卖或挂牌。2011年公布的石油天然气（含煤层气）探矿权和采矿权是根据《矿产资源勘查区块登记管理办法》和《矿产资源开采登记管理办法》决定的。采矿权的6个项目中，中国石化占绝对优势，取得4个项目的采矿权，中国石油占2个。显示在探矿权的321个项目中，中国石油的项目有 185 个，中国石化有 102 个，其次就是中联煤层气有限责任公司 7 个。

在页岩气方面，参与探矿权招标的主体限制已经逐渐放开。中国陆域页岩气地质资源潜力为 134.42 万亿立方米，可采资源潜力为 25.08 万亿立方米（不含青藏地区）。其中，77% 的有利区块面积、80% 的资源潜力处于现有油气区块内，鉴于现有区块属于中国石油、中国石化、中国海油和延长油田，四大企业获有优先开采的主动权。然而，对于其他企业来说，参与页岩气探矿权招标是获得上游资源的方式。

在煤层气方面，2010 年 5 月 22 日晋煤集团获得成庄和寺河（东区）区块煤层气采矿许可证，成为首个从国土资源部获得采气权的煤炭企业。同年 10 月份，山西兰花煤炭实业集团获得山西省沁水煤田伯方区块煤层气探矿权，是获得煤层气探矿许可证的第一家地方国有企业。煤企首次获得采气权，破除了煤炭、煤层气两种矿业权分置及交叉产生的矛盾，打破了中国煤层气开采垄断格局。2010 年 12 月 3 日，商务部、国家发展改革委等四部委联合下发通知，宣布进一步扩大煤层气开采对外合作，新增了中国石油、中国石化以及河南省煤层气开发利用有限公司三家企业作为第一批试点单位。河南省煤层气开发利用有限公司作为地方企业的出现，也为煤层气对外合作专营权的放开提供了思路。至此，中联煤垄断的对外合作专营权正式被打破，初步形成了煤层气的竞争格局。

在煤制气方面，国家发展改革委规定煤制天然气及配套项目由其统一核准。内蒙古庆华集团在新疆投资的煤制天然气项目成为 2010 年 6 月国家发展改革委收紧煤制天然气审批权后通过核准的首单。2010 年 10 月国家发展改革委向内蒙古华能伊敏煤电公司煤制天然气项目发放路条。截至 2012 年 12 月，中国煤制天然气项目（包括已建、在建、获批和待审批的）共计 43 个，总年产能已达 1969.84 亿立方米，其中建成项目 2 个、在建的 18 个。目前的 5 个获批项目集中在煤炭或煤电企业，其中有 2 家民营企业，更清晰地展示了积极推动天然气产业链上游多元化，特别是民营企业的准入。

在天然气产业链的发展初期，政府往往授予天然气产业链特别是上、中游参与主体的经营特许权。使得天然气产业链的衔接运营机制具有了石油企业内部一体化运营的垄断性质。在天然气产业链的快速发展阶段，政府会逐步放开天然气产业链特别是上游的行业准入，逐渐放开页岩气等增量矿业权主体限制，通过煤层气、煤制气等使得天然气产业链上游的参与主体多元化，对应的天然气产业链衔接运行机制逐步具有了竞争性的性质。例如，近年来，民营企业通过参股国有石油企业、参与项目合作等方式，在大庆、吉林、新疆、长庆、吐哈等油田介入了一些油气勘探开发业务。据中国石油石化联合会统计，截至2012年8月，从事石油开采的民营企业已有32家，从事天然气开采的民营企业有9家，从事石油和天然气开采辅助活动的民营企业有64家。

（4）政府对中游管道的进入及监管规制。

中国天然气产业链中游长输管道产业，呈现出三个巨头（中国石油、中国石化、中国海油）和若干省域天然气管输企业同时存在的竞争格局。在中国，只有少数省份（主要气田所在省份）拥有省域天然气长输管网公司，例如陕西省，这些公司仅在本省范围内开展业务；虽然与中国石油、中国石化、中国海油相比，这些公司实力较弱，但依靠地方政府及地方资源，具有较强的地方优势。

为了保护石油、天然气管道，保障石油、天然气输送安全，维护国家能源安全和公共安全，2010年6月25日第十一届全国人民代表大会常务委员会第十五次会议通过《中华人民共和国石油天然气管道保护法》，对管道规划与建设、管道运行中的保护、管道建设工程与其他建设工程相遇关系的处理以及法律责任都进行了明确的规定。

2012年6月18日，国家能源局《关于鼓励和引导民间资本进一步扩大能源领域投资的实施意见》就明确提出：支持民间资本与国有石油企业合作，投资建设跨境、跨区石油和天然气干线管道项目。政府显然欢迎民营资本进入，因为民营资本进入天然气管道建设对国内天然气生产效率及行业竞争具有积极作用。同时，也是目前天然气价改和市场竞争的重要前提条件。但是，力量对比悬殊，加上种种体制、市场问题，民营管道企业的机会的确不容乐观。短期来看，民企进入对于打破天然气产业链国有企业垄断局面应该没有实质性作用。但对于中长期来说，引入民资对行业竞争、促进行业可持续发展大有益处。

2013年，国务院发展研究中心公布"383"改革方案中提出，未来将把石油天然气管网业务从上中下游一体化经营的油气企业中分离出来，组建若干家油气管道公司，并建立对油气管网的政府监管。

近年来，政府对天然气产业链中游管道规制以"鼓励加快天然气管网及配套设施建设"为主要内容,并且在多个方面对管道建设进行规制:①投资主体多元化。2014年11月,国务院《关于创新重点领域投融资机制鼓励社会投资的指导意见》第二十条指出,鼓励社会资本参与油气管网、储存设施和煤炭储运建设运营,支持民营企业、地方国有企业等参股建设油气管网主干线、沿海LNG接收站、地下储气库、城市配气管网和城市储气设施,控股建设油气管网支线。②下放审批权限。《政府核准的投资项目目录(2014年本)》中提出,跨境、跨省(区、市)干线管网项目(不含油气田集输管网)由国务院投资主管部门核准,其中跨境项目报国务院备案,其余项目由省级政府核准。③简化审批程序。2014年,国务院办公厅印发《精简审批事项规范中介服务实行企业投资项目网上并联核准制度的工作方案》《关于一律不得将企业经营自主权事项作为企业投资项目核准前置条件的通知》等文件中提出,除重特大项目外,企业投资项目只保留规划选址、用地预审(用海预审)两项前置审批,其他审批事项实行并联办理,银行贷款承诺、可行性研究报告审查意见等18项一律不再作为企业投资项目核准的前置条件。④高度重视储气设施建设。连续出台了国家发展改革委《关于建立保障天然气稳定供应长效机制若干意见的通知》《关于加快推进储气设施建设的指导意见》等文件,进一步明确天然气销售、天然气基础设施运营和城镇天然气经营等企业的储气调峰责任,并从建设用地、资金安排、融资渠道、气量供应等方面不断加大储气设施建设的支持力度。2015年3月,国家发展改革委出台的《关于进口原油使用管理有关问题的通知》中也将天然气储气设施建设与进口原油的使用挂钩,进一步鼓励各类社会资本参与储气调峰设施建设。

天然气基础设施的公平公开准入是近期监管重点。2014年2月,国家能源局正式印发的《油气管网设施公平开放监管办法(试行)》要求:油气管网设施运营企业应在互惠互利、充分利用设施能力并保障现有用户、现有服务的前提下,按签订合同的先后次序向新增用户公平、无歧视地开放使用油气管网设施,提供输送、储存、气化、液化和压缩等服务;国家能源局及其派出机构作为市场监管主体,采用两级监管的形式对油气管网设施规划、计划的落实和重大油气项目的实施,油气管网设施公平开放,输送(储存、气化、液化和压缩)能力和效率、价格与成本,接入申请和受理,合同签订与执行,信息公开与报送等油气管网设施公平开放相关事宜进行严格监管。要求油气管网设施运营业务应进行独立核算并定期公开,开放的油气管网设施应执行由价格主管部门确定的相应服务价格。《天然气基础设施建设与运营管理办法》第十七条中也明确规定，天然气基础设施运营企业不得利用对基础设施的控制排挤其他天然气经营企业；在服务能力具备的情况下，不得拒绝为符合条件的用户提供服务或者提出不合理的要求。

输销业务分离和产权独立是下一步改革方向。2013年，国务院发展研究中心公布的"383"改革方案中提出，未来将把石油天然气管网业务从上中下游一体化经营的油气企业中分离出来，组建若干家油气管道公司，并建立对油气管网的政府监管制度。管网独立有三种模式，一是财务独立，即管网还是原来的公司控股，但财务分开，账目能够监管和查验；二是法律独立，即把管网业务剥离出来成为独立运作的法人公司，关联交易要被严格监管；第三种是彻底的产权独立，管道资产和业务与母公司剥离，作为公立平台。中国目前出台的相关政策主要集中在油气管网设施的财务独立方面。《油气管网设施公平开放监管办法（试行）》第十九条、《天然气基础设施建设与运营管理办法》第十六条均规定：油气管网设施运营企业同时经营油气生产、销售等其他业务的，应当逐步建立健全财务制度，对油气管网设施运营业务实行独立核算，确保管道运输、储气、气化、液化、压缩等成本和收入的真实准确。随着管道公司财务和产权逐步独立，输销业务分离是大势所趋。《油气管网设施公平开放监管办法（试行）》第九条提出，鼓励以自行协商或委托代理等方式由不同市场主体的上游用户向下游用户直接销售油气，并由上、下游用户与油气管网设施运营企业签订合同或协议。《关于理顺非居民用天然气价格的通知》规定：放开天然气直供用户（化肥企业除外）用气门站价格，由供需双方协商定价，进行市场化改革试点。可见，虽然目前政策没有涉及剥离油气管网设施运营企业销售职能的条文，但是上下游用户之间达成销售意向，再与管网运营企业签订管输合同的销售模式将对现存的管网运营企业统购统销模式产生冲击。

（5）政府对天然气产业链下游的规制。

中国天然气配送基本上由几家燃气公司垄断经营，用户实质上接受的是天然气商品和运输价格捆绑式的服务，对配气公司最终的销售价格没有复原能力。因此，要在下游环节引入竞争机制，就必须打破现有配气公司对市场的垄断势力，将其配气输送业务和销售业务分离，成立独立的天然气销售公司，配气公司只经营管输服务，这与中游管道公司是一样的。而对天然气销售公司则采取特许权经营招标制和区域竞争相结合的规制方式。对每个城市或城市的每个区域进行特许经营权招标，选择高效率、低成本的供气商法定垄断中标区域的天然气供应，但对一些资格用户，可以不受特许经营权的限制，自由选择第二供应商，以最小化自己的用气成本。在新一轮的特许经营权招标时，更高效率的供气商可以取代低效率的供气商，同时放开市场进入限制，允许任何有资质、有能力的新企业进入供气商行列，对市场在位者保持一种持续的潜在竞争压力，这样通过不断地优胜劣汰来刺激供气商不断提高经营效率，降低供气成本以达到一种动态平衡状态。同时，随着市场成熟程度的加大和竞争性加强，不断放低资格用户的进入门槛，最终实现所有用户都可以自由选择供应商的竞争充分的市场结构。随着市场的不断成熟，竞争性增强，可以在供气商之间逐步成立天然气商品、运输合同的二级市场，进行供气商之间的天然气调节或运输合同的转让买卖等，促进天然气商品和管道运力更合理的分配和利用，从而最终形成良好的竞争性市场结构。

　　2004年5月，建设部颁布《市政公用事业特许经营管理办法》。根据该办法，政府通过向社会公开招标的方式选择投资者和经营者，予其在一定时间和范围内对燃气产品或服务进行经营的权利（即特许经营权）。《市政公用事业特许经营管理办法》为城市燃气行业成功引入了大量民间资本并加快了行业的发展。在中国城镇利用天然气过程中，授权经营的企业在经营过程中需要不断投资，才能不断扩大城镇供气范围，完善城镇燃气系统，所以在头些年，收益较小，因此也必须通过合理确定特许经营期限来给予补偿。

　　自《市政公用事业特许经营管理办法》颁布后，超过千家的城市燃气运营商将该市场瓜分。激烈角逐中，该行业也涌现出数家跨区域的佼佼者，如香港中华煤气、中国燃气、新奥能源、华润燃气等，占据了城市燃气特许经营的多数市场。

　　《市政公用事业特许经营管理办法》使得燃气行业的跨区域整合成为可能，燃气分销领域的竞争格局逐渐由地方垄断转变为跨区域的市场竞争。使中国天然气产业链下游竞争性加强，为中国天然气产业链整体的竞争性变迁奠定了基础。随着燃气行业下游市场逐步开放，区域垄断格局有所改观，港资、民资、国际跨国公司以及改制后得以壮大的原国有燃气公司等各路资本竞相涌入，下游市场主体已形成多种所有制并存的有序格局，行业利润、生产运营、效率、服务、管理明显改观，整个行业逐步进入良性发展轨道。特许经营制度在城市管道燃气行业的应用，给中国燃气市场注入了活力，在一定程度上解决了生产经营中的低效率问题，减轻了中国政府的财政压力，是中国城市燃气市场化进程发展中的里程碑。

2.2 中国天然气市场化定价改革演变分析

2.2.1 早期市场化定价改革分析

中国的天然气工业在早期一直处于政府监管之下，天然气市场化定价主要体现在井口价格的变化方面。早期天然气井口价格的演变过程主要有单一国家定价阶段和国家定价与国家计划指导价并存阶段两个部分。

（1）单一的国家定价阶段（1956—1993年）。

在这一阶段，按照制定价格的原则可分为两个时期。

① 1956—1987年，优惠低价政策以鼓励使用天然气时期。中国最早于1956年制定天然气井口价格，井口价为每千立方米（下同）70元。1958年为了鼓励就地使用天然气，将价格下调为30元。1982年，为遏止天然气产量滑坡、增加天然气生产投入，国家将四川天然气价格提高到80元。在这整个期间虽然对天然气的井口价格做过微调，但是总的原则是实行优惠最低价格政策，以鼓励天然气消费。

② 1987—1993年，通过提高天然气井口价格，筹集天然气勘探开发资金时期。1987年，为了弥补天然气生产企业成本支出，允许四川天然气在气价外向用户收取净化费50元，并实行天然气商品量常数包干、超产天然气按260元高价销售的政策，但是计划外天然气井口价格仍然由国家定价。1992年，经国务院批准，原国家计委对中国天然气实行了分类气价，按用途分为化肥用气、其他工业用气、城市居民用气和商业用气。同时对四川天然气井口价格实行了计划内外并轨。

（2）国家定价与国家计划指导价并存阶段（1993—2005年）。

这一阶段，国家对天然气价格做了重大改革。1993年为加快企业转换经营机制，逐步向社会主义市场经济体制过渡，国家实行了企业自销天然气价格政策，同年原国家物价局下文，同意四川石油管理局自销的天然气实行市场价格。

1994年5月1日，国家进一步调整天然气井口价格，四川天然气井口价格平均540元，企业自销天然气中准价为900元，允许上下浮动10%。1997

年,对计划内用气价格和自销气价格实行"并轨"。2002年将天然气井口价外加收的净化费并入价内,合并后统称为天然气出厂价,同时将天然气出厂价提高30元。企业自销天然气价格政策对筹集资金、提高天然气产量及满足市场需求起到了积极作用。

2.2.2 近年市场化定价改革分析

以2004年年底西气东输一线工程全线正式商业运营为标志,中国天然气产业链进入快速发展阶段。根据天然气资源勘探开发程度、天然气管网等基础设施完善情况、天然气市场发育情况等信息推断,该阶段会再持续10年左右[54]。期间,天然气产业链结构会经历剧烈变化,天然气价格形成机制也在不断演变。

(1)近年中国天然气价格形成机制的争论及演变路径。

2005年年底开始,中国天然气价格形成机制主要经历了从出厂环节建立"理想起步价"到省级门站环节建立"理想起步价",进而推进价格形成机制改革的路径,期间伴随着激烈的争论[55]。

①从出厂环节建立"理想起步价",推进价格形成机制改革。

2005年12月23日,国家发展改革委提出改革中国天然气出厂价格形成机制:a.近期目标是进一步规范价格管理;逐步提高价格水平,理顺与可替代能源的价格关系;建立与可替代能源价格挂钩和动态调整的机制。b.从长远看,随着竞争性市场结构的建立,天然气出厂价格最终应通过市场竞争形成。决定将天然气出厂价格改为统一实行政府指导价,并适当提高了天然气出厂基准价格。

国家发展改革委提出:天然气出厂基准价格每年调整一次,调整系数根据原油、LPG(液化石油气)和煤炭价格5年平均变化情况,分别按40%、20%和40%加权平均确定,相邻年度的价格调整幅度最大不超过8%[56]。其实这一安排早在2003年9月28日国家发展改革委《关于西气东输天然气价格有关问题的通知》中得到体现,针对西气东输天然气出厂基准价已经明确[57],此时不过是推广而已。就中国天然气价格形成机制改革设计而言,这次设计至关重要,它开启了从出厂环节逐步提高天然气价格,建立"理想起步价",进而谋求与可替代能源价格挂钩联动,其改革设计基调是政府模拟市场。其中,可替代能源中煤炭价格的出现反映了中国能源消费的现实,也将其在天然气价格联动部分纳入中国能源市场的影响因素。

这次改革设计是以"特急"的形式在2005年12月下旬突然推出的,这与中国天然气产业链刚进入快速发展阶段,2004年年底至2005年年初的冬季就经历了严重的"气荒"有关。由于相关部门非常担心2005年年底的冬季再次出现"气荒",本次改革实际上首先体现的是对作为天然气生产商的石油公司保障供应的激励,从此这似乎成为惯例。简化气价分类反映了原来的用户分类价格管理已经难以适应不同区域中用户结构渐趋复杂的市场需要。

这次改革并提高气价后,主要气田的计划内天然气执行一档气价格,个别气田的计划外自销天然气执行二档气价格,二档气出厂基准价为980元/千立方米,适当提高一档气出厂价格,基准价格实际提价幅度不超过50元/千立方米,一档气当时平均实际出厂价约770元/千立方米。此次改革还计划先启动二档气价与可替代能源价格挂钩调整的机制,用3年左右的时间,将一档气出厂基准价水平调整到二档气价水平。从中可以看到后来2013年存量气和增量气实行不同定价机制的影子。

这次改革后,由于预期天然气价格将不断上涨,在用气端,很多地方政府开始探索天然气销售价格与天然气产业链上、中游价格的联动机制,其中以居民用气价格联动机制的建立最为敏感和复杂。

②对出厂环节建立"理想起步价"的坚持。

2008年以后,天然气价格形成机制改革广受关注,特别是在2009年,各种价改版本不断推出,其中由作为主要天然气生产商的石油公司推出的省级门站环节建立"理想起步价"方案占上风,该方案要点为:分省实行统一门站价,由各省存量气(2009年)气价和增量气(2010年以后新增用量)气价两部分加权平均确定综合门站上限价格。其中,存量气价是根据各省使用的各油气田的天然气出厂价加管道运价加权平均确定。各油气田出厂价在当时国内气价基础上,将城市燃气和化肥用气价格补提0.40元/立方米后加权平均确定(全国平均出厂价为1.17元/立方米)。而增量气价则是根据国产新增气出厂价(1.17元/立方米)和进口气到岸完税价加权平均形成全国统一出厂价,再加管道运价确定。方案中规定,天然气价格的调整将补提后的国产气价(1.17元/立方米)作为油价40美元/桶时对应的基础价格,以后根据国际油价、国内液化石油气、汽油和柴油出厂价变化幅度调整(权重各占25%)。

该方案的几个关键变化在于：实行将天然气生产和管输捆绑定价的方式；替代能源实际上与油价（而且上挂原油、下挂成品油）取得了更紧密的挂钩关系，不见了煤炭的踪影；各省增量气实行全国统一的出厂价格；将国产气出厂价格实行有控制地与可替代能源价格挂钩；实行了存量气、增量气、进口气价格和不同管输费用的复杂加权；该方案让东部地区的所谓存量气的用户得到既得利益，西部地区用户将承担较大比例的高价进口气负担；每省确定一个统一的上限门站价。

该方案对城市燃气和化肥用气价格补提 0.40 元/立方米的主要原因在于，2007 年 11 月 10 日起，国家发展改革委适当提高了工业用天然气出厂基准价格，全国陆上各油气田（包括西气东输、忠武线、陕京输气系统等）供工业用户（含天然气发电企业，不含化肥生产和独立供热企业）天然气的出厂基准价格提高 400 元/千立方米，供化肥用气、居民用气及通过城市燃气公司供应的除工业用户外的其他用户出厂基准价格不做调整。以对城市燃气和化肥用气价格补提 40 元/立方米，化解这次提价策略加剧的不合理用户价差，有时称其为交叉补贴。本次国家发展改革委也决定放开供 LNG 生产企业的天然气出厂价格，价格由供用双方协商确定；同时，理顺车用天然气与汽油的比价关系。前者导致了陆基 LNG 厂的快速发展，也意味着进口 LNG，只要不气化后进入长输管道再销售，出厂价格也完全放开了；后者加快了加气站设施的建设。

但经过一年多的激烈争论和等待，国家发展改革委在 2010 年 5 月 31 日发出通知，其核心仍在提高国产陆上天然气出厂基准价格，每千立方米提高 230 元；同时，将 2005 年年底起实行的一、二档出厂基准价格加权并轨，取消价格"双轨制"[11]。这体现了将价改作为推动产业链结构规制改革的一环，总体上坚持了走天然气出厂价格最终通过市场竞争形成的目标轨迹。此时出厂基准价的制定瞄定的是与可替代能源的比价关系，已不是"成本加成"的定价方法。巧合的是，这次提高国产陆上天然气出厂基准价格，仍是在经历了 2009 年年底至 2010 年年初冬季的严重"气荒"之后。而此前政府一直在寻找合适的 CPI 上涨率低、经济运行平稳的天然气价格调整窗口期。新增加的挑战在于 2009 年年底，中亚天然气管道开始投产，随着西气东输二线工程的建设推进，将从陆上大量增加高价进口气，上调天然气价格迫在眉睫。而此时受国际金融危机的影响，国际油价尚处于 60 美元/桶以内，是建立"理想起步价"的好时机。

这次提价的幅度较大，国产陆上天然气出厂基准价格由每千立方米925元提高到每千立方米1155元，提价幅度为24.9%。在此之前，2009年6月26日，国家发展改革委已经核准川气东送天然气出厂基准价格定为1.28元/立方米（含增值税），并不再分类定价[12]，这在当时有标志性意义，此后随2010年5月的通知再次涨价，这也清楚地说明"成本加成"的定价方法确实已经被放弃。

国家发展改革委的通知也提出：研究推行差别气价政策，用气量季节差、峰谷差较大的城市，可以研究推行天然气季节性差价、峰谷差价和可中断气价等差别气价政策。在部分地区也开始进行了差别气价政策的探索，如辽宁省沈阳市从2010年11月1日起，在冬季气源紧张时，对工商业用天然气价格可采取上浮20%的临时调控措施。

2006年起，对出厂基准价格逐步提高的宣示及实施，激发了地方政府建立下游与上、中游价格的联动机制，2010年7月国家发展改革委办公厅还发文推动联动机制的建立。

③省级门站环节建立"理想起步价"的试点。

2011年1月作为主要天然气生产商的石油公司人员表示：天然气价格将实行"市场净回值"定价方法，有详细的基本思路。2011年年底，国家发展改革委在广东省和广西壮族自治区（以下简称"广西"）进行天然气价格形成机制改革试点，按"市场净回值"方法确定各省（区、市）天然气最高门站价格，首先在各省（区、市）门站环节建立"理想起步价"。试点方案的总体思路与石油公司方案保持一致，包括以下4点[14]：a.将现行以成本加成为主的定价方法改为按"市场净回值"方法定价。选取计价基准点和可替代能源品种，建立天然气与可替代能源价格挂钩机制。b.以计价基准点价格为基础，考虑天然气市场资源主体流向和管输费用，确定各省（区、市）天然气门站价格。c.天然气门站价格实行动态调整机制，根据可替代能源价格变化情况每年调整一次，并逐步过渡到每半年或者按季度调整。d.放开页岩气、煤层气、煤制气等非常规天然气出厂价格，实行市场调节。

这次改革与之前相比，其重大变化在于：a.天然气价格管理由出厂环节调整为省级门站环节，实行最高上限价格管理；b.选取上海市场（中心市场）作为计价基准点，建立中心市场门站价格与可替代能源价格挂钩机制；c.可替代能源品种改为燃料油和液化石油气（LPG），权重分别为60%和40%；d. 以中心市场天然气门站价格为基础，考虑天然气市场资源主体流向和管输费用，并兼顾广东和广西经济社会发展水平，确定两省（区）门站价格。

截至2013年7月10日，广东和广西的试点经验仅限于在省（区）门站环节建立"理想起步价"，并未实现天然气"理想起步价"与选定替代能源价格的挂钩联动调整机制。

就广东和广西单一管道输送的试点地区看，政府制定省级地区最高门站价时，价格捆绑问题不突出，但其本质上还是将出厂价和长输干线管输价捆绑在一起了。随着这种强化、固化垄断的制度安排加以推广，对整个产业链长期竞争活力构成的负面影响主要表现在：不拥有管道的非常规资源开发企业等，其所产天然气难以不受歧视地接入管道，很多气源拥有方不得不接受在出厂环节出售，资源被管道拥有方买断，遏制创新活力，加重管道重复建设；地方政府将以保护下游用户的名义，强化对所在地区支干线管网的介入和控制，形成新的垄断加价环节；石油公司则强化产业链上、中、下游的纵向一体化。

就区域管网而言，在西气东输一线工程，以江苏省为代表的省级支线管网开始在很多地区陆续成为新的垄断加价环节。2003年11月，江苏省决定对本省行政区域内西气东输一线工程干线分输站以下输配气价格和销售价格进行单独测算和管理，进而由支线逐步建设并控制区域管网。更有代表性的地方控制区域管网在广东省，2011年11月24日发布的《广东省天然气主干管网建设运营模式方案》，由省政府统筹全省天然气主干管网的规划、建设和运营，形成"全省一张网"，由广东省天然气管网公司负责建设和运营，其他主体不得建设主干管网及直接连接下游用户（城市燃气公司及终端用户等）的供气管道[58]。2012年7月2日，省管网公司销售给各地城市燃气公司的"统筹调配"西气东输二线天然气适用门站销售价格，暂定为3.003元/立方米（含增值税），其中，气源价格为2.740元/立方米，管输价格为0.263元/立方米；但是电厂用户代输价格暂定为0.278元/立方米（含营业税），工商业用户代输价格为0.290元/立方米（含营业税）[59]。2012年12月3日发布了《广东省物价局关于管道燃气价格的管理办法（试行）》，规范并强化了价格管理。

2011年后，为突破居民用气提价难题，政府开始探索居民用气阶梯定价办法，2012 年开始加快步伐。再考虑到 2010 年以来理顺车用天然气与汽油比价关系的制度安排等，连同前述的地方政府在下游建立与上、中游价格的联动机制，以及在下游对差别气价政策的探索，这些举措反映了政府从终端入手推动天然气价格形成机制改革的思路。这其中，地方政府在天然气价格形成机制中的作用开始突显。

（2）近 5 年中国天然气价格形成机制的变化。

①省级门站环节建立"理想起步价"制度的推出。

为应对天然气需求量的快速增长，中国 2006 年开始进口 LNG，2009 年年底开始进口管道天然气，进口气比例迅速攀升，2012 年进口资源占国内消费总量的比例达 27%，并将继续增加；同时，国内天然气价格偏低，供求矛盾突出。以中国石油天然气股份有限公司为例，根据该公司年报显示，2012 年中亚天然气和 LNG 进口量大幅上升，亏损增大，销售进口天然气和 LNG 亏损人民币 419 亿元。当时认为天然气领域面临的最严峻的问题是能否持续保障供应的问题。

尽管 2012 年年底至 2013 年年初冬季的"气荒"并不严重，但在 2013 年 5 月后突然又出现了供气紧张的局面，国家发展改革委反常地于 6 月 13 日专门发布《关于进一步做好当前天然气供应保障工作的通知》，安排迎峰度夏、度冬天然气供应问题[60]。在此严峻情况下，国家发展改革委抓住难得的调价窗口期，又于 2013 年 6 月 28 日发布了《关于调整天然气价格的通知》，该通知要点在于：针对国产陆上天然气、进口管道天然气，将广东、广西试点的天然气价格管理由出厂环节调整为门站环节的办法推向全国。推出区分存量气和增量气的价格调整方案，增量气门站价格按照广东、广西试点方案中的计价办法，一步调整到 2012 年下半年以来可替代能源价格 85% 的水平，并不再按用途进行分类；存量气门站价格适当提高，化肥用气在现行门站价格基础上实际提价幅度最高不超过 250 元 / 千立方米，其他用户用气在现行门站价格基础上实际提价幅度最高不超过 400 元 / 千立方米；存量气价格分步调整，力争"十二五"末调整到位。页岩气、煤层气、煤制气出厂价格以及 LNG 气源价格放开，由供需双方协商确定，需进入长输管道混合输送并一起销售的（即运输企业和销售企业为同一市场主体），执行统一门站价格；进入长输管道混合输送但单独销售的，气源价格由供需双方协商确定，并按国家规定的管道运输价格向管道运输企业支付运输费用。居民用气价格不做调整[61]。

尽管上述通知仅定调为调整天然气价格，但其内容已涉及天然气价格形成机制的重大改变。它的积极性体现在：存量气适度提价，估计每立方米存量气提高 0.19 元，开始缓解陆上管道进口存量气购销价格倒挂矛盾。初步测算，如果存量进口气的高价全部由所有用户分担消化，天然气如果在进入基干线管道前销售，价格保守估计要上涨 30%，实际提高估计为 16%。增量气大幅提价，纠正逆向激励，提高天然气供应保障能力。区分存量气和增量气，针对高端、高效用户，在适度提高的存量气价基础上，绝大部分省份，对增量气价格再提高 0.88 元/立方米（"两广"因试点，存量气价已较高，仅再提高 0.58 元/立方米，且暂缓执行；海南、重庆、四川再提高 0.86 元/立方米）。以上海为例，相当于增量进口气的边境口岸销售价约为 2.25 元/立方米，考虑到进口退税、全线管道的盈利、海外上游投资的盈利等因素，对进口气的激励作用大幅提升。在尽量控制因气价提高对现有各类用户产生冲击影响的基础上，加上 0.85 的折价系数，使天然气市场需求能保持适度持续增长；这也同时大幅度提高了价格在资源配置中的信号有效性，增量气将向高端、高效用户配置。本次天然气价格调整后，全国平均门站价格由 1.69 元/立方米提高到 1.95 元/立方米。本轮天然气价格调整可以这样看，存量气部分相当于首先在全国对国产陆上天然气、进口管道天然气逼近"理想起步价"（还不够真正的理想）；再就增量气部分，在全国实施了一次天然气"理想起步价"与选定替代能源价格的挂钩联动调整机制，后者未经在广东、广西等地试点而直接推出[62-64]。

上述通知的消极性则体现在两方面：出现了新的价格"双轨"制，其负面作用在中国已有教训；天然气价格形成机制改革最终目标的达成，其核心是要求天然气生产商和输送商分离，天然气生产商、供应商要足够多。而本通知似乎要明确在全国推广以天然气生产和输送环节捆绑定价为主的制度，这与世界天然气产业链发展潮流背道而驰，其中将理顺与可替代能源比价关系和天然气产业链向竞争性结构改革分割开来，不知如何释放改革红利。也可能正因为如此，上述通知被称为关于调整天然气价格的通知，而非关于天然气价格形成机制改革的通知。

②省级门站环节初步建立"理想起步价"。

2014 年 8 月 10 日，国家发展改革委再次宣布将非居民用存量气最高门站价格提高 400 元/千立方米；与之前不同，本次化肥用气调价措施暂缓出台。2015 年 2 月 28 日，借着 2014 年下半年国际油价大幅下降，短期反弹乏力的有利时机，国家发展改革委第三次宣布，增量气最高门站价格降低 440 元/千立方米，存量气最高门站价格提高 40 元/千立方米；（广东、广西、海南、重庆、四川按与全国衔接的原则安排），实现价格并轨；同时，放开天然气直供用户（化肥企业除外）用气门站价格，由供需双方协商定价，进行市场化改革试点；化肥用气不区分存量气和增量气，价格在现行存量气价格基础上适当提高，提价幅度最高不超过 200 元/千立方米。

2015 年的天然气价格调整的最大亮点在于，尽管只针对增量气，但这是第一次大幅度下调其价格。主要原因是 2014 年下半年国际油价大幅下降，压低了进口气价格。另一个现象也是特别要提及的，连续大幅度提高天然气价格，加之整体经济的下滑，根据国家发展改革委的统计，2014 年 1 月至 12 月，天然气表观消费量仅为 1786 亿立方米，增长仅 5.6%。这是天然气产业链进入快速发展阶段后，首次天然气消费量增速跌入 10% 以内。进入 2015 年春季，每天可能有超过 1 亿立方米的过剩天然气销售不出去。这可能标志着，天然气供应相对宽松的局面开始到来。而在此之前，中国天然气供应长期整体偏紧，仅在国际金融危机爆发后的 2009 年夏季呈现"气荒"苗头，政府工作重心一直是设法增加天然气供应量，保障供气安全；短期任务则突出在应对"气荒"的出现[64]。

2016 年 10 月 9 日，国家发展改革委印发《天然气管道运输价格管理办法（试行）》和《天然气管道运输定价成本监审办法（试行）》。两个《办法》对天然气管道运输价格机制进行重大改革：a.定价方法：按照"准许成本加合理收益"的原则定价，即在核定准许成本的基础上，通过监管管道运输企业的准许收益，确定年度准许总收入，进而核定管道运输价格；b.价格监管对象：以管道运输企业为监管对象，区分不同企业定价；c.价格公布方式：由国家公布具体价格水平改为国家核定管道运价率，企业测算并公布进气口到出气口的具体价格水平。2016 年 10 月 15 号发布的《国家发展改革委关于明确储气设施相关价格政策的通知》提出了三个与储气设施相关的价格政策：a.储气服务价格由供需双方协商确定；b.储气设施天然气购销价格由市场竞争形成；c.鼓励城镇燃气企业投资建设储气设施。明确储气设施价格市场化政策，对鼓励投资建设储气设施、补储气调峰"短板"，促进天然气行业长期健康发展具有重要意义。2016年11月10日起实施的《国家发展改革委关于推进化肥用气价格市场化改革的通知》中指出，为推进化肥行业供给侧结构性改革，促进化解产能过剩矛盾，优化天然气资源配置，全面放开化肥用气价格，由供需双方协商确定。鼓励化肥用气进入石油天然气交易中心等交易平台，通过市场交易形成价格，实现价格公开透明，这是天然气价格市场化的又一重大举措。2016年11月11日出台的《国家发展改革委关于福建省天然气门站价格政策有关事项的通知》决定在福建省开展天然气门站价格市场化改革试点，西气东输供福建省天然气门站价格由供需双方协商确定，这是中国天然气门站价格市场化迈出的重要一步。

③近十年中国天然气价格形成机制演变总结。

经过近十年的努力，在省级门站环节暂时建立了天然气的"理想起步价"，在替代能源的选择上，采用了更有利于天然气生产商的方案；而且2013年6月的价格调整，实际上在未经试点的情况下，以非居民增量气价在全国实施了一次与替代能源的价格联动；2015年2月的价格调整，则对全部非居民消费的天然气价（化肥用气除外）在全国又实施了一次与替代能源的价格联动。这为今后一段时间内，政府对尚未放开的天然气价格，实施与替代能源价格频繁"手工"联动奠定了基础；事实上，这将出现新的"双轨制"局面。在这一过程中，居民用气价格始终受到严格控制，在国家统一指导下，分省级以下地区，推进居民生活用气阶梯价格制度来部分解决价格严重扭曲的问题[65]。以LNG为突破口，LNG气源价格放开；同时，放开了天然气直供用户（化肥企业除外）用气门站价格。

近十年中国天然气价格形成机制演变的路径表明：每一步迈出前，提前发布的草案都会引起过多关于石油公司利益诉求的争议，这些方案也均为石油公司所推动，相关部门推出的方案则试图小心居中而为，但已经患上了"大企业依赖症"。这种情况直到2013年年底才开始有所转变；2014年下半年后，相关部门更加理直气壮。

近十年中国天然气价格形成机制演变的路径也表明，整个改革基调是政府模拟市场。天然气价格的形成机制改革可以从两个大的方面着手：促进天然气产业链向竞争型结构演变，以此形成真正市场化的天然气价格；相关部门模拟市场，形成天然气与其他替代能源间的"合理"比价关系，"手动"控制天然气价格。国情约束使改革选择了后者，在其中又选择了捆绑定价模式。与其他替代能源价格比较，在天然气价格严重偏低时，有控制地让天然气价格上调，能够防止价格短期上涨幅度过大带来的负面作用；相关部门的有形错误也不易犯，当然由此导致价格扭曲的持续时间过长，所带来的隐形损失巨大。而随着天然气价格越接近合理比价，相关部门的有形错误也越容易犯；况且所谓合理比价关系，是一个市场的动态、事后状态，相关部门的认知根本就是一厢情愿。加之相关部门认知的有限性，中间过程掺杂了过多主要天然气生产商的利益诉求，社会的长期损失巨大。正因为如此，相关部门不断宣称天然气价格改革的最终目标是完全放开气源价格，政府只监管具有自然垄断性质的管道运输价格和配气价格。当然，从产业链结构意义下观察，在这 10 年中也进行了一些小步、增量性的改革。

为应对天然气生产和输送环节捆绑定价的问题，尽管拖了太久，2014 年 3 月国家发展改革委发布《天然气基础设施建设与运营管理办法》，其中第 16 条："天然气基础设施运营企业同时经营其他天然气业务的，应当建立健全财务制度，对天然气基础设施的运营业务实行独立核算，确保管道运输、储气、气化、液化、压缩等成本和收入的真实准确。"以及第 17 条："国家能源局及其派出机构负责天然气基础设施公平开放监管工作。天然气基础设施运营企业应当按照规定……公平、公正地为所有用户提供管道运输、储气、气化、液化和压缩等服务……国家建立天然气基础设施交易平台"[66]。此前，国家能源局于 2014 年 2 月发布了《油气管网设施公平开放监管办法（试行）》[67]。

2010 年 12 月开始，上海石油交易所推出 LNG 和液化石油气（LPG）现货竞买交易，这是国内第一家天然气市场化的电子交易平台，利用此平台开展天然气市场化调峰交易，以满足迎峰度冬、度夏对 LNG 的需求。上海石油天然气交易中心于 2015 年 3 月 4 日在上海自贸区注册成立，2015 年 7 月 1 日试运行，2016 年 11 月 26 日正式运行，旨在成为具有国际影响力的石油天然气交易平台、信息平台和金融平台。国家政府做出的这一系列的举措给中国天然气价格市场化进程的迅速发展注入活力，中国天然气价格市场化指日可待。

2.2.3　市场化定价改革走向分析

中国共产党第十八届三中全会《中共中央关于全面深化改革若干重大问题的决定》[68]提出："积极发展混合所有制经济""国有资本继续控股经营的

自然垄断行业,根据不同行业特点实行网运分开、放开竞争性业务""推进水、石油、天然气、电力、交通、电信等领域价格改革,放开竞争性环节价格""实行统一的市场准入制度,在制定负面清单基础上,各类市场主体可依法平等进入清单之外领域"等。

2014年6月召开的中央财经领导小组第六次会议也明确提出,必须推动能源生产和消费革命,构建有效竞争的市场结构和市场体系(即笔者所称的竞争型产业链结构),形成主要由市场决定能源价格的机制,转变政府对能源的监管方式,建立健全能源法治体系。

在国家顶层设计的引领下,《能源发展战略行动计划(2014—2020年)》明确要求"深入推进政企分开,分离自然垄断业务和竞争性业务,放开竞争性领域和环节""有序放开竞争性环节价格,天然气井口价格及销售价格由市场形成""天然气管输价格由政府定价"。

从上述的整体谋划可以看出:国家已经将产业链结构改革置于价格形成机制真正的市场化改革之前,强调了前者对后者的决定作用,突出以前者的改革达到对后者改革的目的。

政府在整个产业链,特别是在上游,加大竞争性产业链结构形成的制度安排与价改制度安排一定相互匹配。当前中国天然气产业链结构向竞争型转变的思路是转变政府职能,放松上游市场准入,引入竞争;实行第三方准入,放开管道公司的运输服务系统,使下游配气商、大工业用户等可以自由选择上游生产商,然后委托管道公司运输;保持管道运输的自然垄断性,实行政府监管。

根据上述阐述,可以推断中国产业链结构改革推动天然气价格市场化走向:(1)改革将以推动产业链结构改革,构建有效竞争的市场结构和市场体系(即竞争型产业链结构)为目标,核心是实行网运分开、放开竞争性业务和竞争性环节价格、输配气价格由政府定价。(2)构建竞争型产业链结构会经历更长时间,估计滞后电力体制改革进度3~5年,特别是"网运分开"可能分步实施,这里的网包括天然气输配管网、LNG接收站、储气库等基础设施,其产权结构复杂,种类多且需大量新建。(3)产业链上游市场主体的竞争程度进展将较慢,本次电力产业链结构改革重点在产业链中、下游,而天然气产业链结构改革重点在产业链上、中游,而上游存量改革除历史原因外,还在于国际竞争的考虑,不可能将国有石油公司拆解得更小,更可能是对"有主"矿权允许细分、转让、以混合所有制经济运营，政府层面矿权准入进一步放开主要体现在增量矿权。（4）加快天然气交易中心的建立，与此相配合，进口权可能进一步加快放开，不同于电力价格的形成，天然气还有亚太区域定价中心的争夺，"网运分开"过渡期不会超过5年，对干线管网的改革可能加快推进，并加快天然气基础设施交易平台建设，确保公平、公正地为所有用户提供服务。（5）放开竞争性环节价格步伐会加快，在产业链垄断型结构较强期间，气价相对较高或降价困难。中国天然气供应在一段时间内相对宽松的局面在到来，如果近几年国际油价较低，有效压制气价，国内经济下行压力化解，则是改革最佳环境。

中共十八大后凝聚起的全面深化改革共识，为通过加快推进天然气产业链结构改革，建立起现代能源市场体系，实现天然气产业链竞争性环节价格的真正市场化，提供了难得的改革"窗口期"。对结构改革的统筹规划、细化落实、持续推进是能否早日释放改革红利，奠定未来发展制度基础的关键。

2.3 天然气市场化定价改革深化分析

2.3.1 改革深化的约束条件分析

目前，中国所面临的天然气价格市场化改革的约束条件：

（1）中国天然气产业链近十年仍处于快速发展阶段。

自2004年年底，以西气东输一线全线正式商业运营为标志，中国天然气产业链进入快速发展阶段，到目前为止，建成包括基干线、支干线、联络线、升级管网、小支线的天然气管道约8.8万千米，全国天然气管网格局初步形成。而1997年后建设的管道仍采用"一线一价"的办法，已经难以适应天然气管网供气需要。同时，2015年天然气消费量也才1932亿立方米。到天然气产业链发展真正进入成熟阶段，估计天然气消费量会超过4500亿立方米，全国天然气管网可能要超过20万千米。中国天然气产业链目前最多处于快速发展阶段的中期，发展仍然是第一要务，天然气管道等基础设施仍是长期制约扩大天然气利用的重要约束，而真正实现扩大天然气市场规模，天然气用户价格承受能力也是重要约束，从人均收入水平和产业国际分工来看，天然气价格过高难以支撑其市场的持续快速发展。从国际经验看，天然气产业链向结构型结构发展是方向，其核心是通过结构改革，实现"网运分开"和天然气生产商、供应商的多主体。

第2章 中国天然气产业链市场化定价改革分析

（2）天然气产业链结构对天然气价格市场化有决定性影响。

2004年以来，中国经济增长迅速，人民生活水平快速提高，天然气需求和消费量猛增，极大地促进了中国天然气产业链的发展和产业链结构的演变。该阶段中国的天然气产业链结构竞争程度有了极大的提高，形成了优化局部竞争型天然气产业链结构。这主要体现在天然气产业链的上中下游三个子结构的表现形式及特点。①上游节点企业数目增多，垄断弱化；②部分区域中游管道公司销售与运输业务分离，同时民资在一定程度上进入管道经营；③下游经销商竞争激烈，形成区域内垄断、全国范围内竞争的格局。但是根据国外发展经验来看，要实现真正的天然气价格市场化，仅仅局部竞争型的天然气产业链结构是不够的。在天然气价格市场化相对完善的北美、欧盟等地，都拥有在整体竞争型天然气产业链结构，即天然气产业链的上、中、下游都是竞争型的，从天然气的生产到运输、销售、配送，任何一家天然气企业都不是某一阶段的垄断厂商，从而逐渐在各个阶段形成竞争性市场。中国距离整体竞争型的天然气产业链结构还有一定的距离，这也对中国天然气价格市场化产生了一定的约束作用。

（3）中国天然气大规模（超三分之一）进口需求不会改变。

国家统计局数据显示，2005年至2015年期间，全国天然气生产量由493亿立方米增长至1350亿立方米（图2.5），消费量由468亿立方米增长至1931亿立方米，10年复合年均增长率分别为10.6%和15.2%。

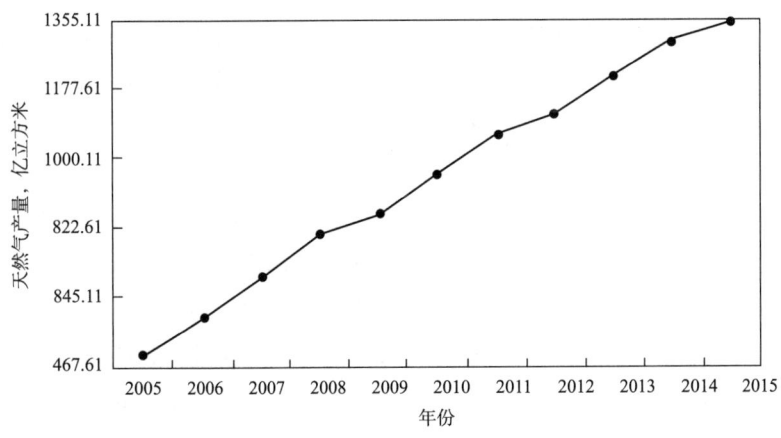

图2.5 中国天然气产量

Fig. 2.5 Natural gas production in China

2007年以来中国天然气消费量逐渐赶超生产量，并且增长速度差距较大，由此产生的供给缺口主要由进口天然气弥补（图2.6）。据海关总署数据显示，天然气进口量2015年达到4435万吨，5年复合增长率接近30%。而管道天然气更是近年进口增长的动力，2015年达到2468万吨，5年复合增长率57%。预计未来中国进口天然气仍有增长空间，而管道天然气增速仍将超过其他天然气类型，例如LNG。

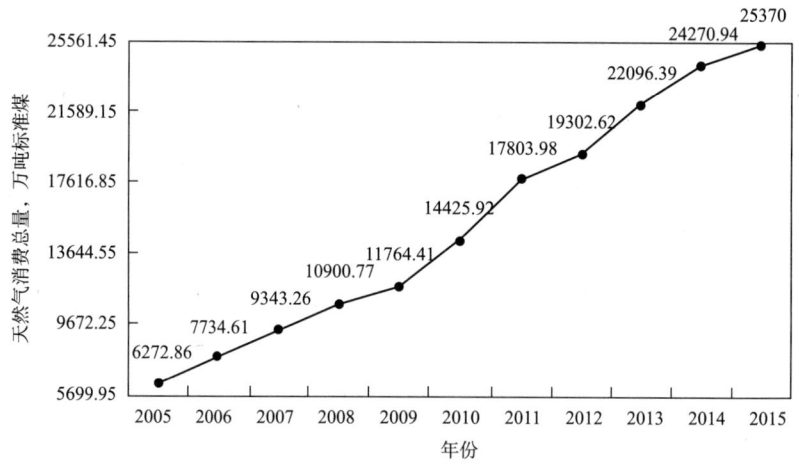

图2.6　中国天然气消费总量

Fig. 2.6　Total natural gas consumption in China

中国天然气大规模进口需求不会改变，中国天然气国内市场就会受到国际进口天然气价格的影响，国际天然气市场与中国国内市场存在着很大的不同，这将影响中国国内天然气价格市场化的进一步发展与运行。

（4）国家能源政策的具体规制。

《中共中央关于全面深化改革若干重大问题的决定》中提出完善主要由市场决定价格的机制。凡是能由市场形成价格的都交给市场，政府不进行不当干预。推进水、石油、天然气、电力、交通、电信等领域价格改革，放开竞争性环节价格。政府定价范围主要限定在重要公用事业、公益性服务、网络型自然垄断环节，提高透明度，接受社会监督。完善农产品价格形成机制，注重发挥市场形成价格作用。

《中共中央国务院关于推进价格机制改革的若干意见》提出适时放开成品

油、电力、天然气、交通运输竞争性领域或环节价格,以及教育、医疗、养老等领域的非基本公共服务价格,更大程度地发挥市场决定价格作用。

(5)真正的亚太地区天然气定价中心只有一家,形成后将会固化。

根据国外天然气交易发展的经验得知,世界上发展相对比较完善的天然气交易地区,其真正的天然气定价中心都只有一家。例如,北美天然气交易市场是世界上最完善的天然气交易地区,美国路易斯安那州的亨利中心的天然气交易价格是整个北美天然气交易市场的定价基准,作为北美天然气定价中心,亨利中心起到了对整个北美天然气交易市场价格指导的作用,而这一交易中心一直没有转移;欧盟天然气交易市场也是十分完善的,在2015年之前英国的NBP是欧盟天然气交易地区的定价中心,但因为其交易货币是英镑而非欧元,故近两年定价中心的宝座有往交易货币是欧元的荷兰TTF转移的趋势,而一旦转移到TTF就有固化的态势。

另外,再从大宗商品的定价中心分析来看,在亚太地区大宗商品的交易主要以新加坡交易所(SGX)的价格为基准,属于亚太地区唯一的大宗商品定价中心。

分析可以推出,在亚太地区,天然气交易中心可能会有一些,但是真正的亚太区域定价中心只有一家,这个定价中心的天然气价格会辐射整个的亚太区域,并且真正形成后会固化。

(6)新能源技术的快速发展及成本下降。

能源是人类生产生活赖以生存的基础,也是现代经济发展的重要支柱,同时也是国家经济发展的重要战略物资。当今世界正面临着人口与资源社会发展与环境保护等多重压力的挑战,而支持社会发展的传统能源资源储量却越来越少,因此,开发新能源和可再生能源特别是把它们转化为高品位能源,以逐步减少化石能源的使用,是保护生态环境、走经济社会可持续发展的重要措施。

愈演愈烈的环境问题使普通民众也越来越呼吁新能源技术的发展与使用,中国的新能源开发利用技术与发达国家相比还有些差距。2012年中国水电、风电、核电、太阳能等能源占一次能源消费比例仅为8.3%,而在2009年不包括核电在内的新能源消费总量的比例,丹麦是17%,瑞典则高达34%。

中国近年来十分重视新能源技术的发展,从国家层面来看,新能源有关产业都被列为重点发展和战略性新兴产业而加以扶持。一些专门的研究机构对新能源的研究也是如火如荼地进行着，相对之前来说，新能源的使用成本已经逐渐降低，并且也呈现不断下降的趋势，这将更加促进新能源在中国的普及。

中国新能源技术现在处于快速发展阶段，国家政策的支持以及其本身成本的下降会使消费量呈现大幅度的上升态势，作为替代能源的天然气在未来的发展会受到新能源消费量的影响。

（7）地方政府全面介入天然气产业链各环节。

天然气行业本身是具有自然垄断性的行业。在中国，天然气产业处于各环节都受到政府管制的行业。在产业链上游，资源的开采权受到政府管制以及资金、技术与风险密集，使得上游生产领域形成了很强的进入壁垒。在输配领域，天然气这一特殊商品必须通过长输高压管道和地方配气管网才能实现从生产向消费领域的转移，由于输气管网具有很强的固定成本沉淀且极具专用性，投入后几乎全部变成"沉淀成本"，较难从市场中退出，从而使得管道运输和配送领域也具有了自然垄断性质。在下游，天然气产业关系到广大人民群众的切身利益、经济发展和社会稳定，因此政府在下游的资源配置过程中采取了严格的监管措施。

2.3.2 改革深化的制约因素分析

（1）中国天然气产业链结构垄断性较强，中国石油一家独大；存在严重的捆绑定价问题；新的区域垄断在形成。天然气供应竞争的局面尚未形成。现在中国天然气气源的集中度很高，三大国有石油公司在市场供应中处于绝对支配地位，虽然煤层气、煤制气和页岩气正逐渐进入市场，但供气量和供应保障均有待加强。此外，天然气气量价与管输价捆绑定价问题严重，随着天然气下游市场的不断开拓，新的区域垄断现象在形成。

（2）天然气调峰需求的区域在迅速扩大且调峰设施严重不足，而调峰气价机制没有建立。

现行天然气价格结构和价格水平设计的出发点主要是用户的价格承受能力，并未考虑天然气供需特点及其经济规律，未形成完整的价格体系。例如，无储气库费，影响地下储气库的投资和建设。一方面具有天然气调峰需求的区域在迅速扩大，而另一方面，中国的调峰储气设施严重不足，调峰设施建设与需求增长不能同步，这主要的原因在于价格未能在市场中发挥合理配置资源的作用——调峰气价机制没有建立是"罪魁祸首"。

（3）整个产业链的天然气价格疏导机制仍存在较严重的不畅。

尽管中国近年来采用了"市场净回值"的定价方法使得中国天然气定价方式有了重大进步，但与传统"市场净回值"定价方法相比，整个产业链的天然气价格疏导机制仍存在较严重的不顺畅现象，在应用中主要存在以下问题：

① 中国天然气供应既有国产气，也有进口气，由于不同地区的天然气开发和生产成本差异较大、进口资源的价格和气源与市场的距离不同，全部采用上海作定价基准点会造成不同气源的盈亏差异，影响天然气生产或进口。

② 未真实反映可替代能源的价格变化。2013 年确定增量气门站价时，对应的国际油价为 80 美元/桶，在 2014 年第二次调整存量气价格之前，国际油价一直保持在约 100 美元/桶，但增量气门站价仍对应 80 美元/桶。

③ 价格动态调整的时间过长，时间节点模糊。现在，欧洲运用"市场净回值"定价天然气价格动态调整时间已从 6 个月缩短至 3 个月。相比之下，中国一年的调整时间明显太长，而且起止时间不明确，致使天然气价格与可替代能源价格的反应严重滞后，价格调整远不及中国成品油价格调整那样透明和可预测。2014 年年末至今，国际油价一直保持在约 50 美元/桶，但 2015 年 4 月 1 日实行的非居民用气并轨价还对应的是 2014 年下半年的平均油价（约 90 美元/桶）。

（4）由于历史原因等，不同用户的交叉补贴问题严重。

中国居民用气价格与工业用气价格交叉补贴现象严重。从供气保障和服务以及与可替代能源的价格关系来看，居民用气的价格应高于工业用气价格。2005 年前，中国居民用气价格均高于工业用气或基本相当。但是，在国家随后的 5 次价格调整中，居民用气价格只调整过一次，致使现在居民用气价格严重偏低，并与工业用气价格形成巨大落差。目前，成都市居民用气价格不到液化石油气等热值价格的 40%，门站价比工业用气价格低 1.03 元/立方米以上，终端消费价差高达 2.14 元/立方米。这种畸形的价格差在世界上都很少见，最重要的是它不利于引导优质资源的高效、合理利用和优化配置。非居民用气价格的独立调整，在给予居民用气巨大价格补贴的同时，也降低了其价格竞争力，引起天然气利用的"逆替代"。

（5）天然气管输定价整体偏高，定价制度与管网要求不相适应。

20 世纪 90 年代以来，随着中国自产天然气的增长和进口国外天然气的增加，国家开始投资建设大规模的长距离天然气管道，先后建成西气东输线（包括西气东输一线、二线、三线）、忠武线、秦沈线、中贵线、中缅线等一大批天然气骨干管道，现已形成了全国互联互通的天然气管道网络。对于这些长输管线，国家均采取"一线一价"的定价方式核定管输价格。针对天然气管输成本不断上升，天然气运输业务亏损严重的实际情况，为缓解企业亏损，保证正常生产经营和安全供气，2010年4月，国家发展改革委以明传电报下发了《国家发展改革委关于调整天然气管道运输价格的通知》（发改价格〔2010〕789号），决定2010年4月25日起，将执行国家统一运价的天然气管道运输价格每立方米提高0.080元。

表2.7　中国天然气管输运价历次调整情况

Table2.7　Adjustment of natural gas pipeline transportation price in China

单位：元/立方米

输气里程（千米）	执行时间			
	1976年12月至1991年3月	1991年3月至1997年3月	1997年3月至2010年4月	2010年4月至2017年8月
50以下	0.030	0.033	0.036	0.116
51~100	0.035	0.038	0.041	0.121
101~200	0.010	0.043	0.047	0.127
201~250	0.050	0.053	0.058	0.138
251~300	0.055	0.058	0.063	0.143
301~350	0.060	0.063	0.068	0.148
351~400	0.065	0.068	0.074	0.154
401~450	0.070	0.073	0.079	0.159
451~500	0.075	0.078	0.085	0.165

通过梳理国家价格主管部门统一核定管输价格这一时期的管输定价历程，可以看出以下特征：一是将原来的天然气管输费改称天然气管输价格，实现了由"费"到"价"的转变，这不仅是名称上的改变，更是商品经济发展到一定历史阶段的必然产物和管道运输业务发展的客观必然；二是管输价格仍实行高度集中管理，企业无定价权；三是因管输成本上升，国家3次上调天然气管输运价，致管输价格不断提高；四是将天然气管输价格纳入政府

定价目录管理，价格调整受政府严格控制。

2013年6月以来，天然气进入综合门站价格管理后，无论是国家下放省内短途管道运输价格管理权限，还是减少政府定价项目、实行分级授权管理，其目的都是为了更大地发挥市场在天然气管输价格形成机制中的作用，优化资源配置。同时由政府价格主管部门对管输企业实行成本监审，按准许成本加合理收益核定管输价格，也更好地体现了政府在价格监管中的不可替代作用，避免价格垄断，以维护公平公正的市场交易环境[69]。

（6）天然气按体积计价的方式不尽合理。

天然气一般分为气田气和油田伴生气两类。它是以各种碳氢化合物为主的气体混合物，主要成分为甲烷、乙烷、丙烷、异丁烷、正丁烷、戊烷及微量的重碳氢化合物和少量的其他气体，如氮、硫化氢、二氧化碳、氦等。气田气中甲烷含量占总体积的90%以上，油田伴生气中甲烷含量一般占天然气总体积的70%~90%。组成天然气的各组分相互不起化学作用，天然气中各组分的性质和含量决定天然气的性质，天然气的热值取决于各组分的热值和含量。

中国现行天然气的计量基础是体积而非热值，天然气计量基本单位是立方米，这种计量方式无法体现天然气的真实价值，"不同质却同价"在现实操作中带来了一系列问题。例如，西一线、西二线热值并不相同，但反映到计量上，却有可能是同一价格。在相同天然气价格水平下，天然气按体积计量和结算，对使用低热值的天然气用户明显不公。以全国天然气年消费量2000亿立方米，平均门站价格2.5元/立方米计算，如果有5%的天然气热值差异反映到价格上，就意味着中国每年天然气计量误差价格在250亿元左右。

前几年中国气源结构比较单一，这种问题并不明显。在进口天然气依存度越来越高、国内气源越来越多样化的情况下，尽快在国内开展天然气热值计量和计价，对于中国天然气行业健康发展，已显得尤为重要[70]。

（7）中国天然气产业链的监管制度落后和监管能力严重不足。

目前，中国对能源领域的立法尚处在起步阶段，能源法草案正在制定当中，国家和政府对能源产业发展的引导和规制，很大程度上都在依靠政策和一些立法层次相对较低的规章和条例，没有一部体系完整的立法来规范这一关系国计民生的重要领域[71]。

在能源领域内部，立法状况也参差不齐。在天然气领域，由于产业规模刚刚形成，过去很长一段时间在客观上对立法要求淡化，国家规制和监管不多，无论是法律还是政策都很少，立法状况十分落后，长期处于停滞状态，天然气产业的各个环节特别是下游领域存在着严重的法律缺位。

具体而言，中国适用于能源行业或专门针对天然气行业的专门法律，主要有《中华人民共和国矿产资源法》《石油及天然气勘查、开采登记管理暂行办法》《石油、天然气管道保护条例》和《城市燃气管理办法》四部法律法规。

在上游领域，最主要的监管法律是《中华人民共和国矿产资源法》，该法明确了天然气资源的所有权归属在国家，国家对天然气资源拥有绝对控制权，而且规定了国家在天然气上游的监管主体是国务院和地方政府的地质矿产主管部门，并采用许可证的监管模式对天然气行业上游企业的勘查、开发活动进行监管，为天然气上游设置了行业准入规则。除此之外还有《石油及天然气勘查、开采登记管理暂行办法》，该法主要用来规范天然气勘探开发的具体行为。这两部法律从准入制度和行为准则两个方面共同构成了天然气行业上游领域的监管法律体系。

在中下游领域，主要有《石油、天然气管道保护条例》和《城市燃气管理办法》两部法规。《石油、天然气管道保护条例》是在天然气管道建设和管道设施保护方面的专门法律，而且主要侧重于国家对长距离输送管道的保护，保障天然气的安全稳定输送。它具体规定了国务院经济贸易管理部门和地方政府制定的部门作为监管主体，对管道企业的建设行为和其他相关人对管道的破坏行为进行监管，为中游管道建设和保护提供了行为准则。《城市燃气管理办法》适用于天然气在城市的配送和使用环节，主要侧重于安全问题和政府对城市燃气的直接管制。这一环节的监管主体是公安部、建设部、劳动部及其下属机构，监管的对象既包括天然气产品的提供者、设施的建设者，又包括天然气产品的使用者，通过直接规定权利义务的方式为下游领域的天然气销售和使用安全提供了行为准则。这两部法律涉及天然气产业中下游的运输和配送两个方面，但对于中下游涉及的诸多问题，其能起到的作用相对于全局仍旧是微不足道的。如前所述，目前中国天然气专门立法框架还没有建立起来，就天然气立法这个大课题而言，目前存在的问题还很多，国家及相关的立法部门应给予更多的重视。具体而言，主要表现在以下几个方面：

①尚未形成完整的天然气法律体系。

中国既没有一部天然气的专门立法引导整个行业的发展方向，规定行业发展的基本原则和政府的重要方针,也没有诸多法律组成的完整法律体系规范行业中各个环节的具体行为,国家对天然气的监管力度不足。现有的天然气法律体系,从立法内容上讲,仅仅涉及天然气产业中的部分环节,且分散在不同的法律部门中,甚至附属于石油立法,以这样几部法律来规制和监管这个庞大而复杂的行业,显然是不够充分的。从立法层次上讲,专门针对天然气领域的立法还限于政府规章和部门规章的这一层次,法律效力偏低。法律上的空白和不足,使许多问题无法可依,只能依靠大量的政策性文件来弥补,导致了执法的随意性和行业发展的不稳定,这与天然气越来越重要的能源地位是不相符合的。

②针对专门环节的立法存在空白。

天然气行业是一个庞大而复杂的产业,从产业链的角度可以分为上、中、下游。上游领域主要涉及勘探、开发,中游则涉及管道建设、运输安全、天然气净化,下游主要关系到城市配送、天然气定价等问题。这其中的很多领域都还存在法律空白,例如天然气的价格监管制度,天然气的市场准入与竞争机制,天然气的监管法律制度,以及环境保护和安全使用问题等方面都存在法律制度的欠缺,无章可循。

③天然气产业监管体系不完善。

由于天然气的资源稀缺性和其不可避免的运输瓶颈因素,无法建立完全自由化的市场,极易导致形成市场垄断,国家的监管十分必要。因此,中国对天然气行业的监管十分严格。但同时,因为天然气产业具有综合性的特征,涉及产业发展、环境保护、国家安全和能源外交等一系列重大问题,在监管天然气行业的过程中需要充分综合地考虑各个方面的因素,这就必然涉及各个相关部门的利益。如果政出多门、各自为政、部门分割,不仅会严重破坏政府法制的统一性,损害政府的威严,而且由于部门之间的利益相争或者相互博弈也会严重削弱监管力度。事实上,中国天然气管理体制的最大缺陷就是缺乏一个综合性的部门,跨领域跨部门的综合协调能力较弱,这导致无法由一个部门从综合的、长远的、国家利益的角度去考虑国家能源战略,从而造成缺乏统一规划,市场化改革缓慢、滞后,出现部门利益不当侵蚀国家利益,对产业管理有弱化趋势的现象。因此建立一个统一的、权威的监管体制显得至关重要,这一体制不必局限于仅仅监管天然气产业,可以扩大到整个能源领域,对能源领域进行整体的协调、控制和监督管理。

2.3.3 改革深化的内容分析

（1）抓住改革关键时期，使天然气产业链结构改革与天然气价格改革相互促进。

以 2004 年年底西气东输一线工程全线正式商业运营为标志，中国天然气产业链进入快速发展阶段，十年来，中国天然气供应整体偏紧。随着中国经济进入"新常态"，特别 2014 年 6 月中旬国际油价一路走低以来，从 2015 年开始中国天然气供应整体过剩，价格具备了大幅下行的空间，这一局面有可能持续几年；加之，中共十八大后凝聚起的全面深化改革共识，为通过加快推进天然气产业链结构改革，建立起现代能源市场体系，提供了历史难得的改革"窗口期"。一方面，通过加快推进天然气产业链向竞争型结构演变的改革，为天然气价格市场化奠定坚实基础，后者是前者的结果。而天然气产业链上游供气主体多元化和"实行网运分开"（对天然气管网等基础设施与运用设施的生产商、供应商、用户实施市场主体的分离）是形成竞争型产业链结构的关键所在。另一方面，2005 年年底开始，中国天然气价格形成机制主要经历了从出厂环节建立"理想起步价"（指在某一时点上，天然气价格与可替代能源价格相对合理的比价关系）到省级门站环节建立"理想起步价"，进而推进价格形成机制改革的路径，近十年的这一路径表明，整个的改革基调是政府模拟市场。由此形成的价格，逐步加大了市场在资源配置中的作用；同时随天然气产业链下游市场规模的扩大，天然气产业链上如调峰气价、交叉补贴等一些价格扭曲问题仍在日益积累，政府模拟市场的固有缺陷也开始显现。加快天然气价格市场化改革，以此为产业链可持续发展和结构改革注入内生动力，以前者促进后者，使两者的改革设计能相互促进。

（2）以价格联动和调峰气价等为突破口，尽快全面理顺天然气价格。

从天然气的销售价格看，经过 2013 年开始的三年连续调整，天然气与替代能源的比价关系偏低局面已经发生改变，甚至逆转，现在更多地体现在天然气价格不能及时反映下降要求。2005 年年底，中国开始天然气价格形成机制改革，此后各地开始探索建立天然气下游用气价格与上、中游价格联动机制，经过多年的努力，非居民用气价格的联动机制已经建立起来。但居民用气的价格联动机制在个别地区没有建立，如宁夏 2012 年 5 月在听证时，建立价格联动机制的尝试遭到否决；已经建立的价格联动机制与新的居民用气阶梯价格制度如何衔接，缺乏明确说法，从北京的听证方案看，衔接也不近合理。天然气的调峰气价制度缺失和非居民气价明显低于工商业等其他用户价格，交叉补贴现象严重，这也成为全面理顺天然气价格突出难题。当然，两者有内在联系，随居民用气阶梯价格制度的建立，替代能源和天然气国际市场价格的持续走低，特别是四季度天然气价格下调时，如保持居民用气价格不动，交叉补贴现象则可以大幅度缓解，也相当于天然气的调峰气价获得推动，如果一档气价保持价格的联动机制，二档和三档气价保持与一档气价当初的比例关系，才使调峰气价制度获得推动。

（3）以管网等基础设施建设、运营规则和供气主体多元化为突破口，加快放开天然气气源和销售价格。

中国天然气产业链未来十年仍处于快速发展阶段，管网、气库等基础设施仍需大量建设，从规划、建设就要实现投资主体多元化，基干线管道之外的基础设施准许民营企业等控股，但运营实施新规则，使增量部分的改革一步到位，极个别确有需要，才可实施有期限的豁免；对存量管网等基础设施的改革可以设置过渡期和过渡形式，但不宜超过8年。以多管齐下，推动供气主体多元化，可从增多天然气进口商、坚持非常规资源市场准入多元化以及加大常规资源存量混合所有制改革等为抓手。按照国家发展改革委的说法：实行市场调节价的天然气已占消费总量的40%，则受到政府控制价格的天然气占消费总量的60%。但笔者观察，在目前"气荒"局面下，后者的价格"黏住"了前者的价格。可利用一年多以来出现的"气荒"局面，选择东部沿海地区，优先试点放开天然气气源和销售价格，经过3年左右的试点，择机向其他地区推进，可以考虑再用2~3年时间逐步推开。

（4）以规范管网等基础设施服务定价为突破口，合理制定天然气管网输配价格。

在未来十年，省级等区域管网、城市配气管网、储气设施、LNG接收站等将获得快速发展，按照最新《中央定价目录》，这些基础设施如需政府定价，也是由地方政府定价，以前两者为例，目前各地定价缺乏统一规范，成本核定五花八门，回报率也缺乏明确标准，省级区域管网回报率明显偏高问题突出，而很多城市配气管网回报率偏低，导致长期安全隐患，储气设施定价体系亟待建立；随着跨区域管网风险的下降，其回报率目前看也已偏高，基干线管道联网后如何定价也急需探索。中央政府应分类建立统一规则的方式，规范管网等基础设施服务定价，为降低天然气输气管网价格、适当提高配气管网的价格，打牢规则基础。

（5）通过财税制度手段，理顺天然气价格，推动区域用气市场等协调发展。

目前的"市场净回值"等定价方法，西部、特别是西部产气区用气价格偏高，在经济下行压力下，矛盾更突出。而西部天然气区域市场起步晚，尽管天然气消费量快速增加，但用户对天然气价格敏感、承受力低，对低价气严重依赖。如何使中国西部的下游区域市场（尤其是产气区）用户能够使用并支付得起天然气，使下游区域市场平衡持续地扩张是天然气产业链可持续发展过程中需要面对的问题。可以通过择机提高资源税率和通过中央政府的转移支付形式，加大西部下游区域市场（尤其是产气区）高效、环保用户的用气补贴等，实现在不直接扭曲天然气市场价格的前提下，推动区域用气市场等协调发展。

（6）天然气市场化定价发展成天然气区域定价中心。

2010年12月开始，上海石油交易所推出LNG和液化石油气（LPG）现货竞买交易，这是国内第一家天然气市场化的电子交易平台，利用此平台开展天然气市场化调峰交易，以满足迎峰度冬、度夏对LNG的需求。上海石油天然气交易中心于2016年11月26日正式运行，旨在成为具有国际影响力的石油天然气交易平台、信息平台和金融平台。2017年1月12日重庆石油天然气交易中心挂牌成立，这是继上海石油天然气交易中心之后，西部首个、全国第二个国家级大宗能源商品交易中心。2017年4月19日，从新疆维吾尔自治区发展改革委获悉，自治区发展改革委日前复函同意克拉玛依市开展新疆油气交易中心前期工作，这意味着新疆油气交易中心筹建工作正式启动。国家政府做出的这一系列的举措为中国天然气价格市场化进程的迅速发展注入活力，中国天然气价格市场化指日可待。

2.4 市场化定价改革下的市场交易分析

2.4.1 市场化定价改革目标的演变分析

在天然气产业链的引入阶段（1956—1997年），政府对天然气产业链定价的管制主要体现在井口价，并尝试通过市场信号引导生产商决策，1987年开始实行天然气井口价计划内、外"双轨制"价格机制；1992年推出了不同用户分类价格管理；1997年开始对管道价格规制方法的探索，对老的天然气管线运输按里程收费。

在向天然气产业链快速发展的过渡期（1997—2004年），政府对天然气产业链价格改革的目标主要体现在规制重点由出厂价规制转向管输价格规制。1997年11月，以关于陕京一线输气价格的批复为先导，开始实行输气管道运价"新线新价、一线一价"政策。地方政府直接管制配气终端气价，而不是管制城市配气费用。

在天然气产业链快速发展阶段（2004年至今），政府对天然气产业链价格改革的目标开始进入产业链结构。随着西气东输一线管道的投产，中国天然气产业链进入快速发展阶段，2005年将天然气出厂价全部改为政府指导价，基准价和浮动范围由国家核准，尝试建立天然气价格与替代能源价格挂钩机制，简化气价分类。此间，也开始探索管道价格的"两部制"改革。同时，部分地方政府在配气环节建立下游与上、中游价格的联动机制，将价格改革的目标转向配气价格。

2005年年底天然气价改制度安排明确：近期目标是进一步规范价格管理；逐步提高价格水平，理顺与可替代能源的价格关系；建立与可替代能源价格挂钩和动态调整的机制。从长远看，随着竞争性市场结构的建立，天然气出厂价格最终应通过市场竞争形成。将天然气出厂价格改为统一实行政府指导价，并提高了天然气出厂基准价格。开启从出厂环节逐步提高天然气价格，建立"理想起步价"，理顺与可替代能源的比价关系，进而谋求与可替代能源价格挂钩联动。

此后，天然气价改广受关注。2009年各种价改版本不断推出，但经过一年多的激烈争论和等待，国家发展改革委在2010年5月31日发出通知，其核心仍是提高国产陆上天然气出厂基准价格，这体现了将价改作为推动产业链结构规制改革的一环，总体上坚持了走天然气出厂价格最终通过市场竞争形成的目标轨迹。此时出厂基准价的制定，瞄定的是与可替代能源的比价关系，已不是"成本加成"的定价方法。

2011年年底在广东、广西进行的天然气价改试点，转向由国家按"市场净回值"方法确定各省（区、市）天然气最高门站价格，试图转由在各省（区、市）门站环节建立"理想起步价"。

近年对出厂基准价格逐步提高的宣示及实施，激发了地方政府在配气环节建立下游与上、中游价格的联动机制，2010年7月国家发展改革委还发文推动联动机制的建立；2011年后，为突破居民用气提价难题，开始探索居民用气阶梯定价办法，2012年步伐加快。再考虑到2010年以来理顺车用天然气与汽油比价关系的制度安排等，这些举措反映了政府从终端入手推动天然气价改制度安排的思路。

2013年6月将传统的"出厂环节定价"改为"门站环节定价"，同时将之前"两广"试点的"市场净回值"模式在全国范围内推广。

欧美国家天然气价格改革的经历表明，实现气—气竞争定价是一个长期的过程。美国从放开价格到天然气期货上市交易，历时12年；欧洲至今仍还在油价挂钩和市场供求定价之间纠结。与此同时，天然气价格改革必须与天然气产业链结构改革同步。其中，最关键的是管输实行第三方进入并未与天然气生产和销售分离。另外，还需要制定法律法规和制度予以推进，成立专门机构进行监管，以及建立天然气交易市场（中心），创建气源公平竞争的秩序和平台等。

2.4.2 近年市场交易变化分析

2005年，中国开始实行国家指导定价的天然气定价方式，相对于之前单一的国家定价或者国家定价与国家指导价并存的定价方式是很大的进步，随后在2011年年末，中国在"两广"进行天然气定价机制改革试点，以"市场净回值"法代替成本加成法，是中国对天然气市场化定价的首次尝试。在2013年，将传统的"出厂环节定价"改为"门站环节定价"，同时将之前"两广"试点的"市场净回值"模式在全国范围内推广，中国天然气市场化定价正不断地向前推进。

2012年之前，中国天然气的交易方式是通过长期合同进行交易。2012年，国家发展改革委颁布了新的《天然气利用政策》，国家能源局发布了《天然气发展"十二五"规划》，并以上海石油交易所为平台，牵头发起了迎峰度夏LNG现货交易；2014年年初，国家发展改革委和国家能源局相继出台了《天然气基础设施建设与运营管理办法》和《油气管网设施公平开放监管办法（试行）》，解决了制约天然气现货交易的管道第三方准入问题；此外值得一提的是，国家发展改革委在2013年对天然气价格机制进行了拟市场化改革，为实行天然气现货交易创造了条件。

上海石油天然气交易中心由上海市人民政府批准建设,于 2015 年 3 月 4 日在上海自贸区注册成立,接受国家发展改革委、国家能源局及商务部的指导和监督,旨在成为具有国际影响力的石油天然气交易平台、信息平台和金融平台。2016 年 11 月 26 日正式运营,主要开展天然气、非常规天然气、液化石油气、石油等能源品种的现货交易,提供相关交易服务,上海石油天然气交易中心的建立是加快国家能源行业市场化改革的重要举措,将有助于提升中国在国际石油天然气市场的话语权(重庆、新疆考虑在内)。

目前,中国天然气市场已经形成了国产陆上气、海洋气和 LNG,进口管道气和 LNG 的多元化供应格局。除中国石油、中国石化和中国海油三大石油公司外,地方石油公司、浅气层公司、煤层气公司、煤制气公司、LNG 生产公司、页岩气勘探开发公司等中小型天然气生产商也在向市场供应天然气。天然气供应源和供应商趋于多元化。今后,我们将以交易中心顺利运行为契机,进一步为深化油气价格市场化改革、完善市场环境做好各项服务,全力推动国家能源战略顺利实施。

2.4.3 国外市场交易变化分析

(1)北美市场交易变化分析。

北美主要的天然气市场中心分布在天然气的主产区和主要消费区,如墨西哥湾附近的气田和东北部的消费区。目前,有超过 15 个市场中心分布在美国的西南部区域,而最大的位于美国东北部区域。这些市场中心使得天然气的生产保持稳定。

每个市场中心提供的服务各不相同,大体来说,市场中心提供的服务包括如下几种:①气体运输,把气体从一个州际管道转移到另一个州际管道,也可以从一个市场中心转运到另一个市场中心;②短期存储,即可以把托运人(托运人,是指本人或者委托他人以本人名义或者委托他人为本人与承运人订立海上货物运输合同的人;本人或者委托他人以本人名义或者委托他人为本人将货物交给与海上货物运输合同有关的承运人的人。车用天然气是通过压缩天然气的方式,通过槽车鱼雷罐运输到 CNG 站注入储罐中,或者通过管道气到 CNG 母站进行压缩储放。)的货物(即天然气)短期存储在市场中心,使其可以延迟交割;③中心可以先期提供部分天然气,而借贷者可以过一段时间偿还;④在客户支付费用时,中心可以进行天然气的季节性存储。为实现以上的服务项目，基本上每个市场中心都拥有完善的地下储气设施，总的储气能力超过400亿立方米；同时，这些市场中心还全部实现信息化管理，可以实时监测各地的天然气消费需求与储量，及时调配天然气的运输，为客户提供及时、周到的服务。其中亨利中心的储气地点在杰斐逊岛。

从交易合同来看，亨利中心的交易合同主要有三种：可中断天然气合同、基本负荷天然气合同和固定天然气合同。可中断天然气合同一般期限较短，从一天到一个月不等。当天然气供应不稳定或者需求不确定的时候，一般采取可中断天然气合同；基本负荷天然气合同类似于可中断天然气合同，买卖双方不强制购买和出售合同约定量的天然气，但是双方都尽最大努力按照合同约定购买和出售天然气；固定天然气合同不同于前两种，买卖双方均有法定义务购买和出售合同约定的天然气量。在天然气供应量及需求量不会变化时，双方采用固定合同。美国的经验表明，输气管道的开放准入是市场定价的关键，而自由化可以帮助批发市场在5到10年内从长期合同转向基于市场的定价。

国际贸易中价格的制定是买卖双方一般不就价格本身进行谈判，而是在国际公认的商品基准价格上，根据交货条件确定上下浮动幅度。国际市场商品基准价格的形成：一是在主要期货市场形成。二是由国际权威机构根据某商品全球现货交易价格汇总测算结果对外发布统计价格。实质是发展层次高并具有国际影响力的期货交易市场（期货交易所），定价中心及定价中心形成的价格是不从属于或服务于某一特定主体的，定价权和属于所有期货市场的参与者，单一机构无法控制整个期货市场的价格。所谓国际定价中心，一定要有国际投资者的参与，否则，只能是自娱自乐的场所。只有引入国际投资者，才能为期货市场注入国际因素，使价格反映国际趋势，形成有效的国际价格，同时又能提高国际关注程度。

区域定价中心的定价功能的发挥体现在国内期货品种走势是否独立，是否脱离了国外期货市场的"影子市场"，还体现在国内期货市场与国外期货市场的同步性上。

北美天然气市场比较成熟和完善，价格基本由市场供需决定，管道气与LNG之间形成激烈竞争关系。目前，美国天然气市场的中心是亨利中心（Henry Hub），在那里通过竞争形成的价格成为美洲天然气市场的基准价格。在LNG进口方面，一般以北美天然气期货市场价格为参照，美国进口LNG

价格一般与亨利中心挂钩,再加上一个适当基础差价。

美国进口 LNG 价格通常与 Henry Hub 价格挂钩,其计价公式为

$$P_{LNG}=a \cdot HH \pm b \tag{2.1}$$

式中 P_{LNG} 为 LNG 进口价格,美元/百万英热单位;a 为小于 1 的固定数;b 为固定数;HH 为亨利中心参考价格。

美国国内管道气价与就近的天然气枢纽的气价挂钩,价格公式为

$$P= 枢纽气价 + 管输费用 \tag{2.2}$$

天然气交易中心和交易所是欧洲天然气交易市场的重要因素。前者是指在交易合同中约定的天然气所有权发生转移的地点,既可以是实际的管道交汇点、LNG 接收站,又可以是得到广泛认可的虚拟交易地点,大多数欧洲国家都有 1~2 个交易中心。后者是可操作进行天然气实物或金融交易的区域性的实际场所,目前欧洲有 5 个交易所推出了天然气品种。

(2)欧洲市场交易变化分析。

①英国 NBP 是欧洲最早最成熟的天然气交易中心,2013 年的市场流通率(市场交易量/消费量)在 20 倍以上。NBP 的快速发展主要在于英国自身天然气市场的供需量大,市场透明度高以及在制度和监管上的完善。NBP 不仅具有天然气实物交易的功能,其避险、投机、资产配置等金融性功能也受到市场关注,吸引了全球投资者的积极参与。NBP 价格已成为欧洲天然气基准价格,对欧洲其他天然气交易中心的价格有很大影响。

NBP 不同于美国的亨利中心,它是一个虚拟的点或者交易位置,是基于《天然气网络规程》(Network Code)的相关规定而建立起来的,其建立的目的在于促进天然气的平衡。NBP 成立以来,对英国天然气供需平衡、能源繁荣发挥了重要作用。据国际能源署估计,2007 年以来,英国天然气年消费量的 50% 都参与到 NBP 市场交易中,另外 50% 的天然气仍通过长期合同进行买卖交易。NBP 作为一个虚拟的天然气交易中心,其独特之处还在于,能通过虚拟交易平台和相关机制实现对有形交易平台的替代,并有效实现有形交易平台的全部功能。

从市场主体结构看,NBP 形成了充分竞争的市场参与者结构,从交易合同上来看,NBP 提供了多样的交易合同选择。从服务功能上来看,NBP 具有在线交易、期货交割和价格标杆功能。

首先,NBP 运营公司(Transco)为所有天然气交易商提供了一个在线

系统。主要参与者是天然气托运商,他们使用管道公司的管网并预定管输容量,把天然气输往 NBP,然后卖给买方,再由买方把这些从 NBP 运输到指定供气点。其次,NBP 除了履行现货交易功能外,还要承担期货交割职能。最后,NBP 是欧洲流动性、交易性最强的天然气交易市场,其巨大的市场交易规模和市场化的定价机制,都决定了 NBP 天然气价格已经成为欧洲地区乃至全球天然气价格的重要参照标杆。

灵活机制是 NBP 较为突出的一个特点。为了确保高效安全地履行天然气运输合同,Transco 公司要求所有使用运输系统的托运商保证通过管网的天然气总量保持不变。当不平衡总量超过规定标准并造成运输系统不平衡时,管道经营者就必须输入或输出一定数量的天然气,使得整个管道系统重新恢复平衡。这部分平衡用天然气的交易由 Transco 公司以拍卖方式进行,托运商通过互联网进行投标,Transco 公司依据使恢复系统平衡成本最小化的原则和投标情况确定买卖价格。托运商可以在线销售或者采购天然气,使自己的运输量维持在规定的平衡水平之内。在灵活机制中,恢复系统平衡的成本由造成不平衡的托运商承担,不遵守管网准则的托运商要为超过允许误差水平的天然气付款。通过竞标方式确定的平衡气价高于一般性生产企业的售气价格,又低于用户的购气价格,给违规的托运商带来了实际的经济损失,可以有效防止托运商的违规行为。

②荷兰 TTF 是欧洲第二大天然气交易中心。与 NBP 一样,TTF 具有实物交易和金融投资功能,市场透明度和交易保障度得到了市场参与者的广泛认可,市场流通率在 15 左右。TTF 的快速发展在于地理位置优越、基础设施完善、气源供应充足、提供不同热值天然气的转换服务、管道运营商提供跨国管道容量绑定交易等。荷兰政府的重视对 TTF 发展也极为关键,例如 2010 年政府提出的"天然气环形枢纽战略"中,将 TTF 建成欧洲大陆最主要的天然气交易中心是该战略的重要部署。

③德国有 NCG(Net Connect Germany,缩写为 NCG)和 GPL(Gaspool Balancing Services,缩写为 GPL)两个天然气交易中心,各由 6 家管道公司投资成立。该交易中心绝大部分为日前现货合同,期货和远期合同量少,市场流通率在 3 左右。交易中心作用主要体现在平衡短期气量的供需上,需求方绝大部分是德国本地天然气用户。

④比利时 Zeebrugge 交易中心是多条管道的实际交汇点,也是连接英国

和欧洲大陆的两个交易点之一。早期，Zeebrugge 被视为 NBP 在欧洲大陆的翻版，其交易气源、交易规则，甚至交易货币都与 NBP 一致。但由于实物型的交易中心在欧洲的接受程度不高，缺乏与西欧其他国家虚拟型交易中心的融合统一，加之面对 NBP、TTF 的双重竞争，经过十余年的发展市场流动率仅达到 4 左右。为增强交易中心的市场认可度，2012 年比利时依托 Fluxys 运营的天然气管道推出了虚拟交易中心 ZTP（Zeebrugge Trading Point）。

目前欧洲主要的商品交易所都推出了天然气交易合约，主要包括现货、期货和期权的标准化合同。近几年，欧洲交易所的竞争合作不断加强。2012 年洲际交易所（Intercontinental Exchange，缩写为 ICE）收购 APX-ENDEX，2013 年又收购了 NYSEEu-ronext，进一步巩固了 ICE 在欧洲地位，并继续将 NBP 和 TTF 两大交易中心推向全球市场。为与 ICE 竞争，2013 年欧洲两个专门的能源交易所 EEX 与 POWERNEXT 合作成立了泛欧天然气合作组织（Pan-European Gas Cooperation，缩写为 PEGAS），以打造专业统一的欧洲能源交易平台。

除了天然气商品的交易外，欧洲的天然气市场交易体系还包括天然气容量市场。第二次能源改革后，欧洲天然气开始实行非捆绑式定价。由于在销售环节，天然气商品和天然气基础设施的所有权分离，从而用户需要分别购买天然气商品和管道储气容量。因此天然气交易市场被划分为两个相对独立的部分：天然气商品市场和天然气容量市场（主要指天然气管道容量、天然气储气库容量、LNG 接收站容量的交易市场）。

欧洲天然气容量市场主要是天然气管道容量、储气库容量和部分 LNG 接收站容量的交易市场。由于天然气基础设施具有自然垄断性，因此容量市场的交易受到政府严格监管，主要以欧盟委员会提出的管网法令（Network Code，缩写为 NC）为基础，并在 ACER 建立的容量配置机制、拥堵管理程序、平衡法则等规则下运行，确保天然气容量市场的稳定有效。

天然气容量市场可分为一级市场和二级市场。一级市场容量由系统运营商销售给天然气用户，主要遵循容量配置机制，如管道容量配置采用拍卖、捆绑、先来先得等方式，储气库容量配置采用用户优先权排序、拍卖等方式。按时间跨度，容量可分为年度、月度、每日、小时等类型，按稳定性可分为固定、可中断等，不同类型的容量采用相应的配置方式。在二级市场上，用户可以转让持有固定容量的所有权或使用权。

欧洲天然气容量主要通过多家管道公司联合组建的电子平台进行交易。

目前主要建有 PRISMA、TRAC-X、匈牙利—罗马尼亚容量交易平台等，ICE-ENDEX 也可以进行储气库容量的交易。2013 年成立的 PRISMA 是欧洲大陆最主要的天然气管道交易平台，涉及比利时、法国、德国、意大利、荷兰等国的 29 家管道公司。

欧洲天然气管道和 LNG 接收站采用监管定价，由政府按照服务成本法定期测算监管价格。储气库大多采用协商定价，主要存在于储气业务放开的国家或地区，但如果储气服务处于垄断状态，则只能采用政府规定的储气库费率。

欧洲天然气市场相对完善，采用市场定价与长期协议价格相混合的定价机制。2011 年以前，欧洲超过 70% 的天然气使用长期协议定价方式，价格一般都与国际油价或油品价格挂钩联动。2011 年以后，欧洲约 42% 的天然气采用现货市场定价，而且采取现货市场定价的交易规模继续上升。西北欧市场主要采取市场定价方式，主要包括英国、荷兰、比利时等国。

欧洲进口 LNG 的价格有多种形式，其中与替代燃料价格联动是主要形式，例如，欧洲从尼日利亚和特立尼达进口的 LNG 价格公式如下：

$$P_{LNG} = P_0 (a \frac{GO}{GO_0} + b \frac{FO}{FO_0}) \quad (2.3)$$

式中 P_{LNG} 为 LNG 进口价格，美元/百万英热单位；P_0 为基础价格；GO 为轻油价格；FO 为重油价格；a，b 为常数（$a+b=1$）。

20 世纪 90 年代中期，英国 NBP 建立以后，市场开始形成"气—气"的竞争，定价方式也逐步向"气—气"挂钩的方式转变。

与美国的亨利中心不同的是，NBP 价格反映的是整个区域的价格，价格的确定是根据上、下气的容量，并不是按照实际运输距离来计算。一个天然气交易中心不能既是实体又是虚拟的，但是随着时间的推移，实体中心可以逐渐扩展为虚拟中心。NBP 是欧洲天然气市场流动性最强的交易中心，NBP 天然气价格被认为是欧洲天然气现货市场的风向标。

2.4.4 未来市场交易框架设计分析

从历次能源价格改革的效果看，如果不对天然气产业链进行改革，就只能演变为屡改屡涨的调价运动，这是与改革初衷相悖之举。因此，对产业链结构进行市场化改革，打破垄断，促进竞争，应作为中国天然气产业改革的方向，也应成为理顺天然气价格机制的前提。建议借鉴欧洲经验，深入推进天然气市场化改革，形成"X+1+X"的市场结构，建立"放开两头，管住中间"的定价模式。

首先，区分天然气产业自然垄断性业务和竞争性业务，实施网运分开，实现管网基础设施投资、建设和运营向第三方开放。

区分自然垄断性业务和竞争性业务确定改革思路。天然气输气、城市配气等业务具有自然垄断性，政府应加强监管；天然气进口、批发和零售环节以及天然气设备生产业务等属于竞争性业务，政府应放松准入管制。尤其要逐步消除特别许可证制度。规范注册制度和申报制度，允许非国有资本进入，由多家、多种所有制企业共同参与竞争，充分发挥市场配置资源的决定性作用。

对天然气生产企业进行结构性分拆，实施网运分开。将天然气产业的生产环节、销售环节和管输环节进行纵向分离，开放市场。打破天然气生产、输送、销售垂直一体化垄断格局，将管道公司独立，允许多家企业和金融机构等参股，多种所有制混合经营，加大对输气管线的投资建设；逐步放开天然气的生产、进口和销售业务，由多家企业经营，形成上游和下游市场自由竞争的局面。

实施储气、LNG 接收站、管网等基础设施投资、建设、运营向第三方准入公平开放。出台优惠政策，鼓励社会资本、城市燃气企业投资建设城市天然气储气设施和 LNG 接收站建设，引入市场机制，在用气高峰期允许储气气源参照市场化价格销售。开放城市管网投资、建设市场，鼓励多方投资者介入，逐步建立起以市场化融资为主，政策性金融机构融资、财政拨款和国际融资共存的多元化融资渠道。实现管网"第三方准入"，要求天然气管网运输企业向所有托运人开放管道运输业务，依据一定的条件代表第三方运输天然气，所有的燃气供应商都有权平等使用管道和管网。

其次，协同推进上下游市场开放，增加气源，保障供应，完善天然气市场体系。打破上游勘探、生产领域高度垄断。开放上游市场，在严格市场准入的条件下，对于未登记区块，通过公开招标发放许可证等方式鼓励民间资本和外资进入上游市场。还可通过减免关税等措施鼓励 LNG 和管道天然气的进口，扩大供应渠道，刺激上游市场竞争。必要时可对中国石油等公司进行分拆，让其一些分公司成为独立的投资主体多元化公司。

允许下游城市燃气企业进口 LNG，直接向煤制气、煤层气及页岩气生产企业购买气源。允许城市燃气企业投资建设 LNG 接收站，或要求上游 LNG 储气装置所有者将部分容量出租给城市燃气企业，让城市燃气企业与LNG储气企业自主签订合约，加快储气设施容量的有效利用，保障天然气的供应安全。

改革后，中国天然气行业将形成"X+1+X"的市场竞争结构。第一个"X"是指上游市场主体多样化和气源多元化。"1"是指中游输配系统的唯一性，出于管网的自然垄断特性考虑，原则上一定区间只建一套管网系统，但可以由多家主体、多种资本进行投资，形成多元投资、混合经济模式进行经营，加快推进各省级、区域性天然气管网及配套基础设施的互联互通。第二个"X"是指天然气下游市场零售主体多样化。

一旦实现天然气产业链结构市场化，上游市场由本土天然气生产商和进口商构成，通过与下游市场的天然气销售商或天然气供应商进行批发交易，形成了批发市场，交易价格由市场竞争形成，不受管制。天然气销售商既与生产商交易，又对终端用户从其购买的天然气进行定价，在这个定价过程中，天然气交易中心基于对零售商的询价提供天然气价格指数，该指数是天然气和其他能源市场的基准价格，并把指数报送给市场中的参与主体。从而零售商出售给终端用户的价格是围绕基准价格波动的，该市场形成天然气的零售市场，终端用户可以自由选择为其供气的零售商，价格是由市场竞争形成。因此，只有天然气的运输环节价格由政府监管，其中，管道长输价格由国家政府监管机构监管，城市燃气配送价格由地方政府监管。

2.5 产业链结构改革推动市场化定价改革

2.5.1 产业链结构改革整体谋划

（1）以目前实施的净回值法为依据，2016年年初开始（最好2015年年底前能推出一次），每半年调整一次目前仍受政府管理的省级门站价格，实现价格变化常态化。

抓住国际能源市场（特别是原油市场）价格低位徘徊期，在下调天然气省级门站价格时，保持居民用气价格不动，以此争取大幅度化解交叉补贴现象。

推出冬季用气高峰期，允许天然气价格上浮制度，上浮幅度逐年加大，由15%递增到30%。

2017年年底在全国建立居民用天然气销售价格与门站购气价格的联动机制，居民用天然气销售价格联动后不能缩小阶梯"高度"，联动周期可适当限制，如每年一次。以此带动天然气价格在整个产业链的价格互动机制。

选择上海、广东等东部沿海省份，天然气来源多元化、资源保障能力强的地区，试点放开天然气气源和销售价格。

初步建立天然气输配管网之外的基础设施价格制度。

按照"准许成本加合理收益"原则，建立天然气管网输配价格制度，适度下调稳定运行输气管网的投资收益率，明确到2020年前将再度下调原则。

完善天然气发电用户的天然气价格变化在电力侧的疏导制度。

完善上海天然气交易中心的制度建设，积累运行经验。

以天然气管网和天然气交易市场为核心，初步形成一定的、统一的监管力量和能力。

（2）到2020年年底前，以大幅度推进天然气产业链结构改革为依托，初步实现市场决定天然气价格的机制。

相对目前水平下，实现大幅度下调稳定运行输气管网的投资收益率，特别是稳定运行的省级区域管网的投资收益率的下调。

完善天然气输配管网之外的基础设施价格制度。

初步建立与天然气管网相适应的定价制度。

在全部沿海及主要中部省区，放开天然气气源和销售价格。

未放开天然气气源和销售价格的省区，天然气省级门站价格按季度调整，且将最高门站价格改为可以上、下浮动的中间指导价。

基本建立调峰气价制度。

全面解决其他天然气用户对居民用户和化肥用户的交叉补贴问题。

解决天然气发电用户的天然气价格变化在电力侧的疏导问题。

完善财税制度手段，推动区域用气市场等协调发展。

完善天然气购销合同，大幅度提升上海天然气交易中心的影响力，引导其价格进入天然气长期协议合同；争取对新增进口天然气长期协议项目，在合同定价条款中引入上海天然气交易中心的价格影响因素取得突破。

以天然气管网和天然气交易市场为核心，大幅度提升统一的监管力量和能力，以适应整个产业链的结构改革。

（3）到2023年年底前，以天然气产业链结构改革取得决定性成果为依托，全面建成天然气价格市场化的形成机制。

全面解除政府对天然气产业链竞争性环节的价格管制，实现天然气气源和销售价格由市场供求双方决定。

完善与天然气管网相适应的定价制度。

开始减少区域用气的财政补贴量。

提升上海天然气交易中心在全国的影响力。

初步实现上海天然气交易中心在亚太区域的影响力，新增进口天然气长期协议项目，在合同定价条款中引入上海天然气交易中心的价格影响因素；争取在亚太地区的天然气交易合同中引入上海天然气交易中心的价格；海外天然气用户在上海天然气交易中心交易影响取得突破。

以天然气管网和天然气交易市场为核心，初步建立覆盖整个产业链的现代监管制度和能力。

2.5.2 美国与欧洲的改革经验分析

（1）美国天然气产业链结构改革经验。

①美国天然气产业快速发展阶段持续了30多年，中国正处于快速发展期。

市场化进程启动前，美国用了近40年时间发展天然气基础产业，这一时期被视为快速发展期。主要特点为：大气田发现或长输管道建设加快、天然气消费快速增长、市场范围从区域向全国延伸、人均用气量大幅攀升、天然气利用领域扩大、天然气法律及监管体系逐步完善等。

与之相比，自2004年起，中国天然气产业链进入快速发展期。1938—1973年，美国天然气产业快速发展期约35年，中国地域与美国相仿，但经济快速发展和天然气产业发展会缩短这一进程，预计在2030年前后完成这一进程。

②管道建设是保障天然气产业发展的基础。

20世纪20年代末，随着管道技术的发展，长输管道步入历史舞台，美国管道建设进入第一次发展期。在1932年经济大萧条和第二次世界大战前，长输管道建设稳步发展。第二次世界大战结束后，工业用钢铁的定量配给解除，管道建设进入第三次快速发展期，并一直持续到20世纪60年代中期，美国天然气干线管网基本完善。20世纪80年代末90年代初，价格监管的解除拉动天然气需求上升和资源大幅增加，数以万计的产区至干线的联络线，通往市场的支线，州际、州内以及分销网络间的联络线建成，管道建设进入第四次大发展期。2013 年，美国天然气干线 53 万千米，是中国的近十倍。据 The INGAA Foundation 公司的资料显示，2010—2035 年，北美地区将年均投资 57 亿美元（累计 2050 亿美元）建设各种运输（干线、支线）和联络管线。

中国的天然气干线长度与消费量的匹配比远低于发达国家。随着俄罗斯天然气的引入和其他天然气资源的增加，国家"十三五"规划到 2020 年将建成长输管线 15 万千米，区域性支线管线及配气管网也需要进一步完善。未来国家应进一步放开油气管网设施投资限制，以各种方式调动各类资本参与管道等基础设施建设。

③天然气产业市场化需要健全的法律体系和相对独立的监管机构作为保障。

天然气的市场化进程在很大程度上首先由政府推动，然后由指定的监管机构推进。天然气市场开放的共同特征：一是具有天然气市场的总体法律和政策架构；二是建立一个或多个独立的市场监管机构；三是解除自然垄断尤其是管道和储存设施向第三方无歧视开放；四是所有的市场参与者均可获取关于储运设施的透明信息。总体来看，美国天然气市场监管基本上经历了一个从政府严格监管到逐步放松、从全面监管到局部控制的历史演进过程，各项法律法规的制定和修改完善贯穿天然气市场发展历程。现代化市场体系的构建离不开法律法规的支撑，借鉴美国天然气产业的市场化进程，中国应该建立健全以"石油天然气法"为基础、天然气专项法案为支撑的法律法规体系。同时，可成立能源部或专门的监管机构加强对行业的总体规划、市场准入、对有关价格和费率的监管。

（2）欧洲产业链结构改革经验。

欧盟整体的天然气产业链结构改革（欧盟称市场自由化改革）以 1998 年第一个天然气指令的颁布为开端，开始在各国推进，旨在形成竞争型产业链结构与内部一体化天然气市场的改革。2009 年以后改革速度加快，至 2014 年已历时 16 年。期间欧盟建立制度框架和监管机构，通过 1998 年、2003 年、2009 年的 3 个天然气指令，推动建设欧盟竞争型天然气产业链结构；通过 2005 年、2009 年两个天然气管网管理条例等，建设欧盟内部一体化天然气市场；通过完善监管机构，确保欧盟天然气产业链结构改革。

天然气价格市场化是产业链结构改革的结果，只有先形成竞争型的结构，才能正确反映市场供需，由供需决定价格。产业链结构改革是一个循序渐进的过程，中国在结构改革过程中可以借鉴欧洲经验，先从大用户直接向生产商购气入手。管网具有自然垄断的性质，第一步先实现第三方准入机制使管网拥有者以外的主体拥有了对于管道的使用权，第二步再推动管道运营商只提供管输服务，循序渐进。在中国形成竞争型的天然气产业链的结构可以借鉴英国政府对英国天然气公司（BG）的改革措施，法律在此过程中至关重要，背后反映的是逐步加强的强制和变化的可预期性。中国在天然气价格的市场发现机制也可以效仿欧洲，建立管网规则体系，有效监控管道和存储设施的情况，以此为基础进一步推动定价中心的形成。

从欧盟等的经验看，推动天然气产业链结构改革，使其变迁到竞争型的产业链结构，才能形成竞争性的天然气气源市场价格，而这需要经历一定的时间历程。中国天然气产业链进入快速发展阶段，预计该阶段仍将持续十年左右，以加快推动改革而言，至少需要5年时间，才能奠定天然气产业链结构改革制度框架。

2.5.3 改革路径分析

中国已初步具备建立天然气交易市场的基本条件，但近中期内中国天然气市场供应仍将以三大石油公司为主导，实行天然气供应和管道输送一体化经营，天然气价格仍在国家的掌控之中，要实现天然气价格市场化需要稳步推进。

根据中国天然气工业运行机制的现状和改革目标，以及国家的天然气价格政策，中国的天然气交易市场宜以双方协商天然气现货交易为切入点，也就是根据用户需求量和供气商的供气能力，通过协商，在双方长期或年供销合同的基础上新增一个短期供气协议，满足用户在特定时间段（如冬季）的特殊用气（如调峰用气）需求，天然气交易价格由双方协商，或规定最高限价。先利用进口气、国产增量气以及价格不受监管的海上天然气、煤层气、页岩气、煤制气等非常规天然气开展天然气现货交易，逐步扩大到所有天然气。作为中国一种全新的天然气交易模式，推行天然气现货交易需要先选择条件成熟的地区试点，然后在天然气主产区周边市场和成熟的区域市场推广。其中，川渝地区、北京市和上海市是率先开展天然气交易试点的最佳地区和城市。

其次，中国继续推进建立区域天然气交易市场。通过一个网络电子交易平台，集中进行某个区域市场范围内的天然气现货交易。这个天然气交易市场可以是多条管道、多气源的交汇点、天然气交易的交接点或天然气集散地，有一定的储气能力和天然气调配能力及手段；也可以是一个省、市或多省构成的有一定规模的区域天然气市场，通过电子交易平台成为一个虚拟的天然气区域市场。

然后，通过有目的的培育、建设和推动，将国内某个区域天然气交易市场发展成为国家级天然气交易市场，进行全国范围内重要天然气交割点的管道天然气现货交易和 LNG 现货交易。同时，积极吸引国外天然气生产商、供应商、进口商、用户和交易商的积极参与，推升现货天然气交易量，增加交易品种和流动性，使之成为与英国的 NBP 和美国的亨利中心并立的中国以及东北亚天然气交易市场，进行东北亚的 LNG 和过境管道天然气的现货交易，从而完成中国天然气价格市场化过程并融入国际市场。

最后，中国应该适时推出天然气期货交易市场，天然气期货交易的实现是一个系统工程，不仅要有规范的天然气交易品种，而且需要形成相关的衍生产品，例如接收站窗口期、管道容量、储存能力等交易品种，还需要不断完善相关的交易规则、交易技术，才能确保交易系统的安全和交易的活跃，充分发挥期货交易的作用[72]。

天然气期货交易必须以成熟的天然气现货交易为基础。从期货交易品种上市的基本条件看，中国推出天然气期货合约交易还有很长的路要走，但是中国应该提前进行中国天然气期货合约和交易框架的筹划和准备，在国家级天然气交易市场的建设和发展过程中，根据市场发展和需求在国内期货交易所适时推出天然气期货合约交易。

第3章

美国天然气产业链结构改革及区域定价中心分析

3.1 美国天然气产业链发展阶段及结构改革历程

天然气区域定价中心的形成，是竞争型天然气市场发展的产物，同时也是市场化程度最高的一种市场组织形式，它的形成需要经历市场政策规制和定价机制的共同作用。天然气产业链结构改革，要求定价机制的不断完善与之匹配，而定价机制的不断革新，又促使了新的市场组织形式的出现，例如天然气现货和期货合约交易中心的发展等。因此在本节中，主要从北美天然气产业链发展的阶段、产业链结构改革历程和定价监管机制三个角度来分析北美天然气区域定价中心的形成历程。

3.1.1 美国天然气产业链发展历程分析

1938年以前，联邦对天然气监管的依据是宪法中的贸易条款，联邦制要求在州和联邦之间进行分权。州政府有权监管州内的天然气业务，联邦政府则监管跨州的天然气贸易，但不干预天然气的生产和运输。由于管道公司具有买方和卖方的双重身份，他们有很强的买方和卖方垄断力量。一个具有买方和卖方垄断力量的管道公司对其购买的天然气支付的价格低于竞争性批发价格，但其销售价格则超过竞争性零售价格。

1938年，国会通过了《天然气法》，标志着美国天然气工业进入监管时期。从1938年到1954年，联邦电力署的监管范围只是跨州天然气管道，不涉及天然气生产商。跨州销售价格不包括生产商在气田对管道公司收取的价格（井口价），该价格由天然气管道公司转嫁给终端用户。因此，过高的井口价很容易抵消终端用户受到的其他价格保护。

最高法院在1954年将联邦电力署的管辖权扩展到包括生产商的价格。自此,美国天然气工业进入了全面监管时期。联邦电力署对跨州销售天然气进行监管的严重后果是形成了两个天然气市场———跨州市场和州内市场。最终这两个市场出现了价格差异。由于联邦监管的价格是基于历史成本的价格,而不是随市场价格变化而浮动上扬的价格,而基本上不受监管的州内市场价格则接近于世界市场价格,且高于受监管市场的价格。因此,跨州天然气市场的生产商降低了勘探费用,并试图离开受监管的跨州市场,进入州内市场。但是,由于联邦立法具有严格的放弃规定,在没有联邦批准的情况下,专门为跨州销售生产天然气的生产商不能离开跨州市场。因此,价格差异引起了天然气短缺。

天然气短缺引起了广泛要求解除天然气市场价格监管的呼吁,1978年国会颁布了《天然气政策法》,其要点是开始解除价格控制、刺激生产和统一天然气市场价格。1985年,为了响应《天然气政策法》开放更具竞争性的井口市场的要求和应对天然气工业的经济变化,联邦能源管理委员会发布了第436号令,通过解绑的过程使得管道公司的贸易和运输业务相分离,为受到限制和不便于更换燃料的用户开放天然气管道的使用权。但436号令导致终端用户从管道公司购买天然气数量的减少,而管道公司则必须为它以前同生产商签订的供气合同继续承担向生产商照付不议的责任。为此,联邦能源管理委员会于1987年发布了第500号令,解除了管道公司在20世纪70年代天然气短缺时期为保证天然气供应同生产商签订的照付不议合同的责任,同时,允许管道公司将为修改或终止与生产商的供气合同而支付的照付不议成本转嫁给管道公司的用户,但不得超过这种成本的75%。

1989年,美国国会颁布了《天然气井口解除控制法》,解除了联邦能源管理委员会对天然气生产商销售市场的所有监管。尽管已制定了立法和其他措施,市场中仍存在妨碍自由竞争的因素,很多交易仍采用捆绑方式。因此,联邦能源管理委员会于1992年发布了第636号令,规定强制性地解除管道公司捆绑的销售和运输业务;总的许可授权管道公司按照市场价格进行非捆绑的销售;为天然气的所有卖方提供等质量的、开放的运输服务;运输服务的范围也包括储存服务,以便使储存服务也受制于开放规定;预准管道公司在合同期满或中止之后,放弃销售、间断的运输和不超过一年的不可撤销的短期运输服务；不可撤销的长期运输合同则受制于现有用户对替代报价的优先权；在符合行业结构重整的前提下，允许管道公司回收全部的"过渡成本"。

自此，美国通过解除对天然气井口价格的控制、强制性地要求管道公司公开准入等一系列措施，完成了对天然气工业的调整与改革，天然气的新价格形成机制也随之建立起来。

3.1.2 美国天然气产业链发展阶段分析

根据联邦能源管理委员会颁布的法令，促使天然气市场开放程度的变化过程，将美国天然气市场发展分为不同时期（表3.1）[73-74]：20世纪10年代至30年代初为天然气市场的引入阶段，20世纪30年代中期至80年代为天然气市场快速发展阶段，20世纪80年代后天然气市场开始进入成熟期，目前世界上没有任何一个国家的天然气市场进入衰退期。

表3.1 美国产业链发展阶段划分表
Table 3.1 Development stage division of American industrial chain

年份	1910—1930年	1931—1980年	1980年至今
发展阶段	引入阶段	快速发展阶段	成熟阶段

（1）引入阶段。

在20世纪10年代之前天然气生产量较小，零散地使用在城市照明，之后联邦政府为了控制气候污染，煤气市场逐渐被天然气市场所取代；当时天然气的开采基本上集中在国内；下游市场规模较小；政府在整个天然气交易中无任何监管，任由市场发展，管网运输方面，基本上是大管道运输公司进行垄断经营。随着天然气市场的使用范围和使用量不断扩大，政府开始重视了天然气产业链的发展。

（2）快速发展阶段。

20世纪30年代至80年代初，这一时期，储采比下降；储产量、消费量快速增长和管道建设加速并逐渐形成管网，气库开始建设，与此同时政府为了刺激天然气市场的发展，逐步修改并完善管制政策，到20世纪80年代中期，全国48个州全部通气，形成互相连接的天然气管网，加快了天然气价格市场化的步伐。

（3）成熟阶段。

1980年至今，天然气消费量保持平稳增长；管网和地下储气库配套完善；政府放松管制、引入竞争。1998年至2011年管网年增长幅度在2%。2011年美国的天然气管道总长358.4万千米，由三部分构成：其中集输管道长3.219万千米；长输管道长49.407万千米；配气管道长305.775万千米[75]，另外尤其天然气市场现货和期货市场发展，促使了天然气交易中心这个高级的市场化组织交易平台的形成。

3.1.3 美国天然气产业链监管模式分析

美国天然气市场的改革历史上，联邦能源管理委员会颁布最具有代表性的法令分别是1938年《天然气法》、1954年菲利普决议、1978年《天然气政策法》、1985年436号法令和1992年646号法令，促使天然气市场从最初政府定价鼓励市场的发育到最终由市场决定价格的脉络前进。1938年《天然气法》的出台，填补了之前政府在美国天然气市场的无监管政策的空白，在法律层面上开始规制天然气市场，然而《天然气法》只涉及州际管输的定价，造成了州内管网运输价格高于州际管网运输价格，使得管道运输商开始更多地从事州内运输，然后造成了地区供给不平衡的状况，产气州出现供大于求的状况，而工业较发达的地区，出现了供不应求的局面，天然气跨州的问题不能够很好地解决。1956年菲利普决议，很好地出台了政策，解决这一问题。随着市场的快速发展和天然气下游产业的快速发展，美国市场开始出现了供不应求的局面，因为下游用气企业的快速发展，而上游生产商的积极性并不高，联邦能源管理委员会针对这一问题，于1978年颁布了《天然气政策法》开始支持并鼓励管网公司提供剩余的管输容量权，实施了第三方准入的政策，由于并不是强制性的措施，使得管输商的积极性并未提高，在1985年出台的436号法令，明确放开天然气井口价，进一步刺激和激发了上游天然气生产商的积极性。面临中游管道公司的价格歧视状况，联邦能源管理委员会于1992年颁布了636号法令，该法令强调了管道网运职能，即销售权和运输权职能的分离，并鼓励建设市场交易中心，来进一步刺激天然气市场的发展，另外这一系法令的确立，使得下游市场配气公司和大型终端客户可以直接从上游购买天然气，中游管网公司网运职能分开，经销商的出现，更加激发了市场的活力。

(1) 管网定价的监管历程分析。

20世纪初期,北美地区新兴的天然气市场开始展露了萌芽之态,多用于城市的照明。早期政府并没有对天然气产业链中游的长输管线进行明确的管制,天然气产业链中游管网具有自然垄断性质,形成后很长一段时间会处于规模经济状态,其他参与者难以进来,并且对于价格有绝对的掌控权,价格信号难以真实的反映市场供需状况[76]。美国联邦能源管理委员会在管道方面的定价规则,采用了基于服务成本为基础的定价方法,又称为服务成本收益率定价方式,其定价规则在一定程度合理地反映了市场交易形式,政府对企业从之前的无规制到之后享有合理公平的投资回报方向的转变[77-78]。

对于终端用户又可分为可中断和不可中断两种类型的客户,规定了两种不同的管输费率收取方式,分别为固定管输费和变动管输费用的收取。在实际过程中,井口价格受到联邦政府的管制,规制者使得井口价控制在一个很低的水平,严重影响了生产的积极性,另一方面,在管输费率方面,联邦政府对于管输费和配送费的信息不对称现象,使得管道公司可以通过增加它的费率基准来增加利润。

一般来讲,经济利润是总收益和总成本(会计成本)的差额,当管网公司的经济利润为0时,管网公司获得了全部的自由要素的机会成本,因为其机会成本使得管道公司获取了维持企业正常经营的收益,管道公司还可以继续经营,这就是联邦能源管理委员想达到的目的。

$$S = I \cdot (R - T) \tag{3.1}$$

用公式(3.1)表示,管道公司的投资成本为I,假设促使管网公司获得经济利润为0时的收益率为R,联邦能源管理委员会试图估计其收益率,估计值T,利润为S。

如果$R=T$,则管道公司获取自由要素的机会成本,可以看出管道公司获取的收益不仅和R与T的差有关,还与费率的基准I有关。假设R与T差额保持不变,I越大,管道公司的利润越大。当$R > T$时,管网公司将有动力去增加投资的成本,这样会增加投资利润。例如,如果联邦能源管理委员会规定管网公司允许的收益率是15%,而实际的资本成本是10%,那么当管网公司增加100万美元投资成本I时,将增加投资收入S为5万美元利润。因为管道建设需要大规模投资成本I,联邦能源管理委员会很难精确估计资本的收益率估计T值。同样,收益率R与T的差别越小,管网过度投资的愿望就越强烈，因为其必须增加较多的费率基准 I 来获得同样收益 S。例如，保持其他因素不变，如果管网公司合理的收益率 R 为 12%，联邦能源管理委员会评估的 T 为 10%，那么管网公司想达到同样的利润 S，投资成本 I 将为 250 万美元。

可以看出，服务成本收益率的定价方式，在一定程度上促使了管网定价规则的合理性，解除了管网长期垄断定价的状态，但是在一定程度上又反映出了不合理性，由于上游井口价格的规制和管网这种定价方式导致的管网投资规模扩大，加之政府对终端下游的价格控制在一个较低的局面，导致了美国 20 世纪 70 年代的供不应求的局面，为了解除这种局面，刺激上游勘探开发的积极性，1978 年颁布的《天然气政策法》开始了第三方准入的相关政策的制定，鼓励管道公司放开管网剩余管输容量权，另外法案中开始提到了放开井口价的意图。

面对供不应求的局面，联邦能源管理委员会开始实行了"市场净回值"的定价机制，依据下游相关替代能源的价格回推到各州门站价格，使之价格为门站价格的最低下限价格，各州根据实际允许在此基础上上浮。之所以这么做，一方面"市场净回值"体现了市场化定价的意味，另一方面，为了控制由于大型管网公司具有长期的规模定价优势，当小型企业进入时，他们想通过设置一个低于合理收益水平的价格的方式，来减少第三方企业的进入。因此制定市场净回值定价的措施，进一步鼓励了第三方企业参与的积极性。

之后，1992 年 636 号法令在管网方面的条款又重新设计了管道公司的运输费率。联邦能源管理委员会为了促进天然气供应商之间竞争，旨在将运输服务的成本分摊给客户。为了实现这一目标，636 号法令使管道公司只需通过向客户收取一定量的天然气预留费用来追回与运输服务相关的大部分固定成本。不可中断客户每月收取预订费，以根据其最高期限要求预留的日常使用费。中断客户不收取预订费。可变成本收取方式，主要通过根据用户实际运输的气体的体积基础上的使用量来收取。新的管输费率的设计，直接固定变量法（以下简称"SFV"）旨在通过消除以前使用的修改固定变量法（以下简称"MFV"）费率设计中固有的价格扭曲现象，来帮助促进天然气供应商之间的竞争，并鼓励更有效地利用管道系统。根据 MFV 费率设计，将某些固定成本（如股本回报费用和相关税费）分配给商品本身使用费。该费率按单位征收，适用于实际使用的天然气量，从而控制企业和中断客户的成本[79]。

新的 SFV 费率设计的根本意义在于公司客户对大多数固定成本负责。在某些情况下，这导致了低负荷运输能力客户的运输费率提高，这些客户的季节性需求很高，但总体水平低。许多高负荷的客户，特别是可中断的客户，新的 SFV 法使他们的费率下降，向 SFV 费率设计的转变可能会使现有管道网络更加优化。事实上，对于低负荷的客户而言，以更高的费率转向 SFV 可能有助于更多地使用存储设施，由于其更高的成本使客户更多地依靠存储来确保可交付性。

图 3.1 中，MFV、SFV 分别为：修改固定变量法和直接固定变量法。描述了在修改的固定变量和直接固定变量分配和费率设计方法下的负载率与平均费率之间的关系。在这两种费率收取的机制下，负荷率的上升都会导致平均费率的下降。然而，SFV 下的下降速度比 MFV 更快。在两种费率设计下，在一定负荷率下的平均费率是相同的（在 LF0 处描述）。负载率低于 LF0 的客户（例如 LF1）在 SFV 下的平均费率高于 MFV，负载因子超过 LF0（例如 LF2）的客户在 SFV 下的平均费率比 MFV 较低。因此，高负载系数的客户将受益于 SFV，而由于从 MFV 切换到 SFV，低负载系数的客户收取更高的平均运输费率。

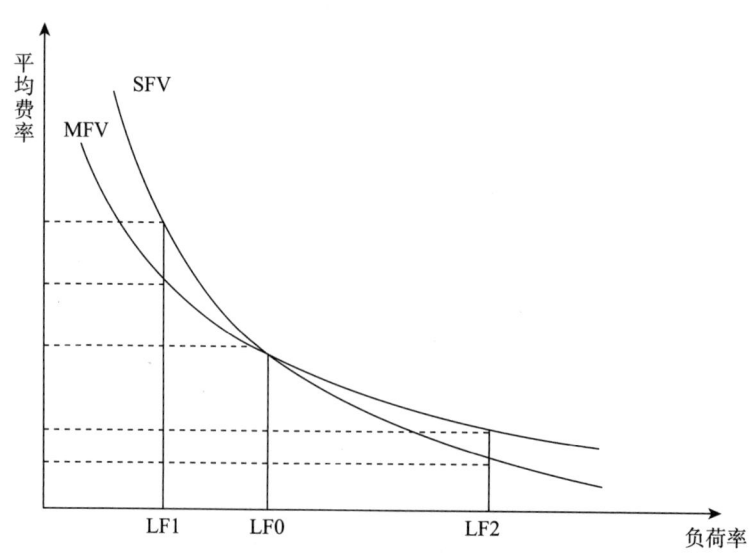

图 3.1 管输两种费率的设计对管道客户的影响图

Fig. 3.1 The Impact of Two Kinds of Rate Design on Pipeline Customers

从市场发展的角度看上述费率的制定规则和转变方式，新的管网定价规则收取方式，对于市场低负荷和高负荷率的两种客户而言，一方面SFV法使得具有较低负荷率的客户选择储气设施来确保交付性，对于高负荷率的客户而言，较低的平均费率收取标准，刺激了市场参与者对中游管网的运输的使用，在一定程度上，使得当时市场井口价格放开，市场供大于求的局面得到缓解；另一方面天然气市场的重组，已经改变了天然气运输方式和费率定价机制。新市场灵活性引发的天然气供应竞争加剧，普遍对井口气价格产生了下行压力。管道公司之间的竞争和转向SFV利率的设计在一些地区的管网运输率有了显著的改变。更大的竞争和增加购买天然气的机会有助于区域生产，运输和消费模式的变化，以及提高天然气工业基础设施的使用效率，有助于市场区域交易中心的形成[80]。

（2）存储费率定价的机制模式监管。

存储费率的监管方面和管道方面的定价类似，20世纪70年代之前，由于储气库数量较少，大多数采用服务成本加成费率制定的方式来收回成本，其结果也是存储商采取了提高基准费率，而获取高额的利润，因此很难反映合理的市场供求状况[81-82]。定价机制的转变，使得更多的客户选择使用储气库进行气体的暂时存放，促使了储气库市场的快速发展，对天然气区域交易中心的形成起到了至关重要的作用。

（3）政府在整个天然气市场中的作用。

在美国天然气市场的管理组织中，为确保各个方面参与者的利益，需要监管机构的产生（例如联邦能源管理委员会），监管结构在促使天然气产业链上中下游中各个环节的发育有着提供平稳竞争的作用，因此建立监督和确保对天然气市场平稳运行的相关部门至关重要。美国能源管理组织中，能源部是能源行业方面的主管部门，负责制定天然气市场有效运行的利用政策和确保国家能源安全；另外美国在能源管理中还设置了另外一个相对来说较为独立的部门联邦能源管理委员会，主要职责是对天然气市场上中下游业务交易实施管理；其次还有一个部门是公共服务委员会或者事业委员会。能源部的职责主要是从保障国家能源安全的方面进行行业的监管，而联邦能源管理委员会则是考虑天然气市场本身的健康有序的发展，具体的，从联邦政府角度上讲，联邦能源管理委员会是作为市场的监管主体，主要天然气市场交易过程中各个环节的建设、定价规则及相关环境事项督查。例如：批准州际管道、储气库、LNG 设施的建设和监督国内天然气进出口管道的运营等[83]。从州政府的角度上看，公共服务委员会或者事业委员会是天然气市场的督查者，职能主要包括州内管网配送网络的规划和运营以及费率的监管等项工作。但是对于不同的州而言，监管的规章制度有所不一样，在监督工作过程中，应遵照在法律效力作用力，即州法低于联邦法的原则来实施[84-85]。

3.1.4 美国天然气产业链结构改革历程

美国是世界上最大的天然气消费国，利用历史较长。美国政府对天然气产业的改革从企业在城市的煤制气生产和配送专营权开始，逐渐扩大到跨州管线的管输费率，美国联邦动力委员会（FPC）拥有发放州际管线进入某个市场许可证的权力，特别是 1954 年的菲利普决议，更赋予了 FPC 控制所有天然气井口价格的权力。美国引入管网的"第三方准入"后，天然气市场结构由线性的转变为非线性的。此前，天然气由生产商生产出后进入州际管道，再由地方配气公司送达终端，美国天然气产业都处于垄断和严格规制之下，天然气交易途径单一，地方配气公司（LDC）只能通过管输商获取天然气，而地方配气公司又是终端小用户获取天然气的唯一途径，因此，管输商的成本和地方配气公司的成本最终可以转嫁给终端用户，交易过程中的垄断性价格歧视不可避免。另一方面，规制过低压制了天然气供应价格，生产商的成本难以补偿，供求失衡，致使 20 世纪 70 年代许多州出现严重的天然气短缺，同时期的石油危机更加剧了市场失衡。20 世纪 80 年代中期，美国政府开始对天然气产业的规制进行改革。

（1）政府全面监管时期。

这一时期主要是 20 世纪 30 年代末期到 20 世纪 70 年代中期，颁布的法令主要有 1938 年《天然气法》和 1954 年菲利普决议。1938 年的《天然气法》为州际管道公司的输送制定管输费率方面权利，国会授权给了联邦电力委员会（以下简称"FPC"），但是井口价格和州内的输气费和配送费主要由各州的公用事业委员会负责管制；1954 年的菲利普决议，之后整条产业链上的价格都受到了管制：管输费和井口价受联邦政府或州政府控制，配送费受州或地方政府机构控制。总体上来看两者政策的出台都是改变 20 世纪 30 年代之前，天然气市场的无监管状况，从政策的层面上去引导和刺激天然气市场的发展[86]。

第3章 美国天然气产业链结构改革及区域定价中心分析

这时期天然气的市场交易流向主要是：生产商的气体进入管道后，经过州际管网进入州内管网，然后气体到达地方配气公司，由地方配气公司将气体送达到下游市场。总体来说，天然气的交易结构流向较为单一，对于地方配气公司而言，除了通过固定的管网获取天然气外，没有任何获取天然气的途径，对于下游的大型工业、商业居民等用户而言，其获取天然气的途径只能是地方配气公司。因此，如图3.2所示我们可以看出，这种管网流向单一、捆绑式消费的特点，在交易过程中难免会造成价格的不合理性。另外，从政策方面而言，为了刺激下游市场的发展，压低了上游供应气价，使得生产商的积极性受挫，又造成了天然气市场供需失衡的局面。

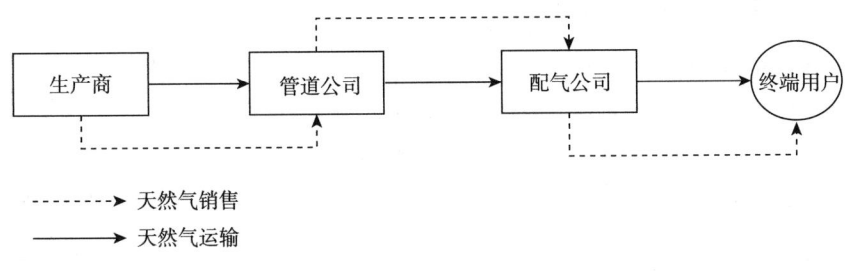

图3.2　1978年之前美国的市场交易图

Fig. 3.2　US market trading before 1978

（2）解除价格控制时期。

这时期具有代表性的指令主要包括《天然气政策法》、436号法令和500号法令；解除天然气产业链管制的结果，如图3.3所示。市场上批发商和部分管道公司开始提供开放式的运输服务。

1978年《天然气政策法》的出台，到1992年的636号法令的实施之前，美国天然气市场结构发生了重大的变化，如图3.3所示。

由于井口价格被控制得过低，许多生产者不能在低价格下经济的生产，生产者渐渐失去勘探新区的积极性；因此1978年《天然气政策法》取消对1977年以后开发的天然气井口价格的管制权。然而，另一方面由于政府将放开井口价格管制，导致生产商盲目生产，使得天然气市场上产量迅速增长，然而中游的管道运行存在严重的歧视性和垄断性，使得产量不能够快速地供给到下游的市场[87]。

127

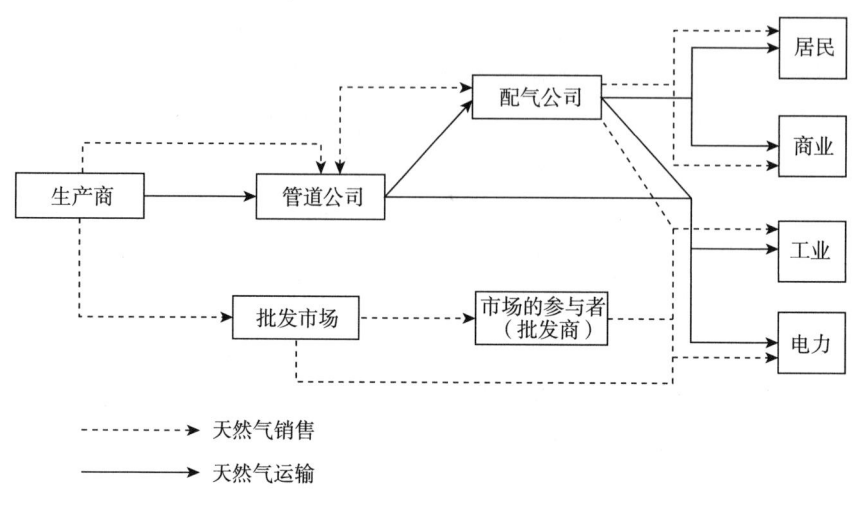

图 3.3　1978—1992 年之间美国的市场交易图

Fig. 3.3　Market transactions in the United States between 1978 and 1992

因此，在 1985 年 10 月，联邦能源管理委员会发布了 436 号法令，井口价格解除控制后，鼓励部分州际管道公司运输第三方天然气。这从根本上开始了重组天然气产业链交易结构，改变了生产商、州际管道公司和客户之间的关系。具体来说，436 号法令鼓励州际管道公司运输第三方天然气，该法令规定管道公司如果愿意作为开放式运输商运营，有权与托运人进行天然气气体运输安排，无须事先得到联邦能源管理委员会的授权[88]。

因为州际管道公司只被鼓励，而不是强制提供开放式运输服务，所以联邦能源管理委员会的 436 号法令仅完成了天然气产业链的部分重组，主要是一些小的州际管道公司同意提供开放式运输服务。此外，436 号法令仅仅要求参与的管道公司提供不受歧视和偏好的运输服务（主要是被运输的气体的来源），但它没有涉及管道公司为客户服务的其他关键要素。例如，436 号法令没有为管道公司提供开放存储设施的类似激励。之后，联邦能源管理委员会发布了 500 号法令，其目的是一方面保持 436 号法令中开放式的运输服务的进展，同时也解决美国法院关于一些 436 号法令的上诉裁决问题。联邦能源管理委员会颁布的 436 号法令和 500 号法令的最终效果是鼓励管道公司在不歧视的基础上提供运输服务，促进从生产者到客户的直接销售。这使得生产商可以直接与最终用户、本地分销公司、营销商以及管道公司进行谈判。

通过允许这些直接销售，法令还为生产商提供了管道公司不能或不会买的天然气现货市场。此后，美国天然气市场开始逐步形成了两头松、中间严的市场格局[89-91]。

（3）管输权和销售权业务分离时期。

联邦能源管理委员会的 636 号法令，被称为重组规则，于 1992 年 4 月 8 日发布，旨在通过从根本上改变管道公司开展业务的方式，更有效地利用州际天然气输送系统。虽然以前的法令鼓励管道公司在不歧视的基础上提供运输服务，但不鼓励管道公司去提供气源运输。636 号法令要求州际管道公司拆分或分离其销售和运输服务。分拆条款的目的是确保新小型生产商可以获得天然气，以前由管道公司本身的天然气销售所享有的相同质量的运输服务。这增加了天然气销售商之间的竞争，并削弱了管道公司的市场力量，636 号法令促使市场交易的改革结果如图 3.4 所示。

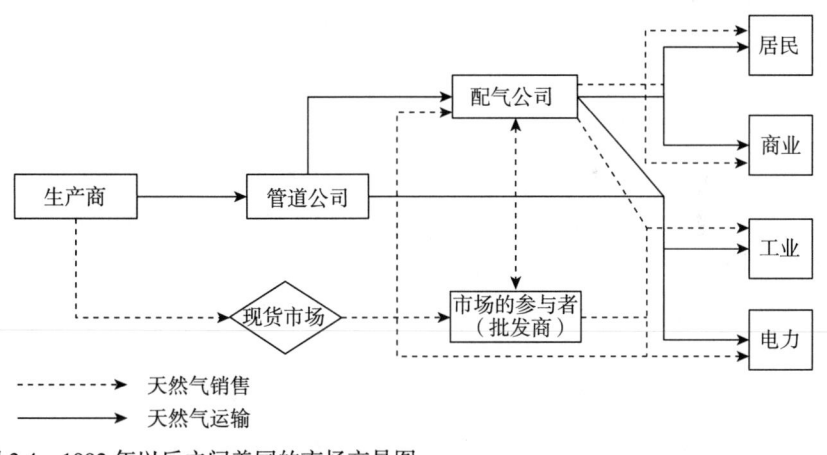

图 3.4 1992 年以后之间美国的市场交易图

Fig. 3.4 The US market trading chart after 1992

该法令包括以下主要规定：

①要求管道公司提供开放的运输服务。

636 号法令要求管道公司提供开放的运输服务，直接从管道公司或其他地方（例如从生产者处）购买气体，这些服务质量相等。这增加了产业链中的中游管输服务公平的竞争性，因为所有的天然气商被提供了相同的运输机会和服务。

②鼓励市场中心的使用和发展。

636号法令鼓励使用和开发市场中心，一般处于多个管道系统相互连接，并且许多买家、卖家包括管道商可以进行气体买卖和输送的场所。市场中心增加了采购和销售机会，增加了气体供应的可靠性，促进了价格信息的交换。为了有效地发挥作用，市场中心必须具有两个关键特征。首先，许多买卖双方必须能够访问和参与中心的市场活动，防止任何一个买方或卖方发挥过多的市场力量。第二，必须有一个能够实际匹配买方和卖方的中心管理员，一个或多个管道公司可以通过使用电子信息和控制系统来安排交易的管理枢纽。市场中心已经在几个管道聚集的大型生产和仓储领域的地方发展。例如，位于路易斯安那州埃拉斯附近的亨利中心（Henry Hub）和得克萨斯州凯蒂（Katy）的市场中心分别围绕28家和23家管道公司的设施开发而形成。为了促进市场中心的发展，联邦能源管理委员会鼓励管道公司以里程费率而不是邮票费率收取费用。里程的费率基于运输气体的距离收取，而邮票费率对通过给定区域或区域运输的气体收取，不管距离如何。联邦能源管理委员会认为，基于里程费率适用于长途运营商，而邮票费率适用于电网系统。

③需要管道公司为客户提供开放式存储服务。

天然气存储是在其需求超过总气体生产和主干线传输能力的时候，提供消费者需求的手段。这通常发生在寒冷的天气期间。联邦能源管理委员会636号法令专门针对需要非捆绑和扩大州际地下存储容量进行了规定，根据636号法令，大多数州际存储成为开放式的使用，其中高达90%可用于州际天然气运输客户。

④建立了运输和存储容量发布市场。

容量释放就是第636号法令中提供的气体供应的新灵活性的例子。容量释放是在开放式管道上永久或临时转售公司运输和存储容量的权利。如果初始的条款允许，换托运人可以重新释放容量。这种能力的重新划分有效地建立了管道能力的二级市场，旨在通过使最有价值的托运人重新分配其能力来提高天然气运输的效率。此外，管道公司受益于其系统的更高利用率，以及释放管道能力可以抵消建设新设施的需求。为了帮助释放运输和存储容量市场发展，联邦能源管理委员会要求管道公司建立电子公告板（EBB），以便向托运人提供平等及时的关于系统服务可用性信息的访问。EBB将通过发布交易提供的可用容量信息，直接从管道中获得可靠和可中断的容量。1993—

1994 年供暖季节和 1994—1995 年采暖季节之间的容量释放量增长了三倍。1993 年 11 月 1 日至 2005 年 3 月 31 日期间，卸货货物的总收入约为 5.7 亿元。尽管有这种增长，但通过发布能力的天然气运输仍然是管道总吞吐量的较小部分[92]。

总之，1992 年 4 月，联邦能源管理委员会发布了第 636 号命令，将该行业的州际天然气运输部门永远改造，州际天然气管道公司被要求在 1993 年 11 月重组其业务，从其规范的运输功能拆分了任何非受监管的商人（销售）功能。这一新的要求意味着州际天然气管道公司只允许为他们的客户运输天然气。重组过程和后续操作由联邦能源管理委员会密切监督，导致整个州际天然气运输部门的广泛变化，进一步释放了市场的活力，为之后的天然气区域交易中心形成起到了至关重要的作用。

3.1.5 美国天然气产业链结构改革效果

联邦能源管理委员会制定的改革措施，通过改变州际管道公司的运营程序和费率收取标准创造了一个更具竞争力的市场。在改革之前，州际管道系统从生产者处购买天然气，沿管道输送，然后再转卖给地方配气公司。一系列的联邦能源管理委员会法令从第 436 号法令开始，最终在第 636 号法令中，有效地分拆了这些之前捆绑式的服务，使州际管道公司不再拥有在其管道系统上运输的天然气使用权，而是将其拆分给第三方。天然气购买者现在可以与许多不同的供应商谈判价格规定和合同条款，同时与管道公司单独签订运输、储存和各种其他服务，以满足他们的需要。为了促进这一点，一种新型的天然气商家已经出现独立及气体营销商，他们不仅可以提供营销气体供应也可以作为购买者的代理，做出所有必要的安排，以获得气体交付。放松管制和市场重组直接促进了用于管理季节性库存的储气库、二级运输市场的发展以及通过商品市场和电子公告板提供有关商品和运输价格的更好信息。天然气的价格信号在消费者和生产者之间快速传递，区域市场更加一体化，随着产业链结构逐步向竞争型的结构改变，天然气交易市场出现了交易买卖双方的聚集地，一般位于多个管网的交汇处，随着期货贸易的出现，更加刺激了天然气产业链市场化向高级形态的转变，促使天然气市场形成了区域交易中心乃至区域定价中心[93-97]。美国天然气市场化改革带来产业剧烈重组如图 3.5 所示。

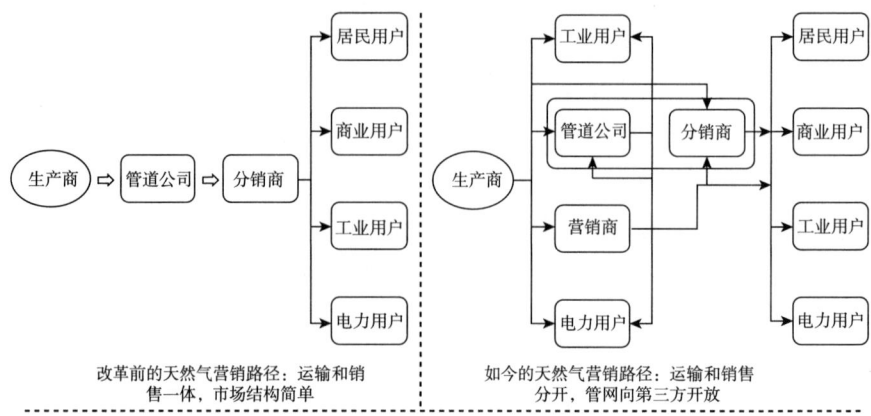

图 3.5　美国天然气市场化改革带来产业剧烈重组

Fig. 3.5　Sharp industrial restructuring brought about by the market-oriented reform of natural gas in the United States

3.2　北美天然气交易中心的形成与发展

3.2.1　北美天然气交易中心发展历程

在天然气产业发展中，天然气区域交易中心的形成是一个相对较新的发展。这个概念在 20 世纪 80 年代末第一次提出来，1992 年发行 636 号法令后快速形成。天然气区域交易中心的形成为新天然气托运人提供许多管理能力和行政支持服务，其以前主要是州际公路管道公司"捆绑"销售服务。

随着 1993 年执行 636 号法令，联邦能源管理委员会推动了市场中心的概念。有人建议，这些中心可以提供管道托运人/客户管理他们以前由商人管道公司提供的供应、运输和储存服务的组合所需的服务。它们的设施还可以增加天然气在管道系统中的交换，并允许市场开发用于天然气容量、储存和管道能力的交易。此外，由于服务将单独定价，有人建议，随着时间的推移，中心和管道之间的竞争会产生更多有效率的市场交易形式。

事实上，州际天然气管道系统在 636 号法令后，管道互连显著增加。虽然大多数的这些连接是单独开发的，因为个别管道公司扩大了其运输服务和供应来源，市场中心开发仍然刺激了许多额外的互连。

然而，区域交易中心的概念并没有解决所有问题，因此在 2000 年，联邦能源管理委员会发布了 637 号法令。其目的是减少不平衡惩罚对托运人的影响，以及州际管道公司发布业务流程订单（OFO）。第 637 号法令部分要求（州际）管道运输者"必须在操作上切实可行的范围内提供停车和租借或其他便于托运人管理运输不平衡能力的服务"[85]。

第 636 号法令被广泛认为是市场中心发展的一个重要因素。该秩序不仅促进了更有竞争力的天然气市场的形成，还有助于刺激市场中心的发展，而且还要求管道关税不会抑制市场中心的发展。如第 636 号法令的规定案文所述：提供运输服务的州际管道可能不会在其资费中包括任何抑制市场中心发展的规定。

3.2.2 北美天然气交易中心形成原因分析

美国的天然气区域交易中心起源于 20 世纪 80 年代晚期，是由于 1985 年美国联邦能源管理委员会发布的 436 号法令要求管道运输商将运输与服务职能分离开而发展起来的。

其次，天然气产业链的发展使得州际管道迅速发展，天然气需求急剧增加，从而也导致了对"枢纽"系统的需求。美国天然气交易中心是依托于天然气管道建设发展起来的。美国有超过 210 个天然气管道系统，由大约 160 家管道公司运营，拥有天然气管道里程 305000 英里（48 万千米），输送能力超过 1480 亿立方英尺 / 日（35.336 立方英尺 =1 立方米）；另外，有 123 个储气公司，拥有 400 个地下储气库。更重要的是，把这些管道、储气库、消费者和生产者以及运输商有机链接在一起的是众多的天然气市场交易中心，该系统提供两大主要的功能，包括在管道体系内外进行气体运输或交换，以及短期的天然气存储 / 交易服务。天然气区域交易中心是一个能为天然气运输商提供众多设施和管理职能的服务系统，使得美国的天然气市场保持高效而流畅的运转。

再者，美国监管政策的改变，使之前的管道运输商从多元化公司变为专门的运输服务提供商，因此需要在众多的管道商和（或）管道系统之间建立"节点"，实现不同管道系统之间天然气的交换。1989 年《天然气井口解除管制法》的出台标志着天然气井口价格管制的彻底结束，建立了"气—气"竞争的市场结构。1992 年，636 号法令标志着美国天然气产业链正式进入竞争型结构。美国联邦能源管理委员会认识到通过市场交易发现价格是极其有效的天然气定价机制，这就需要一个合适的天然气交易枢纽。

最后，从市场交易角度来看，1989年11月，亨利中心被纽约证券交易所选择作为新的天然气期货合约交割点；1990年4月，纽约商品交易所实现了第一份天然气期货合约的交易，当年6月份亨利中心的天然气期货合约首次实现了现货交易。由于其重要性，从而将其名称命名为用于在纽约商品交易所（NYMEX）交易的天然气期货合约和在洲际交易所（ICE）交易OTC的定价点[98-100]。

3.2.3　北美天然气交易中心服务与管理

（1）服务类型。

大多数市场中心提供的主要服务包括短期收货和交货的平衡问题处理。市场中心也提供创新服务以加快和提高自然气体输送过程。例如，许多市场中心使用基于互联网的天然气贸易平台和容量发布程序互动，通过天然气交易中心，支持参与者之间的所有权转让服务，当事人通过买入，卖出或转售天然气。天然气交易中心的服务类型如表3.2所示。

表3.2　天然气交易中心的服务类型

Table 3.2　Service types of natural gas trading center

非交易性服务	天然气运输	天然气存储	天然气调峰
交易性服务	所有权买卖登记	清算	交割
信息服务	天然气交易价格	供需情况	买卖谈判

亨利中心天然气期货允许市场参与者大量对冲活动来管理由天气相关需求驱动的高度波动的天然气价格中的风险。他们还提供有效的交易进出头寸。其提供的天然气期货是：①世界第三大实物商品期货合约。②广泛用作天然气的国家基准价格，其作为全球和美国能源来源继续增长。自主的、独立经营的商品。合同履行方面：①天然气期货价格基于路易斯安那州亨利中心交割的基准价。②在CME Globex上进行电子交易，并通过CME ClearPort作为EFS、EFP或块交易进行清算。③期权类型包括美式期权、日历价差期权（远期期权）、欧式期权和每日期权。

（2）中心的管理。

北美天然气市场定价中心的运营，通常有两个互相独立的管理方：中心的管理员和管道运行者,前者的职责是提供客户之间联系与处理行政任务,后者主要是实施管网运行相关的服务。两者在市场中心的运营基础设施提供的服务上,差别很大。这些市场中心通过向客户提供服务,来帮助客户管理自己天然气供应、运输和存储的投资组合。

3.3 北美天然气区域定价中心的形成与发展

在天然气产业链发展中,天然气定价中心是在天然气交易中心的基础上形成而来,是一个相对较新的发展。天然气区域交易中心这个概念是在20世纪80年代末第一次提出来的,1992年执行636号法令,联邦能源管理委员会进一步推动了天然气区域交易中心的建设。有人建议,这些区域交易中心可以为管道托运人或客户,提供他们以前由管道公司提供的供应、运输和储存服务的组合所需的服务。区域交易中心还可以增加天然气在管道系统中的交换功能,并允许市场开发用于天然气容量、储存和管道能力的交易。此外,由于服务将单独定价,有人建议,随着时间的推移,中心和管道之间的竞争会产生更有效率的市场交易形式。

在1992年4月发布第636号法令之前,美国和加拿大只有5个市场中心。今天有38个运营市场中心和3个拟建中心预计将在未来几年内运行。表3.3显示了天然气市场中心从1991年到2016年的数目变化情况[101]。

表3.3 天然气市场交易中心的历年发展的数目

Table3.3 The number of natural gas market trading centers over the years

年份	1991	1992	1993	1994	1995	1996	1997	1998	1999—2003	2003—2016
总数	5	6	12	25	33	38	40	38	33	33

资料来源:美国能源信息署。

到1998年,北美地区已建立了36个市场中心。然而,到2003年,其中13个已经关闭,因为天然气区域交易市场竞争型格局的形成,那些无法进行一定交易量的天然气区域交易中心都被淘汰了。目前,美国的24个市场中心为客户提供中心服务,其中大多数位于得克萨斯州和路易斯安那州[102-103]。

在本章节中,主要从亨利中心是北美天然气区域定价中心、亨利中心成为区域定价中心的原因和北美天然气区域定价中心的构成分析三个角度来进行区域定价中心的形成原因的阐述。

3.3.1 亨利中心在美国成为定价中心分析

亨利中心位于路易斯安那州，由萨宾管道公司拥有，亨利中心起始于1988年5月，所处地理位置的管网互联互通且密集程度较高，萨宾管道公司在亨利中心主要进行天然气区域性的管道运输服务。

（1）交易量。

436号法令颁布，井口价格完全放开，使得天然气上游的勘探开发活力进一步激发，天然气市场在美国迅速发展起来。到20世纪90年代初期，探明储量达到7.95亿立方米，当时美国天然气产量达到了5043.1亿立方米，同年消费量为5429.26亿立方米。当时，美国拥有极其丰富的天然气储备和巨大的市场容量，为之后北美地区的现货市场和期货市场发展提供了条件[104]。

亨利中心连接着来自得克萨斯州和墨西哥湾的十几条天然气管线。据洲际交易所数据显示，2014年亨利中心市场交易了2400亿英热单位/日的天然气，较5年前逾8250亿英热单位/日的平均交易量下跌了70%，从上述数据上来看，亨利中心天然气基准价的地位正在被削弱，然而分析家们一致认为，至少在墨西哥湾、美国西部以及国际市场中，亨利中心的地位仍将保持。此外，由于全世界对纽约商品交易所期货价格的认可，亨利中心天然气价格还将为未来美国液化天然气的出口定价。

（2）流动性。

流动性是指市场将实物商品或资产转换为现金而没有任何价格折扣的能力。当在进行交易时，市场被认为是流动的，它对当前的价格水平没有影响。另一方面，微弱或不灵活的流动性市场可能产生价格波动。不灵活的流动性必然意味着波动性，但波动性不一定是流动性不足的反映[105]。

（3）基准价。

亨利中心的现货和期货天然气价格以美元/百万英热单位计算，通常被认为是北美天然气市场的基准价格。目前美国拥有24个交易中心，在北美定价中心主要呈中心辐射状，两个定价中心间通过两个或更多个管线连接，两个中心之间的价差称为基差。部分天然气区域定价中心历年平均现货价格如图3.6所示。

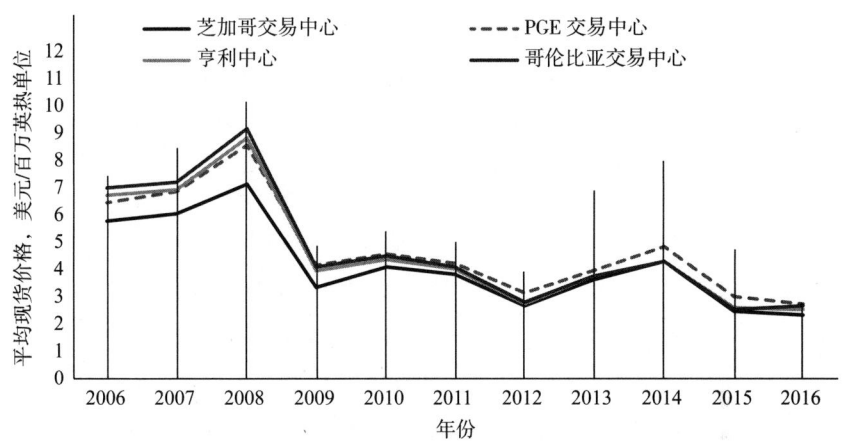

图 3.6 部分天然气区域定价中心历年平均现货价格

Fig. 3.6 The average spot price of part of the natural gas regional pricing center over the years

美国进口 LNG 价格通常与亨利中心（Henry Hub）价格挂钩，其计价公式为

$$P_{\text{LNG}} = a \cdot HH \pm b \tag{3.2}$$

美国国内管道气价与就近的天然气交易中心气价挂钩，价格公式为

$$P_{\text{管道气价格}} = P_{\text{附近交易中心价格}} + P_{\text{管输费}} \tag{3.3}$$

图 3.6 可以看出，芝加哥交易中心、PG&E 交易中心、哥伦比亚交易中心的价格都与亨利中心的价格波动性基本上一致，在管道进口方面，LNG 价格通常是亨利中心的价格 HH 乘以一个固定的系数 a 再加减一个常数 b。另外与亨利中心相连接的管道气价主要是交易中心的价格和管输费之和。

（4）以亨利中心为基准价的实证分析研究。

下来从实证角度进一步证实亨利中心的价格是北美天然气区域定价中心的基准价。

①模型变量的选取依据。

共收集了北美 48 个州的城市门站价，数据的选取时间是 1997 年 1 月至 2016 年 12 月的月份数据，结合美国能源信息署给出的地区划分标准，平均各个地区的城市门站价格使之作为当地区域定价中心的价格，数据介绍如下

表 3.4 所示：

表3.4　模型所选取指标的相关介绍

Table3.4　A description of the indicators selected by the model

简写	名称	描述［现货价（美元/千立方英尺）］	来源
HH	亨利中心	亨利中心天然气现货价格	美国能源信息署
CIG	CIG 交易中心	美国中部各地区城市门站平均价	
CHICAGO	芝加哥交易中心	美国中西部各地区城市门站平均价	
COLUMBIA	哥伦比亚交易中心	美国东北部各地区城市门站平均价	
HSC	HSC 交易中心现货	美国西南部各地区城市门站平均价	
FGT	FGT 交易中心	美国东南部各地区城市门站平均价	
PGE	PGE 交易中心	美国西部各地区城市门站平均价	

②模型简介。

VAR 模型是 Sim 在 1980 年提出的向量自回归模型（Vector autoregressive model，简称 VAR）。本文用 VAR 模型对被北美地区亨利中心现货天然气价格与各地区交易中心因素关系各指标进行实证分析。

VAR 模型公式如下：

$$Y_t = \partial_1 \cdot y_{t-1} + \partial_2 \cdot y_{t-2} + \cdots + \partial_p \cdot y_{t-p} + \beta \cdot x_t + \varepsilon_t \quad (3.4)$$

其中：Y_t 代表区域交易中心的 t 时期价格、y_{t-1} 代表区域交易中心的 $t-1$ 时期价格以此类推。

③模型估计及结果分析。

a. 单位根检验。

稳定的可靠性 VAR 模型来自一组平稳的变量，如果变量的时间序列具有平稳性，我们可以直接构建没有约束的 VAR 模型；如果选取的变量不稳定，则是否所涉变量之间存在协整关系。如果存在协整关系，则需要使用向量误差校正模型。如果不稳定且不存在协整关系，则需要对变量做出改变，进行差分。因此，在进行 VAR 模型构建前，首先进行单位根检验以检查时间序列的平稳度。以 lnHH、lnCIG、lnCHICAGO、lnCOLUMBIA、lnHSC、lnFGT 和 lnPGE 为检验变量之间的平稳性，以此判定各时间序列变量是否是平稳变量[106]。

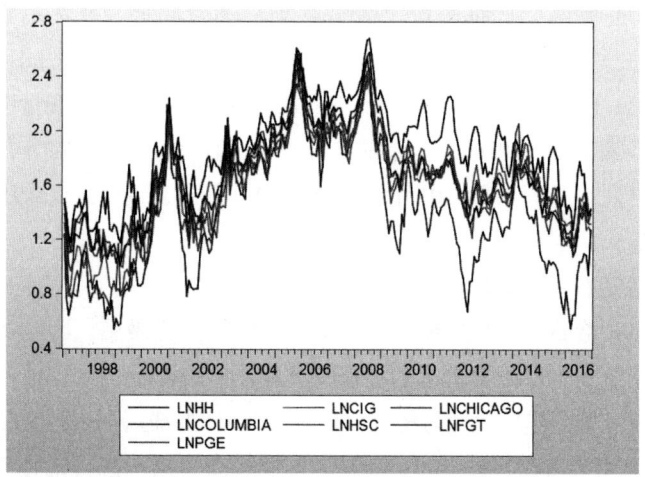

图 3.7 相关性波动图

Fig. 3.7 Correlation fluctuation graph

注：图为软件截图。

表3.5 单位根检验

Table3.5 Unitroot test

序列	ADF 值	1% 显著水平	5% 显著水平	10% 显著水平	判断结论
lnHH	−2.245133	−3.457630	−2.873440	−2.573187	不显著
DlnHH	−14.76145	−3.457747	−2.873492	−2.573215	显著
lnCIG	−2.437158	−3.457630	−2.873440	−2.573187	不显著
DlnCIG	−15.86633	−3.457747	−2.873492	−2.573215	显著
lnCHICAGO	−2.374233	−3.457630	−2.873440	−2.573187	不显著
DlnCHICAGO	−13.96358	−3.457865	−2.873543	−2.573242	显著
lnCOLUMBIA	−2.604010	−3.457630	−2.873440	−2.573187	不显著
DlnCOLUMBIA	15.68442	−3.457747	−2.873492	−2.573215	显著
lnHSC	−2.175344	−3.457630	−2.873440	−2.573187	不显著
DlnHSC	−16.09967	−3.457747	−2.873492	−2.573215	显著
lnFGT	−1.992439	−3.457630	−2.873440	−2.573187	不显著
DlnFGT	−15.26922	−3.457747	−2.873492	−2.573215	显著
lnPGE	−2.115418	−3.457630	−2.873440	−2.573187	不显著
DlnPGE	−14.78088	−3.457747	−2.873492	−2.573215	显著

表 3.5 选取的指标都采取了含截距项，不含趋势项和滞后期数为 14，滞后期数按 SC 最小信息准则确定。结果上可以看出变量 lnHH、lnCIG、lnCHICAGO、lnCOLUMBIA、lnHSC、lnFGT、lnPGE，这 7 个变量序列在显著水平 0.01 下都是非平稳的，变量前名加一个"D"表示一阶差分，而他们的一阶差分序列在显著水平 0.01 下都是平稳的。因此，说明这 7 个序列它们都是一阶单整。

b.滞后期数长度的选择。

Johansen 检验的结果对模型中变量的滞后期相当敏感，因此选择准确的滞后期是很重要的。通常处理的方法是先用不经过差分的数据估计向量自回归（VAR）模型，然后运用与传统 VAR 模型一样的滞后期进行协整检验。一旦完成 VAR 模型的估计，我们要对 VAR 模型滞后结构进行检验，Eviews 提供了一系列的方法，本文主要依据 AR 根图表（AR 根估计是基于这样一种原理的：如果 VAR 模型所有根模的倒数都小于 1，即都在单位圆内，则该模型是稳定的；如果 VAR 模型所有根模的倒数都大于 1，即都在单位圆外，则该模型是不稳定的）和滞后期标准（Lag Length Criteria）来确定 VAR 模型的滞后期[107]（表 3.6）。

表3.6　最优滞后期的选择

Table3.6　Optimal hysteresis selection

Lag	LogL	LR	AIC	SC	HQ
0	1249.387	NA	−10.71023	10.60624	−10.66829
1	2063.564	1572.203	−17.30658	−16.47461*	−16.97106
2	2149.249	160.2903	−17.62283*	−16.06289	−16.99372*
3	2188.450	70.96804	−17.53836	−15.25044	−16.61567
4	2237.213	85.33582	−17.53632	−14.52043	−16.32004
5	2277.600	68.23885	−17.46207	−13.71820	−15.95220
6	2325.576	78.16900	−17.45324	−12.98140	−15.64980
7	2373.165	74.66449*	−17.44108	−12.24126	−15.34404
8	2415.014	63.13427	−17.37943	−11.45164	−14.98881

注：* 表示根据相应准则选择的滞后期。

从图 3.8 可以看出，所有的单位根都落在单位圆内，不同准则选择的最佳滞后期不同，考虑自由度损失的问题，应以 AIC 为准。这表明所建立的滞后 2 阶的 VAR 模型是稳定的。VAR 模型滞后期的选择标准（表 3.6）表明，本文把 VAR 模型的滞后期确定为 2。

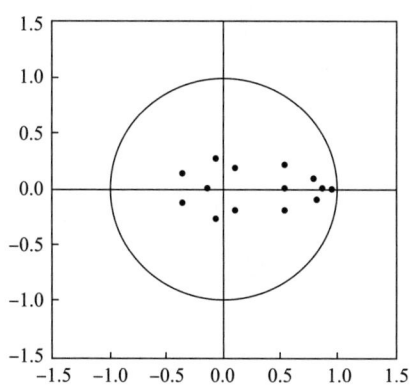

图 3.8　AR 根图表

Fig. 3.8　AR root chart

注：该图为软件截图。

　　c. Granger 因果检验。

　　为确定变量之间的相互关系，在建立 VAR 模型之前，我们对 VAR 模型中的变量进行 Granger 因果检验。在 Granger 因果检验中，滞后期的选择对检验结论有明显的影响。对此，我们在滞后期的选择上考虑了三个因素，一是 AIC 和 SC 最小信息准则，二是经济变量之间相互影响往往存在滞后性，特别是天然气市场，其定价完全市场化，使得其他地区的城市门站价格和美国天然气亨利中心现货价格的影响有一定的滞后性，跟着这两个因素，本文最终选择滞后期数为 2，另外由于 Granger 因果检验的前提是数据必须是平稳的，因此采取一阶差分处理后的数据进行 Granger 因果检验。

　　Granger 因果检验上图的检验结果为：在 5% 的显著水平下，DlnHH 是 DlnCHICAGO 的格兰杰原因，DlnHH 是 DlnCIG 的格兰杰原因，DlnHH 是 DlnCOLUMBIA 的格兰杰原因，DlnHH 是 DlnFCT 的格兰杰原因，DlnHH 是 DlnHSC 的格兰杰原因，DlnHH 是 DlnPGE 的格兰杰原因等。

　　此结论，从另外一个角度讲，亨利中心的价格是造成其他所有地区交易中心价格变动的原因。因此进一步证实，北美地区以亨利中心定价为参考价。

表3.7 格兰杰因果检验结果
Table3.7 Granger causality test results

零假设	观察值	F 值	P 值
亨利中心价格对芝加哥交易中心价格没有影响	237	104.008	6.E−33
芝加哥交易中心价格对亨利中心价格没有影响		4.43188	0.0141
亨利中心价格对 CIG 交易中心价格没有影响		120.594	1.E−36
CIG 交易中心价格对亨利中心价格没有影响		2.31645	0.1009
亨利中心价格对哥伦比亚交易中心价格没有影响		31.9119	6.E−13
哥伦比亚交易中心价格对亨利中心价格没有影响		1.98243	0.1401
亨利中心价格对 FGT 交易中心价格没有影响		163.066	6.E−45
FGT 交易中心价格对亨利中心价格没有影响		2.83991	0.0605
亨利中心价格对 HSC 交易中心价格没有影响		69.4839	2.E−24
HSC 交易中心价格对亨利中心价格没有影响		2.34307	0.0983
亨利中心价格对 PGE 交易中心价格没有影响		50.5526	6.E−19
PGE 交易中心价格对亨利中心价格没有影响		0.38436	0.6813

注：该表为软件结果。

d. 协整检验。

协整检验仅对已知非平稳的序列有效，所以需要首先对 VAR 模型中每一个序列进行单位根检验。这部分检验已经在前面完成了，并且知道原序列都是非平稳的（表 3.8）。

表3.8 协整检验结果（迹检验）
Table3.8 Cointegration test results（Test trace）

CE 数量	特征值	迹统计	临界值	P 值
None*	0.327049	226.2429	125.6154	0.0000
Atmost1*	0.170490	133.1635	95.75366	0.0000
Atmost2*	0.144755	89.23723	69.81889	0.0007
Atmost3*	0.097612	52.49092	47.85613	0.0172
Atmost4	0.074898	28.35400	29.79707	0.0726
Atmost5	0.029039	10.05893	15.49471	0.2762
Atmost6	0.013247	3.133836	3.841466	0.0767

注：表为软件结果，表示存在 6 种协整关系。

迹检验可以看出在 5% 水平上，虽然各个序列为非平稳序列，但序列间存在着某中稳定的内在联系。前文通过变量平稳性检验，取对数形式后的 7 个原始序列是不平稳的，而一阶差分后表现平稳，并且变量是一阶单整过程。因此，我们可以建立变量一阶差分形式的 VAR 模型。需要说明的是，由取对数后变量的一阶差分形式所构建的 VAR 模型反映了几个变量增长率的关系[108]。

e. 基于 VAR 模型的广义脉冲响应分析。

在上述分析的基础之上，对 DlnHH、DlnCHICAGO、DlnCIG、DlnCOLUMBIA、DlnFGT、DlnHSC、DlnPGE 各指标进行了 VAR 模型估计，并采用 AR 根估计的方法对 VAR 模型估计的结果进行平稳性检验。从图 3.9 可以看出 AR 根估计所有的根模都在单位圆内，所以被估计的 VAR 模型是稳定的，得到的结果是有效的。由于得到的 VAR 模型是稳定有效的，所以可以在此基础上，使用广义 VAR 模型的脉冲响应分析北美地区亨利中心的天然气现货价格与其他各地区交易中心价格各指标相互间的冲击响应，刻画出各变量间的动态关系，本文选取的是滞后期数为 10 的脉冲响应模型。

表3.9 最优滞后期数的选择

Table3.9 Optimal hysteresis selection

Lag	LogL	LR	AIC	SC
0	1807.260	NA	−15.58667	−15.48235
1	2003.067	378.0515	−16.85772*	−16.02320*
2	2064.979	115.7834	−16.96951	−15.40478
3	2109.562	80.67390	−16.93127	−14.63633
4	2154.774	79.07296	−16.89848	−13.87332
5	2217.673	106.1931	−17.01882	−13.26345
6	2270.272	85.61569	−17.04998	−12.56440
7	2331.922	96.61187*	−17.15950	−11.94372

注：* 表示根据相应准则选择的滞后期。

根据 VAR 模型滞后期的选择标准，LR、FPE、AIC、SC 和 HQ 中的大部分统计量都选择滞后阶数为 1，滞后阶数选择标准的结果见表 3.9。据此，我们建立一个滞后阶数为 1 的 VAR 模型，通过对模型的滞后结构进行分析，所有的特征根都落在单位圆内（见图 3.9），表明我们所构建的模型是稳定的。

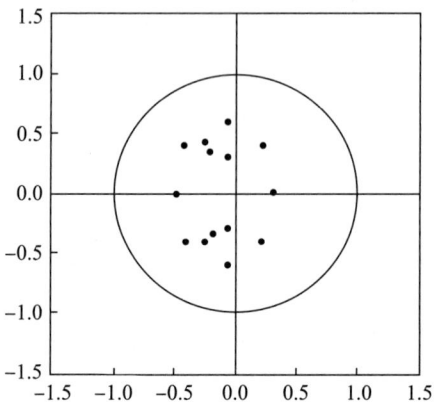

图 3.9　AR 根图表

Fig. 3.9　AR root chart

注：该图为软件截图。

脉冲响应分析是分析当给随机干扰项一个冲击后系统内的其他内生变量当期和未来几期的变化情况，它反映的是系统的内生变量对随机扰动项的动态反应情况，而且还能反映出变量的随机扰动对模型中自身及其他变量的影响途径。为了更准确地描述脉冲响应图，我们计算出 1~10 期的脉冲响应结果图 3.10 至图 3.15。

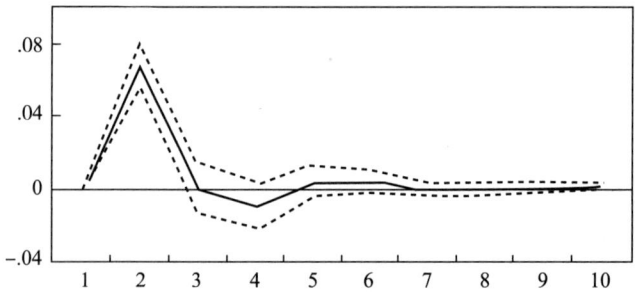

图 3.10　脉冲响应图（芝加哥交易中心对亨利中心的响应）

Fig. 3.10　Impulse response graph (Response of DlnCHICAGO to DlnHH)

注：该图为软件截图。

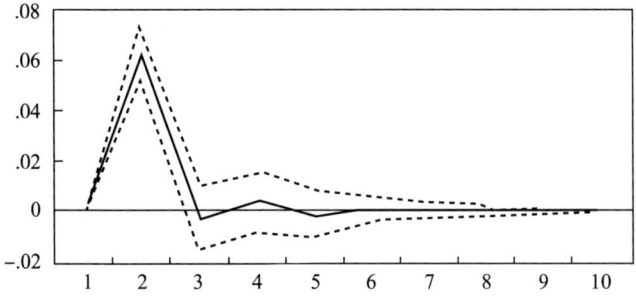

图 3.11　脉冲响应图（CIG 交易中心对亨利中心的响应）

Fig. 3.11　Impulse response graph (Response of DlnCIG to DlnHH)

注：该图为软件截图。

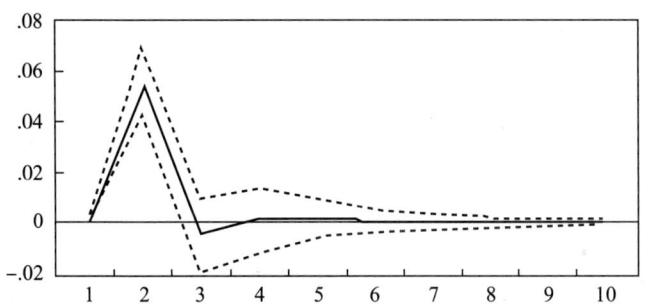

图 3.12　脉冲响应图（哥伦比亚交易中心对亨利中心的响应）

Fig. 3.12　Impulse response graph (Response of DlnCOLUMBIA to DlnHH)

注：该图为软件截图。

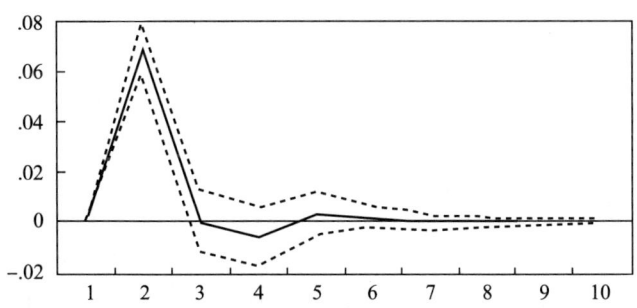

图 3.13　脉冲响应图（FGT 交易中心对亨利中心的响应）

Fig. 3.13　Impulse response graph (Response of DlnFGT to DlnHH)

注：该图为软件截图。

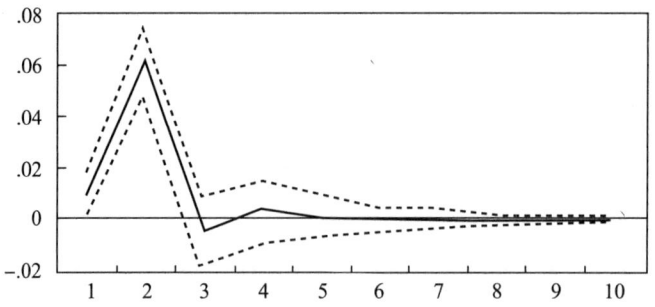

图 3.14 脉冲响应图（HSC 交易中心对亨利中心的响应）

Fig. 3.14 Impulse response graph (Response of DlnHSC to DlnHH)

注：该图为软件截图。

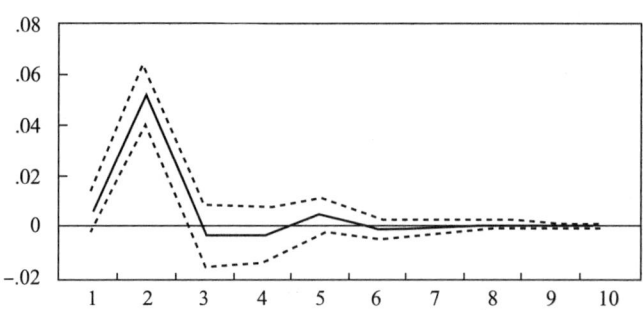

图 3.15 脉冲响应图（PGE 交易中心对亨利中心的响应）

Fig. 3.15 Impulse response graph (Response of DlnPGE to DlnHH)

注：该图为软件截图。

从上面第 1～10 期的脉冲响应结果可以看出，芝加哥交易中心、CIG 交易中心、哥伦比亚交易中心、FGT 交易中心价格对亨利中心的扰动当期暂无做出响应，第一期响应大约为 0，第二期达到最大。而 HSC 交易中心和 PGE 交易中心会对亨利中心的扰动当期立即做出反应，并在第二期达到了峰值且为正向。随后各交易中心对亨利中心现货价格的扰动做出反应程度持续下降。在第 8 期左右各地区交易中心对亨利中心的价格的扰动趋向于 0。造成第一期响应之所以不同的原因，是因为地理优势相邻且两者之间有发达的管网系统。

3.3.2 亨利中心成为北美区域定价中心分析

（1）成熟的容量市场。

容量市场，这里从市场参与主体的类型和所进行的天然气现货和期货合约两个方面来进行阐述。

如图3.16所示，从1992年开始，亨利中心开始出现大量的短期期货合约，且每年增长迅速，并且在2008年之后，天然气期货合约的交易量呈明显的增长趋势，这为其成为北美天然气区域基准价提供了很大的支持。

根据纽约商品交易所（NYMEX）在天然气期货贸易交易中积累的经验，从市场参与者和合约量上来看，亨利中心价格具有比其他区域更大的潜力，成为区域参考价格。

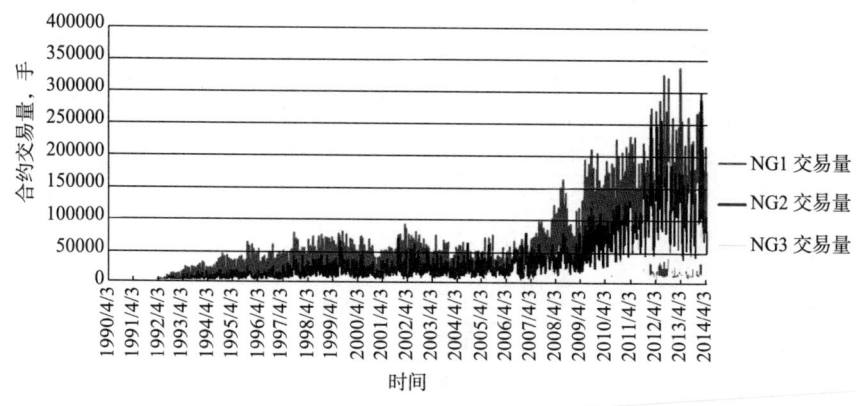

图3.16　美国亨利中心天然气期货合约交易量

Fig. 3.16　Henry Hub natural gas futures contract volume

注：交易时间为3个月以内。

（2）发达的管输系统。

从2016年美国能源信息署统计的美国管网规模的数据来看，美国天然气管网已经发展成熟，在北美形成了33个天然气区域交易中心，24个在美国，9个在加拿大，如表3.10所示。管网之间联系紧密，且呈区块分布状，在美国48个州的几乎任何一个地区都能够实现天然气的输送。其中有109个州际管道运输系统，州内管道运输系统101个；用于天然气管网压力的压缩机站约1400座；地下储气设施超过400个。共建设有49处进出口天然气接收站

表3.10　北美天然气区域交易中心2003—2008年的变化情况

Table3.10　Changes in North American Natural Gas Regional Trading Center from 2003 to 2008

地区	市场中心	每日平均产量（百万立方英尺）			管道互联数		
		2003年	2008年	变动率	2003年	2008年	变动率
美国	佩里维尔中心	600	1800	200%	11	17	55%
	伊根中心	1000	2000	100%	7	10	43%
	夏延中心	1100	1800	64%	5	7	40%
	奥珀尔中心	750	1450	93%	4	8	100%
	莫斯布拉夫中心	1000	1600	60%	6	6	0%
	亨利中心	600	900	50%	14	14	0%
	加利福尼亚中心	550	900	64%	5	12	140%
	多米宁中心	2180	2500	15%	16	17	6%
	乔利埃特中心	400	600	50%	10	10	0%
	金门中心	1900	2000	5%	8	9	13%
	布兰科枢纽	850	1200	41%	10	10	0%
	瓦哈中心	300	300	0%	10	10	0%
	GTNW市场中心	2100	2300	10%	4	4	0%
	杰弗逊岛中心	420	500	19%	8	9	13%
	迦太基中心	550	600	9%	9	11	22%
	达尔西中心	400	400	0%	9	9	0%
	芝加哥枢纽	100	100	0%	7	8	14%
	易洛魁中心	950	1400	47%	4	4	0%
	凯蒂仓储中心	1200	1400	17%	13	13	0%
	凯蒂配送中心	120	300	150%	9	9	0%
	鹦鹉螺中心	270	350	30%	8	8	0%
	瓦哈得克萨斯枢纽	250	250	0%	10	10	0%
	中部的大陆中心	340	340	0%	12	8	−33%
	怀特河枢纽	N/A	N/A	N/A	N/A	7	N/A
加拿大	曙光市场中心	5000	9300	86%	9	10	11%
	苏马斯中心	1200	1000	−17%	5	7	40%
	横加中心	5500	5500	0%	19	19	0%
	AECO-C中心	10000	10000	0%	4	4	0%
	阿尔伯塔中心	900	900	0%	1	1	0%
	阿尔伯塔市场中心	550	550	0%	4	4	0%
	克罗斯枢纽	450	450	0%	1	1	0%
	恩普里斯中心	5400	5400	0%	3	3	0%
	阿尔伯塔省内中心	11000	11000	0%	3	3	0%

(包括管道气和液化天然气);天然气运输系统及其配套设施的完善和成熟为美国天然气定价中心的形成奠定了坚实的基础[109]。

北美最广为宣传的天然气区域交易中心即亨利中心,亨利中心拥有近 200 家客户通过其 11 个互连管道系统定期在交易中心进行业务。亨利中心连接了一个可提供交付高能力的杰斐逊岛盐库设施,该设施本身也算是一个小型的市场交易中心,具有自己的运营能力。自 2003 年以来,该中心已将互联容量增加了约 50%,但没有增加任何额外的互联管道。其 14 个互连中的 7 个互连容量增加,导致该期间估计平均每日吞吐量增加约 50%。

发达的管网系统和充足的管输容量是亨利中心成为北美区域定价中心的必要条件之一。如图所示 3.17 所示,区域定价中心亨利中心,其价格主要由 B、C 等多个生产商和下游 n 个用户决定而形成,由于 A 地于亨利中心的管输业务不发达,或者产量不足而无法在很大程度上影响亨利中心的天然气供给量。现在假设 A 地的产量上升,但由于 A 到亨利中心的管输容量不足,导致在 A 地产量供给有很大的剩余,使得 A 的价格低于亨利中心的天然气基准价,从而出现天然气价格分离的情况,由 A 地情况推及一个区域,要保证亨利中心的价格能够在整个区域内提供一个基准参考价,发达的管网系统和充足的管输容量是保证其成为参考价的必要条件之一。

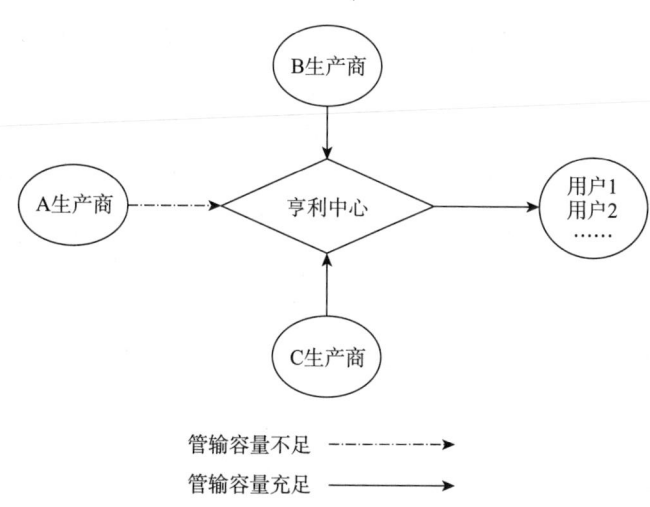

图 3.17 管输容量不足的状况

Fig. 3.17 Insufficient capacity of pipeline

例如，最近在宾夕法尼亚州中部的道明尼南站和路易斯安那州的亨利中心，美国天然气市场基准现货价格和现货价格之间产生了很大的不一致的波动。在2014年年中，道明尼南站的价格一直下降到低至亨利中心的50%。由于管道传输能力不足，存在从马塞勒斯到墨西哥湾海岸的天然气，天然气供应商的输送气体地方几乎没有选择，使得市场上天然气是供大于求的局面。结果是，现货价格在该州东北地区下跌，而当时的天然气现货价格在亨利中心保持相当稳定。对于马塞勒斯地区的生产者，要想让其价格售卖地区接受比亨利中心现货价格更低的当地市场价格，因此我们可以得出，发达的管输系统是亨利中心成为区域定价中心的条件之一。

（3）充足的储气设施服务。

一个地区的天然气市场的发展，离不开储气设施的建设，储气设施在调峰的作用上起到了至关重要的作用。另一方面，储气库的建设，保证了定价中心能够应对管网压力不足的情况，对维持管网压力平衡，有着至关重要的作用。

在论述充足的储气设施服务之前，先看天然气区域交易中心转变到天然气区域定价中心，两者最明显的区别是有无定价权，或者是根据自己市场的情况形成自身市场独有的价格，一个天然气区域交易中心，当出现买方或者卖方增多时候，它可能会减少该交易。但对与区域定价中心而言，其价格必须是市场供需情况的真实反映，是市场供需的真实状况，因而保障在该区域定价中心附近有充足的储气设施服务，已面临市场供需不平衡的情况，始终维持市场的真实供给，合理地反映出市场的价格。例如：2008年随着马塞勒斯东部接入枢纽之后，天然气市场的供需局面迫切要求在该州建一个具有代表性的交易中心，而当时提出的区域交易中心之所以会获得建立批准，是因为这些地方具有充足的储气库设施服务，从中可以看出一个区域定价中心的形成前提是区域交易中心，而只有在交易中心具有了一定规模的储气库，保障了市场的合理供需价格信号，才有可能让其成为天然气区域定价中心[110]。

如图3.18所示，亨利中心位于北美地区的东南部，上图的东部和南部的地下存储量较大，因此这也是亨利中心之所以能成为一个地区的参考价格的一个很重要的因素。

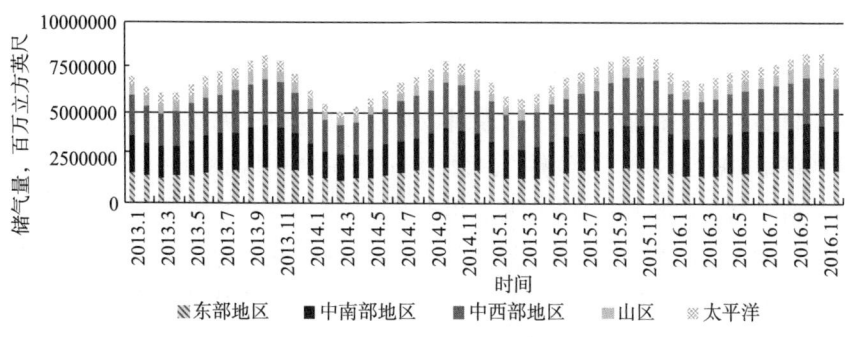

图 3.18 美国各地区的地下储气量

Fig. 3.18 Ground gas storage in various regions of the United States

资料来源：美国能源信息署。

（4）公平透明的监管机制及有组织的市场。

在几年来国际天然气消费猛增的同时，可以看到，亚太地区将是未来几年的主要天然气消费地域之一。但没有人提到亚洲作为天然气国际基准价格的潜在候选地点。主要是由于在亚洲地区目前没有一个明确的天然气区域性的组织市场。在笔者看来，这更证明了美国联邦能源管理委员会通过安全高效的监管机制提供一个有组织的市场已经存在，并比商品交易量更重要。另外天然气基准价格的出现并不总是与该商品的生产或出口的相对份额有关，而主要与该商品的有组织市场的存在有关。下面主要从透明性的信息访问权、短期价格的不可预测和长期价格的平衡性来讨论一个天然气有组织的市场对形成区域定价中心的原因进行分析。

随着信息技术的进步，为了使这样的市场存在，监管者必须明确监管，区域交易中心通过电子方式连接供应商和消费者，并提供他们巨大的交换机会（物理与物理，期货与期货，期货与物理等交换）的信息平台。有组织的市场的存在是制定区域参考价格的第一条件。没有组织的市场，个人供给和需求价格信号不能反映其真实的竞争情况[111]。

①透明性信息访问权（足够的流动性水平）。

有组织的市场本身是不够的，有组织的市场还需要连续地显示信息，监管者必须保证天然气区域定价中心对参与者具有完全透明性，并且没有任何歧视或特权访问信息。买卖者的数量需要足够大，使得每个供给（或需求）可以快速找到对方，而不需要任何价格折扣。换句话说，成为区域定价中心的条件是存在足够的流动性水平。

②价格的不可预测与平衡性。

事实上，除了流动性，供求原则必须指导短期和长期的价格形成。因此，价格必须在短期内是不可预测的，而它们必须在中长期内趋于平衡水平。

解释这一点的另一种方法是，出现区域气体参考价格需要一个区域天然气市场的存在。由于尽管液化天然气（LNG）的作用与管道天然气相比有所增加，天然气短期交易增加，目前大多数天然气贸易仍然是区域化的。并且随着在天然气产业链的快速发展，将会在市场交易中越来越多地看到合同期限的灵活性，尤其是在价格机制和价格指数方面，而作为监管者而言，必须保证价格的不可预测与平衡性，因此价格的不可预测与平衡性是保证区域定价中心要素之一 [112-113]。

3.3.3 北美天然气区域定价中心构成分析

（1）现货和期货交易市场。

随着436号法令使得井口价格的进一步放开，刺激了上游天然气勘探开发的活力，为了适应北美呈区域状交易的局面，亨利中心天然气区域交易中心的成立，主要先进行现货交易，它在一定程度上使得较长时间天然气供需价格的风险得以降低。然而却无法避免短期交易的价格波动情况。即使从下游大型终端用户和承运商从稳定的供给角度出发，与供应商签订长期合同，从表上面看长期合同的时间可能会缩短，但是却不能从根上消除市场供需价格风险性。

随着现货市场的成熟度不断增强，为了满足供需双方规避风险的需求，天然气期货市场也开始得以出现，1990年4月，第一份天然气合同在纽交所成功签订，交割地点选择了管网发达的地区亨利中心，从而标志着美国天然气期货合约的正式开始。

总体上看，亨利中心现货和期货交易模式在天然气市场得以产生和发展，使得天然气形成了一个竞争有序以及规避转移天然气价格风险为主的交易市场，因其具有一套完成的交易规则，公开透明的交易价格，丰富的交易信息，实物交割的标准性与多重财务保障制度等。期货市场的快速发展，又反向促进天然气现货交易市场的发育，使其交易流程更加标准和规范化。现货交易和期货交易两种市场在亨利中心的出现，对推动其成为北美区域定价中心的形成有至关重要的作用。

（2）交易模式。

交易模式主要从交易的期货品种属性和交易合同类型两方面进行阐述。首先在亨利中心天然气期货市场上，允许市场参与者大量对冲活动，来管理由市场相关需求驱动的高度波动的天然气价格中的不确定性风险因素。

提供的天然气期货属性具有：①世界第三大实物商品期货合约。②广泛用作北美天然气区域交易中心的基准价格。合同履行方面：①天然气期货价格基于路易斯安那州亨利中心的交割的基准价。②在 CME Globex 上进行电子交易，并通过 CME ClearPort 作为 EFS、EFP 或块交易进行清算。③期权类型包括美式期权，日历价差期权（远期期权）、欧式期权和每日期权[114]。

交易合同类型主要如表 3.11 所示，在亨利中心的交易合同主要有三种：可中断天然气合同、基本符合天然气合同和不可中断天然气合同。三种类型合同的使用期限满足了不同类型用户的需求，实施经验表明，在区域定价中心交易模式逐步完善过程中，进一步加快了天然气市场化定价的步伐。天然气市场的自由化能够使批发商从事市场在 5 年到 10 年基本上放弃长期合同，从而转向市场化的定价规则中，进一步体现了竞争型的市场形成，换句话说这也是区域交易中心转变为区域定价中心的重要方面之一。

表3.11　天然气交易中心的合同类型

Table3.11　Contract Type of Natural Gas Trading Center

合同类型	使用期限	使用者类型
可中断 天然气合同	期限较短 一天到一个月	当天供应不稳定，需求不稳定
基本符合 天然气合同	期限较短 一个月到三个月	买卖双方不强制购买和出售约定量的天然气，尽最大努力购买和出售天然气
不可中断 天然气合同	期限较长 大于三个月	法定义务去购买和出售 合同约定的天然气量

（3）信息管理平台。

由于亨利中心的现货和期货合约交易量大，2014 年亨利中心每天的交易量平均到达了 2400 亿英热单位。远远高于其他交易中心的交易量，因此在亨利中心有和其他区域交易中心不同的现货和期货交易信息管理平台，其主要是基于互联网的天然气交易平台和当日市场的容量发布当日供需计划，其交易信息管理平台公布的服务类型，提供满足买卖双方短期收货和交货平衡需求的各种信息服务。亨利中心提供这种独特的服务，有助于加快和改进天然气运输，快速完成买卖双方的交易，因此现货和期货交易平台，是天然气区域交易中心转变成为天然气区域定价中心的关键原因之一。

3.3.4 北美天然气交易区域定价中心的交易风险分析

对于一些北美天然气市场的参与者，在市场化的定价机制下，不同地区尤其是远离亨利中心的地区，会与亨利中心的天然气价格存在不同程度上的价格差。因此在市场化定价的机制下，分析生产商和经销商如何有效应对价格波动的风险及风险管理措施，对中国将面临的市场化定价机制有重要的借鉴意义。

（1）天然气生产商（期货产品）。

美国天然气按不同交易价格，按其遍布于全国的交付地而定。两个交付地点之间的价格差称为基差。在北美，亨利中心是最具流动性的交付和交易中心。它通常是美国天然气基差的标准参考。道明尼南站是位于宾夕法尼亚州西南部的天然气交易中心，因当地产量较高，通常以相对亨利中心的折扣价格交易（较低价格）。Transco6区是指横贯大陆的天然气管线，其末端位于纽约市6区，为当地区域分销商提供服务。由于纽约市对暖气的需求量很大，冬季的交易价格一般与亨利中心存在溢价。天然气生产商和用户可能在这些地方持有多头或空头头寸。因为亨利中心是基差的标准参考，并且是北美最具流动性的交易中心，交易者不仅需要使用亨利中心期货产品管理其交易量风险，还需要应对基差地域风险。

例如：以一家天然气生产商为例，不仅需要管理他的产品价格风险，还要管理基差风险。假设这家在马塞勒地区的天然气生产商，预计1月份产量为5000亿英热单位。由于远离路易斯安那州的亨利中心，因此马塞勒地区生产的天然气很可能相对存在折扣。这家生产商有一条天然气管线连接到附近的道明尼南站，并希望在此进行定价。为此，首先向天然气销售商出售5000亿英热单位的远期合约来管理其在OTC场外市场上的实际交易量风险。合约价格将根据1月交付时的预期指数价格而定。交付点将是道明尼南站。在这一刻，天然气生产商的风险已从实物商品风险，转变为多头指数价格风险（图3.19）。

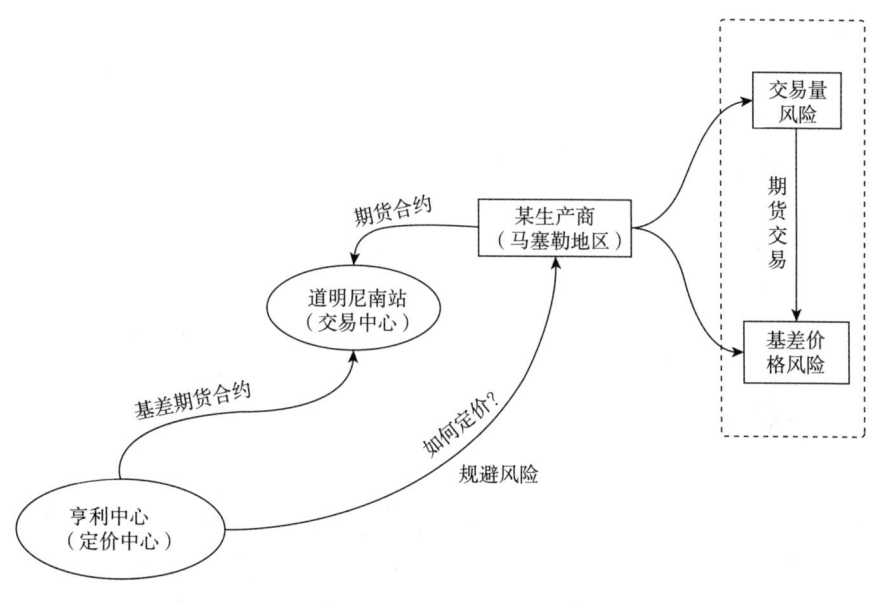

图 3.19 某天然气生产商交易风险示意图

Fig. 3.19 Transaction risk of a natural gas producer

期货合约是管理未知价格风险的一种方法，是使用期货合约。一份亨利中心期货合约相当于 100 亿英热单位。假设生产商以每百万英热单位 2.845 美元的价格卖出 50 份亨利中心一月份期货合约。由于期货合约是针对在亨利中心进行定价的产品，生产商仍然面临道明尼南站和亨利中心之间的基差风险。为了对冲基差风险，随后卖出 200 份道明尼南站 1 月份基差期货合约。每一份基差期货合约相当于 25 亿英热单位。假设生产商为每份 1 月份基差合同支付 0.74 美元/百万英热单位，即有效地将 5000 亿英热单位一月份产品的价格锁定在 2.105 美元/百万英热单位。这是 2.845 美元/百万英热单位减 0.74 美元/百万英热单位所得出的期货价格。

到了一月份，远期实物合约的指数价格以 2.104 美元/百万英热单位交付。在这个例子中，他有效地以高于市场 0.001 美元/百万英热单位的价格将其产品售出。这是市场参与者可以使用期货和基差期货合约来管理天然气市场价格风险的其中一种方法。

（2）天然气经销商（跨期价差）。

跨期价差风险管理，是在北美天然气的市场交易过程中，需要考虑的关键问题之一。天然气价格有明显的季节性，并分为两个主要季节。冬季或库存减少周期，和夏季或库存注入周期。美国的冬季一般是从11月至次年3月；而夏季是从4月至10月。在夏季，天然气需求减少，而生产继续，这导致可以储存的天然气过剩。在冬季，由于住宅终端用户、工业板块和公用事业的供暖需求增加，天然气消耗达到峰值。且由于冬季不可预测的需求，冬季天然气期货通常以夏季期货的溢价交易。天然气跨期价差有两个常见示例，其一是"夏季/冬季价差"，即套利夏季和冬季月份平均价格。另一个是"3月/4月价差"，这时冬季需求放慢，进入夏季库存注入的周期。天然气储存设施的存在，给予了提取实物的可行性，达到了以平衡天然气市场的供需的目的。因此天然气供应商可以将过剩的天然气产量，注入地下储存设施。

①示例一。

例如，一家天然气销售商签订合同，向一家天然气公用事业机构出售在路易斯安那州亨利中心12月交割的500亿英热单位天然气，定价为3.319美元/百万英热单位。该销售商决定对冲他的实物期货风险，所以他从一家生产商买入500亿英热单位在亨利中心6月交割的天然气，定价为每3.095美元/百万英热单位。

实质上，这个销售商已经通过在亨利中心做多6月天然气和做空12月天然气，购买了0.224美元/百万英热单位的6月和12月跨期价差。平衡价格风险的一种方法是，使用存储设施延展其6月多头头寸。销售商在6月向地下储存设施注入500亿英热单位天然气，并于12月通过销售头寸将其取出，总体储存成本为0.12美元/百万英热单位，而总体财务成本为0.10美元/百万英热单位。因此，这家销售商在扣除储存和财务成本后，获得0.004美元/百万英热单位净值。

②示例二。

另一种替代方法是，使用金融工具来对冲该跨期价差风险。该销售商卖出500亿英热单位或5份亨利中心6月期货合约，并买入500亿英热单位或5份亨利中心12月期货合约。6月期货价格为3.105美元，和12月期货价格为3.305美元，这家销售商有效地以0.2美元卖出6月/12月跨期价差。总体来说，这家销售商可成功平仓，并利用金融工具获得"0.224美元−0.2美元=0.024美元"的利润。

3.4 北美天然气区域定价中心的运营与管理

在上述章节中,分析了亨利中心成为北美天然气区域定价中心的形成原因。然而,亨利中心独特的运行机制和管理,是其从成立到现在一直保持着区域定价中心地位不动摇的制度保障,因此在本章节中,为了对北美天然气区域定价中心有一个更加清晰的了解,下述小节中主要从交易运营、定价机制和对定价中心的监管三个方面来进行研究分析。436号法令的颁布,美国天然气市场日渐成熟,推动了区域性的天然气贸易格局的形成,是在天然气贸易市场上进入区域交易中心的萌芽状态的标志。进一步636号法令的颁布,管道公司解除捆绑后,从多元化公司变成了专门的运输服务提供商,仅提供无差异的运输服务,不再提供相关的销售服务,这就促使了天然气区域交易中心的产生[114]。

亨利中心目前的运营管理主要有两个互相独立的管理方:定价中心的管理员和中心的管道运营者,前者的职责是提供客户之间联系与处理行政任务,后者主要是实施管网运行相关的服务。两者在市场中心的运营基础设施提供的服务上,差别很大。因此,在下述小节中主要从市场的交易主体及其交易框架和服务类型两方面来阐述定价中心的交易运营分析。

3.4.1 定价中心的市场主体及其交易分析

亨利中心目前的市场交易结构是呈"中心和辐射"状,即在管网联通各中心的基础上,使市场供需达成平衡。在亨利中心进行天然气交易的参与者主要包括天然气生产商、区域分销商、独立的交易商和大型的终端用户等。

如图3.20所示,亨利中心的市场参与主体主要包括了:生产商、托运商、销售商、下游用户和定价中心的管理人员。生产商或者消费商通过与区域定价中心的管理员签订购气合同,之后具体合同内容的交易由生产商与管道公司完成。管道公司不参与合同交易之间的谈判,具体是由在区域定价中心的管理完成,当交易完成后,交易中心的管理人员将其进行的合约谈判内容,随后在亨利中心的信息管理平台上公布,确保交易公开透明。亨利中心还连接储气库,其作用是当一些托运商在交易中心进行提供投标价后,而没有找到合适的销售商询标价时,气体得以暂时存放。

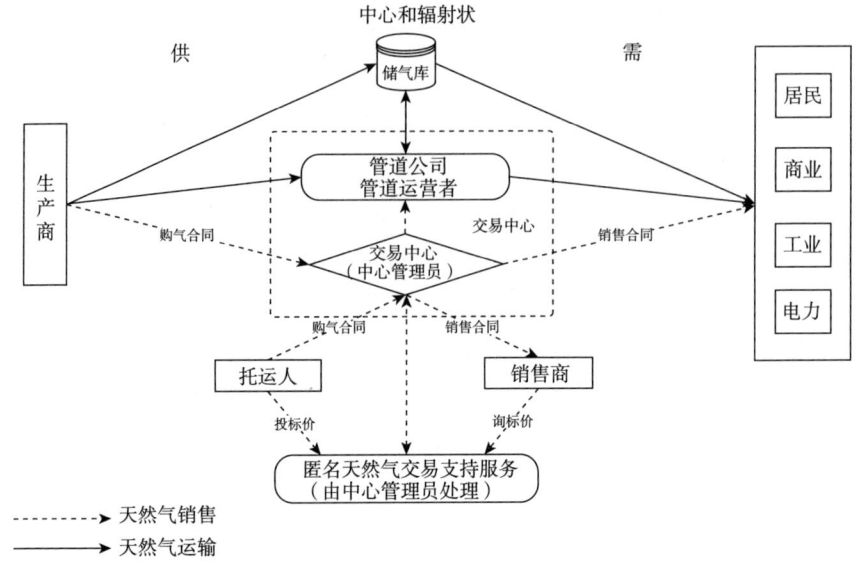

图 3.20　天然气区域定价中心的运行框架

Fig. 3.20　The framework of regional gas pricing center

虽然天然气区域定价中心的主要业务是代表托运商和销售商在互连管道之间管理处理和运输天然气,但亨利中心却还为其客户提供访问专有的基于互联网的天然气交易和提名平台。这项服务使他们的客户能够相对轻松地在线上与市场中心交易大部分业务。例如,托运商可以通过亨利中心快速确定目前可用的固定或可中断的能力的量,提交可用能力的提名,然后由中心管理员将其提名协议提供给管道运营商安排气体的运输。

此外,亨利中心在线平台还提供匿名天然气交易支持服务。为客户提供交易的详细信息,投标价和询价在各方之间交流,当交易完成时,市场中心管理员处理所有权转让和其他管理细节,包括向中心的管道设施的运营商提供物理流详情参与交易[114]。

因此,定价中心的行政管理委员主要负责买卖双方交易合同的谈判、匿名交易市场的信息公平的进行,并随着交易完成后,将其信息完全公开;而区域定价中心的管道运营商仅负责无差别的管道运输服务。

3.4.2 定价中心的服务类型分析

一般上讲，天然气区域定价中心是在天然气区域交易中心的基础上形成的。目前北美天然气区域交易中心分为三种，分别为生产型的区域交易中心、存储型的区域交易中心和消费型的区域交易中心，三者的差别主要体现在市场参与者消费型、生产型和存储型三种类型数目的多少，以及之前市场的发展历史背景。为了更清晰地表达其进行的服务类型，将三种类型的区域交易中心分别简单化（简单化指的是消费型交易中心只进行消费型的交易，实际上并非如此），目前仅形成以亨利中心为代表的消费型的区域定价中心。

从图 3.21 中可以看出，目前天然气区域定价中心主要向其客户（是指托运人和天然气销售商）提供对两个或更多管道系统的接收/递送访问，在这些点之间提供运输，并且提供便于该运输和/或转移的管理服务气体所有权。为了更加清晰地分析定价中心的基于其基础设施的配置的服务类型，从以下几个方面来进行阐述。

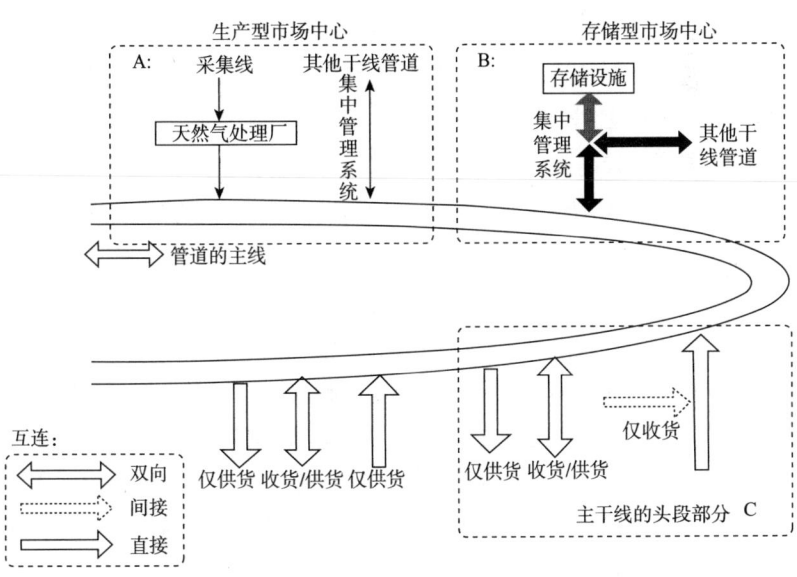

图 3.21 不同类型的区域定价中心

Fig. 3.21 Different types of regional pricing centers

（1）运输：天然气从一个互连管道通过区域定价中心管道传输的物理转移而转移到另一个地方。

（2）暂时停放：短期交易的一种方式，市场中心管理人员使用存储设施，停放托运人的天然气，以便日后重新交付。

（3）借贷：通过区域定价中心向托运人短期提前运送天然气，托运人在短时间内偿还。

（4）储存：天然气比停放时间长，如季节性储存。通常仅限于可用的可中断存储容量。

（5）平衡：一种短期可中断的安排，用于弥补临时不平衡情况。该服务通常与停放和借贷一起提供。

（6）汇集/气体聚合：汇集运输服务，允许客户聚集来自不同点的天然气并在指定的交货点汇集站交付到下游用户。

（7）权利转移：特定天然气运输所有权变更，由区域定价中心管理员记录的服务。权利转移一般发生在天然气离开区域定价中心之前。

（8）电子提名：客户可以通过电子方式与区域定价中心联系，客户输入天然气运输提名，确定其提气的位置，以及访问公告板服务。这种电子服务系统促进买方和卖方之间的交易，并支持各方之间的直接谈判。

（9）管理方：向托运人提供天然气转移方面的帮助，如提名和确认。

（10）压缩：提供压缩，以增加从较低压力系统接收天然气的压力，以便其可以转移到在较高压力下操作的管道系统运输服务。

在上述的服务类型中，运输和所有权转让是为客户提供的最重要的市场中心运营和服务。例如，当在一个管道上具有收缩容量的托运人想要将天然气输送到位于另一管道附近的终端用户时，通过运输和所有权的转让，托运人可以通过市场中心管理员安排，在另一个管道上运输天然气。如果双方通过区域定价中心完成交易，管理员将处理所有权转让和其他管理细节，包括向中心管道设施的运营商提供交易涉及的物理流详细信息。

如果在定价中心的电子提名可以用，可以在定价中心获得接收管道上的需求容量，中心管理员处理与交易相关联的管理要求，包括确认其提名的信息。同时为了避免在收货/交货量超过任一管道上的指定容量时可能发生的任何不平衡，托运人可以与中心管理员执行操作平衡协议。

当托运人的容量需求突然增加时，区域定价中心可以从存储地提供必要的增量支持。如果托运人临时超过其在区域定价中心的存储分配，区域定价中心可以提供天然气卸货，托运人负责在指定期间内更换。类似地，定价中心的存储提取和借出，也可用于弥补流入下游管道的采购等运输提名时的缺口。亨利中心还提供实时跟踪服务，以便在此类不平衡即将发生时立即通知托运人。

3.4.3 定价中心的气源与管输定价分析

纽交所于1990年4月将第一份期货合约的实物交割地点选择了亨利中心，可交付期限为一年零6个月。在实物交割地点的亨利中心的现货和价格，被整个北美天然气区域交易市场看作为定价参考价，截至2016年其合约交易总量有九千一百多万手，仅次于纽交能源所能源交易品种西得克萨斯轻质原油交易量之后，排名第二位。这些基准参考价和这些交易量的实现，不仅与该定价中心的运营管理有关，而且更与其定价机制有着密切的关系。因此在本节中主要从气源和管输定价两个方面，来分析北美天然气区域定价中心的定价机制。

（1）气源的定价方法。

在进行气源定价方法分析之前，先看看美国目前天然气产业链上游与下游的价格局面。美国天然气的供给方主要是生产商、独立运营商、地方配气公司（相对于下游商业和居民用户）。而需求方是电力、工业、商业和居民。天然气的流动情况：下游大型客户直接从生产商购买气体，独立的运营商直接购买天然气输送给电力和工业的消费者，地方配气公司主要负责居民和商业消费用气。

从图3.22中，可以看出：井口价、城市门站价、居民价格、商业气价、工业气价、电力气价之间存在很高的波动关系，而居民价格最高，商业气价次之，电力气价和工业气价最低。

商业和居民从地方配气公司购买的天然气，其价格受政府规制，如图3.22所示，价格最高。在电力和工业用户购买天然气通过地方配气公司和竞争的现货市场（亨利中心）来实现，地方配气公司购买天然气主要是长期协议合同，电力和工业部门都可以选择替代能源，而商业和居民只能单一的接收这一天然气资源。在井口价格方面，政府放松管制，由市场决定井口价格。

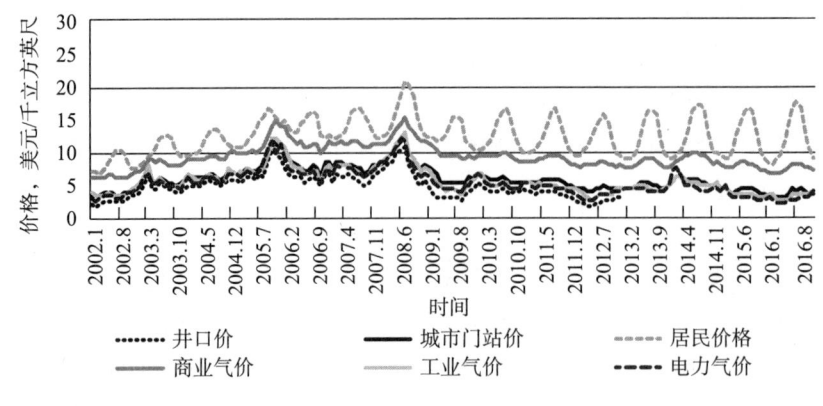

图 3.22 美国天然气价格分布图

Fig. 3.22 US Natural Gas Price Distribution

资料来源：美国能源信息署。

在气源定价的历史上，美国的气源定价机制共经历了三个阶段，第一阶段（1986年436号法令颁布之前）主要是成本加成的长期贸易合同为主；第二阶段（1986—1992年）是以替代能源价格为依据的浮动方式定价；第三阶段（1992年636号法令的颁布）则是以亨利中心的现货交易的价格为参考的市场化定价高级形式。可以看出其定价形式有从低级向高级递进的趋势。

美国气源的定价形成体系，气源方面：天然气期货合约模式交易的出现，使得天然气市场化的进程进一步加快，美国天然气市场逐渐形成了国产气和进口气之间价格的竞争、管线气和液化天然气之间的价格竞争的局面。在美国，目前这种竞争型局面最为代表的地区则是亨利中心，有大量的市场买卖双方参与，且管输容量使用权公开透明、管输系统发达，使得气源的供应商选择气体的购买方由之前的管道运营商，逐渐转变为下游大型的工业用户、一些天然气贸易商和经销商。气源的多种多样性，市场交易主体的逐渐增多，进一步促使了气源的价格由市场供需的信号来决定。

（2）管输的定价方法。

之前我们分析了在亨利中心形成的一个最具有市场价格信号的气源价；在亨利中心的价格信号方面，其管输定价也是目前世界上市场化程度最高的管输定价办法。

第3章 美国天然气产业链结构改革及区域定价中心分析

位于路易斯安那州的 Erath 小镇的亨利中心，具备了众多管线的互联特征，萨宾管道公司管理着亨利中心向西部延伸的一条州际管线。这条州际管线不仅连接着墨西哥天然气产地区，又连着众多的天然气消费区，拥有 4 个注气点和 12 个提起点。管网发达程度属于成熟阶段。

对于管输定价，亨利中心相比于欧盟的提注气定价方式是不同的，结合自身区域性的管网分布局面，采用了点点式定价方式。点点式定价方式，重点在计算管输费的时候，考虑了管线的长度。换句话说，也就是考虑采气和注气两者之间的距离，而在欧盟的提注气管输定价方式中并没有考虑距离的因素，买方和卖方仅需向管输公司提供预定单[115]。

如图 3.23 所示，萨宾管道公司（亨利中心）在向位于同一管线运输方向上的 A、B、C 和 D 四个点的为位置输气时（假设亨利中心与 A、B、C、D 四个点之间的距离相等）。在计算管输费成本的时候需要根据距离不同收费，管输费中按里程算的那部分价格，所占的费用最远处 D 点是最近 A 点的 4 倍。此外制定管输费时候，还包括预定费和使用费用等。

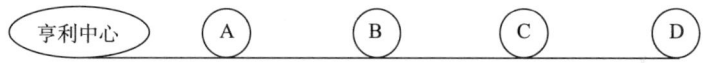

图 3.23 管输费在不同运输距离的收取规则

Fig. 3.23 Rules for the collection of pipe transportation charges at different distances

在管输费收取的同时，进一步亨利中心还将购气用户分为可中断和不可中断两类用户，假设上图中 A 点和 C 点是可中断，B 点和 D 点是不可中断。在供应气源方面，等发生气源不足是优先保证 B 点和 D 点的供应，并且根据协议，对于可中断用户，根据其与运营商商议的使用费率占最高费率的比例来决定其多大比率的交割需求可以得到满足。

从图 3.24 中可以看出；对于可中断用户运营商，β（运营商与期货卖方签订的气源供给不足时，使用费率占最高费率的比例）增大，供给量 α 呈一个扩增的趋势，当 β 增大到一定程度时候，其比率增大使得供给量达到饱和时（这时就成了不可中断用户），不会再使得供给量增加。

表 3.12 是联邦能源管理委员会在一般条款中规定：管网运输服务协议形式中，运输费率根据不同类型的运输服务采取不同的费率表[116]。

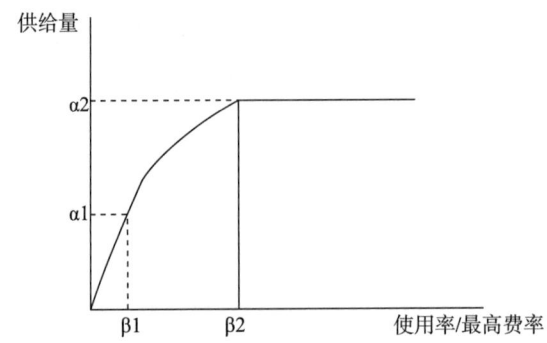

图 3.24 可中断用户用气供给量和负荷系数关系图
Fig. 3.24 Relation diagram of interruptible user gas supply and load factor

表3.12 费率表
Table3.12 Rate table

服务类型	固定运输服务	中断运输	临时的中断运输
费率表	FT-1 费率表 400	IT-1 费率表 440	公布的生产容量表 470

资料来源：联邦能源管理委员会。

另外，在运输费率和收费的规则方面，凡是在亨利中心进行的所有运输服务（由萨宾管道公司提供），托运人应每月向萨宾管道公司支付预订费、使用费、ACA费用、燃气和未报告天然气费用以及根据联邦能源管理委员会的规定授权的任何其他费用关税，如下：

①预订费。根据以下产品确定的金额：

执行的固定服务协议中指定的托运人最大每日预订数量；和在本联邦能源管理委员会天然气价格或替代价格的上不时提出的 Dt 的预留价格。

$$预订费 = 每日预订数量 \times Dt$$

②使用费用。确定为以下产品的金额：

萨宾管道公司为上月托运人交付的 Dt 中的气体总量；和在该联邦能源管理委员会气体价格或取代价目表上不时提出的每个 Dt 的使用费率。

$$使用费 = 上个月气量总和 \times 使用费率$$

③ACA 费用。由以下产品确定的量：

萨宾管道公司为上个月托运人交付的 Dt 中的气体总量；和在该联邦能

源管理委员会煤气价格或取代价目表上不时提出的每个 Dt 的 ACA 率。

$$ACA\ 费用 = 上个月气量总和 \times ACA\ 费率$$

④燃料气体和未报告的燃气费用。

托运人应根据规定向萨宾管道公司偿还与提供服务相关的燃料和线路损失。燃料气体和未报告气体所需的气体量应等于运输气体的数量乘以目前有效的票证上显示的适用燃料气体和未报告气体报销百分比（分别为 FRP 和 UFRP）的联邦能源管理委员会天然气价格，计算结果四舍五入到最接近的 Dt。偿还应通过按计算的燃气和未报告气体报销数量减少运输所收到的天然气量来完成。

⑤根据联邦能源管理委员会对天然气价格的规定，不定时批准的其他任何费用。

3.4.4　对定价中心的监管分析

根据亨利区域定价中心的主要组成部分中心管理员和管道运营商，联邦能源管理委员会务必要实施对中心管理员和管道运营商的监管。

（1）对定价中心的监管。

①对中心管理员的监管。

亨利中心以其自身独有的优势：多样化的交易模式、丰富的交易信息量和公开标准的实物价格条件和多重的财务安全保障措施，保证使其具有北美特点天然气区域定价中心的特征，形成了各种交易活动无歧视地进行和以转移天然气价格风险的各种合约交易，使市场的发展、管理的机制和金融交易三者之间做到相辅相成，而作为市场的监管者，为了更进一步确保北美天然气区域定价中心的稳定健康发展。首先务必保证亨利中心管理员在与买卖双方交易时候信息公开，即价格的公开透明和交易规则严格执行，以确保亨利中心的天然气现货和期货贸易平稳公开透明地运行。

主要环节包括：现货和期货的卖方在与买方进行实名交易时无歧视的市场秩序；在匿名市场交易上的公正，保证其竞标价和询标价的信息交易完成后，做到公开透明。

②对管道运营商的监管。

联邦能源管理委员会在管道公司运输服务法规第 284 条中规定：管道运营商有足够的能力提供公司的运输服务，并能够提供所公布的运输，在亨利中心交易的任何运营商在管输费率上均可使用 FT-1 费率表。第 311 条规定要求提供管道运输服务的运营提供书面认证，包括足够的信息，以验证所要求的服务符合，并且已获取合格的当地分销公司或区域内管道的使用权。

通过亨利中心（萨宾管道系统）的所有或任何部分的运输服务都应根据第 6 条款分配和安排运输服务。根据联邦能源管理委员会在相关费率表中的规定，管道运营商主线段内的运输容量：不超过执行的固定服务协议或发给替换托运人的确认函中指定的每日最大预订数量，主要适用于在主线段指定的收货点和交货点，发货人或发放的托运人和更换的托运人可以同时进行分段交易，包括每日最大预订数量和到同一交货点的最大每日预订数量，容量在交付点可用。

从上述可以看出，联邦能源管理委员会履行对管道运营商方面的监管，主要是确保有运输能力的管道运输商在合同范围内能够提供无歧视和公平的运输服务。

（2）保障定价中心的平稳运行。

在北美的天然气区域交易中心，气源方面：436 号法令的颁布，井口价格的完全放开，基本上形成了以亨利中心为代表的区域定价中心的参考的基准定价局面；管道运输方面：大多数天然气管道，现在只提供天然气运输服务，不再进行天然气的销售服务，虽然州际天然气管道不再受到 636 号法令之前的管制，但其运营和业务实践的在定价中心的许多业务开展方面仍然受到监管。例如，联邦能源管理委员会确定定价中心管道运营商的费率设定方法，设定商业惯例的规则，并且唯一责任是批准区域定价中心周围州际管道、天然气储存场和液化天然气的选址、建造和运营等设施。监管机构有权在特定情况下暂停某些规则和条例，特别是针对紧急情况和灾害情况，将所需项目置于监管快速轨道上。

几乎所有在区域交易中心天然气建设管道项目的建设联邦能源管理委员会都需要与一个或多个其他联邦机构进行某种程度的协调。例如，环境保护署协助联邦能源管理委员会和 / 或国家当局确定管道开发项目的环境方面是否符合可接受的准则。联邦能源管理委员会还需要在"国际环境政策法案""濒危物种法""国家历史保护法"和"马格努斯－史蒂文斯法案"中进行环境审查。管理任何管道系统的安全标准，程序以及实际开发和扩建是美国交通部管道安全办公室（OPS）的工作。在线路或线段未被 OPS 证实是安全的之前，管道不能开始操作。OPS在管道的整个生命周期内保留安全管辖权。

为了帮助确保公平和透明开放的区域定价中心交易市场，联邦和州地方层面的机构检查并购。在联邦一级参与审查合并和收购的人中有联邦能源管理委员会、司法部、联邦贸易委员会、国家税务局和核管理委员会。国家公用事业委员会或其同等机构也有责任在管道公司的兼并和收购中进行监督。各个机构中的每一个都有权施加必须满足的条件以获得合并或收购的批准。如果这些条件不能满足，机构可以防止管道企业合并发生。例如，对兼并或收购对消费者的潜在危害的分析，处于联邦贸易委员会和司法部的共同管辖之下，其中市场权力的应用在反垄断审查过程中发挥了核心作用。

综上可以看出，对区域定价中心的监管，不仅涉及中心管理员和管道运营者交易方式和合同履行情况监管，而且对其交易价格的公平透明度、市场参与主体无歧视的规制进行了明确的规定，加之管网这一产业链中游环节具有很强的自然垄断性，在这一部分实施了点对点定价，另外在管道的建设方面，不同监管主体的共同参与，使区域定价中心的管道运营商提供管道运输服务的质量得到了保障，和不同主体的参与监管和对不同环节的监管形成了对区域定价中心一个完整的监管体系，保障了区域定价中心市场参与者的公平交易和市场的平稳运营。

第4章

欧盟天然气产业链结构改革及区域定价中心分析

4.1 欧盟天然气产业链发展阶段及结构改革历程

4.1.1 欧盟天然气产业链发展历程分析

欧洲是全球最大的天然气进口市场，90%以上的天然气依赖进口。欧洲天然气市场的诞生源于1959年荷兰格罗宁根大气田的发现。在20世纪60年代至70年代，大多数欧洲国家都成立了覆盖天然气勘探、开发、进口、管输和销售的一体化公司，纵向垄断了各国的天然气市场。由于气田开发需要稳定的资金回笼，起步时期的天然气销售主要用长期贸易合同来捆绑用户，从而缺少市场化交易的方式。为了打破天然气市场的垄断，理顺价格机制，英国的天然气市场化改革以英国天然气公司私有化为突破口，通过天然气现货交易逐渐形成了NBP虚拟天然气交易市场。借鉴英国的经验，欧洲大陆20世纪90年代也开始了天然气市场化改革。

4.1.2 欧盟天然气产业链发展阶段分析

欧盟各国天然气行业的发展历程各不相同，市场结构也有较大差异。纵观其发展过程，可将其分为引入阶段、发展阶段和成熟阶段。目前这些国家的天然气行业已进入气源多元化、市场需求稳定、基础设施完善的成熟阶段。但欧盟各国发育程度不一，发展最快的英国已经进入全面市场竞争阶段；有些国家（德国和法国）虽然已有较为完善的基础设施和需求量大而稳定的市场，标志着行业发展已进入成熟阶段，但其市场化程度却相对较低。

全球天然气产业链的发展阶段依据天然气在一次能源中的地位、输气管网的规模、储气库的数量、消费市场的大小和政府的监管等指标可以划分为三个阶段：引入阶段、发展阶段和成熟阶段。从欧洲地区天然气产业链发展历程可以看出，欧洲天然气产业链发展也经历了这三个阶段。

从第二次世界大战后至 20 世纪 60 年代是天然气产业链的引入阶段，这一时期欧洲地区天然气产业链呈现如下特点：天然气在一次能源中占次要地位；天然气的消费主要依靠进口国外气源；筹备建立天然气管线以便利用；无储气库；没有专门的法律，政府缺乏监管。

20 世纪 60 年代至 90 年代末是欧洲地区天然气产业链的发展阶段。欧盟天然气产业链这一时期的特点主要表现为：北海气田的发现开启了天然气大规模开发利用，天然气在一次能源消费中的比例逐步上升；20 世纪 60 年代初开始建设储气库；20 世纪 70 年代开始出现长距离输气管道、跨国管线；出台天然气产业的专门法律，并引导产业链向自由、竞争演变；有专门的部门监管介入。

20 世纪 90 年代末至今是欧盟天然气产业链的成熟阶段。通过借鉴英国的经验，欧洲大陆也开始了天然气市场化改革，欧盟国家逐渐统一认识，督促各国先后实施了以打破垄断经营、引入市场竞争、提高输配气效率为核心的天然气产业链结构改革；德国、荷兰、比利时、意大利和法国等相继建立了天然气交易中心，实行随市场供求关系而变化的价格机制。这一时期欧盟天然气产业链的主要特点表现为：天然气成为欧洲的主要能源；欧洲区域内管道成网，密集分布；调峰设备完善；2015 年，枯竭油气藏、盐穴、含水层储气库分别为 86 座、48 座及 27 座，2016 年欧洲在运行的储气库共 163 座（欧盟 145 座），建设中 9 座，规划 32 座[117]。

产业链具备竞争型结构并逐步优化；政府和市场力量合理分工，天然气产业链可以实现有效运行。

4.1.3 欧盟天然气产业链结构改革历程

欧盟整体的天然气产业链结构改革（欧盟称市场自由化改革）以 1998 年第一个天然气指令的颁布为开端，旨在形成竞争型产业链结构与内部一体化天然气市场。2009 年以后改革速度加快，至 2018 年已历时 20 年。期间欧盟建立制度框架和监管机构，通过 1998 年、2003 年、2009 年的 3 个天然气指令，推动建设欧盟竞争型天然气产业链结构；通过 2005 年、2009 年两个天然气管网管理条例等，建设欧盟内部一体化天然气市场；通过完善监管机构，确保欧盟天然气产业链结构改革。

欧盟天然气市场化改革的主要领域涉及对管输、配气、储气设施和LNG设施的第三方准入，分离管道运输服务与销售服务，分离配气业务和上游供应商业务，当出现储气库为管道拥有者所有时，储气库要与上游生产商业务分离（表4.1）。1998年第一个指令对欧盟管输、配气系统需承担的任务等做了规定，还规定了天然气市场开放进程、监管等，并在管输、配气环节引入第三方准入机制，但只在账户层面要求管输、配气、储气等不同业务解除捆绑（分拆）。第一指令只对市场开放程度有所要求，各国可以选择不同的方式推进改革。在相关的条款中还规定了各国可自主选择采取协商准入（经双方协商签订商业协议达成准入）或监管准入（由监管机构决定准入条件）的市场准入机制。2003年第二个指令对之前的指令进行了补充修正，进一步在管理权和经营权层面对解除捆绑（分拆）做出规定；2009年第三个指令又提出了三种可选的解除捆绑（分拆）的模式（即所有权模式、ISO模式和ITO模式）及详细规定；其目的在于让所有用户都能自主选择天然气供应商，在天然气市场创造新的商业机会，促进跨境天然气交易，以此达到天然气竞争性价格的形成和资源的有效配置，为用户提供高质量的服务，服务于欧盟天然气供应安全和可持续发展。

表4.1 欧盟天然气市场改革主要领域及措施

Table 4.1 Main areas and measures of EU natural gas market reform

业务板块	主要措施	相关条例（2009年）
生产	指令对上游天然气生产方面无改革	—
管输	第三方准入	第9条
	分拆：将管输业务与上游生产商或供应商分离	第32条
	管网规则体系	第22条
配气	分拆：将配气业务与上游生产商或供应商分离	第26条
	第三方准入	第32条
储气设施	分拆：当储气库属于管道拥有者时，储气库要与上游生产商或供应商分离	第15条
	储气设施准入资格	第33条
LNG设施	第三方准入	第32条

98/30/EC 指令具体规定了市场开放的时间表：在该指令生效 5 年以后，国家天然气市场的开放程度应达到年度消费总量的 28%，10 年以后达到 33%。为了达到这一目标，一项重要的措施是根据天然气年度消费量定义资格用户，届时，这些用户将有权自由选择天然气供应商；到 2007 年，所有消费者都将有权自由选择供应商。这一新的、更为激进的决议，更有力地推动了各成员国天然气行业改革的进程。市场开放程度是按照上游企业直接卖给"符合条件用户"的天然气年销售量占该国天然气年总销售量的比例来衡量。"符合条件用户"指从上游天然气供应商（生产商或进口商）直接购气的用户，管输运营商或配气运营商在此过程中仅通过提供输气服务而收取一定的管输费用。1998 年指令规定，所有发电用户和年天然气消费量在 2500 万立方米以上的用户为"符合条件用户"，指令实施 5 年后降至 1500 万立方米，10 年后降至 500 万立方米。而 2003 年指令规定，2004 年 7 月 1 日开始，所有的非居民用户均为"符合条件用户"；2007 年 7 月 1 日开始，所有用户均能与上游天然气供应商直接进行天然气交易。欧盟通过对"符合条件用户"的界定，用市场开放程度控制各国改革进度，规定了各国所需达到的市场开放标准，根据各国情况，分步、渐进地推进了欧盟天然气产业链结构改革的整体进程。

4.1.4 欧盟天然气产业链结构改革效果

欧盟通过法律手段进行天然气产业链结构改革的效果包括：①解除捆绑及第三方准入的实施，使得更多市场主体参与到欧盟天然气进口及批发环节，也促进了终端用户与进口商及生产商的直接交易。②虚拟交易点等平台的建立，促进了天然气短期市场的发展；在交易所进行的天然气现货及期货合约交易，进一步增加天然气的市场流动性。③在短期市场形成的竞争性天然气价格，为天然气长期协议定价向"气—气"挂钩转变提供了必要的挂钩气价；进口商和批发商在下游以"气—气"竞争气价卖出天然气，倒逼其购气时也要求采取"气—气"挂钩的长期协议定价方式；油与气可替代性的减弱是转变的另一因素。

（1）天然气枢纽和交易所的形成。

欧盟在解除捆绑和实行第三方准入机制等基础上，通过虚拟交易点，为天然气买卖双方提供了交易平台，同时管网使用者也在虚拟交易点上通过标准化天然气合约的交易完成其管输平衡，增加了虚拟交易点的交易量，极大促进了短期 OTC（over-the-count）市场的发展，形成了各国天然气交易的市场中心，又称为天然气枢纽（gas hub）。

由于各国改革进程不同，虚拟交易点建立时间也不同，加之市场参与者数量及与邻国进行天然气交易的灵活程度等影响，各国天然气虚拟交易点的发展程度不同，但近年均获较快发展。直到 2000 年，西北欧仅有两个天然气枢纽，为英国 1996 年建立的 NBP 及比利时 2000 年建立的 Zeebrugge。随后，德国的 HubCo（在 2004 年变为 BEB，在 2009 年变为 Gaspool）于 2002 年建立；荷兰的 TTF 和意大利的 PSV 于 2003 年建立；法国的 PEGs 于 2004 年建立；奥地利的 CEGH 于 2005 年建立；德国的 EGT（2009 年并入 NCG）于 2006 年建立；2009 年，德国 Gaspool 和 NCG 建立。至 2009 年，欧盟天然气枢纽的格局基本形成[118-120]。

在虚拟交易点进行的交易大部分为天然气短期标准合约，交易方式为一对一交易，价格由双方协商，由虚拟交易点形成的天然气短期市场被称为 OTC 市场；此外，交易所在促进天然气短期市场交易上也发挥了重要作用。不同于虚拟交易点的双边交易，交易所的交易为匿名交易，使交易所运营方成为所有交易的交易对方，并采取清算机制避免违约风险，且交易价格由公开竞价产生。在交易所交易的天然气产品有两大类，一类是现货产品，如日前（day-ahead）和日内（within-day）天然气产品；另一类是衍生品市场，主要是指期货，有期限不同的天然气期货产品。交易所天然气产品的出现是市场逐渐成熟的表现，当市场力量和交易流动性达到一定程度，交易所产品会随之产生，通过期货合约等为交易者提供风险规避手段。随着虚拟交易点天然气短期交易的增加，交易所的天然气产品也相继产生，两者相互配合、促进。交易所有在虚拟交易点进行交割的天然气日前合约和日内合约，而交易所天然气期货合约也在虚拟交易点进行交割；另一方面，交易所为市场参与者提供了双边交易以外的其他交易方式，与虚拟交易点一起促进了天然气市场的交易量，同时，前者公开竞价确定的天然气标准合约价格，提高了市场透明度，交易量与透明度的增加降低了交易成本。表 4.2 是欧盟各虚拟交易点及与天然气相关的交易所发展情况[121-122]。

（2）天然气短期市场的发展。

欧盟各 OTC 市场双边交易的发展、市场交易量的增加及相应交易所的天然气产品出现，进一步促进了欧盟天然气短期市场的发展。图 4.1 是欧盟

第4章 欧盟天然气产业链结构改革及区域定价中心分析

表4.2 欧盟与天然气相关的交易所及其天然气产品

Table 4.2 EU gas related exchanges and their gas products

交易所	天然气产品	
	现货产品	期货产品
欧洲能源交易所（EEX）德国	NCG Gaspool TTF	NCG Gaspool
未来电力交易所（Powernext）法国	PEG Nord PEG Sud PEG TIGF	PEG Nord
欧洲大陆能源交易所（ICE ENDEX Gas ZTP）荷兰	TTF NBP ZTP	TTF
伦敦洲际交易所（ICE）英国	—	NBP TTF
CEGH，天然气交易所（CEGHG Gas Exchange）奥地利	CEGH	CEGH
Nord Pool Gas（丹麦）	GTF	—
GEM M-Gas（意大利）	PSV	—

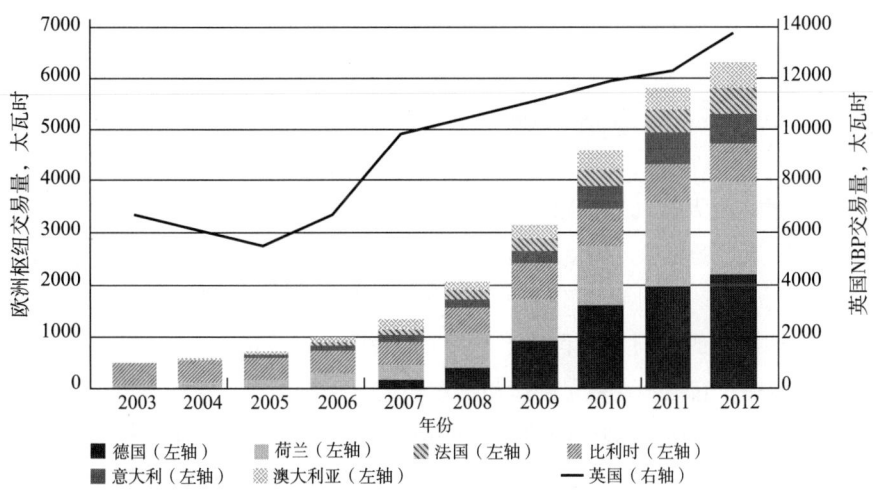

图 4.1 欧盟天然气枢纽交易量[123]

Fig. 4.1 Trading volume of EU gas hub

各天然气枢纽的 OTC 市场交易量，可以看出 2003—2012 年各天然气枢纽交易量均呈上升趋势，NBP 以外的天然气枢纽总量从 2003 年远不足 500 太瓦时到 2012 年交易量超过了 6000 太瓦时，发展迅速；而 NBP 因成立早，英国产业链结构改革进程快，是最为成熟的天然气枢纽，其 2012 年的交易量为 13765 太瓦时，占欧盟地区总交易量的近 70%。在交易量持续升高的同时，图 4.2 中可以看出在相同的时期内，欧盟的天然气消费量并没有发生较大幅度的变化，在 5000 太瓦时附近上下浮动，这说明与产业链结构改革之前相比，通过天然气枢纽的交易量在增加、转手交易更多，即欧盟短期市场更具流动性了。

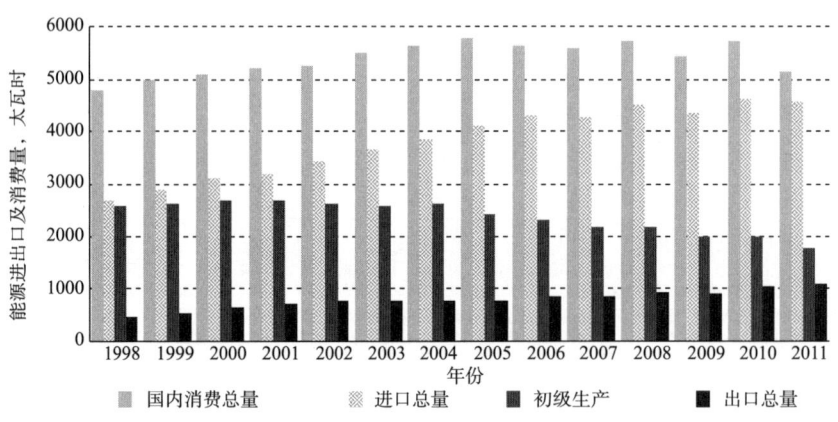

图 4.2　欧盟天然气能源平衡图 [123]

Fig. 4.2　EU natural gas energy balance

尽管欧盟天然气短期市场获得了很大发展，但天然气需求量中仅有部分通过短期市场获取，短期市场相对长期协议在天然气需求量中所占比例仍处于较低水平；各国天然气枢纽的成熟程度也存在很大差异。表 4.3 说明了各天然气枢纽的不同发展程度，采取流转率（Churn Ratio，也称 Re-trading Ratio）指标，它指一定数量的产品从最初进入市场到最终使用者手中之间被交易的次数，是衡量市场流动性和市场深度的重要指标。表中采用了两种计算方式，一种是枢纽总交易量（∑ Traded，包括 OTC 市场和交易所的交易量）与枢纽净交易量（Net Traded）的比率，它能很好地反映市场流动性。但欧盟天然气需求中部分天然气通过长期协议的方式进行交易，它会高估市场流动

表4.3 各国天然气枢纽发展成熟程度[4]

Table 4.3 Maturity of natural gas hubs in different countries

交易量（太瓦时）	场外交易 ∑ OTC	交易所期货交易 ∑ Exch. future	交易所现货交易 ∑ Exch. spot	总交易量 ∑ Traded	净交易量 ∑ Net Traded	流转率 Re-trading Ratio	市场需求 ∑ Demand	总市场流转率 Gross Market Chum Ratio
NBP（2011年一季度）	3855.2	1346.05	31.83	5233.08	156.83	33.37	313.67	16.68
NBP（2012年一季度）	4229.93	2042.37	32.84	6305.14	147.62	42.71	295.25	21.36
英国变动	9.72%	51.73%	3.17%	20.49%				
TTF（2011年一季度）	1468.83	117.37	1.03	1587.23	50.13	31.66	151.91	10.45
TTF（2012年一季度）	1974.19	142.44	4.5	2121.13	49.12	43.18	148.86	14.25
荷兰变动	34.41%	21.36%	336.89%	33.64%				
NCG+GPL（2011年一季度）	233.74	7.11	5.19	246.04	48.11	5.11	320.74	0.77
NCG+GPL（2012年一季度）	386.79	11.6	8.05	406.44	46.19	8.80	307.91	1.32
德国变动	65.48%	63.15%	55.11%	65.19%				
PEGs（2011年一季度）	105.42	47.44	5.89	158.75	29.1	5.46	194	0.82
PEGs（2012年一季度）	71.49	19.96	9.27	100.72	27.94	3.60	186.24	0.54
法国变动	-32.19%	-57.93%	57.39%	-36.55%				
英荷德法（2011年一季度）	5663.19	1517.97	43.94	7225.1	各国净交易量占总需求比例 英国：50% 荷兰：33% 法国与德国：15%			
英荷德法（2012年一季度）	6662.4	2216.37	54.66	8933.43				
四国变动	17.64%	46.01%	24.40%	23.64%				

注：流转率=总交易量/净交易量
总市场流转率=总交易量/需求量

性；为此，可另外采用总市场流转率（Gross Market Churn Ratio）来衡量，指枢纽总交易量与该国市场总需求量（∑ Demand）的比率。从表4.3主要枢纽2011年和2012年的一季度交易情况看，欧盟各国短期市场的发展程度存在较大差距，其中英国NBP和荷兰TTF发展较为成熟，而德国和法国流动率很有限，其中法国甚至在2012年还出现了下降。两国短期市场发展很有限，因通过其交易的天然气（实际交割的天然气）仅占到它们国内天然气总需求的15%左右，而英国这一比例在2012年已经达到50%左右。

（3）天然气长期协议定价方式的转变。

随着欧盟产业链结构改革的推进，各国产业链逐步向竞争型结构演变；虚拟交易点和交易所的天然气产品发展促进了天然气短期市场的发展，交易量逐年上升，并形成了能反映市场供需情况的竞争性枢纽价格，该价格使得天然气长期协议价格由"油—气"挂钩逐步向"气—气"挂钩转变[121]。转变的主要原因包括：①竞争性枢纽价格是天然气长期协议从"油—气"挂钩向"气—气"挂钩转变的必要条件。②在欧盟传统垄断型产业链结构下，进口商或批发商以"油—气"挂钩的方式向生产商购买天然气，再以该方式卖给用户，使其面临的价格变动风险比较低；随着产业链结构改革的推进，他们与下游用户的交易通过天然气枢纽、采用竞争性枢纽价格完成，面临较高的价格风险，尤其是当油价上涨时。他们要求生产商在长期协议中也采取"气—气"挂钩的定价方式，以降低价格风险。③最初采取"油—气"挂钩的定价方式，是因为石油市场比较成熟而天然气市场还不够成熟，而石油又与天然气存在着能源替代关系。但从欧盟近几年的发展看，石油与天然气之间的替代关系在削弱。短期看，用户在天然气与石油之间进行切换要付出一定成本，包括燃油设备和库存设施的维护以及转化的不便性，都使得天然气用户缺少转换的动力；长期看，以发电为例，要实现天然气与石油之间的替代，天然气电厂应该在一段时期内能够改用石油来发电，很多天然气电厂的设备如果长期转化成燃油，会导致效率降低以及加速发电机的损耗，在工业、民用及商业领域也是如此[124]；同时随国际天然气市场的变化，尤其是亚洲LNG需求的快速增长以及北美页岩气革命，使得国际天然气供给格局发生了变化，这些因素对欧盟天然气价格有更直接、快速的影响，这使得相对不灵活的"油—气"挂钩的定价方式更为不合理。

在英国，上述向"气—气"挂钩的转变已经完成，不论是长期协议还是在短期市场的交易,均以 NBP 价格为参考基准,长期协议主要与日前交易价格或者期货(通常一个月交割的)价格相挂钩(参考报价机构或 ICE)[125]。根据估计,在 2011 年和 2012 年,整个欧盟天然气供应中大约分别只有 58% 和 57% 是采用"油—气"挂钩定价方式的长期协议,预计在 2014 年将下降至 50%,这说明欧盟天然气长期协议的定价方式正在从"油—气"挂钩逐步向"气—气"挂钩的定价方式转变[121]。

4.1.5 欧盟天然气产业链监管模式分析

为保证结构改革的推进,欧盟要求各国层面设立监管机构,因电力与天然气产业链结构改革相似,各国通常设立两者统一的监管机构,如英国 OFGEM(the Office of Gas and Electricity Markets)。欧盟为了确保结构改革顺利进行,最终实现欧盟内部一体化天然气市场,设立了欧盟层面的专门管理机构。2000 年最先成立的机构是 CEER(the Council of European Energy Regulators),这是一个由各国监管机构自发成立的非营利机构(相当于协会),为各国监管机构提供信息交流及互助合作平台(图 4.3)。2003 年欧盟官方成立了独立的可为各国监管机构提供咨询的机构 ERGEG(European Regulators Group for Electricity and Gas),促进欧盟各国在产业链结构改革上的磋商、协

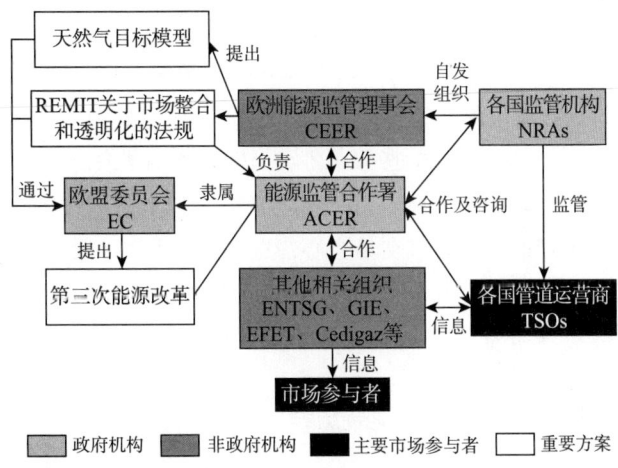

图 4.3 欧洲天然气交易市场管理体制和运行机制框架

Fig. 4.3 Management system and operation mechanism framework of European natural gas trading market

调与合作。应欧盟委员会要求，ERGEG 在 2006 年将整个欧盟区域划分为 3 个天然气产业链改革区域，每个区域有不同的改革目标和路径，为欧盟内部一体化天然气市场的推进做出了积极的贡献。欧盟认为 ERGEG 的工作应该被拥有明确的权限且能对各国监管机构决定做出批准的机构所取代，于 2009 年建立 ACER（Agency for Cooperation of Energy Regulators），2011 年全面取代 ERGEG，后者被取消。为加强管网基础设施的共用，ENTSOG 按欧盟规定于 2009 年成立，包括来自 26 个国家的 44 个管输运营商和 3 个关联合作方，它受到 ACER 监督，根据其确定的 Network Codes 中各规则的框架指南，编制具体的规则等。

4.2 欧盟天然气交易中心的形成与发展

交易中心最重要的演变发生在西北欧。交易中心是物理实体的或虚拟的点，在这里进行天然气的买卖。实体的交易中心被界定为管网中一个单独的点，而虚拟交易中心覆盖了整个管网区域。一个交易中心也可以被视为是天然气产业链上下游的调度中心。虚拟交易点基本目的是提供一个电子平台，使得天然气买卖双方（亦为管网使用者）能够不经管输运营商、不受物理位置限制地直接进行双边天然气转让。在大多数情况下虚拟交易点也是管输运营商进行管输平衡的平台。管输平衡平台是在平衡机制规则下，管输运营商实施管输平衡的平台。这种混合平台的典型例子是英国的 NBP（national balancing point），欧盟大多数虚拟交易点同时是平衡平台，但有些国家如德国等有单独用于管输平衡的平台。

欧洲三次天然气产业链结构改革推动了欧洲各国间天然气管道的联网和市场融合，由此出现了一些供需相对平衡的区域以及区域性的天然气价格，这些区域后来被打造为天然气交易中心，这些与供求关系紧密联系的区域性价格也在天然气市场交易中被广泛采用（2013 年欧洲约 50% 的天然气采用交易中心价格），并衍生了天然气期货与期权交易。

4.2.1 欧盟天然气交易中心发展历程

英国天然气市场发展始终领先于其他欧洲国家。1996 年国家平衡点 NBP 依附于国家管网系统（NTS）成立，最初是用于平衡管网压力，后来随着管网规则不断完善透明，交易量不断增大，吸引了较多参与者进入该市场。

1997年欧洲ICE期货交易所推出第一份天然气期货合约"NBP97"合约，再一次奠基了NBP交易中心的重要地位，标志着英国天然气金融市场的出现。随着英国NBP交易量的不断上升，市场流动性增强，其形成的公允价格吸引更多市场主体，当大部分中长期合同都以NBP价格为基准价，越来越多的天然气贸易以NBP价格为参考，NBP成为欧盟天然气区域定价中心，其天然气价格作为整个欧洲区域的参考基准价。

荷兰虚拟天然气交易中心TTF（Title Transfer Facility）于2003年建立。[32] 荷兰TTF管网是直接从英国、丹麦、德国和荷兰气田通过海上和陆上天然气管线连接到荷兰海岸线附近。天然气供应主要来自德国的进口气，而德国的天然气是通过三条跨境管线连接北海气田，最终在德国Emden城和多尔努姆地区获得气体。TTF与NBP市场之间存在直接的联系，通过一条海底管线Balgzand Bacton Line（BBL）连接，这条管线自2006年冬天开始承担将气体从荷兰输送至英国的功能。BBL管输容量为每年150亿立方米，其中80亿立方米气体是通过签订长期协议，由荷兰Gas Terra管道公司供应英国森特理克集团。目前，该管道不能够进行天然气的逆向流动。但是，英国的天然气可以通过比利时每年60亿立方米输气容量的Zebra管道，间接流向TTF。该管道是2001年由荷兰两家公用事业部门为了获得英国较便宜的进口气而建设的，它连接荷兰—比利时跨境点Zelzate到荷兰高压管网。2007年荷兰天然气管道公司Gasunie宣布收购德国BEB管输公司，以期加强荷兰TTF和德国BEB交易中心之间的流动性。

德国天然气市场被几个管道运营商划分为不同区域，并建立了多个天然气交易中心。BEBV.P在德国西北部，经过较长时间的演变，已经发展为德国最成熟的天然气交易中心。该天然气交易中心在德国Emden地区有一个入口点，它也接收丹麦—德国Deudan管道的气体。由于其处于跨境气体流动交叉点上，因此具有较高的流动性。此外，其他天然气交易中心由于没有发展起来，监管者对这些交易中心的运营商管道公司采取了强硬措施。因此德国天然气市场规模与英国相似，英国只有一个天然气交易中心，而德国却有很多个，甚至最多的时候在2007年有21个。通过监管机构施压后，这些管道公司开始自觉地合并管网，形成较大的市场，并为第三方交易提供公平的管输服务。2008年10月，市场区域数减少为8个，市场相对分散。2009年，德国仅有两个天然气交易中心GPL（Gaspool Balancing Services）和NCG（Net

Connect Germany）。

比利时天然气交易中心 ZEE 建于 2000 年，目前仍然是比利时主要的天然气交易中心。它在多条管道的汇集点上，是连接英国和欧洲大陆的重要通道之一。比利时与英国的天然气市场通过一条海底管道 Zebra 管道连接，且从比利时跨境点 Zelzate 延伸到荷兰，与荷兰的高压管网相连，由此打开了一条由英国向荷兰输送气体的通道。比利时市场的天然气供应不仅来自英国、挪威海上气田，还通过管道连接法国、德国和荷兰，并接收 LNG 气体。由于通向德国、荷兰和法国的高压管道系统在实践中未实现第三方准入，因此比利时 ZEE 市场的气体输送至东部国家存在困难。目前，所有的管输容量都通过长期合同预订完，这使得该区域天然气市场竞争性受到阻碍。此外，ZEE 枢纽价格同 NBP 天然气价格有很强的关联性，甚至一度 ZEE 交易中心是以英镑定价和结算，而不是采用欧元。在 ZEE 有三个重要的管网入口点：布拉尔尼（法国边境），希尔瓦伦比克（荷兰边境）和亚琛/Eynatten（德国边境）；每条都与比利时国内天然气主干管道和配气管网相连接，这为 ZEE 成为实体交易中心打下了基础。

4.2.2 欧盟天然气交易中心形成原因分析

欧盟天然气交易中心的形成前提是欧盟进行的天然气产业链结构改革。欧盟自 20 世纪 90 年代末进入改革攻坚期，改革步伐加快，手法更大，之后在 2003 年、2009 年又相继颁布天然气法令，这三次深入改革对欧盟天然气市场影响重大。[33] 其目的是让所有消费者（不论是商业用户还是居民用户）都能自主选择天然气供应商，在天然气市场创造新的商业机会，促进区域间天然气交易，以此达到天然气资源的有效配置、天然气竞争性价格的形成，提高服务质量，保障资源供应安全，引导欧洲天然气产业走向可持续性发展。这逐渐打破了垄断型的天然气产业链结构，引导市场走向竞争，使天然气产业链上、中、下游市场均获得不同程度的开放，并根据各国实际发展情况制定市场开放度，以推进欧盟整体的市场自由化进程。制定统一的管网规则和监管制度，促进区域间交易，为建立欧盟内部一体化的天然气市场打下基础。由此，20 世纪 90 年代后欧洲各国的天然气虚拟交易点如雨后春笋般成长起来。

纵观欧盟的三次改革，其切入点是以天然气基础设施尤其是管输运营为突破口。根据微观经济学理论，完全竞争市场应该具备的条件之一就是所有的资源具有完全的流动性，这就意味着欧盟天然气市场自由化改革首先要实现天然气商品的自由流动，而天然气自身属性决定其管道和LNG船运的运输方式，由于管道和LNG接收站建设具有自然垄断性质，如果天然气中游运输环节不开放，即使上游供应商有供给、下游用户有需求，也无法实现天然气商品的自由流动和交易。因此，欧盟根据天然气产业链结构的这一特点，对中游环节的管输、配气、LNG设施及储气库设施实行不同形式的第三方准入。欧盟的第三方准入采用协商形式的第三方准入和监管形式的第三方准入，管输、配气和LNG设施实行监管形式的第三方准入，储气库设施在技术和经济上有需要时才实行协商或监管形式第三方准入，准入形式具有可选择性。之后，对纵向一体化经营管输、配气、储气库及非天然气业务的公司，采用不同程度的分拆。程度最轻的是在财务账户分拆天然气运输和销售业务，最强的是所有权的分拆，处于中间的是经营权分拆和管理权分拆。由此可以看到欧盟对天然气管输业务的自由化步骤：第一步先实现公开准入输气服务，使管网所有者以外的主体拥有了对于管道的使用权，第二步再推动网运分离（管输使用权和气体销售业务分离），单纯提供管输服务，实现管网的真正独立。因此用户可以与生产商或交易商进行直接谈判买卖天然气。由于欧盟组织各国的国土面积有限，管道建设易于打通；并且运输业务独立以后，极大地推动了欧洲各国间天然气管道的联网，由此出现了天然气交易中心。因此，欧盟实行的天然气产业链结构改革是欧洲各国建立天然气交易中心的主要原因，而由此形成的欧洲各国天然气管道联网是欧盟天然气交易中心蓬勃发展的关键。

4.2.3 欧盟天然气交易中心类型分析

天然气交易中心，也称天然气交易市场或交易枢纽（Hub），指市场供求双方进行天然气交易的场所，大量的市场主体通过买卖竞价在此进行天然气商品实物交割和现货交易。天然气交易中心分为实体交易中心和虚拟交易中心。实体交易中心被界定为管网系统中一个单独的点或管道运输枢纽点，天然气的交易活动发生在某个确定的物理位置，例如，在几个管道连接处或者"节点"处；而虚拟交易中心覆盖了整个管网区域，天然气交易都在该管网系统内进行，由于不能明确气流路径，所以管网中任何一个点都可能是市场供需反映的平衡点，因此也叫虚拟平衡点。天然气交易中心可以视为天然气产业链上下游的调度中心。

20世纪90年代欧盟各国开始构建天然气交易中心，2014年共有14个交易中心，包括英国NBP、荷兰TTF、德国NCG和GPL、比利时ZEE、法国PEGS、PEGT和PEGN、奥地利CEGH、意大利PSV、捷克VTP、丹麦GTF、西班牙AOC、土耳其UDN，比较成熟的两个是NBP和TTF，较为活跃的是德国的NCG和GPL，其中大多是虚拟天然气交易中心，仅比利时的ZEE和奥地利的CEGH是实体天然气交易中心。

以英国NBP和荷兰TTF为典型代表的虚拟天然气交易中心，其本国天然气市场已经发展到一定成熟程度，管网设施完善，管道纵横交错、四通八达、联络成网，各管道之间相互连通，供应商从任何一个上气点输入管网中的气体，不能辨别气体流通路径，但是用户可以在任何一个下气点下载气体，一旦用户输入购气指令，管网系统就会失去平衡，通过技术手段和相关指标就可在电子化交易平台看到管网非平衡量，从而托运商向管网中输气，保证管网处于平衡状态。因此，虚拟天然气交易中心也称虚拟平衡点，如英国国家平衡点NBP。

实体交易中心如比利时的ZEE和奥地利的CEGH，是市场参与者进行天然气交易的实际（physically）交割点，然而，其建立的初衷是为方便大批量天然气的长距离转运。由于比利时和奥地利地理位置特殊，欧洲每年45%的天然气都要通过这两个交易中心（转运点）输往其他欧盟国家。这种交易中心的组织形式意味着其不能像其他虚拟交易中心那样发展本国的天然气交易。

4.2.4 欧盟天然气交易中心服务与管理

天然气交易中心是一个由交易中心运营商提供天然气买卖活动的虚拟点。从欧盟天然气交易中心所提供的服务来看，可分为三类：交易性服务、非交易性服务以及信息服务。

交易性服务指交易中心运营商为市场主体提供交易平台，接受和处理买卖双方的交易指令，匹配双边交易各方，交割确认，结算账户管理及资金交付、清算；制定统一交易规则和市场准入制度，发布标准化合约等服务。非交易性服务涉及交易中心天然气的存储、运输、调峰，储气库和管道等基础设施的维护与检修、调度管输能力资源、保证系统维持平衡等服务。此外，天然气交易中心作为独立的第三方运营商，为促成市场交易，其利用电子交易平台的匿名交易提供市场参与者最想了解的交易价格、供需状态等的信息服务。

4.3 欧盟天然气区域定价中心的形成原因

4.3.1 NBP 是欧盟天然气区域定价中心

欧盟各国均已建立 1~2 个天然气交易中心，各中心不是相互独立的，不仅有物理上跨国管道的连接，其天然气定价也具有联系。通过对欧洲各天然气交易中心历年价格进行卡尔曼滤波法（Kalman filtering，一种利用线性系统状态方程，通过系统输入输出观测数据，对系统状态进行最优估计的算法。由于观测数据中包括系统中的噪声和干扰的影响，所以最优估计也可看作是滤波过程。）分析得出各国天然气市场一体化趋势加强，各交易中心价格逐渐趋于一致。

NBP 是一个虚拟的点，是英国管道运营商国家电网公司（NGG）基于管网规则（Network Code）建立起来，目的是促进英国国内天然气供需平衡。天然气市场主体是托运商，他们在 NBP 电子交易系统预定管输容量，并在规定时间将天然气从上气点输送至管网系统，用户也需要在电子交易系统输入购买指令，再从下气点下载天然气，从而实现国家管网平衡。ICE 于 1998 年推出标准化 NBP 97 交易合同，NBP 已经变成英国场外交易市场的基石，也是 ICE 期货天然气合约的交割点。市场交易商表现出在英国这一最具流动性的高压运输系统中进行交易的信心和热情。为表明 NBP 是欧盟天然气区域定价中心，本文选取了三个最基本的交易指标：交易量、流动性、基准价格。这三个指标是相互联系的，一般而言，交易量大的天然气市场，其流动性也会比较高，从而形成的价格更能反映市场基本面的供求状况，因此，其价格更可能成为欧盟各国天然气交易的基准参考价。

（1）交易量。

交易量是指在某一时段内市场上天然气成交的数量，交易量是观察市场活动最直观、最简单的指标。本文选取的交易量包括场外交易市场（OTC）和交易所交易的天然气总交易量，涵盖期权、期货、掉期、现货交易等。表 4.4 中显示欧盟主要天然气交易枢纽交易总量，NBP 天然气交易量在 2016 年之前居欧洲各交易中心之首，且远远超过其他交易中心，NBP交易量总体呈现较大振荡，而荷兰TTF交易中心的交易量仅次于NBP，且呈现稳步上涨趋势；排名第三的是德国的NCG。从历史上看，2004—2016年各天然气市场交易量均呈现上升趋势，其中，NBP建立时间早，发展也最快。每年NBP的交易量始终远超过其他交易中心交易量的总和。可见，NBP作为欧盟天然气区域定价中心在交易量上更胜一筹。

表4.4 欧盟主要天然气交易枢纽交易总量

Table4.4　Total trading volume of major natural gas trading hubs in EU

交易枢纽	交易总量（太瓦时）									
	2004	2008	2011	增长率（%）	2013	2014	2016	2017	增长率（%）	2018
NBP	6100	10620	18000	−11	16025	20505	20045	20970	−28	15105
TTF	55	560	6295	+32	8300	13555	22230	23460	+20	28220
NCG	—	—	880	+59	1400	1750	2080	1730	+2	1760
GPL	—	—	310	+190	900	1000	1110	1130	+2	1150
PSV	—	160	185	+54	285	525	885	945	+12	1060

资料来源：2004年和2008年的数据来自2009年国际能源署《天然气评论》第30页中的数据换算；2011年、2013年、2014年、2016年、2017年、2018年数据来源参考安迅思，欧洲能源交易所；帕特里克·希瑟，欧洲天然气交易中心：十年的变革[R]．美国能源研究所，2019年7月。

TTF的总交易量在2016年超过NBP，并在此后的两年里继续增长，现如今NBP和TTF都处于成熟的阶段，形成的天然气价格对区域内天然气交易价格都起着重要的参考作用。

（2）流动性。

流转率（Churn Ratio，也称Re-trading Ratio），在股票市场也称换手率，在商品市场也称周转率，它指一定数量的产品从最初进入市场到出售给最终使用者被交易的次数，是衡量市场流动性和市场深度的重要指标。有两种计算方式，一种是天然气交易枢纽总交易量（包括OTC市场和交易所的交易量）与枢纽净交易量的比率；由于长期协议交易方式的存在，为了获得真实的市场流动情况，另一种计算总市场流转率的方式是天然气交易中心总交易量与该国市场总需求量的比率。经验表明，通常当一个交易中心的交易流转率超过 10，说明其达到了成熟水平。

在能源公司巨头 Enron/TXU 倒闭后，英国天然气市场流转率在 2001 年达到了 21 的巅峰，之后持续下跌到 2005 年的 8，之后随着市场恢复，到 2007 年 8 月 NBP 流转率继续回升到 20，2007 年至 2011 年持续在高位上振荡。由于北美天然气市场具有较高投机性质的交易量，北美亨利中心天然气交易中心的市场流转率超过 30，NBP 远低于亨利中心，但是 NBP 的流转率显著高于欧洲其他天然气交易中心的流转率。交易量除以总需求量计算得出的结果清楚地表明，根据总市场流转率，英国 NBP 天然气交易中心明显高于荷兰 TTF 天然气交易中心，2014 年 TTF 的总市场流转率还不到 15，而根据流转率这一指标看，NBP 近年来发展有待提升，TTF 在 2016 年一举超过 NBP，成为欧洲大陆流动性最强的天然气交易中心。这或许是由于英国 NBP 以英镑为交易中心天然气的结算货币，为欧洲能源贸易公司带来了汇率风险。相反，TTF 以欧元交付，规避了部分市场风险。近年来，随着 TTF 交易量的上涨和交易所金融组合产品的推出，吸引了大量市场参与者进入，尤其是金融机构的介入，大大提升了 TTF 的市场流动性。但是，NBP 仍然是欧洲主导的天然气交易中心，其市场交易活跃，交易商众多，交易频繁，流动性很强。

（3）基准价格。

基准价格是指某个行业中的商品的定价标准，它是最基本的价格，也是其他市场对该商品定价的参考价格。由于欧盟天然气市场是由多个天然气交易中心组成的区域性市场，其天然气的交易活动涉及范围较广，定价较为复杂。因此，在欧盟地区形成区域性天然气基准价格是区域定价中心发挥作用的直观体现。

①长期协议价格以英国 NBP 交易中心为基准价格。欧盟近 50% 的天然气以长期合约的形式出售。随着欧洲国家天然气对外贸易依存度不断上升，购买者寻求中长期 8~12 年的天然气合同[36]，该合约的天然气价格通常同英国的 NBP 天然气价格挂钩。例如，德国、荷兰和比利时市场天然气价格受油价影响较大，其长期合同（LTC）与油价挂钩，但是这些长期协议合约价格与 NBP 的价格有很强的相关性，并且这三个市场之间也有较强的关联性。这是因为德国 NCG 的交易通常是以荷兰的 TTF 交易中心、比利时的 ZEE 及 NBP 市场的天然气成本加上或减去运输费及其他接收费用。NBP 以其开放、自由的交易环境，现在是西欧最透明、公正、成熟的天然气交易中心。大多

数供应英国的长期合同也是根据 NBP 天然气交易中心定价。

②其他天然气交易中心定价向英国国家平衡点 NBP 看齐。英国天然气管道基础设施逐渐扮演双重角色，一方面，是作为生产商供应天然气给消费者的一种直接运输方式，另一方面，为天然气气量从一个地区转移到另一个地区提供了便利。随着连接 Milford Haven 到 NTS 新管线的建立，一条高容量、运输能力强的跨国管道（从英国东部的 Bacton 接收站一直延伸至欧洲大陆，作为连接欧洲大陆的联通管线）诞生。比利时天然气交易中心 ZEE 一度被认为是 NBP 在欧洲大陆的实体附属中心，其交易规则、交易货币（以英镑交易）均与 NBP 一致，交易价格向 NBP 看齐。尽管荷兰天然气市场以欧元交易，但是 TTF 交易中心价格也与英国保持一致。德国 NCG 交易中心亦追随着英国 NBP 价格[35]。

图 4.4 显示各交易中心之间影响的关系图，箭头指向表明影响的来源，如从 NBP 出发指向 PEG-Nord、ZEE、TTF、NCG、Gaspool 的箭头表明这五个交易中心都受到了来自 NBP 的影响。箭头大小表明影响程度轻重，如图中最粗的两条箭头是 TTF 对 NCG 和 GPL，表明 TTF 对 NCG 和 GPL 的影响最大。可以看出，NBP 和 CEGH/VTP 均没有受到其他交易中心的影响，而 PEGNord 和 GPL 是唯一两个对其他交易中心没有影响的枢纽。由此可见，除了奥地利 CEGH 实体天然气交易中心，欧洲其他天然气交易中心均受 NBP 天然气市场的影响，NBP 价格作为其他市场的重要参考基准价格。

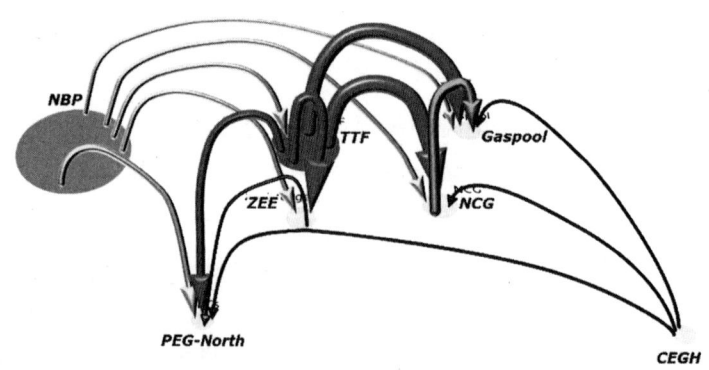

图 4.4　欧盟主要天然气交易中心影响关系图 [36]

Fig. 4.4　Influence diagram of EU major gas trading hubs

资料来源：deJong（forthcomingWinter2015/16）。

4.3.2　NBP 作为区域定价中心原因分析

（1）欧盟天然气市场自由化改革形成竞争型产业链结构。

NBP 区域定价中心的形成前提是欧盟进行的天然气市场自由化改革。欧盟于天然气产业链发展阶段后期进行天然气产业链结构改革。在欧盟颁布的一系列的法令里，其中最重要的两个是：第三方准入机制；为交易方提供透明的价格与交易信息的天然气交易中心[9]。由于欧洲天然气产业链经历过长期的发展，管网等基础设施十分完善，天然气能够顺利到达各区域，有利于天然气的现货交易。前一项打破了天然气产业链基础设施的天然垄断情况，设施拥有者收取一定的使用费，促使天然气产业链结构走向竞争。而天然气交易中心则为市场参与者提供了交易平台，并且通过发布交易信息进一步促进交易量的增加，有利于竞争性价格的形成。作为欧盟地区最早建立的天然气交易中心 NBP，由于英国的天然气市场化改革领先于其他国家，从而最先形成竞争型天然气产业链结构，后来发展为整个欧洲地区的天然气定价中心，其价格辐射至欧洲其他天然气交易市场。因此，欧盟进行的市场自由化改革为天然气区域定价中心的产生开辟了"绿色通道"。

（2）天然气管道联网。

天然气管道联网是英国 NBP 成为欧盟天然气区域定价中心的关键。这包括英国本国内部天然气管道基础设施完善，网络化程度较高，也包括英国同欧盟其他国家天然气管道互联成网。国家天然气管网 NTS（National Grid Gas）是英国国家管网运输系统中的高压部分，总长 6600 多千米，在 45～85 标准大气压下运行。NTS 系统的运营商是英国国家电网公司 NGG（National Grid plc），NGG 的前身是英国天然气公司（BG）集团下属的英国天然气运输公司 Transco，英国法律强制性规定管道系统运营商具有平衡管网的法定责任。NTS 形成了英国天然气运输的主干网，为 NBP 交易提供了虚拟交易的物理基础；所有 NTS 中的天然气都在国家平衡点 NBP 中。气体通过 NTS 系统中 9 个入口点（entry point），28 个压缩站（located compressor stations），140 多个下气点（off-take points/Exitpoint），流出 NTS 管网系统，并流向 12 个当地配气管网或直供用户，此外，NTS 系统有不同大小的储气库 9 个，协助天然气的供应和平衡系统。城市配气管网由 5 家公司各自管理，但是均要遵循欧盟统一管网规则严格的参数设定要求。天然气在管网中的运输速度为每小时 25

英里，因此对于市场需求的变化，供给不能立即实现交付；如果 NTS 能够实现在英国所有地区都立即平衡，反应的时间将大大缩减。

大量复杂的基础设施为产业链下游市场天然气的供应提供了保障，对季节性调峰要求较高，夏天每日 1.6 亿立方米天然气需求，而冬天每日超过 4.5 亿立方米的高峰需求，需求和供给的波动通过国家 9 个入口点（Entry Points）进入 NTS，这些入口点分别是 Bacton，Barrow, Burton Point, Easington, Isleof Grain, MilfordHaven, Teesside, Theddlethorpe, StFergus。NTS 的终端用户为 60 个直供用户（包括 40 个发电站和 20 个大型工业用户）和 12 家当地配气公司，以及少量的中小企业用户。到 2009 年，所有由 NTS 供应天然气的用户有 2112 万个，包括 2080 万个小负荷量用户（居民、小工业和商业用户）和 30 万个中等负荷量用户（工业和商业用气）以及两万个大型用户（大商业、工业和直供用户）。

欧盟各国天然气管网既相互独立，又通过多条联络管道相互连接。其中，在英国东南沿海的 Bacton，有两条分别与比利时 Zeebrugge 和荷兰 Balgzand 相连的 BBL 和 IUK 联通管线。IUK 跨国联络管线连接比利时 ZEE 和英国 Bacton 地区，具有双向输气功能，是由多家能源公司合资修建，如康菲石油公司（10%）、俄罗斯天然气工业股份公司（10%），Fluxys（10%），法国燃气苏伊士（5%）等，该管线已于 2007 年全面运营。Balgzand-Bacton Line（BBL）联通管线连接着英国 Batcon 地区和欧洲大陆，这条管线自 2006 年开始将气体从荷兰输送至英国，目前，该管道不能够进行天然气的逆向流动。在英国西北部也有两条联通管线，但是英国天然气的输出管线，从英国的 Moffat 压缩站，将气体输送至北爱尔兰 Ballylumford 地区和都柏林（爱尔兰首都）。自英国管网与欧洲其他国家市场互联互通以后，使得天然气能够自由流入或流出英国，新的市场参与者也开始在英国市场交易。从而，也奠定了英国 NBP 发挥欧盟天然气区域定价中心影响力的基础。

（3）充足的市场流动性。

充足的市场流动性是 NBP 区域定价中心形成的重要原因。市场流动性能够反映市场参与深度、广度、交易环境便利程度等指标。从 2013 年欧洲各天然气交易中心的市场流转率来看，NBP 在 20 以上，遥遥领先于其他交易中心。NBP 在过去的十多年已经发展成为一个成熟的交易中心，吸引了诸多市场参与者，尤其是金融机构的参与，能够大大活跃市场，提高市场流动性。NBP 在洲际交易所（ICE）的期货交易受到金融交易商的追捧，欧洲洲际交易所的天然气期货交易共有 4 个交割地，分别是英国的 NBP、荷兰的 TTF，德国的 NCG 和 GPL（Gas pool），其中 NBP 期货在 ICE 的交易份额于 2011 年已达到 33%，期货交易作为 NBP 交易的一部分，仍然在增长。并且随着市场主体的广泛参与，市场活跃度不断提升，市场流动性增加，依托繁荣的金融期货市场和现货市场交易，高压管道联网的交易便利，NBP 发展成为欧洲地区天然气定价中心实至名归，市场流动性是重要考量因素之一。

（4）成熟的容量交易市场。

成熟的容量交易市场促进 NBP 区域定价中心的形成。NBP 建立了完善的容量交易市场体系。英国国家平衡点 NBP 在英国 1996 年颁布并实施《管网规则》以后，管道所有权与使用权相分离，天然气商品与基础设施使用费解除捆绑，全国性干线输气网络形成并对外公平开放的背景下建成，因此用户需要为天然气商品和运输服务分别付费。从而，英国天然气市场交易体系分为两大部分，一个是天然气商品交易市场，另一个是天然气容量市场。由于涉及与欧盟其他国家的跨境贸易，管输容量交易市场可进一步分为国内管输容量交易和跨境管输容量交易市场，后者一般遵循欧盟《管网规则》统一规定。

NBP 容量交易市场是欧洲发展相对成熟的市场。国家平衡点 NBP 是依托于英国国家天然气管网系统建立的虚拟交易点，出于系统安全性考虑，其非常重视管网系统平衡。设计了诸多交易规则管理管输容量，避免管输拥堵现象，提高管输系统稳定性和高效运行，如：管输容量分配机制、平衡机制、不同期限管输容量产品设计、不同可靠性管输能力产品、拍卖机制、管输拥塞管理、超额认购 – 回购机制、非用即失、非平衡费惩罚等，由此英国的容量交易市场发展起来并经过长年运行，逐渐成为成熟的交易市场。此外，英国的容量交易市场还可分为一级批发市场和二级零售市场，在一级市场上，由管道运营商或 LNG 接收站、储气库运营商根据一定的配置规则将容量销售给用户，在二级市场上，用户可以将多余的管输容量让渡给其他用户。

NBP 成熟的容量分配规则和完善的市场交易体系，使得用户能够方便及时地以合理价格获得天然气容量，从而提高了天然气现货市场交易的灵活性和便利性，也极大促进了 NBP 区域定价中心的形成与发展。

（5）公平透明的市场环境。

公平透明的市场环境是 NBP 成为区域定价中心的保障。NBP 市场交易量和价格信息通过 ICE 交易所和交易中心的电子交易平台实时获得，其他新闻媒体如路透社、彭博社也会进行报道，他们收集交易信息，为大众提供行业报告等。一些第三方行业资讯公司如安迅思、阿格斯（全球价格评估、市场动态和市场数据报道公司）、普氏发布相关价格指数和报告，ICE 也会发布每月天然气价格指数。因此，英国天然气市场有非常透明、及时、公开的信息披露渠道，统一、公平的交易规则和公正的监管机制，避免市场信息不对称，创造良好的市场交易环境，以此激励各种交易商参与市场交易，形成竞争性市场格局。

4.3.3 欧盟天然气区域定价中心构成分析

欧盟天然气区域定价中心包括：现货交易市场、期货平台、容量交易市场、天然气基础设施、信息管理平台以及监管体系。

（1）天然气现货交易市场。

天然气现货交易是指以确定的气量和价格进行的 30 天以内（最长不超过 3 个月）的短期交易。交易可以通过中间经纪人撮合达成，也可以由买卖双方直接谈判达成，之后双方签订天然气现货交易合同，或者以书面形式快速确认交易形式。天然气现货交易包括短期现货和即期现货，前者指在合同签订 1~2 天内由交易所组织进行天然气实物交割；后者与管道平衡机制相关（如 NBP 的 On-the-day Commodity Market 交易市场），是管道公司为平衡天然气管道压力进行的市场交易，也是一种对打破管网系统平衡的市场主体的惩罚机制。天然气现货交易的主要特点是：合同履约期限短；交易形式简单；天然气价格取决于市场的短期供需状况，所以具有较大机动性和价格弹性，市场波动较大。欧盟天然气区域定价中心现货交易量见图 4.5，图中灰色代表现货（场外 OTC）交易量，黑色为交易所交易量，2012 年和 2013 年 NBP 是所有欧盟天然气交易中心现货交易量最大的，分别占到欧盟现货总交易量的 53.9% 和 45.8%。天然气现货交易的供需灵活性和价格弹性对于平衡市场需求、加快天然气市场发展和促进天然气产业链发育均具有重要作用。NBP 总交易量（包括交易所交易量）是 TTF 的 2 倍，而 TTF 总交易量则是其他剩余天然气交易中心交易总量的 2 倍。相比交易所交易，场外交易量占到总交易量的比例更大，但是，交易所交易量上升较快，在 2011 年 NBP 交易所交易占总交易量的 30%，2013 年上升至 39%；而 TTF 在 2011 年是 6%，2013 年则上升至 9%。

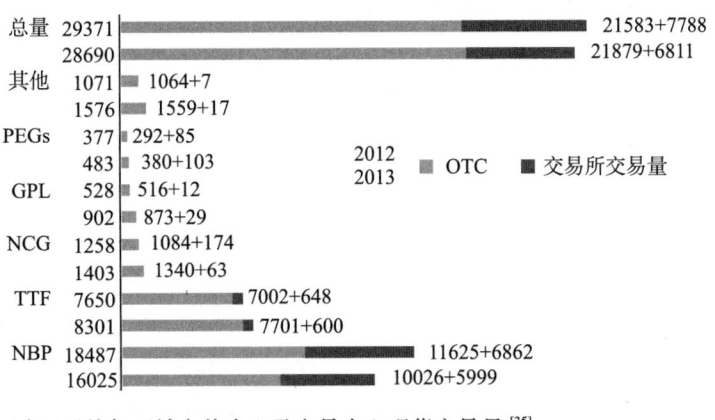

图 4.5　欧盟天然气区域定价中心及交易中心现货交易量[35]

Fig. 4.5　EU Natural gas pricing center and trading hubs spot trading volume

（2）天然气期货交易平台。

天然气期货交易作为对冲工具管理价格风险，也是一种用于投机交易的投资工具，其一般有固定的交易场所，称为交易所。交易所提供买卖双方交易的平台，类似于淘宝、京东这样的电商平台，而天然气实物交换的交割地却在交易中心进行，交割地相当于商品集散地或者集市，一个交易所必须要有至少一个交割地。交易所的天然气交易一般都有统一、规范的交易流程，标准化的交易合约，受到严格的监管，信息化程度高，采用电子竞价交易方式，自动撮合成交，大多数用户匿名参与交易。其优点是资金使用效益高、交易方便、信用风险小；缺点是交易手续费用较高，交易成本高。

NBP 作为欧盟天然气区域定价中心，其价格辐射到整个欧洲地区，并成为其他市场交易的定价基准点，金融期货产品交易功不可没。其供求集中、公平竞争的特点有利于发现市场均衡价格，实现资源有效配置。目前，欧洲主要的商品交易所洲际交易所 ICE、欧洲能源交易所 EEX 和欧洲大陆能源交易所 ICE-Endex 都推出了 NBP 天然气交易合约。EEX 是欧洲大陆上最大的能源交易所，位于德国，成立于 2002 年，该交易所目前进行 NBP 的现货、期货和期权产品交易。ICE 是整个欧洲最大的交易所，位于英国，最早于 1997

年推出"NBP97"合约，很快获得了交易商和市场的广泛接受，2008年其在ICE的市场份额达到10%，由于经济衰退和安全投资的金融需求，越来越多的交易开始在交易所进行。2009年冬季，NBP期货合约占到NBP整个天然气交易量的30%，并且不断上升，2012年达到35%。目前，ICE还推出NBP的期货、期权和少量现货交易。

与交易所相伴生的机构是清算所，其作为每笔交易的中间方，主要负责交易所交易的清算和结算工作，通过缴纳履约保证金或提供交易抵押品来降低交易对手风险，EEX和ICE均拥有自己的清算机构，分别是Eurex Clearing和ICE的全资子公司ICE Clear Europe。在交易所清算机构开展清算活动必须成为清算公司的会员，且清算所的会员一般依附于交易所会员，并且入会具有更加严格的财务指标审核。

（3）容量交易市场。

NBP容量交易模式是欧洲虚拟型天然气交易中心发展的典范。NBP容量交易市场基于统一管网规则UNC（Uniform Network Code）运行，由于英国的天然气管输费采用管输容量费加管输使用费的"二部制"收费体系，托运商要想在管网系统中输送气体，首先需要在NTS入口预定管输容量，正如开车上高速公路要在高速收费站缴纳过路费一样，NBP容量交易市场交易的产品是国家管网系统中入口/出口的管输容量。由于NBP被视为是一个抽象的点，所有进入国家管网系统（NTS）的天然气被认为是自由流动的，因此研究气体进入管网以后的流向路径毫无意义，只需要指定入口点和出口点即可。

英国的容量交易市场分为一级容量预定市场和二级容量交易市场；在一级市场上，由托运商向管道运营商预定管输容量，在二级市场上，拥有富余管输容量的托运商可以将多余的管输容量转让给其他需要的管道使用者。

在一级容量预定市场，托运商根据其客户需求基数，在NTS系统入口点预定该点的总入口容量。一个管道的最大容量取决于管道的直径和气流的最大速度。托运商可以自己预定管输容量，也可以由管道运营商分配容量，以下几种情况是可以由管网运营商国家电网公司NGG分配的：从一个LNG接收站到NTS入口点的入口容量；NTS中所有出口点的（NTS/LDZ下气点和直供用户连接点）出口容量；LDZ内管输容量（LDZ容量也可以由管道运营商指定）。托运商通过拍卖报价方式获得其入口容量，可拍卖的管输容量产品期限需要与交割时间相适应，NBP管输容量产品包括长期、中期、月度、日管输容量预定产品。

①长期管输容量产品拍卖每年进行一次，以季度为单位释放容量。托运商每季度在每一个入口点为其一段时期的入口容量报价，拍卖程序在实际使用时间前 2～15 年左右开始，这意味着托运商能够提前获得容量运输资质权，而在 2～15 年交割该容量的实际使用权。

②中期管输容量产品拍卖也是每年进行一次，以月度为单位释放容量，提前两年开始竞拍。

③月度管输容量通过入口容量月度滚动系统（Rolling Monthly System Entry Capacity，RMSEC）进行拍卖，每个月进行一次，管输能力在下个月就可以获得。

④日容量拍卖使托运商有机会通过竞拍获得额外管输容量满足其需求。入口容量根据管输运营商对每日可获得容量的评估，提供固定和可中断管输容量产品。

管输运营商主要负责预定 NTS 出口容量和 LDZ 容量，在日计量点（Daily Metered）预定月度出口容量产品，以日为单位在非日计量点（Non Daily Metered）预定管输容量[38]。在 UNC 下，管输运营商有很强的激励机制确保托运商预定充足容量。如果托运商向管网系统中输入多于其入口预定容量的气体，管输运营商就会向托运商征收很高的费率——以同时期二级容量交易市场价格的溢价征收容量费。如果托运商下气时超过了指定管输容量，也会被征收惩罚性费用（相当于 12 个月的容量费的溢价）。此外，在出口，管道运营商为托运商预定容量去弥补一些容量缺口。如果托运商超过了当地配气区域 LDZ 的预定容量，也会引起 12 个月的罚款，并且自此以后都要缴纳更高的容量费。

在二级容量交易市场上，那些在一级市场预定了管输容量的托运商，将其富余的容量在电子化容量交易平台中以拍卖方式出售给其他需要容量的托运商。二级容量交易市场对各方都有好处：托运商可以通过出售剩余容量减少其容量支付费用，没有预定充足容量的托运商可以再次获得容量来运输天然气，最重要的是它有利于管网资源的高效利用，使管输资质重新配置达到资源利用的最优效益。二级容量交易的程序如下：

① 拥有富余容量的托运商在匿名的容量交易电子平台出示其"容量报价"信息，表明容量、位置、持续事件和出售的预计价格。

②需要管输容量的托运商在系统中查看这些未出售的容量信息，并结合已经接收的容量报价（匿名报价，无法知道报价人是谁），判断自己的需求。

③然后需求方会提供某一段时期的一些或全部容量的出价（bid），买方的出价可能会与卖方的报价要求有所不同。

④一旦出价，就不能再修改，但是能够撤销。如果出价人希望改变出价的任何内容，他必须创建一个新的出价，买方可以提供两个及以上的出价。

⑤卖方在众多出价者中挑选出一个合适的出价，管道运营商的电脑系统就会自动授予该出价者管输容量资质。

尽管管输容量权转向了该获胜的出价者，但是向管道运营商缴纳管输费的责任仍然由原来容量预定者承担。管道运营商不介入买卖容量的托运商之间的财务结算。两个托运商也可以直接交易容量，不需要在电子交易平台报价或者选择出价，作为卖方的托运商在容量系统中记录购买剩余容量的托运商信息，买方托运商直接同意确认即可。

（4）天然气基础设施。

欧盟天然气区域定价中心 NBP 以国家管网系统 NTS 为虚拟交易点的物理基础，其管网系统发达，储气库、LNG 接收站等基础设施完备。英国的天然气管网按照不同功能，可分为跨国联通管道、干线管道、城市配气管网。跨国联通管线有 4 条，两条在英国东南部沿海的 Bacton 地区，分别与比利时 Zeebrugge 和荷兰 Balgzand 相连的海底管线 BBL 和 IUK 联通管线。IUK 跨国联络管线连接比利时 ZEE 和英国 Bacton 地区，具有双向输气功能，是世界上第二长海底管线，全长 1166 千米，年输气量 255 亿立方米[36]。BBL 联通管线年输气量 150 亿立方米，自 2006 年开始将气体从荷兰输送至英国，目前，该管道还不能够实现天然气的逆向流动。另外两条联通管线在英国西北部，都是将天然气从苏格兰的莫法特压缩站输送至爱尔兰的都柏林地区，气体只能单向流动；海底部分是从苏格兰布里格豪斯通向戈尔曼斯顿（联络管线 1）和 Loughshinny（管线 2），均位于都柏林北部；管线 1 于 1993 年开始运行，管线 2 于 2002 年授权运行；他们都由英国 Bord Gáis Éireann 全资控股子公司 BGE 运营。

英国的配气管网被行政划分为 12 个配气区域（Local Distribution Zones），现在被重新划分为 4 个配气管网，由 4 个配气管网运营商独立拥有，并根据统一管网规则运营。这 4 个配气管网运营商分别是：国家电网公司 NGG、

Scotia 天然气管网、威尔士和西部公用事业部、北天然气管网。

英国具有不同大小、灵活性的储气库9个，协助天然气的供应和平衡系统。天然气储气库能够帮助保护下游市场，平衡系统和防止供应中断。英国主要的天然气储气库有：盐穴储气库、废弃矿坑储气库、高压管道储气、LNG储气罐、调峰储气。

随着北海气田枯竭，英国国内气体供应不足，大量的市场需求来自进口，英国LNG接收站建设进入新时期。第一个LNG接收站是2005年的Isle of Grain，当时接收能力为44亿立方米，2008年上升至135亿立方米，第三阶段在2010—2011年增加了70亿立方米，于2009年在威尔士南部的Milford Haven开始运行。Dragon LNG接收站有60亿立方米气体接收容量，欧洲最大的LNG接收站——South Hook接收站作为卡塔尔石油/埃克森美孚国际能源公司（Exxon Mobil）QG2项目，在第1阶段有105亿立方米，第二阶段2010年再加105亿立方米。这意味着2010年年末，英国有超过500亿立方米的LNG进口容量。LNG对英国的天然气保障供应起着重要作用，另外，LNG运输方便灵活，没有固定的目的地，因此能够快速反映市场信号，具有市场调峰功能。

从天然气基础设施建设情况来看，英国在过去15年经历了重大变化，包括长输管道（Langeled和BBL）、LNG接收站，NTS管网系统完善和联通管道建设，这就意味着英国天然气市场不再是一个孤岛，与外界有很好的联系，从而为NBP区域定价中心更好地发挥作用奠定了基础。

（5）信息管理平台。

欧盟天然气区域定价中心的信息管理平台提供涉及市场参与者希望了解的价格、交易量、可用管输容量及LNG接收站容量、储气库容量等情况，提供在电子交易系统内进行买卖谈判和实现交易的信息服务。官方信息发布平台包括交易所、各天然气交易中心、监管机构、行业协会等，非官方信息发布渠道多种多样，包括新闻媒体、咨询公司、行业期刊、报纸等。

官方信息发布平台如ICE（Inter Continental Exchange）、EEX（European Energy Exchange）、ICE-Endex等交易所通过场内电子交易屏幕实时提供交易信息、交易产品、交割时间、地点、成交量、成交价格、年度报告、行业报告等[40]。NBP、TTF、ZEE等天然气交易中心也会通过各自的交易系统向市场交易者提供商品价格、供需情况，以及虚拟交易点特别强调的管网容量交易市场信息，各入口/出口点可预定管输容量、LNG接收站容量和储气库容量，管网系统不平衡时拍卖情况等。行业协会如伦敦能源经纪人协会（The London Energy Brokers Association，缩写 LEBA）为场外交易商提供能源中介经纪服务，也为市场提供场外市场信息和产品定价等服务。欧盟天然气基础设施信息平台（Gas Infrastructure Europe，缩写 GIE）在网站上公布可用管输容量、储气库容量、LNG 接收站容量，服务价格和气体质量数据等，为用户使用基础设施提供了便利[41]。

此外，还有一些非官网信息发布平台。路透社、彭博社这样的新闻媒体收集交易信息，为大众提供行业报告等。一些第三方行业咨询公司如安迅思、阿格斯（全球价格评估、市场动态和市场数据报道公司）、普氏通过专门渠道采集信息，并通过专业化处理，发布价格指数，ICE 也会公布每月天然气价格指数，这些指数作为市场交易合同的参考依据。由此，市场交易者可以较便利地得到交易价格、交易量、市场变动等信息，从而作为自己下一步出价决定的参考。因此，欧洲公开透明的信息管理平台对天然气市场竞争性价格的发现和形成作用重大。

（6）监管体系。

欧盟大多数国家在天然气产业链发展初期，市场结构高度垄断，市场参与者只有一两家，因此监管也相对简单，由政府直接管控。随着欧盟天然气市场自由化改革进程加快，市场主体增多，原有的监管模式已经不适应市场需求，政府角色也要由原来的市场高度管制者，向市场的仲裁者或监管者转变，为市场创造良好的交易环境，维护市场秩序，监管市场运行，致力于创建竞争性的市场结构。目前，英国的天然气市场监管体系以法律为基础，在欧盟层面主要以欧盟委员会 EC（European Commission）和能源监管合作司 ACER（Agency for the Cooperation of Energy Regulators）为两个主要的天然气市场监管机构，其中 EC 主要负责实施和监督欧盟能源政策，具有最高决策权，而 ACER 主要协助各国跨境交易市场的建立并监督；在英国国家层面，英国政府成立了专门的天然气监管机构——英国天然气和电力市场办公室（Office of Gas and Electricity Markets，缩写 OFGEM），其具有独立于政府部门的监管决策权，在英国天然气市场权利最大；此外还有竞争委员会（Competition Commission）和公平交易办公室。

英国天然气和电力市场办公室（Office of Gas and Electricity Markets，缩写 OFGEM）成立于 1999 年，是一个负责调节英国电力和天然气市场的机构，由英国供气办公室 OFGAS（Office of Gas Supply）和英国电力监管办公室 OFFER（Office of Electricity Regulation）合并而成。由于天然气市场与电力市场自由化改革相互依赖，电力市场自由化会影响天然气消费的演变，因为电力部门是天然气的主要需求者[39]。在欧洲，电力市场自由化改革通常领先于天然气市场。OFFER 是电力市场自由化改革时建立的第一个监管机构——电力监管司。它是一个独立机构，其权利在 1986 年《天然气法》、1989 年《电力法案》、2000 年《公用事业法案》中均予以规定。OFGEM 每年会向持有 NBP 天然气交易中心市场准入许可证的公司或团体收取年费，但是 OFGEM 并不是为了这一目的而成立。其成立的目的是：促进竞争，保护消费者；监管具有自然垄断性质的天然气和电力管网公司；鼓励管网建设投资。OFGEM 虽然由议会依法批准设立，隶属于政府部门，但是其享有独立的监管决策权力。

竞争委员会（Competition Commission，缩写 CC）是一个独立的公共组织，为确保在英国的公司和企业公平竞争，其主要任务是监督市场收并购行为是否不利于市场竞争，并解决与垄断相关事宜。CC 之前是垄断和兼并委员会（Monopolies and Mergers Commission，缩写 MMC），1998 年的《竞争法案》出台取消了以前的 MMC 而设立了 CC。2002 年英国《公司法》（The Enterprise Act）引入一种新的评估方法，用于评估英国市场的兼并和收购行为，新的《公司法》规定 CC 有权利指导公司采取措施提高市场竞争，而在之前的法律中，竞争委员会只是简单给政府提供一些建议。

公平交易办公室（Office of Fair Trading，缩写 OFT）是一个非政府部门，由 1973 年《公平交易法》授权成立。其主要工作内容是分析市场、执行《消费者和竞争法》，对市场合并进行尽职调查，许可和监管工作（消费者信用、房地产公司、反洗钱监管）、宣传相关信息等。

4.4 欧盟天然气区域定价中心的运行

4.4.1 定价中心的市场主体分析

NBP 天然气市场允许大量参与者买卖：石油和天然气生产商、LNG 供应商、公用事业公司、发电厂、工业用户和金融交易商。天然气可以在参与者之间通过经纪商或交易所进行场外交易[127]。

最初，立法和监管的目的并不是致力于创建一个竞争性的市场结构，而只是希望增加市场参与者的数量。新进入者被终端用户市场所吸引。独立供应商像 AGAS 和国家天然气集团，以及石油天然气生产商的附属子公司如 Quadrant、Alliance、Kinetica、AmeradaHess 和 Mobil Gas Marketing，利用英国天然气公司（BG）市场份额减少的机会，购买其所释放的天然气。

在需求方，电力公司参与到 1990 年早期的"dashforgas"中（是指 1990 年民间广泛流传的，描述电力部门使用天然气的巨大转变。转变由三个原因引起：一是发电公司私有化，二是天然气允许被用于发电燃料，三是发电技术进步产生了更廉价更有效的燃气涡轮机。）掀起了天然气发电的浪潮，并且需要增加长期购买合同以及短期额外的灵活气量。早期，合同签订是双边协商进行，之后在 1994—1995 年显现出柜台交易的萌芽，尽管仍然不具备流动性和透明度。

从 1995 年，更多的参与者加入"交易圈"，他们被 1995 年的天然气法案所吸引，认为天然气市场完全竞争将到来。这些新加入者包括商业银行、区域电力公司、生产商、交易所。作价买卖和价格披露是交易市场真正开始的重要元素。作价买卖是交易商同时报价和询价的场所；价格披露通过交易信息发布，使得形成更透明和公正的价格，有助于交易。大量的参与者进入市场，他们有不同的交易代理商和风险偏好，有助于增加流动性，高流动性进一步吸引更多参与者。

随着英国本土天然气产量快速增长，为批发市场天然气价格带来了向下的压力，到 1990 年后半期，天然气价格呈现下降趋势。现货价格显著低于长期合约价格，有时候甚至低 30%，这使得新进入的市场参与者拉低已有供应商的价格水平。从而，回到以前高价天然气的"旧世界"是不可能了。英国批发市场参与者的数量在两年内从 1995 年的不足 15 个增加至 50 多个。英国管网在 1998 年与欧洲其他国家互联互通以后，使得天然气能够自由流入或流出英国，新的市场参与者也开始在英国市场交易。

英国天然气市场上市场参与者最大的变化发生在 2001—2002 年；安然公司在 2001 年秋天瓦解轰动了整个美国交易所，因为它们中许多人购买了英国的资产。之后在 2002 年 10 月，美国得克萨斯州公用事业公司（在欧洲拥有并运行英国 7 大发电公司之一的 Eastern）在欧洲瓦解，天然气市场失去了最重要的参与者。对天然气交易的信心下降到最低点。这两件事共同促使了英国天然气市场构成的转变：参与者减少。

随着市场参与者支持国家法律和金融机构的安排，交易量一度下降。言出必行的社会风尚不再满足风险管理的要求。市场流动性因此受损，导致一些市场参与者担心被困在不利的交易局面里，而限制他们的交易商形成，这进一步导致交易量减少的恶性循环，持续了 2~3 年之久。然而，这两件事的最重要的影响大概是几家美国公司退出欧洲市场，而他们在英国的天然气和电力资产被出售。

2002—2005 年，美国销售的空缺很快被填补，市场恢复，且更具弹性，对比 2005 年以前的欧洲，受欧盟自由化指令的限制，欧洲本土能源公司的垄断势力遭到打击，为了继续保持市场份额和垄断地位，欧洲本土能源公司快速收购国外公司能源资产，尤其是几个欧洲能源市场的主要国际参与者，德国最大的公用事业公司 E.ON 和 RWE、法国电力集团 EDF、法国燃气集团 GDF 等。

更多的金融机构在交易天然气、电力，包括银行、金融机构、对冲基金和投资基金、养老基金。其他参与者开始交易，创建更多样的市场。预计 2010 年年初，英国天然气批发市场有 80 家市场参与者，再次建立了一个活跃的交易市场。

市场流动性和市场深度更好地表达是"市场流转率"，流转率（Churn Ratio，也称 Re-trading Ratio）指标，它指一定数量的产品从最初进入市场到最后到最终使用者手中之间被交易的次数（产品从生产者到最终消费者被交易或二次交易的次数），是衡量市场流动性和市场深度的重要指标。经验表明，通常当一个交易中心的交易流转率超过 10，说明其达到了成熟水平。在英国天然气市场，在 Enron/TXU 瓦解市场之后，流转率在 2001 年达到了 21 的巅峰，之后下跌，正如前面所述，流转率下跌到 2005 年的 8。然而，随着市场恢复，到 2007 年 8 月，流转率继续回升到 20。在接下来的 4 年，持续在高位上振荡。尽管低于北美亨利中心天然气市场超过 30 的流转率，主要因为北美天然气市场具有较高投机性质的交易量，NBP 流转率显著高于欧洲其他天然气交易中心的流转率。VNG 于 2010 年 9 月 7 日成功在英国国家管网运营商管理的 NBP 交易。VNG 首先注册成为 NBP 的交易会员，之后由英国天然气监管机构 OFGEM 授予牌照。英国 NBP 是英国最重要的天然气交易中心。

VNG 之前在欧洲大陆活跃交易的天然气交易中心有位于德国的 Gaspool

和 NCG[128]，比利时的 ZEE，荷兰的 TTF，法国的 PEG，奥地利的 Baumgarten 中心和欧洲各种进口出口点。2009 年，VNG 通过欧洲现货和期货市场交易的天然气占到公司总交易量的 22%，是 2008 年的 2 倍。

VNG 是一家大型跨国公司，是可信的天然气供应商，从俄罗斯、挪威和其他资源国进口并销往欧洲主要消费地区和国有分销商。至今，VNG 已经活跃在天然气行业 50 年了，VNG 是德国第三大天然气进口商，在欧洲排名第 10。2009 年，VNG 交付 1830 亿千瓦时的天然气，并产生 48 亿欧元销售额。

市场参与者经历了 2002—2004 年大萧条后，安然公司和得克萨斯州公用事业公司崩盘，英国天然气交易市场已经有明显的起色，市场上有交易主体，其中 30 个是比较活跃的，每天参与到天然气交易市场。这为现在市场流动性打下基础是从 2010 年开始。这些参与者被分为四类：银行和基金，生产商，终端用户和大宗商品交易员。如表 4.5 显示 2009 年冬天这几类市场主体中最活跃的参与方：

表4.5　2009年冬天四类市场主体中较活跃的参与方

Table 4.5　Active participants in four types of market entities in winter 2009

银行和基金公司： 高盛集团、巴克莱资本、法国巴黎银行、法国东方汇理银行、美国休士顿山托勒士能源公司（Centaurus Energy）、芝加哥对冲基金管理公司 Citadel、花旗银行、瑞士信贷、德意志银行、对冲基金艾略特资本咨询、麦格理银行国际有限公司、美林、摩根大通、摩根士丹利、日本野村证券	生产商： 英国天然气公司（BG）、英国石油公司（BP）、美国康菲石油公司、埃尼石油集团、埃克森美孚国际公司、俄罗斯天然气工业股份公司、壳牌公司、挪威石油公司
终端用户： 英国森特理克集团、法国电网公司（EDF）、瑞典 EON 能源公司、德国莱茵集团（RWE）、苏格兰电力公司、南苏格兰电力公司等	交易员： 法国电力贸易公司、瑞士石油贸易商、Koch 公司、摩科瑞能源集团、化工品贸易巨头 Vitol 和 Noble

过去 15 年或实施自由化改革以来，由于产业合并，生产商和终端用户数量不断减少。交易商的数量自从安然公司倒塌以后也减少了，但是又有一批新公司进入市场。尽管经济萧条，2000 年后增长最多的是银行和基金公司。也有大量欧洲大陆市场玩家参与。在场外交易市场（OTC），三个主要经纪商协助市场交易，2009 年 GFI 加入进来一共有四个，但是所占市场份额较小。这两类列举如表 4.6 所示。

表4.6　在NBP交易的欧洲玩家和市场经纪商

Table 4.6　European players and market brokers trading in NBP

欧洲玩家	市场经纪商
阿尔匹克能源控股集团、比利时天然气供应商 Distrigaz、丹麦 Dong 能源公司、EGL 公司、德国 EnBw 能源公司、比利时电力公司 Electrabel、瑞典 EON 能源公司（俄德天然气公司）、法国燃气苏伊士集团、荷兰 Gas Terra 能源公司、挪威电力公司 Statkraft、瑞典大瀑布电力公司（欧洲第五大能源公司）、Verbund、德国 Wingas 天然气输送公司	毅联汇业（ICAP）、英国交易商经纪公司 Tullett Prebon、全球商品经纪商 Marex Spectron

其他在 NBP 交易的参与者，参与程度不同：

① TSO 管网系统运营商，为了平衡管网，每天都要参与交易；

② 机构投资者像保险公司，倾向于将大宗商品放入资产组合中；

③ 当波动性高时，私人投资者或者投机者被吸引；

④ 大宗商品交易商或者当地交易商，当潜在收益非常诱人，他们也会参与英国天然气的交易。

4.4.2　定价中心的交易框架分析

（1）市场准入规则。

托运商许可：在1995年的天然气法案中规定了许可的三种类型，连同管道运输商（配气管网运营者）和供应商（销售气体给终端用户）。托运商实际上是天然气的批发商，从生产商那里买气并卖给供应商。托运商的许可资格由 OFGEM 授权，OFGEM 在授权前先要考查预申请许可证持有人的商业意图和财务状况。极端情况下，如果托运商没有遵守天然气法案，统一管网规则和 OFGEM 的许可证申请规定，许可证是可以被撤销的。

VNG 是一家大型跨国公司，是可信的天然气供应商，从俄罗斯、挪威和其他资源国进口并销往欧洲主要消费地区和国有分销商。至今，VNG 已经活跃在天然气行业50年了，VNG 是德国第三大天然气进口商，在欧洲排名第10。2009年，VNG 交付1830亿千瓦时的天然气，并产生48亿欧元销售额。VNG 于2010年9月7日成功在英国国家管网运营商管理的 NBP 交易。VNG 首先注册成为 NBP 的交易会员，之后由英国天然气监管机构 OFGEM 授予牌照。英国 NBP 是英国最重要的天然气交易中心[128]。

市场准入结果显示两个主要的天然气交易枢纽分数较高，NBP 排名第二（图 4.6）。这主要是由于英国 OTC 天然气交易的方式，交易的一方必须是在 OFGEM 注册过的托运人，才能被允许交易标准化 NBP 97 合约。这个要求会让许多潜在市场参与者望而却步，尤其是欧洲大陆的那些市场玩家不想走注册程序。这也是为什么英国自 2010 年以来在交易所总交易量中的比例稳步增长的原因。

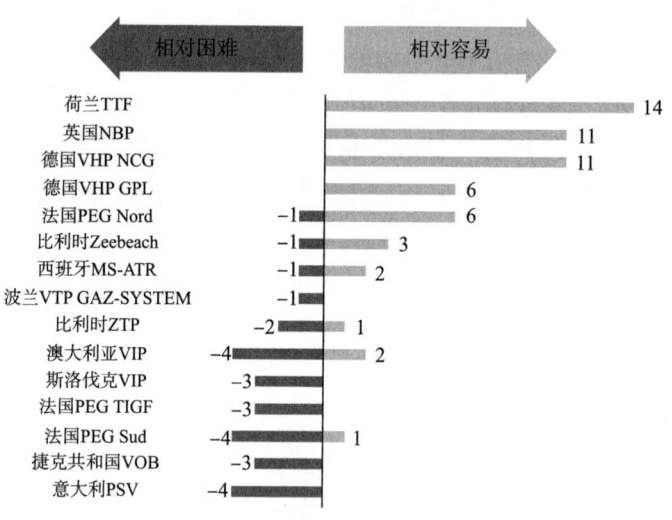

图 4.6　市场准入：寻找交易对手的难易程度

Fig. 4.6　Market access: ease of finding counter parties

资料来源：ACER 在 2014 年 3 月 19 日卢布尔雅那 ACERGTM 第二次研讨会上的演讲。

市场集中度，集中度越高，市场垄断性越强，集中度越低，市场竞争性越强。天然气目标模型中设定的作为发展自由竞争天然气交易中心的基准交易中心的标准是 50%。只有英国 NBP 是低于 50%。荷兰 TTF 作为中等水平超过 65%，主要由于该交易中心 Gas Terra 的交易占主导地位，PEGnord（北）与 Slovak 交易中心在中间范围 75% 以内。

黑色区域是 PSV，其他两个 PEGs（均超过 80% 的市场集中度），捷克和波兰交易枢纽。这些交易中心既不具有流动性也没有形成竞争，较难进入这些市场。

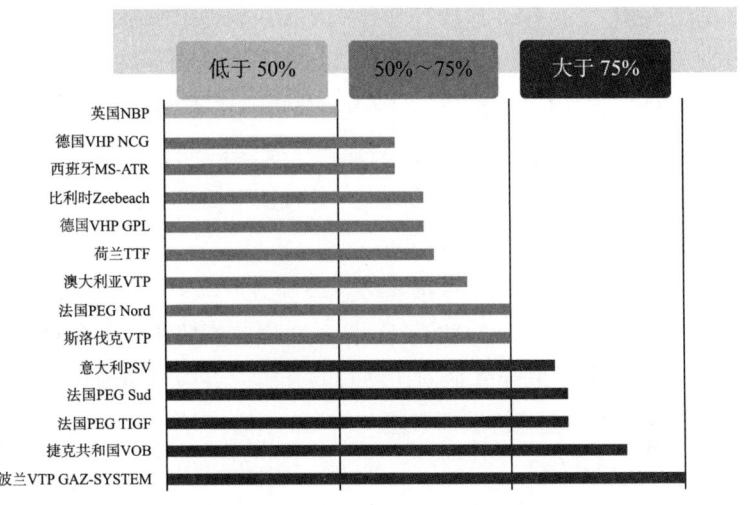

图 4.7　交易市场集中度：各交易中心交易量排名前三的买方集中度

Fig. 4.7　Trading market concentration: the buyer concentration in the top three trading volume of each trading center

资料来源：ACER 在 2014 年 3 月 19 日卢布尔雅那 ACERGTM 第二次研讨会上的演讲。

（2）交易合同。

目前欧洲主要的商品交易所都推出了天然气交易合约，主要包括现货、期货和期权的标准化合同。近几年，欧洲交易所的竞争合作不断加强。2012 年洲际交易所（Intercontinental Exchange，缩写为 ICE）收购 APX-ENDEX，2013 年又收购了 NYSEEu-ronext，进一步巩固了 ICE 在欧洲的地位，并继续将 NBP 和 TTF 两大交易中心推向全球市场。为与 ICE 竞争，2013 年欧洲两个专门的能源交易所 EEX 与 POWERNEXT 合作成立了泛欧天然气合作组织（Pan-European Gas Cooperation，缩写为 PEGAS），以打造专业统一的欧洲能源交易平台。市场合约的交割期限多样：包括日内（同一天交货），提前一天（第二天交货），月度、季度、夏季（四月至九月）和冬季（十月至次年三月）以及年度合同[127]。

英国天然气市场自 1996 年开放和第一次在新形成的自由化环境中尝试新的交易，发生了很多事情。随着 NBP 作为交割点的选择被大多数交易商所接受（摒弃了先前的港口交易）NBP 97 合约的发展促使 OTC 交易市场的标准化，市场吸引了许多新的参与者并创造了多种交易方式。ICE 天然气期货市场，基于 NBP 97 合约，于 1997 年建立并很快获得了 10% 的市场份额。安然和其他美国交易所引入了新的交易方式，而不是先前传统的英国天然气市场上那种交易方式，与其报价密集的买卖要价差还不如"买方"和"卖方"直接对话。经纪商和行业媒体帮助传递有关交易时间、每日市场报告等信息，这些帮助创建更加透明的市场环境，并且使市场参与者对 NBP 天然气交易的安全性和公平公正有信心。

20 世纪 90 年代后期随着市场参与者逐月增多，交易达到了巅峰，交易量呈指数增长，除了传统的 OTC 交易外，期货、掉期和少量期权也发展起来。随着 1998 年 IUK 联通管道向比利时的开放，英国交易商认为这将成为引领未来 2 ~ 3 年内创建泛欧洲天然气市场的先驱。有些人认为所有这些进展太快，市场已经开始走下坡路了。的确，市场在 2001 年发生过下滑，那是因为安然公司崩盘和市场动荡，一些美国贸易公司不知道是要留下来重整旗鼓还是离开。

2002 年秋季，随着英国东部天然气市场崩溃，天然气交易遭遇了严重打击。市场参与者数量急速减少，交易量下降，交易主要集中在有限的现货，较前两个季节明显下降。流转率由安然公司倒塌前的 21，下降到 6 ~ 7。这段时间持续了 4 年，律师和风险管理人需要限制这些公司的金融风险暴露，同时还要利用交易优化其投资组合。

从 2006—2007 年，英国的天然气市场开始复苏，迎来了发展的第二次高潮，再一次吸引新市场玩家包括一些欧洲大陆公司，金融机构数量与日俱增。2010 年是天然气市场 15 年以来，历史上参与公司最多的年份。交易量和流转率直线上升，一直到 2010 年，回到了先前的高水平。即使 2008—2009 年经济衰退对市场整体影响也较小，OTC 和交易所交易份额有所变化，期货合约占到了总交易量近乎 30%。

尽管 20 世纪 90 年代后期作为全欧洲交易中心的愿望后来被证明是不成熟的，欧洲大陆交易中心确实出现并且在成长。自从 1998 年 IUK 跨国管道开放后，ZEE 成为 NBP 在欧洲大陆的第一道关卡（前哨）：在 ZEE 的交易单位同 NBP 一样，是以英镑/英热单位，而不是像欧洲其他交易中心用兆瓦。尽管 ZEE 没有发展成独立的交易中心，但它是进入西欧天然气管网的非常重要的物理入口点，同时有许多 LNG 接收设施。

TTF，荷兰天然气交易中心获得了重要地位，在 2010 年，尽管比 NBP

规模小很多，但是在欧洲是最先进的天然气交易中心，无论从开放程度、交易量还是流转率。继 ZEE 和 TTF 之后，最具拓展潜力的是德国的 NCG 枢纽。如果合并德国天然气运输区域的计划于 2014 年实现，NCG 将有同 NBP 类似的交易潜力。NCG 会成为德国的定价中心，甚至在 21 世纪 10 年代后半期成为西欧的天然气交割地。

NBP 市场的发展潜力仍然非常巨大，并且 NBP 能够引领整个欧洲走向更加统一的西欧天然气交易体系。困难仍然存在，尤其是第三方准入和升级跨境运输能力。然而，欧盟的第三套法案不可避免地导致所有国家都要发展日平衡系统，这就要求他们同时提升市场准入，还要增加交易。

LNG 进口能力的大规模扩张将同欧盟天然气交易中心一起发展。发展跨市场交易工具能够使日益增多的交易商实现在各天然气交易中心之间转移气体。随着流动性增加，各区域平衡需求的能力也要提升。

自 2008 年，关于天然气定价采用旧风格欧洲长期合约与未来油价挂钩的方式争论不断，以及新风格的欧洲物理合约的天然气交割价格采用基准天然气交易中心价格的争论不断。英国已经有与枢纽挂钩的天气合约价。NBP 因其市场流动性强、透明度高，成为基准价定价点，但是也遇到了来自欧洲大陆的阻碍。

最后，即使在英国有全面开放的天然气市场、大的流转率，大多数交易还是基于物理交割。随着欧洲大陆天然气市场开放，天然气物理交割将与金融市场分离，更大范围的金融交易工具将发展起来，包括掉期，还有期权。

4.4.3 定价中心的交易运营分析

由于英国本国的天然气生产非常有限，大量的市场需求来自进口气。为了将这些进口管道气和 LNG 进口气输送至各个消费点，英国国家平衡点 NBP 应运而生，其运行机制在于实现管网系统的平衡，当管网系统中某个站点压力过大或过小，导致管网系统不平衡，从而该点就是需要平衡的点，由于该点不是确定的，而是在管网系统中任意一个站点，故称 NBP 为国家平衡点。只有通过不断实现平衡，才能产生市场交易和市场流动性。

欧盟天然气定价中心 NBP 的交易模式，如图 4.8，天然气商品交易主要是通过 OCM 电子交易屏幕实现，管输容量交易通过电子化容量交易平台进行。托运商与生产商或进口商签订购气合同，之后向 OCM 匿名交易系统发出天然气供给信息并报价，供应商（从托运商处购买气，之后再卖给终端用户）、交易商及终端用户在 OCM 中发出需求信息并出价，当供需相互匹配时，托运商与供应商或终端用户签订销售合同。之后托运商需要在管输容量交易平台选择入口点及出口点并预定各入口/出口管输容量，并与管道运营商 NGG 签订委托运输合同，该合同包括委托运输的天然气数量。托运商预定的入口气量和出口气量要保证相等以确保管网系统平衡，如果由于客户多下载气或少输出气，或者由于托运商的实际输气量与预定量不相等，造成管网系统不平衡，托运商需要进入 OCM 市场，通过套现方式（cash-out）与管道运营商以边际系统价格 SAP 交易多余的气体，使管网系统重新恢复平衡。或者拥有多余气量的托运商与缺气的托运商在 OCM 系统中自行协商进行双边天然气交易以平衡管网。因此，OCM 电子交易平台可以实时反馈管网系统中的平衡信息，并通过市场交易商、托运商、管道运营商在 OCM 中的交易活动重新实现管网平衡。此外，在管输容量交易平台上不仅可以预订管输容量，还可以进行管输容量的二次交易，将多余的管输容量在交易平台上拍卖，实现管网系统的高效利用。

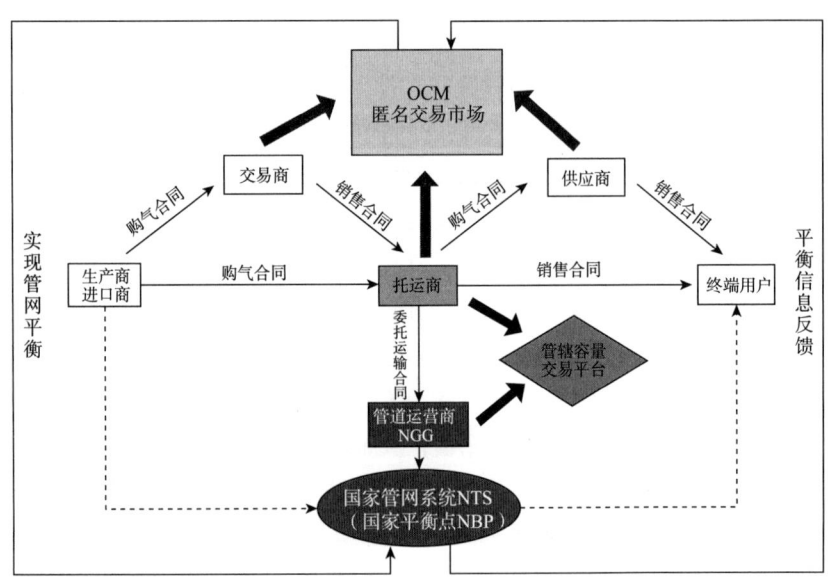

图 4.8 英国国家平衡点 NBP 运行机制

Fig. 4.8 Operating mechanism of National Balancing Point (NBP) in UK

第4章　欧盟天然气产业链结构改革及区域定价中心分析

由于该交易模式不能指定天然气在管网中的具体流动路径，交易流程均在虚拟电子屏幕OCM市场操作，整个交易都围绕着实现管网系统平衡进行，因此NBP也被称为虚拟型天然气定价中心。

4.4.4　定价中心的管输与储气定价分析

（1）管输定价。

由于英国天然气市场交易已经形成竞争格局，天然气商品价格以NBP"气—气"竞争定价，而作为具有垄断性质的管道输气服务费如何定价，是值得研究的重要问题。英国的天然气管输费采用"入口/出口"定价模式，是指管道使用者仅在管网入口上气点、出口下气点支付管输费，而与输送距离没有关系。之所以选择"入口/出口"管输定价模式，一方面是因为英国天然气管道系统由几条相互交错的主干线连成网状结构，气流路径无法识别，因此无法采用与管输距离挂钩的"点对点"管输定价模式。不像美国亨利中心是天然气交易的实体交割点，任何一处气体通过管道流向亨利中心，再将气体输送至需求端，流径非常明确，因此"点对点"定价管输模式较易施行，管输费与输送距离有关。另一重要原因在于"点对点"定价不符合英国天然气市场自由化改革所提倡的公平竞争原则[43]。市场在位者由于具有交易的规模效应，与多个需求方签订供气合约，因此在位的托运商有机会通过调换输气位置来改变"入口/出口"管输布局，缩短运输距离，降低运输成本，产生优于新进入交易商的成本优势。

假设管网中两个入口点M和N，有出口点甲、乙、丙，各点之间输气距离相等，假设为1单位，单位距离单位气量管输费为1。市场在位者托运商同时拥有3个供气合同，管输线路分别为由入口M供应出口点甲、乙各一单位气，由入口N供应出口点丙一单位气，如图4.9。由于入口点M至乙的输送距离为2，如果采用"点对点"管输定价，总管输费用为4。如果甲端需求增加1单位，且只能由N上气，托运商并不需要真的从N点供气给甲，只需要将原来M点供应乙的气转向甲，而让N供应乙和丙，如图4.10。此时，管输费为5，托运商向管道运营商仅多支付了1单位管输费。而如果是新进入的托运商，没有可调换的合约，就只能将气体从N点输送至甲，支付3单位管输费，这样下来总的管输费为7，如此看来，实现同样的气体供应，市场在位者支付的管输费远远少于新进入者，因此，"点对点"管输定价不利于

207

市场竞争形成。

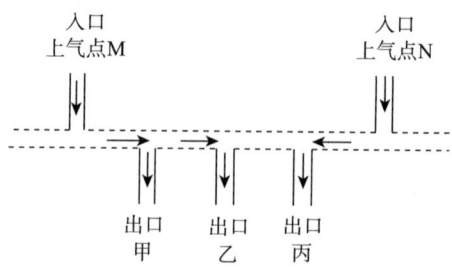

图 4.9　管输路线 1

Fig. 4.9　Transimission route 1

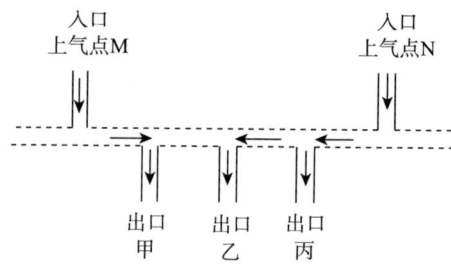

图 4.10　管输路线 2

Fig. 4.10　Transimission route 2

管输费的收取主要用于收回管道运营商的成本和投资收益，提高管网使用效率。NBP 天然气定价中心的管输费采用"入口/出口"定价体系，即总的管输费为入口管输费和出口管输费之和，托运商在入口和出口预定的管输容量相互独立，并分开计费。在入口点的管输计费依据"二部制"，即同时收取管输容量费和管输使用费的收费方式[4]。管输容量费以输送天数为计量单位，主要用于收回管道运营商的固定成本；由于英国的天然气入口管输容量费采用拍卖方式进行，各个入口点容量费不相同，且与天然气气量无关；当拍卖产生的管输容量费不能够收回管道运营商的成本，将在此基础上加收管输使用费，各个入口点的管输使用费为 0.0341 便士/千瓦时。出口点的收费与入口点相似，只是出口点容量费不通过拍卖方式获得，而是依据官方公布的不变费率执行[47]。

是否收取管输使用费的决定是由英国国家电网公司使用长期边际成本（LRMC）计算得到入口管输容量费，与入口管输容量的拍卖成交价进行对比，不足部分以管输使用费形式收取。通常，一段管道达到预期的管输能力需要多年投资，从而形成管输资产净值。在考虑了折旧、摊销和资产回报率等后，得到管输使用期限内的年金支付额。加上每年的营运成本，得到每年必须收回的固定成本金额。用该数额除以该段管道的管输能力，就得到了长期边际成本 LRMC。托运商在与管道运营商签订委托运输合同时，会指定某一上气的入口点和接受气的出口点，这两点之间可能有多条路径供气体流通，因此，该段管输路径的 LRMC 就是各个路径 LRMC 的加总。因此，入口点的管输容量费为和出口点管输容量费之和就计算出来了。为了将入口容量和出口容量费区分开，用一个系数 θ 将其拆分，入口点容量费为 $\theta \cdot \text{LRMC}$，由于以该入口点为起点的管道有 m 条，而实际中天然气运输只能走一条线路，所以，该起点入口管输容量费为 $\theta \cdot \text{LRMC}/m$。如果计算得出的管输容量费大于在容量交易平台拍卖的管输容量费，那么管道运营商就需要向托运商加收管输使用费，以收回其固定成本和营运成本。

（2）储气定价模式。

欧洲天然气管道和 LNG 接收站采用监管定价，由政府按照服务成本法定期测算监管价格。储气库大多采用协商定价，主要存在于储气业务放开的国家或地区，但如果储气服务处于垄断状态，则只能采用政府规定的储气库费率。

欧盟大部分国家选择谈判确定储气费的方法，储气费主要包括储气能力占用费和储气库使用费。储气能力占用费是对储气库注入和采出流量对储气库容量的占用而支付的费用，一般包括注入和采出流量费和容量费；储气库使用费是实际注入和采出天然气需要支付的费用，一般包括注入费和采出费[129]。欧洲地下储气库的定价机制有协商定价和政府管制定价两种。欧盟要求，在技术和经济上有必要展开竞争的地区，均应采用协商定价。目前欧洲大部分国家都选择了以协商确定储气库价格的方法。只有在储气服务处于垄断状态下，才采用政府规定的储气价格。在政府管制定价的情况下，监管部门通常根据成本加合理利润确定储气费[129-130]。在协商定价的情况下，储气库公司为了保持价格的透明度，一般都会公布储气服务产品相对应的指导价格。指导价格只是作为协商的参考，运营商会根据情况的变化随时复核和调整储气费，具体执行的价格是协商确定的价格。协商定价的基础是储气库的服务成本，监管部门要对储气费进行管制。不同的国家、不同的储气库公司在储气费的费用科目设计上不完全相同，但是基本费用科目是一致的[131]。

储气库的价格受地域差异及储气库类型影响，不同价格机制决定各国储气库价格不同。一般欧盟管制定价的储气库价格低于协商定价，盐穴储气库的价格高于其他类型的储气库[130]。

4.4.5 对定价中心的监管分析

欧盟15国中已有11国建立了专门的天然气监管机构，其中，除荷兰外，其他各国的监管机构都是独立于政府的。鉴于英国天然气行业发展的瞩目成就，目前，欧盟推崇英国政府所采取的监管模式，即以天然气法律体系为基础、政府的政策制定职能和监管职能相分离，并建立了专门监管机构为特点的监管框架；监管的重点主要是以自然垄断为特征的长输管网和城市配气系统，并且采取了以具体项目为监管对象的许可证模式。

欧洲国家的政府、民间组织、金融机构、天然气生产商、管道公司、天然气大用户等市场参与和管理主体，在建设天然气交易市场过程中各司其职，充分发挥了各自的积极作用。政府侧重于对天然气交易市场的全局性、战略性发展问题进行把握，CEER、EFET等民间组织主要在完善交易方式、发布市场信息、制定交易规则上提供支撑，金融机构则在繁荣交易市场、增强灵活性上起到了独特效果。

NBP天然气定价中心的监管机构包括天然气和电力市场监管司OFGEM（the Office of Gas and Electricity Markets）、天然气和电力市场管理局GEMA（Gas and Electricity Markets Authority）和健康与安全执行局HSC（The Health and Safety Executive）。为了保证天然气市场自由化改革顺利进行，英国于1999年建立了专门的天然气监管机构OFGEM，在欧盟天然气区域定价中心NBP建立以后，OFGEM也是NBP安全高效运行的监管者。由于OFGEM独立于政府部门，政府政策制定与OFGEM市场监管职能相分离。天然气和电力市场管理局（GEMA）是一个非政府部门，是陆上天然气的监管者。OFGEM支持GEMA的工作，它授予管道运营商、托运商和供应商相关许可证。HSC是英国健康与安全执行局，其工作是协助委员会工作，监管海上采气和采油设施的安全运行，以及天然气管网的安全操作等[46]。

为了引入市场竞争、保护消费者、保证管网安全运行，英国出台了相应的《天然气法》和《管网规则》，使 NBP 市场交易具有法律层面的监管保护。从欧盟层面还建立了欧盟委员会 EU、能源监管合作司 ACER、欧洲能源监管委员会 CEER 等专门机构实施跨国交易市场监管、价格监测、跨境管道运行规则审定、欧盟天然气政策在英国的落实情况。由此，英国创立了以在欧盟统一的天然气市场管理制度下，形成以本国天然气法律体系为核心、政府的政策制定职能和监管职能相分离、专门监管机构为特点的监管框架；监管的重点内容是具有自然垄断特性的输气管网和城市配气管网，而且采用许可证模式监督和管理具体重点项目[48]。

4.5 北美实体与欧盟虚拟区域定价中心比较分析

天然气区域定价中心是一个物理或虚拟的交易平台，该平台通过大量交易发现现货与期货市场价格，并吸引区域内天然气交易以此价格作为参考基准。区域定价中心的功能主要能够提供一个买方与卖方交易的平台，并及时公布交易价格等信息，确保整个市场的有序运行。

天然气区域定价中心的形成是一个漫长的过程，需要现货交易市场、期货平台、容量交易市场、天然气基础设施、信息管理平台以及监管体系等前提条件达到后，从实体层面过渡到金融层面，在两者相结合的基础上，逐步发展完善的天然气现货和期货市场中达成价格的一致性，从而催生定价中心。目前，全球天然气市场主要分为北美、欧洲和亚太三大区域市场，其中，北美地区和欧洲地区已形成区域性天然气定价中心。

为了更好地认识北美和欧盟两个区域定价中心，下文将从两者形成的约束条件、运营状况、监管情况、价格水平四个方面，进行详细的分析。

4.5.1 形成的约束条件比较分析

目前天然气区域定价中心的类型主要分为：实体型的定价中心和虚拟型的定价中心两种，实体型的定价中心在固定的实物交易场所和价格拍卖地的基础上形成，而虚拟型的定价中心则是交易市场和价格拍卖地点不同，两者最重要的差别是有无固定的实物交割和价格拍卖地点。

（1）天然气产业链发展阶段分析。

欧盟各国天然气产业链的发展历程各不相同，市场结构也有较大差异。

纵观其发展过程，可将其分解为引入阶段、发展阶段、成熟阶段三个阶段。目前，欧盟天然气产业链处于由发展阶段向成熟阶段过渡时期。但各国发育程度不一，发展最快的英国已经进入全面市场竞争阶段；有些国家（德国和法国）虽然已有较为完善的基础设施、需求量大和稳定的市场，说明已经进入成熟阶段，但其市场化程度却相对较低。

欧洲天然气市场诞生于1959年荷兰格罗宁根大气田的发现。这也就意味在第二次世界大战后至20世纪60年代，欧洲天然气市场一直处于引入阶段。主要表现为天然气在一次能源中占次要地位，天然气的消费主要依靠进口国外气源，筹备建立天然气管线以便利用；无储气库，也没有专门的法律，政府缺乏监管。

20世纪60年代至90年代末是欧洲地区天然气产业链的发展阶段。在20世纪60年代开启荷兰格宁根气田与英国北海气田大规模开发利用之后，整个区域才开始大量使用天然气，天然气在一次能源消费中的比例逐步上升，天然气产业链进入发展阶段。20世纪60年代初开始建设储气库；20世纪70年代开始出现长距离输气管道、跨国管线；成立监管机构并出台天然气产业链的专门法律。经过长时间的发展，欧洲建成了世界上最完善的天然气管输网络和天然气用户数量最大的用户群。大多数欧洲国家也都成立了覆盖天然气勘探、开发、进口、管输和销售的一体化公司。由于气源匮乏，欧洲地区90%以上的天然气依赖进口，并且天然气贸易多采取长期合同的形式购买天然气，合同价格大多与替代燃料挂钩。这并不是由天然气市场供求基本面决定的价格，反而增加了市场波动风险，阻碍了天然气产业链进一步发展。为了打破市场垄断，保证天然气供应安全，欧洲的天然气产业链结构（自由化）改革率先在英国实施，20世纪70年代英国以国家天然气公司（British Gas Corporation）私有化为突破口，将管道运输业务与生产和销售业务分离，通过天然气现货交易逐渐形成NBP虚拟天然气交易中心。

借鉴英国的经验，欧洲大陆于20世纪90年代末也开始了天然气市场化改革，标志着欧洲天然气产业链进入快速发展阶段。这一时期天然气成为欧洲的主要能源，欧洲区域内管道成网，密集分布；调峰设备完善，储气库数量增多，目前有60多座。另外，欧盟分别于1998年、2003年和2009年颁布了天然气指令，这些指令旨在让所有消费者都能拥有自主选择上游供应商的权利，放开天然气市场，促进跨境交易，以此达到天然气市场资源有效配置、提高输配气效率和市场竞争的形成。三次改革逐渐打破了垄断型天然气产业链结构，促进欧洲地区天然气产业链由发展阶段走向成熟阶段[132]。同时，20世纪90年代以来出现了一系列的天然气虚拟交易点，最早的是英国1996年建成的NBP（National Balancing Point），这些虚拟交易点促进了欧洲天然气现货市场的发展，形成了气—气竞争的天然气市场价格。

根据联邦能源管理委员会颁布的法令，促使天然气市场开放程度的变化过程，将美国天然气市场发展分为不同时期：20世纪10年代至30年代初为天然气市场的引入阶段，20世纪30年代中期至70年代为天然气市场快速发展过渡阶段，20世纪70年代晚期至80年代末为天然气市场快速发展阶段，20世纪90年代后天然气市场开始进入成熟期，目前世界上没有任何一个国家的天然气市场进入衰退期。

在20世纪10年代之前天然气生产量较小，零散地使用在城市照明，之后联邦政府为了控制气候污染，煤炭市场逐渐被天然气市场所取代；当时天然气的开采基本上集中在国内；下游市场规模较小；政府在整个天然气交易中无任何监管，任由市场的发展，管网运输方面，基本上是大管道运输公司网运一体化。随着天然气市场的使用范围和使用量不断扩大，政府开始重视天然气产业的发展。

20世纪30年代至90年代初，这一时期，储采比下降；储产量、消费量快速增长和管道建设加速并逐渐形成管网，气库开始建设，与此同时政府为了刺激天然气市场的发展，逐步修改并完善管制政策，到20世纪60年代中期，基本上全国各州全部通气，天然气管网逐步具有网状规模，加快了天然气价格市场化的步伐。

1992年至今，天然气消费量保持平稳增长；管网和地下储气库配套完善；政府放松管制、引入竞争。1998—2011年管网年增长幅度在2%。2011年美国的天然气管道总长358.4万千米，由三部分构成：其中集输管道长3.219万千米；长输管道长49.407万千米；配气管道长305.775万千米。

（2）产业链结构改革效果比较。

由于欧盟是多个国家组建的联盟体，欧盟通过法律强制性手段进行天然气市场自由化改革和内部市场一体化推进，各国相继建立了天然气交易中心。欧盟的天然气产业链结构改革的效果包括：实行解除捆绑及第三方准入机制的举措，打破了天然气产业链基础设施的自然垄断情况，使得更多市场参与者进入到欧盟天然气供应及销售环节,也促进了天然气用户与上游生产商或进口商的直接竞价交易,推动天然气产业链结构走向竞争。天然气交易中心的建立,为市场各方提供了便捷、公平、公正的交易平台,通过透明公正公开的价格与交易信息发布制度,进一步促进交易量的增加,推动天然气短期市场发展。

天然气市场已经根本改变。联邦能源管理委员会制定的监管改革通过改变州际管道公司的运营程序创造了一个更具竞争力的市场。在改革之前,州际管道系统从生产者处购买天然气,沿管道输送,然后再转卖给当地分销公司。一系列联邦能源管理委员会订单从第436号法令开始,最终在第636号法令中,有效地分拆了这些服务,使州际管道公司不再拥有在其管道系统上运输天然气的权利,而是将其运输给第三方。天然气购买者现在可以与许多不同的供应商谈判价格规定和合同条款,同时与管道公司单独签订运输、储存和各种其他服务,选择和组合,以满足他们的需要。为了促进这一点,一种新型的行业玩家已经出现——独立的气体营销商,除了营销气体供应可以作为购买者的代理,还可以做出所有必要的安排,以获得气体交付;本质上,提供销售和运输服务的"一揽子"。放松管制和市场重组直接促进了用于管理季节性库存的储气库建设,二级运输市场的发展以及通过商品市场和电子公告板提供有关商品和运输价格的更好信息。天然气的价格信号在消费者和生产者之间快速传递,区域市场更加一体化。

从产业链的发展历程和改革角度,可以看出北美天然气管网的格局为一个区域交易点,呈中心辐射状,整体上看管网的特征是区块性的,北美的地理格局导致交易中心的位置大多数分布于交易市场较活跃且管网密集的地区,交易中心点较为固定在一个地区,因此我们称之为实体型的交易中心,而欧盟,整体上看,管网布置呈环状,为了维持市场的供需平衡,监管机构必须保证环状管网内的压力处于平衡的状态,我们可以看出,在欧盟的交易中心市场上,欧盟的管网分布规则,使得注气点和采气点很难在同一点,而北美的交易中心,由于管网的密集程度,使之能够在同一点进行采气和注气的同时交易服务,因此对于欧盟来说,整张网就像是一个平衡系统,可以在上面的任何一点进行交易,交易地点不固定,因此我们称之为虚拟型的交易中心。

4.5.2 定价中心的管网设施比较分析

实体交易枢纽的管网设施虽然仅涵盖管道交叉点或一段管道,但由于它的运营和交易都基于整个输气管网,因此需要对所在的输气管网进行研究。输气管网内,很多阀门将管道分割为小段,每段内的气压各不相同,通过每段管道两端的压差实现天然气的运输,因此天然气在管道内具有明确的流向和输送路径。输气管道之间交叉点较少,输气管网整体呈线状分布(图 4.11)。

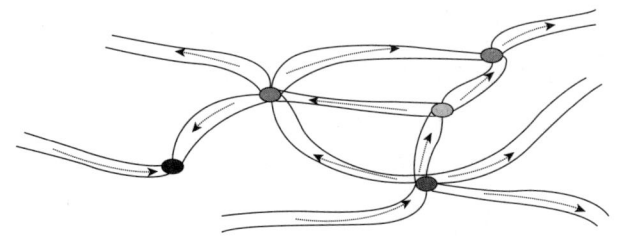

图 4.11　北美天然气管网分布规则简图

Fig. 4.11　Distribution rules of natural gas network in North America

虚拟交易枢纽覆盖的设施是整片管网,且具有排他性,即在管网所在的地理范围内不能建设其他独立的输气管网。整片管网是贯通的,各处气压一致(平衡),平衡气压在安全范围内浮动。当某一入气口的气压高于平衡气压时,天然气进入管网;某一出气口的气压低于平衡气压时,天然气流出管网。整个管网每天的入气量和出气量保持基本一致,从而维持管网的平衡状态。管网内的天然气混合在一起,无法区分,也无明确的流向。输气管网密度较高,呈网状分布(图 4.12)。

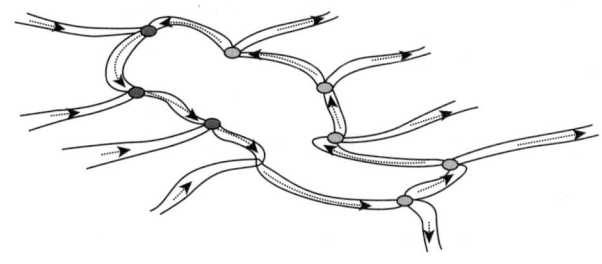

图 4.12　欧盟天然气管网分布规则简图

Fig. 4.12　Distribution rules of EU natural gas pipeline network

选择在管道的交叉点或一段管道上建立实体交易枢纽,是最简单、直接和传统的办法。天然气在枢纽之间流动时,运费依赖于路径的选择及费率。随着管道的不断建设和加密,当输气管网呈高密度网状分布时,制定输气价格、选择最优运输路径、避免阻塞发生、交易和定价等都变得非常困难。将所有管道连通起来建立虚拟交易枢纽,一方面方便管输费定价和计费,并可利用整个管网来平衡压力,另一方面可以汇聚更大地理范围内的天然气交易量和流动性,形成更高效和更有影响力的枢纽价格。虚拟交易枢纽可以以国家为范围,如NBP包括英国全境;也可以在划定区域,如TFF只包括荷兰国土的一部分,并非全境。虚拟交易枢纽的范围不宜过大,内部的地理环境、输气管网和交易市场互相连通且分布均匀,边界清晰和明确。各虚拟交易枢纽之间有连接线相连,将各自独立运行的市场连通起来。

天然气交割一般发生在产地、消费地或流通集散地。产地天然气管网较密,但多呈辐射状分布,环网较少,因此适宜发展实体交易枢纽,如亨利中心;流通集散地往往是多条重要长输管道的交叉点,也多为实体交易枢纽;消费地较容易形成环状管网。

美国国土面积大,人口少,城市分散,同时天然气储量丰富,以自产为主,供应稳定,价格长期保持低位。因此,各用气量较大的州缺乏建设州内输气管道的动力,州际管道直接将天然气送至城市门站,随后进入城市配气管网。因此,美国选择建立实体交易枢纽。欧洲情况正好相反,人口多,城市分布密集,且各国天然气自产量很少,严重依赖进口,用气价格较高且供应不稳定,更适合构建虚拟交易枢纽。在欧盟的一体化框架下,各国积极发展虚拟交易枢纽,努力实现气源多元化,并通过环网将不同气源连通,以实现保证供应安全和降低气价的目的。

每个实体交易枢纽及其相连的输气管道都是由企业根据市场机会而自发建设的,也由企业自主决策和运营。因存在局部垄断,实行特许经营和监管定价。由于同时存在多个独立运营的交易枢纽和管道,枢纽与枢纽之间,管道与管道之间会形成横向竞争。监管时只需要限定最高价,无须考虑激励因素,监管难度较小。

虚拟交易枢纽在一定地域内具有排他性,需要政府强行推动才能建立起来。因管网运营商处于完全垄断地位,实行特许经营和监管定价。监管工作需同时考虑约束和激励因素,监管难度较大。为减少垄断势力,管输容量的分配、使用和结算等均需由独立第三方机构来负责。虚拟交易枢纽最好由单一主体来集中运营，德国虚拟交易枢纽 NCG 由 6 个公司分别运营，协调难度较大，发展缓慢。

采用实体交易枢纽的输气管网，每条管道需单独核算管输费率。先利用成本加成法计算出允许收入，再依据直接固定变动费率制计算出最高费率，实际费率由双方根据供求情况协商决定。直接固定变动费率制要求固定成本全部通过容量费来回收，可变成本则通过使用费来回收。各家管道公司采用不同的定价法，包括区域定价法、距离定价法和邮票定价法（即同网同价）。区域定价法根据入气口所在区域和出气口所在区域及所跨越的区域，决定管输费费率（各区域费率相加）。距离定价法根据输送距离确定管输费费率。邮票定价法不论运输距离远近，也不论入气口和出气口，按照统一费率征收。还有很多管道公司将这几种方法组合起来定价。

虚拟交易枢纽的管输费定价和容量分配机制非常复杂。先利用成本加成法计算出允许收入，再根据当年经营绩效对允许收入进行浮动（激励目的），然后收集需求预测数据并进行计算机管网模拟，还要根据各入气口和出气口的长期边际成本进行费用分配，以确定各入气口和出气口的费率，最后组织容量的公平拍卖。整个核算过程涉及多个理想化数学模型的嵌套，难度陡增，而且必然与现实情况有所偏差。管输费主要通过固定容量费来回收。

采用实体交易枢纽的输气管网，任意两个枢纽之间的价差保持基本稳定，且小于或等于两地间的管输费。如果两个枢纽之间的价差长期高于管输费，说明管输能力受限或竞争不充分；如果价差突然拉大，一般是交叉点出现阻塞。这两种情况都预示着存在新修管道或扩充容量的市场机会。很多管道公司会密切关注各交易枢纽的基差变化，随时跟进投资和建设。

虚拟交易枢纽投资建设的主体是该输气管网的运营商。运营商从配气管网开始逐级统计和汇总未来十年的用气需求，根据需求数据进行计算机管网模拟，发现系统约束和阻塞，并结合远期容量拍卖情况，决定管网设施的扩容和新建。

4.5.3　定价中心的运营比较分析

（1）北美天然气市场定价中心的运营，通常有两个互相独立的管理方：中心的管理员和管道运行者，前者的职责是提供客户之间联系与处理行政任务，后期主要是实施管网运行相关的服务。两者在市场中心的运营基础设施提供的服务上，差别很大。这些市场中心通过向客户提供服务，来帮助客户管理自己天然气供应、运输和存储的投资组合（图4.13）。

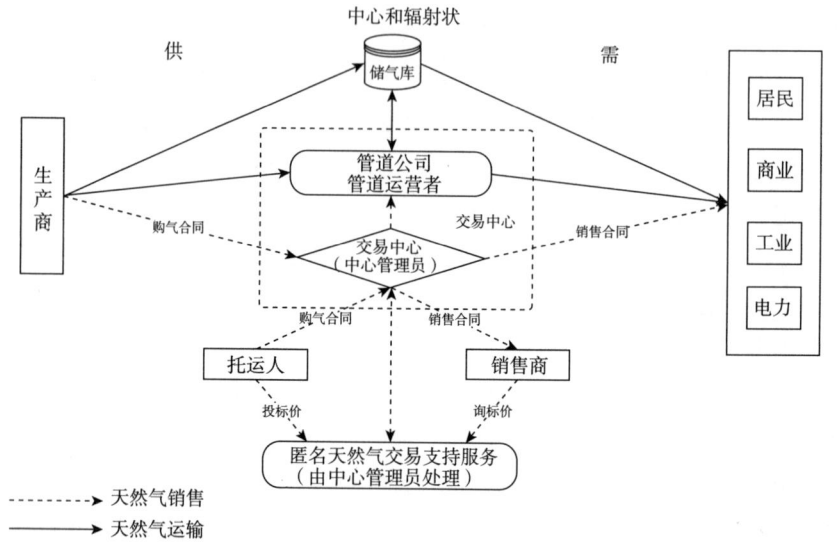

图 4.13　天然气区域定价中心的运行框架

Fig. 4.13　The framework of regional gas pricing center

　　天然气区域定价中心的主要业务是代表托运商和销售商在互连管道之间管理处理和运输天然气，另外，亨利中心还为其客户提供访问专有的基于互联网的天然气交易和提名平台。这项服务使他们的客户能够相对轻松地在线上与市场中心交易大部分业务。例如，托运商可以通过亨利中心快速确定目前可用的固定或可中断的能力的量，提交可用能力的提名，然后由中心管理员将其提名协议提供给管道运营商安排气体的运输。

　　定价中心的行政管理委员主要负责买卖双方交易合同的谈判、匿名交易市场的信息公平的进行，并随着交易完成后，将其信息完全公开；而区域定价中心的管道运营商仅负责无差别的管道运输服务。

　　现在的北美天然气市场交易结构是"中心和辐射"系统，即在管网联通各中心的基础上，在市场中心处达成供需平衡。其服务功能（《芝加哥交易网》（2016年）主要包括期权类型（美式期权、日历价差期权（远期期权）、欧式期权和每日期权）、合同的类型（中断天然气合同、基本负荷天然气合同和固定天然气合同）和合同的履行方式，北美天然气区域定价中心属于实体交易中心。

（2）英国本国的天然气生产非常有限，大量的市场需求来自进口气。如何将这些进口管道气和 LNG 进口气输送至各个消费点，英国国家平衡点 NBP 应运而生。NBP 交易中心依托于国家管网系统（NTS）建立，该系统由较为稀疏的天然气干线管道互联互通（相当于人体内的大动脉），呈网状结构，就像一个国家的公路网，当只有几条相互交错的干线通道时，在交叉点极容易造成拥堵，这时候就需要制定一套规则疏散或者分配管输权利，保持管网系统平衡性。因此，为了保障管网系统高效、安全运行，英国引入管输平衡机制。其运行机制在于实现管网系统的平衡，当管网系统中某个站点压力过大或过小，导致管网系统不平衡，从而该点就是需要平衡的点，由于该点不是确定的，而是在管网系统中任意一个站点，故称 NBP 为国家平衡点。只有通过不断实现平衡，才能产生市场交易和市场流动性。

欧盟天然气定价中心 NBP 的交易模式中，天然气商品交易主要是通过 OCM 电子交易屏幕实现，管输容量交易通过电子化容量交易平台进行。当供需相互匹配时，托运商与供应商或终端用户签订销售合同。托运商预定的入口气量和出口气量要保证相等以确保管网系统平衡。OCM 电子交易平台可以实时反馈管网系统中的平衡信息，并通过市场交易商、托运商、管道运营商在 OCM 中的交易活动重新实现管网平衡。此外，在管输容量交易平台上不仅可以预订管输容量，还可以进行管输容量的二次交易，将多余的管输容量在交易平台上拍卖，实现管网系统的高效利用。

国家电网公司作为管道运营商负责天然气的运输，并保证管网系统平衡；作为市场交易卖方的托运商只能指定进出管网的天然气数量，而不能指定气体实际流动路径，当用户从某个出口点购买了天然气，将导致管网系统不平衡，从而该点就是需要平衡的点，因此，NBP 称为国家平衡点。由于这一点不是某个固定的位置，而是在整个管网系统中任意一个可能出现不平衡的点，所以称为虚拟国家平衡点或虚拟型天然气交易中心。因此，虚拟型交易中心的关键在于维持系统平衡，只有保证平衡才能不断释放市场供需情况，产生交易。

通过对北美与欧盟交易运营方式的具体分析，我们容易看出北美与欧盟两种区域定价中心，由于地理条件、基础设施建设等差异，形成了两种不同的区域定价中心的形式，一种是实体型区域定价中心，一种是虚拟型区域定价中心。北美自 1980 年至今，天然气消费量保持平稳增长，使得国家管网和地下储气库配套完善。1998—2011 年管网年增长幅度在 2%。2011 年美国的天然气管道总长 358.4 万千米，由三部分构成：其中集输管道长 3.219 万千米；长输管道长 49.407 万千米；配气管道长 305.775 万千米。北美地区的天然气输气管道发达，形成了四通八达的交通网，运输灵活方便，这便形成了北美实体型的区域定价中心。反观欧盟区域定价中心，其依托于国家管网系统（NTS）建立，该系统由较为稀疏的天然气干线管道互联互通（相当于人体内的大动脉），呈网状结构，就像一个国家的公路网，当只有几条相互交错的干线通道时，在交叉点极容易造成拥堵，这时候就需要制定一套规则疏散或者分配管输权利，保持管网系统平衡性。因此，为了保障管网系统高效、安全运行，英国引入管输平衡机制，并不需要实地交割，而是通过虚拟的平衡机制，使得生产者和消费者以最小的经济成本进行交易，实现整个欧盟区域定价中心交易成本处于较低水平。

4.5.4 定价中心的监管比较分析

（1）为了使北美区域定价中心的天然气现货和期货贸易平稳公开透明地运行，联邦能源管理委员会首先务必保证亨利中心管理员在与买卖双方交易时候信息公开，即价格的公开透明和交易规则严格执行；其次在履行对管道运营商方面的监管，主要是确保有运输能力的管道运输商在合同范围内能够提供无歧视和公平的运输服务；另外以其自身独有的优势多样化的交易模式、丰富的交易信息量和公开标准的实物价格条件和多重的财务安全保障措施，保证使其具有北美特点天然气区域定价中心的特征，即各种交易活动无歧视的进行和以转移天然气价格风险的各种合约交易。

对区域定价中心的监管，不仅涉及中心管理员和管道运营者交易方式和合同履行情况监管，而且对其交易价格的公平透明度、市场参与主体无歧视的规制进行了明确的确定，加之管网这一产业链中游环节具有很强的自然垄断性，在这一部分实施了点对点定价，另外在管道的建设方面，不同监管主体的共同参与，使区域定价中心的管道运营商提供管道运输服务的质量得到了保障，不同主体的参与监管和对不同环节的监管形成了对区域定价中心的一个完整的监管体系。

（2）欧盟大多数国家在天然气产业链发展初期，市场结构高度垄断，市场参与者只有一两家，因此监管也相对简单，由政府直接管控。随着欧盟天然气市场自由化改革进程加快，市场主体增多，原有的监管模式已经不适应市场需求，政府开始转变角色为监管者，致力于创建竞争性的市场结构。目前，英国的天然气市场监管体系以法律为基础，在欧盟层面主要以欧盟委员会 EC 和能源监管合作司 ACER（Agency for the Cooperation of Energy Regulators）为两个主要的天然气市场监管机构，其中 EC 主要负责实施和监督欧盟能源政策，具有最高决策权，而 ACER 主要协助各国跨境交易市场的建立并监督；在英国国家层面，英国政府成立了专门的天然气监管机构——英国天然气和电力市场办公室（Office of Gas and Electricity Markets，缩写 OFGEM），其具有独立于政府部门的监管决策权，在英国天然气市场权利最大；此外还有竞争委员会（Competition Commission）和公平交易办公室。英国创立了以在欧盟统一的天然气市场管理制度下，形成以本国天然气法律体系为核心、政府的政策制定职能和监管职能相分离、专门监管机构为特点的监管框架；监管的重点内容是具有自然垄断特性的输气管网和城市配气管网，而且采用许可证模式监督和管理具体重点项目。

分析北美和欧盟区域定价中心我们可以看出，两个天然气区域定价中心都已经形成了较为完善的监管体系，不管是从国家层面还是地方政府层面，各项法律都较为全面，作为区域定价中心的外力支持，两个区域都通过建立了分工明确的监督体系从而保障了区域定价中心的平稳运行。两者的不同之处，在于监管侧重点有所不同，北美天然气区域定价中心的侧重点在于通过不同的参与监管主体与各个环节的监管形成一个完整的监管体系以保障区域定价中心市场参与者的公平交易和平稳运营；欧盟天然气区域定价中心的侧重点在于具有自然垄断特性的输气管网和城市配气管网，而且采用许可证模式监督和管理具体重点项目。

4.5.5　定价中心的价格水平比较

目前，北美天然气区域定价中心采用市场化"气—气"竞争性定价机制，管道气和 LNG 到岸价都与亨利交易中心现货价格变化趋势相同，亨利中心天然气报价是美国天然气基准价格。欧洲天然气市场向竞争型市场结构演变，天然气市场主要采用长期协议价格与市场竞争价格并存的定价机制，2011年，在欧洲销售的天然气42%是以市场化定价交易，还有58%的天然气交易与油价挂钩，目前，市场化定价比例不断上升，市场化价格以NBP现货价以及英国国际石油交易所IPE标准报价为基础，由市场供需形成[133]。

图4.14中显示1996—2015年北美和欧洲地区天然气区域定价中心的价格，由于北美亨利中心天然气定价中心建立较欧洲定价中心NBP早，前者于1988年成立，后者于1996年形成，因此取共同的时间进行比较。2006年以前北美亨利中心天然气价格稍高于英国NBP市场交易价格，但是最高也不超过2.3美元/百万英热单位，之后自2008年开始，英国NBP与亨利中心的天然气价格走势一致，但是NBP的价格远高于北美亨利中心的价格，甚至一度比亨利中心天然气价格高7美元/百万英热单位，这主要是由于美国页岩气开采技术发展，天然气开发成本降低导致，加之全球经济低迷。2014年美国亨利中心天然气价格仅为英国NBP气价的0.53倍，这与美国天然气开发成本低以及美国成熟的天然气市场有很大关联，依靠成熟的开发技术以及完善的管网设施，美国页岩气成本仅仅略高于常规气，是世界上唯一实现页岩气大规模商业性开采的国家。

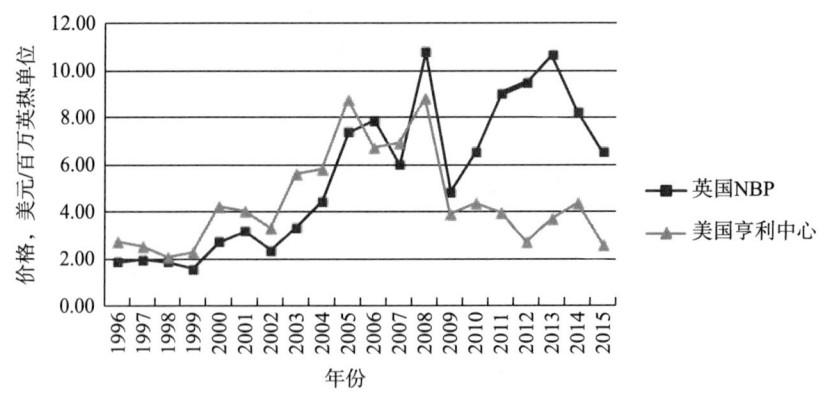

图4.14　1996—2015年北美和欧洲地区天然气区域定价中心的价格

Fig. 4.14　Prices of regional gas pricing centers in North America and Europe, 1996—2015

近年来，美国天然气开采成本仅为2~3美元/百万英热单位。充裕的天然气供应和低廉的生产成本，使得亨利中心气价从2005年的8.79美元/百万英热单位急剧下降到2014年的4.35美元/百万英热单位。而英国生产的天然气无法满足自身消费，每年都要进口天然气。2014年，英国消费天然气667亿立方米，进口329亿立方米，对外依存度为49.3%。英国国内天然气主要来自海底气田，通过连接气田和陆地的海底管线，到达海滩终端的岸上接收站，天然气的生产开发成本高于美国，平均为5美元/百万英热单位。2008—2009年间，英国NBP天然气价格下跌了55%，此次大幅降价与全球经济衰退有关。2008年国际金融危机，引发了经济危机，人们生活水平下降，包括能源在内的所有商品出现销售波谷。其次，2008年全球气温高于30年平均水平，冷却温度单位比2007年减少11%，温和的气温导致天然气消费减少。最后，与美国天然气价格走低有关。2008年的飓风Gustav和Ike导致370万美国客户（相当于25%顾客）电力服务中断，许多炼油厂、加工厂和其他天然气用户工厂被迫关闭，天然气平均井口价格从2008年的8.9美元/百万英热单位降低到2009年的3.9美元/百万英热单位，美国的天然气价格危机引发全球天然气价格下降。

第5章

亚太地区天然气区域定价中心形成分析

5.1 构建亚太地区天然气区域定价中心的分析

随着国际天然气产业链的快速发展，产业链逐渐向竞争型的结构转变，市场的结构不断变化，需要更高级的市场定价机制及市场组织形式与之匹配。目前，北美和欧盟已经处于成熟的天然气产业链发展阶段，形成了以亨利中心为代表的实体型天然气区域定价中心和NBP为代表的虚拟型天然气区域定价中心，定价中心的出现是市场化定价机制高级形式下市场组织结构的反映，保障了天然气市场平稳快速的发展。从天然气消费量（图5.1）可以看出，目前亚太地区与欧盟和北美的消费量差距逐步在缩小，是全球天然气消

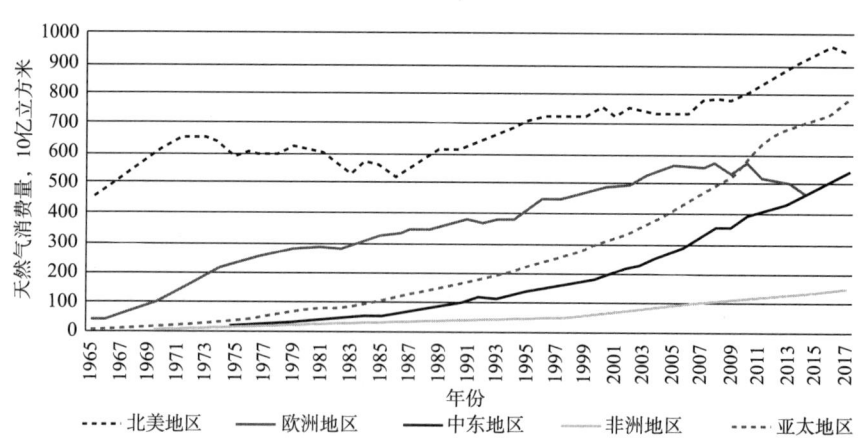

图 5.1 国际主要地区天然气消费量

Fig. 5.1 Natural gas consumption in major international regions

费量排名第三的大型消费区域地带，亚太地区天然气产业链正处于快速发展阶段，且目前没有合理的区域定价机制。因此，建立亚太天然气区域定价中心，对其区域天然气市场的发展，保障供需平衡，具有重要的战略意义。

5.1.1 快速发展的亚太天然气市场

据《BP世界能源统计年鉴2018》的统计数据，2011年日本发生福岛核电站事故，该国增大了天然气发电比例，天然气消费量增至1169亿立方米，同比增幅达到11%；同时，中国由中亚天然气管道进口约300亿立方米管道气，消费量提升至1509亿立方米，增幅达到了10%，二者成为亚太地区天然气消费量增长的主力。随后两年全球增长率连续下降，2014年增长率仅0.5%，创历史新低，主要原因是欧洲市场需求不旺和乌克兰的政治危机，导致俄罗斯管道气出口量大幅下降，欧洲这一年天然气消费量骤降448亿立方米，同比降幅4%。2015年全球天然气消费量增长率回升，达到1.7%，为上一年增长率的3倍多。2017是天然气的"丰收年"，全球天然气消费增加了3.0%（960亿立方米），产量增加了4.0%（1310亿立方米），均为金融危机以来的最高增速。天然气消费增长以亚洲主导，尤其是中国（15.1%，310亿立方米），其次是中东（伊朗6.8%，130亿立方米）和欧洲。与此同时，天然气产量也相应快速增长，尤其是俄罗斯（8.2%，460亿立方米），紧随其后的是伊朗（10.5%，210亿立方米）、澳大利亚（18%，170亿立方米）和中国（8.5%，110亿立方米）。

另一方面，国际能源署指出，亚太地区缺少能够组织对天然气进行交易的平台，从而导致其价格高于世界其他地区，因此对于快速发展的亚太地区，急需建立天然气区域定价中心。

5.1.2 亚太地区没有天然气区域定价中心

目前，亚太地区的天然气价格主要受石油影响，并且多为长期供应合同。发达国家希望通过签订此类长期契约，以保证其能源供给，从而保障其经济快速发展。同时，天然气供应方也期望得到稳定的回报，以满足其管道、设备等基础设施的投资建设。

相对于北美、欧盟天然气定价中心通过天然气的供需状况来确定天然气价格的定价方式，近年来，通过长期供应合同定价的这种模式使得亚太地区的天然气供应和需求不能反映其真正的价格，天然气价格虚高，这对天然气进口商的利益造成了巨大的损失,人们对于此模式继续存在的必要性产生了强烈的怀疑。从经济学角度分析,天然气供应商为了扩大市场份额,理应在其输入的地区或国家使得天然气比其他能源更具价格竞争力,但是从亚太区域天然气定价方式来看,其定价方式并不是基于市场的供需变化,而是与其替代能源石油的价格相联系。随着能源市场的发展,各种新型能源的出现,石油与天然气之间的替代关系逐渐降低,仍然保持与石油挂钩不再具有说服力。在亚太地区,缺少一种对天然气定价的市场化、透明化机制,准确地说是缺少能够组织对天然气进行交易的平台,仅仅依靠长期供应合同这种定价方式难以满足天然气市场大量的买卖交易。

以中国为例,进口 LNG 挂钩日本清关原油价格,国产气定价采用市场净回值法。一方面,前者因挂靠油价而价格高,后者因刚实现与可替代能源挂钩而尚不完善,内外气价失衡又导致进口 LNG 购销价格倒挂;另一方面,天然气交易因采取中长期合同而难以适应供需形势变化。

因此,构建亚太天然气交易中心可以通过价格和供需两个方面来进行,通过天然气的供给方和需求方的相互博弈以决定天然气的价格,同时这也可以根据价格反映出天然气的供需状况,通过这种方式来促进天然气市场良性运转。

5.1.3 构建亚太地区天然气区域定价中心的作用

天然气区域定价中心是在期货交易市场发展成熟时形成,区域定价中心是市场化定价的高级形态。天然气区域定价中心具有发现价格、平衡市场供需、提供区域交易的基准价格或参考价、规避价格波动风险等功能。

天然气区域定价中心最重要的功能是发出关于天然气市场价值的有效价格信号。价格发现是指在市场经济条件下,买卖双方通过交易活动,使某一时间和地点上某一特定质量和数量的产品的交易价格接近其均衡价格的过程。天然气区域定价中心的两个主要市场:现货市场和期货市场,现货交易形成的价格体现了市场对天然气价值的公允判断,期货交易形成的价格体现了市场对天然气价值的中长期预测,两者相互作用,共同决定天然气贸易价格和市场走势,能够准确反映区域内真实供求状况下的天然气价格。

天然气区域定价中心还具有平衡天然气市场供需的功能,对稳定和保障区域天然气市场供给和消费作用重大。在天然气区域定价中心,以供需形成价格,用价格反映供需,以此共同促进区域天然气市场良性运转。通过区域定价中心市场交易满足天然气用户长期合同或当年合同气量的不足，满足用户在特定时间和特殊市场条件下的特殊需求，应对突发事件。此外，在天然气区域定价中心交易的来自不同气源的众多供应商，能够增加供气的安全性和灵活性，促进竞争，降低交易成本，繁荣市场。

天然气区域定价中心可以提供区域交易的基准价格或参考价。基准价格是指某个行业中的商品的定价标准，它是最基本的价格，也是其他市场对该商品定价的参考价格。前面提到，在天然气区域定价中心形成的价格能够客观公允地反映市场基本面情况，具有价格发现的功能，该中心发现的客观、公允的价格进一步吸引区域内其他天然气交易市场以此作为参考基准，并辐射到整个区域内。因此，在区域性市场上的天然气交易活动涉及范围广，定价复杂的情况下，天然气区域定价中心能够为区域的天然气交易提供基准价格或参考价，这也是区域定价中心发挥作用的直观体现。

天然气区域定价中心可以规避价格波动风险。天然气区域定价中心的天然气交易价格和交易量具有强烈的相关性，是天然气当前市场价值和市场需求的真实反映。另外，天然气区域定价中心拥有一定深度的金融期货交易平台，期货市场中汇集了大量的交易商，他们或者出于套期保值的目的，或者出于投机的目的入市进行交易，大量交易者的存在使得任何一个交易者都不能操纵市场价格，从而能够稳定市场价格，规避天然气价格波动风险。不论是从供给方、需求方安排生产规划、还是交易商在期货市场的套期保值活动，天然气区域定价中心的形成都能够规避价格波动风险，为市场主体带来实际的利益。

5.1.4 争夺亚太地区定价中心的国家分析

下面主要从总探明储量、产量、消费量、管道气和 LNG 交易 5 个角度对亚太地区能够形成亚太地区定价中心的国家进行了分析。

在图 5.2 中可以看出亚太地区主要国家从 1980 年以来的天然气总探明储量，在天然气探明储量中，印度尼西亚、中国和马来西亚处于较高水准。2008 年后，印度尼西亚总探明储量下降，印度尼西亚在 2008 年以前，天然气总探明储量一直处于第一位，2013 年后随着国民经济的发展，中国对能源的需求量越来越大，特别是对天然气清洁能源的需求，2013 年中国天然气探明储量跃居亚太第一。

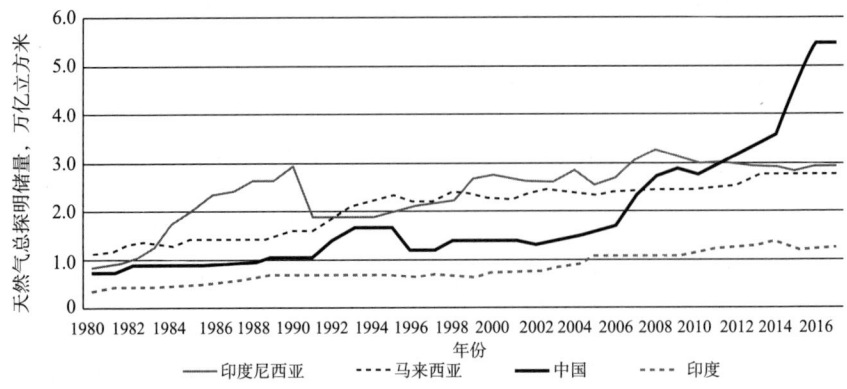

图 5.2 亚太地区主要国家天然气总探明储量

Fig. 5.2 Total proved natural gas reserves in major countries of Asia Pacific region

资料来源：BP。

产量方面，从图 5.3 中可以看出，2008 年之后，中国增速大幅增加一度超过印度尼西亚和马来西亚成为亚太地区产量大国，丰富的天然气资源，成为中国争夺亚太地区天然气区域定价中心的基础。

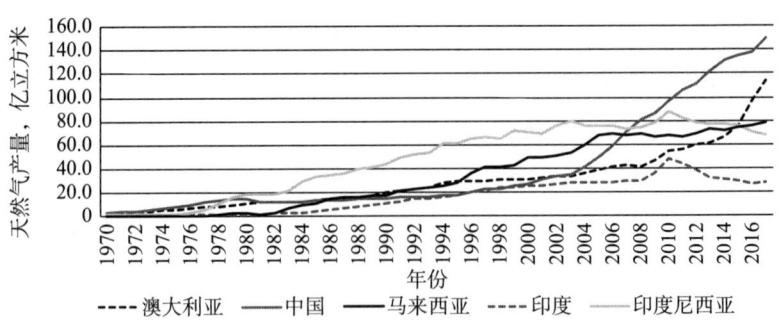

图 5.3 亚太地区主要国家天然气产量

Fig. 5.3 Natural gas production in major countries of Asia Pacific region

消费量方面，从图 5.4 可知亚太地区排名前三的国家主要是中国、日本和印度。自 1993 年以来，中国天然气消费量在能源总消费量中的比重逐渐加大，2009 年成为亚太地区第一天然气消费大国，2017 年中国天然气消费量 2404 亿立方米。

第5章 亚太地区天然气区域定价中心形成分析

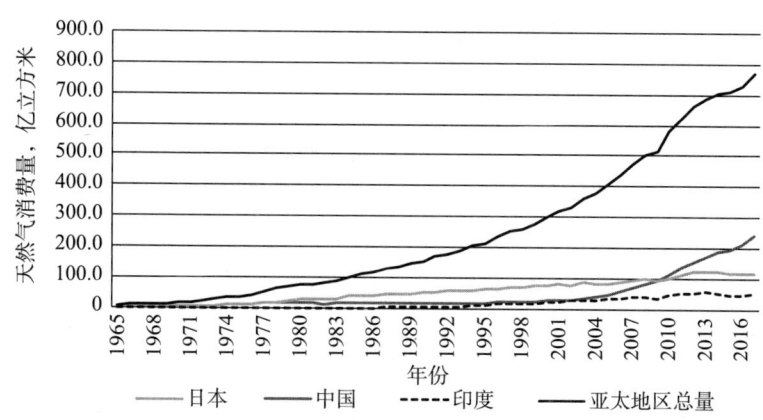

图 5.4 亚太地区主要国家天然气消费量

Fig. 5.4 Natural gas consumption in major countries of Asia Pacific region

在 2014 年和 2015 年天然气管道气和 LNG 交易方面，中国在亚太地区管道进口气排第一，日本主要是 LNG 进口大国，中国 LNG 进口位居韩国之后排名第三；在管道气出口方面印度尼西亚 2015 年达到了 105 亿立方米，LNG 出口方面达到了 219 亿立方米，在管道气和 LNG 出口方面均位居亚太第一（表 5.1）。

表5.1 亚太2014—2015年管道气和LNG交易情况

Table 5.1 Pipeline gas and LNG transactions in Asia Pacific 2014—2015

单位：10 亿立方米

	2014 年				2015 年			
	管道进口气	LNG进口	管道气出口	LNG出口	管道进口气	LNG进口	管道气出口	LNG出口
中国	31.3	26.5	—	—	33.6	26.2	—	—
日本	—	122.9	—	—	—	118.0	—	—
印度尼西亚	—	—	9.7	21.8	—	—	10.5	21.9
韩国	—	48.6	—	0.2	—	43.7	—	0.3
亚太其他地区	25.4	44.6	18.7	78.4	27.6	50.7	21.0	93.0

在综合分析了探明储量、产量、消费量、管道气和 LNG 交易 5 个方面，可以看出中国、日本、新加坡目前是最有条件形成亚太定价中心的国家。

5.2 天然气区域定价中心的形成条件

5.2.1 竞争型产业链结构

天然气区域定价中心是天然气市场发展的最终产物，也是市场化定价的高级形态，它不仅是一个天然气区域交易场所，其交易的价格更是一个市场供需基本面的真实反映。它的前身是天然气区域交易中心，天然气区域交易中心是天然气产业链成熟阶段市场结构的呈现。

北美方面，一系列的联邦能源管理委员会法令出台，从第436号法令开始，最终在第636号法令中，有效地分拆了捆绑式的服务，使州际管道公司不再拥有其管道系统上运输的天然气使用权，而是将其拆分给第三方。天然气购买者现在可以与许多不同的供应商谈判价格和规定合同条款，同时与管道公司单独签订运输、储存和其他服务，以满足他们的需要。放松管制和市场重组直接促进了用于管理季节性库存的储气库，二级运输市场的发展以及通过商品市场和电子公告板提供有关商品和运输价格的信息。天然气的价格信号在消费者和生产者之间快速传递，区域市场更加一体化[37-41]，随着产业链的结构逐步向竞争型改变，天然气交易市场出现了交易双方的聚集地，一般位于多个管网的交汇处，随之期货贸易的出现，更加刺激了天然气产业链市场化向高级形态的转变，促使天然气市场形成了区域交易中心乃至区域定价中心。

欧盟方面，自20世纪80年代以来，开始进行"天然气市场自由化"改革，进入20世纪90年代后，欧盟改革开始加快，自1998年欧盟颁布第一项天然气指令，之后2003年、2009年相继颁布天然气法令，这三次改革深入推进了天然气交易市场的发展。其目的在于让所有消费者（不论是商业用户还是居民用户）都能自主选择天然气供应商，在天然气市场创造新的商业机会，促进跨境的天然气交易，以此达到天然气资源的有效配置、形成天然气竞争性价格，为消费者提供高质量的服务，利于欧洲天然气供应安全和可持续性发展。这逐渐打破了天然气产业链的垄断结构，促进欧洲地区天然气产业链由发展阶段走向成熟阶段。同时，20世纪90年代以来出现了一系列的天然气虚拟交易点，最早出现的英国国家平衡点NBP凭借其自身天然气市场的供需量大、市场透明度高以及在制度和监管上的完善，后来发展为整个欧洲地区的天然气定价中心，其价格辐射至欧洲其他天然气交易中心。

5.2.2 成熟的天然气现货和期货交易平台

天然气市场的演变路径遵循这样的规律，起初是长期协议合同交易，之后为了平衡市场供需发展起来现货交易，随着交易期限进一步缩短，市场交易越加活跃，短期现货市场取代长期协议合同成为市场上的主体交易方式，直到具有风险规避和价格发现功能的金融期货交易市场的出现，表明天然气市场发展成熟，市场结构相当于完全竞争市场。

北美的亨利中心现货和期货交易模式在天然气市场得以产生和发展，使得天然气形成了一个竞争有序以及规避转移天然气价格风险为主的交易市场，期货市场的快速发展，又反向促进天然气现货交易市场的发育，使其交易流程也更加标准和规范性。成熟的天然气现货和期货交易平台使得亨利中心可以作为北美天然气区域定价中心。

欧盟方面，2012年和2013年NBP是所有欧盟天然气交易中心现货交易量最大的，分别占到欧盟现货总交易量的53.9%和45.8%。天然气现货交易的供需灵活性和价格弹性对于平衡市场需求、加快天然气市场和促进天然气产业链发展均具有重要作用。NBP总交易量（包括交易所交易量）是TTF的2倍，而TTF总交易量则是其他剩余天然气交易中心交易总量的2倍。NBP作为欧盟天然气区域定价中心，金融期货产品交易功不可没。其供求集中、公平竞争的特点有利于发现市场均衡价格，实现资源有效配置。目前，欧洲主要的商品交易所洲际交易所ICE、欧洲能源交易所EEX和欧洲大陆能源交易所ICE-Endex都推出了NBP天然气交易合约。

天然气现货交易合同履约期限短、交易形式简单、具有较大机动性和价格弹性，天然气期货的优点是资金使用效益高、交易方便、信用风险小，成熟的天然气现货与期货交易平台保证了天然气区域定价中心交易可以顺利进行。

5.2.3 发达的容量交易市场

在推进天然气区域交易中心向定价中心转变的过程中，充足的容量市场是其转型的关键。

北美区域的容量市场，从参与交易主体的类型来看，亨利天然气交易中心的参与者有上游天然气勘探开发商，州际区域经销商与承运商，中间独立天然气交易商，下游大型终端工业用户等。从1992年开始，亨利中心开始出现大量的短期期货合约，且每年增长迅速，并且在 2008 年之后，天然气期货合约的交易量明显增加，这为其成为北美天然气区域定价中心提供了很大的支持。从市场参与者和合约量上来看，亨利中心价格具有更大的潜力，最终成为区域参考价格。

由于欧盟大多数天然气交易中心是虚拟型的，其管输计价模式采用"入口/出口"模式。在该模式下，管道运营商需要在公开的交易平台上公布所有站场的进气或分输能力以供客户进行预定。欧洲天然气容量市场主要是天然气管道容量、储气库容量和部分 LNG 接收站容量的交易市场，该容量市场可分为一级市场和二级市场，在一级市场上，由管道或 LNG 及储气库运营商根据一定的配置规则将容量销售给用户，在二级市场上，用户可以转让持有固定容量的所有权或使用权。NBP 容量交易市场是欧洲发展相对成熟的市场。国家平衡点是依托于英国国家天然气管网系统建立的虚拟交易点，出于系统安全性考虑，其非常重视管网系统平衡。设计了诸多交易规则管理管输容量，避免管输拥堵现象，提高管输系统稳定性和高效运行，如：管输容量分配机制、平衡机制、不同期限管输容量产品设计、不同可靠性管输能力产品、拍卖机制、管输拥塞管理、超额认购–回购机制、非用即失、非平衡费惩罚等，在此基础上英国的容量交易市场发展起来并经过长年运行，逐渐成为成熟的交易市场。

成熟的容量分配规则和完善的市场交易体系，使得用户能够方便及时地以合理价格获得天然气容量，从而提高了天然气现货市场交易的灵活性和便利性，也极大促进了区域定价中心的形成、发展与成熟。

5.2.4 高效的监管体系

美国联邦政府于 1938 年出台了第一部天然气法规《天然气法》，随后出台了《天然气政策法（1978）》《436 号法令（1985）》;《放开天然气井口价法案（1989）》和《636 号法令（1992）》等，逐步推进了天然气市场的发展；美国联邦电力委员会 FPC（1938）和联邦能源管理委员会（1978）的设立，在很大程度上确保了市场的规范有序。英国于 1982 年颁布的《石油与天然气企业法案》迈出了市场化改革的第一步，之后天然气市场的发展皆在《天然气法案（1986）》《天然气法案（1995）》和《管网准则（1996）》等法律法规和天然气供应办公室、电力市场办公室等机构的监管下向前推进。可以说，天然气交易市场的建立和发展全都伴随着法律法规的健全及其对市场的规范，这也是天然气市场发展的软性条件。

欧洲第三次能源改革后，欧盟委员会进一步强调要加强能源批发市场的透明度和整体性，完善统一、透明、公平的市场秩序。目前，英国的天然气市场监管体系以法律为基础，在欧盟层面主要以欧盟委员会和能源监管合作司为主要的天然气市场监管机构，其中欧盟委员会主要负责实施和监督欧盟能源政策，具有最高决策权，而能源监管合作司主要协助各国跨境交易市场的建立并对其监督；在英国国家层面，英国政府成立了专门的天然气监管机构——英国天然气和电力市场办公室，具有独立于政府部门的监管决策权，在英国天然气市场权利最大；此外还有竞争委员会和公平交易办公室，从上而下的监管体系保证了欧盟天然气区域定价中心的良好运行。

高效的监管体系为市场创造良好的交易环境，维护市场秩序，监管市场运行，能够保证区域定价中心的协调运营。

5.2.5 充足的市场流动性

流动性是指市场将实物商品或资产转换为现金而没有任何价格折扣的能力。在进行交易时，市场被认为是流动的，它对当前的价格水平没有影响；微弱或不灵活的流动性可能会产生市场价格波动。市场流动性是衡量市场参与度、买卖双方报价差距、交易是否便利等的重要尺度。

流动性是决定区域定价中心能否形成的重要因素。作为天然气区域交易中心，它所处的位置必须能够吸引顾客进行充分的交易，产生足够的运输或其他服务收入来达到一定的收益以维持自身运转。位于路易斯安那州的亨利中心，有着巨大的天然气接收、交付能力，位于14个管道系统和存储设施交汇的枢纽位置，高达70个交易点的价格都由亨利中心提供，这些管道输送系统横穿美国东海岸、墨西哥湾及中西部地区，直至加拿大边境，拥有天然气资源的货主可以通过亨利中心进入美国中西部、东北部、东南部及海湾地区的市场。在物理流动性的角度看，亨利中心可以看作是一个商业交易平台，它的这种市场驱使力，使得北美不同地区天然气交易中心遵循了同样的价格趋势。

从2013年欧洲各天然气交易中心的市场流通率（市场交易量/消费量）来看，NBP在20以上，遥遥领先于其他交易中心。NBP在过去的十多年已经发展成为一个成熟的交易中心，吸引更多参与者，包括过去不是托运商的公司，这些公司只做 NBP 在洲际交易所（ICE）的期货交易。这与以前 NBP 交易都是被托运商掌控不同，现在这些公司也参与到实体现货交易中来。期货交易作为 NBP 交易的一部分，仍然在增长，并且其期货交易在洲际交易所的交易份额在 2011 年达到 1/3。基于市场主体的广泛参与，金融期货市场和现货市场的繁荣使得买卖双方报价差距缩小。高压管道联网交易便利，NBP 发展成为欧洲地区天然气定价中心实至名归。

5.2.6　争夺亚太区域定价中心主要国家条件分析

（1）中国与新加坡。

天然气交易中心构建的部分硬性条件为良好的港口和国际交通位置。而上海在这些方面的优势十分突出，上海的区位优势将在很大程度上推动天然气交易中心的建设和发展。储气库容量不足和储备体系不健全是中国天然气基础设施建设中的短板。从储气库容量的角度来看，2013 年中国储气库容量仅为全球总容量的 0.2%，储气能力为全球总能力的 0.3%，而美国这两项数据分别达到 29.8% 和 29.7%（据 Wood Mackenzie Gas Tool 数据库的资料）。2012 年 12 月出台的《天然气发展"十二五"规划》也提出"目前储气库工作气量仅占消费量的 1.7%，远低于世界 12% 的平均水平，储气库容量建设需要加速推进；从储备体系的角度来看，当前中国所建储气库主要为战略意义上的储气库且多位于西部地区，离用户较远而无法发挥调峰的作用，调峰型和商业型储气库严重缺乏，天然气储备体系有待建立和完善"。

中国天然气市场的其他基础设施较为完备，截至 2017 年 11 月，全国投入运营的 LNG 接收站共 15 个，其中归属于中国海油、中国石油、中国石化三家国企旗下的有 13 个，另外两个为九丰东莞接收站和广汇启东接收站。已投产的 LNG 接收站年接收能力共 5640 万吨，对比海关的 LNG 进口量来看，仍有大幅增加进口的富余能力。跨国管道方面，中国初步构建了西北方向的中哈油气管道和中亚天然气管道、东北方向的中俄原油管道、西南方向的中缅油气管道及海上四大油气进口通道，从原来单一依赖马六甲海峡，逐渐发展到海运与陆上管道进口并存、四大油气战略通道并举的多元化供气格局；国内管道方面，已建成以西气东输、川气东送、西气东输二线（西段）、陕京线、忠武线和永唐秦管道为骨干，兰银线、淮武线、冀宁线为联络线的国家级基干管网，全国性供气管网基本形成。由此可以看出，除储气库外，中国天然气基础设施条件良好，能够基本满足交易中心构建的硬性条件。

新加坡的软性条件优势突出，自由开放的市场化结构良好，2001年出台的《天然气法》明确了输配和销售分离，规定新加坡能源市场监管局（EMA）负责监管、新加坡贸易和工业部（MTI）负责能源定价，2008年颁布的《燃气管网准则》进一步明确了燃气管网第二方准入的具体管理框架；新加坡硬性方面基础设施建设不足，仅有一条跨国天然气管道（从马来西亚进口管道气）和一个LNG接收站（裕廊岛LNG接收终端），LNG接收站2014年扩建后仅有900万吨的容量，略高于其国内市场规模，用于天然气贸易的能力有限；新加坡内在基础方面劣势明显，市场规模小且产量、需求量、气化能力、储气能力等方面均弱于中国和日本，中长期竞争力受到较大限制。

（2）中国与日本。

中国天然气现货竞买交易已处于起步阶段，最早于2010年12月17日在上海石油交易所（SPEX）推出。同时，天然气现货交易正积极探索运输模式拓展，由槽车运输发展到通过中国石油长输管线交收，交收地域也由长江三角洲地区（以下简称为长三角）延伸到了用气紧张的珠江三角洲地区（以下简称为珠三角），交易模式不断升级。中国天然气期货市场虽尚未形成，但已呈现出萌芽态势。2013年8月22日上海自由贸易区设立，开始推进转口离岸业务和大宗商品流通，为天然气交易提供了平台支持；2013年11月22日，上海国际能源交易中心揭牌成立，业务范围包括组织天然气等能源类衍生品上市交易、结算和交割，有利于推动能源期货市场建设，发挥其风险管理、价格发现、供需调节等功能，标志着天然气期货交易迈出了关键一步。

2012年至今，上海石油交易所（SPEX）先后4次推出天然气现货交易，首日交易量从不足4000吨上升到11.18万吨，交易规模发展迅速。

2015年之后，无论是LNG还是PNG其容量交易在迅速发展，这也是中国建立亚太天然气区域定价中心最有竞争的因素之一。

日本优势主要集中在天然气进口量大，为全球最大的LNG买家，自福岛核事故后，LNG进口量继续大幅提升，然而，在2015年，日本核反应堆开始重新启动，旨在减轻该国对液化天然气的依赖。据LNG World News网站2017年8月2日消息，日本能源经济研究所表示，作为全球最大的液化天然气买家，随着日本多个核反应堆的重新上线，其液化天然气进口量在2017—

2018年将显著下滑。日本的天然气终端销售价格也许是世界上最高的,主要原因是日本天然气供应依赖进口LNG,而LNG的供应成本一般要高于管道气;日本进口的LNG价格通过日本原油综合指数(JCC)价格与原油价格相关联,JCC是指一揽子日本进口原油的价格。与JCC挂钩的LNG定价机制让日本在亚太地区天然气定价中占据主动地位,金融市场发展成熟使其拥有良好的大宗商品交易所;不足之处在于天然气需求量几乎全部依靠进口,缺乏自产气使其无法对冲国际天然气价格波动,对外议价能力缺乏,同时垄断的电力市场在一定程度上将阻碍新进入者,改革进程缓慢。

综上所述分析,中国目前最有优势争夺亚太天然气区域定价中心的话语权。

5.3 日本构建亚太区域定价中心分析

5.3.1 日本天然气产业链结构改革历程

日本能源资源极为匮乏,能源供给的对外依存度极高。尽管日本政府极力促进国内能源的不断挖潜,但是其能源对外依存度依然长期高于90%。日本天然气资源主要依靠进口LNG,1969年日本从美国阿拉斯加进口首船LNG。随着日本本国工业发展的不断进步以及LNG航运技术的发展,日本对LNG的进口量逐年增多。如图5.5所示。

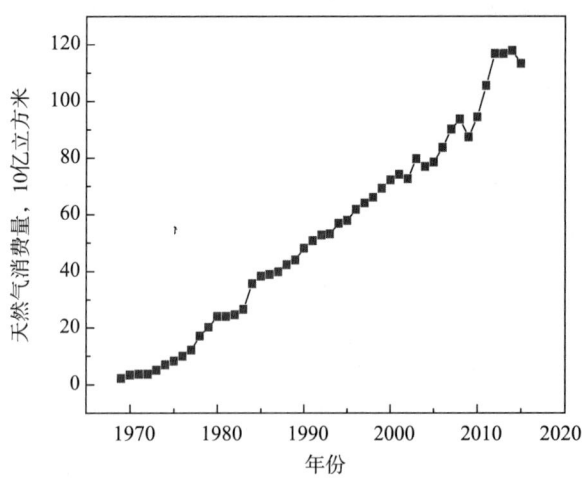

图 5.5 日本天然气消费量

Fig. 5.5 Natural gas consumption in Japan

资料来源:BP。

1973 年石油危机以前,天然气在日本一次性能源供给中的比例仅为 1.2%。石油危机发生后,日本遭受了能源供给中断的冲击,这也使得日本改用煤炭和天然气代替石油。在此之后,日本对 LNG 的需求量不断增加,日本制定了《天然气利用法》管理城市天然气公司。该法律规定由政府确定气价和划定城市天然气公司的销售范围,各城市天然气公司不得跨区经营。

为扩大天然气的消费,20 世纪 90 年代以来日本逐步放松对天然气市场的管制。1995 年日本修改《天然气利用法》,放松了对年用气在 200 万立方米以上的大用户的管制:自由协商天然气价格;天然气公司可以向其服务范围以外的大用户供气。

1997 年通商产业省成立了"城市天然气产业结构改革研究组",重点研究通过放松政府管制、增加竞争性和信息披露降低天然气成本的方案。

1999 年日本再次修改《天然气利用法》,修改的主要内容为:1995 年修改的《天然气利用法》降低了年使用 200 万立方米以上用气大户的税率。1999 年,享受优惠税率的大用户范围从年使用 200 万立方米降低到 100 万立方米。这一政策涉及的用户使用量占城市天然气消费量的 1/3,促进了大用户的使用量。1997—2000 年,日本天然气大用户的数量一直在增加,使用量大幅度提高。

开始于 2000 年的电力部门监管改革也极大地影响了天然气市场。电力和城市天然气公司现在可以进入其他领域并经营其他业务。竞争最活跃的地区是关西,大阪煤气公司和关西电力公司正在互相进入对方的领域。过去城市天然气公司调整民用天然气价格要得到政府的批准。天然气公司要降低民用价格,只需在政府备案即可,不必获得政府的批准。同时,天然气公司可以采取灵活多样的天然气销售计划,当根据不同消费量制定的折扣税率和价格能够被证明提高了现有设施的使用效率或者运转效率时,就可以在政府备案实行。为了保证 2010 年能源供给和需求稳定,日本政府资源和能源咨询委员会提出了能源储备、可再生能源和新能源应用、石油供给等计划。该委员会的报告指出,2010 年日本天然气占全部能源消费的比例从 1999 年的 12.7% 提高到 14%。

2011 年日本大地震之后出现了核电安全问题,考虑安全因素及民间压力,日本的电力公司多选择天然气发电站代替核电站,日本对 LNG 的需求也是"突飞猛进"。而日本海关的数据则显示,地震当年日本共进口了 7853

万吨 LNG，进口量同比增长了 12% 左右。而根据日本电力公司联盟的统计数据，仅日本最大的 10 家电力公司 2011 年下半年就消费了 2670 万吨 LNG，消费量半年内提高了 18.7%。在 2011 年 3 月份事故发生前，日本已是全球最大的 LNG 进口国，事故发生后又不得不进一步增加进口，填补停用核电设备所造成的 490 亿瓦发电缺口。2012 年，日本的 LNG 需求已占到全球需求总量的 37%。需求量的大幅上升，刺激了亚洲 LNG 现货价格的飙涨，统计数据显示，2012 年日本进口的 LNG 平均价格为 16.70 美元/百万英热单位，几乎是美国纽约商品交易所 2011 年美国天然气平均交易价的 6 倍。

由于天然气价格持续上涨，日本发电企业不堪重负，2013 年 6 月份日本经济产业省批准了北海道电力、东北电力、四国电力 3 家公司上调家庭电价的申请。北海道电力的平均涨幅为 7.73%、东北电力和四国电力为 8.94% 和 7.80%。这是东北电力和四国电力近 33 年来首次以彻底调整电价体系的方式实施涨价，北海道电力则为 32 年来首次，3 家公司均将于 9 月 1 日起上调电价。电价上调传导至下游产业，引起了一系列物价的上涨。2013 年，日本出现了 14 万亿日元的巨额贸易逆差。这期间，发电成本上涨了 4.4 日元/千瓦时，工业电价增长了 43%，LNG 价格的上涨对巨额逆差起到了重要作用[134]。

2013 年 9 月，美国能源部有条件批准了位于马里兰州 Cove Point 的 LNG 出口项目，该项目此前已与日本及印度的进口商签订了长达 20 年的长期供货合同。此外，日挥株式会社（JGC）于 2014 年表示，该公司获得了一份协助建设加拿大 LNG 厂的协议。JGC 在声明中表示，雪佛龙与阿帕奇公司加拿大分部各拥有这座 LNG 厂 50% 的股份，该厂年产能为 1100 万吨的 LNG。2015 年日本开始重启核电站，可见如何获得较低价格的 LNG 已成为日本未来能源战略的重点。

5.3.2　日本天然气市场化定价分析

日本自 20 世纪 90 年代开始逐步放开国内天然气市场准入，打破政府管制定价的藩篱，推动企业自主定价改革，以期降低国内用气成本，确保上中下游价格传导顺畅。日本的天然气市场化扩大改革大致经历了 5 个阶段，20 世纪 90 年代，日本先后两次放松国内天然气市场准入管制，21 世纪初的前 10 年日本又经历了两次市场化扩大改革，目前已达到完全市场化进程（图 5.6）。

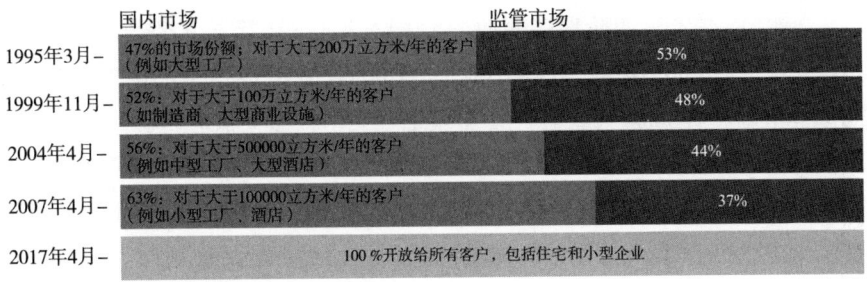

图 5.6　日本零售天然气市场开放的阶段

Fig. 5.6　Phases of retail gas market liberalisation in Japan
资料来源：国际能源署。

日本城市燃气市场分为两部分：监管部分（包括小客户）和放松管制部分（包含大客户和批发业务）。在监管部分，经济产业省指定的城市燃气公司可以在其供给的地区垄断供应。这些公司必须遵守供应和安全义务以及关税条例。放松管制部分包括年用气量 10 万立方米以上的客户。允许供应商自由进入该行业并不限制其供应地区。天然气关税通过供应商和客户之间的谈判确定。

自 1995 年开始，城市燃气零售市场开始了 5 个阶段的自由化。

第一个阶段是 1995 年开始，政府放开了对天然气年消费量超过 200 万立方米的大用户的管制，主要包括一些大型的工厂，大用户可以直接与天然气供应商进行议价，天然气供应商可以对服务范围以外的大用户进行供气，零售市场的自由化程度达到 47%。

第二个阶段自 1999 年起，政府放开了对天然气年消费量超过 100 万立方米的用户的管制，主要是一些制造公司和大型商业设施。此外，还允许日本的 4 家地区天然气公司在他们供应地区之外销售天然气。同时为这 4 家地区公司的输气管道引入了"第三方准入"（但不包括液化气接收站）。取消管制的部分已约占城市天然气市场的 30% 和电力市场的 20%，整个天然气零售市场自由化程度达到了 52%。

第三个阶段开始于 2004 年，日本政府不断扩大用气大户的范围，降低自由议价的市场准入条件，天然气年消费量超过 50 万立方米的用户也可以直接与供气商议价，这主要是一些中型工厂和大型酒店等，此时天然气零售市场自由化达到56%。

2007年进入第四阶段，对每年合同量超过10万立方米的用户类别，包括小工厂和办公楼等，可与供应商直接协商供气，扩大了用户对供应商的选择范围。且2004年的修正法案就已经要求天然气供应商确保第三方有权使用其输配管网和LNG接收站。到2007年，天然气消费需求中解除价格管制部分所占比例达到了65%。天然气供应的新加入者占比达到15.3%，日本天然气产业市场化改革取得了一定成效。此外，关税增加需要经过经济产业省的批准。相反，天然气公司要降低民用价格，只需在政府备案即可，不必获得政府的批准。市场年度合约超过10万立方米的用户，关税率全面放开。

2011年3月，日本终止了核电生产，导致天然气进口量增加了20%以上，在此情况下，日本政府于2013年11月12日制定了市场化扩大计划，旨在全面开放对小型用户天然气的价格管制，并进一步促进天然气供应多元化。2013年11月，自然资源与能源气体咨询委员会系统改革小组委员会开始对气体系统改革进行审查，包括全面改革天然气市场开放和第三方准入（TPA）条件和LNG终端的关税。根据这个审查过程的结果，修订了"天然气业务法"提交给2015年6月通过的国会。天然气行业的自由化在2017年4月全面完成。2022年，目标是允许新进入者获得更多的基础设施。

未来，日本天然气市场化的终极方向是上游供气和下游销气完全市场化，把LNG接收基地和城市配气管网输运业务独立出来，使其完全处在政府严格监管下。实现政府"放开两头，管住中间"的市场格局。

5.3.3 日本构建亚太区域定价中心的条件分析

日本天然气消费主要用于发电，其次是居民和商业消费，用于工业消费的比例则很小。2017年，日本天然气消费量为8450万吨，年增长率为2.4%。但是日本没有综合性的天然气运输系统，因此严重缺乏在电力以外部门推进全国性天然气需求增长的输气网络，日本的管道设施状况限制了天然气市场的进一步发展。其管道网络仅覆盖5%的国土，而管道网络的进一步发展又受制于法定路由权问题和很大的城市密度[135]。

日本正致力于开发灵活透明的LNG市场，同时充分发挥其作为全球最大的LNG消费国的地位，发展国际认可的LNG贸易中心，这个贸易中心既可以吸引来自世界各地的 LNG 贸易又可以确定和传送 LNG 的价格信号。这种努力将缓解供需调整和价格仲裁，进一步稳定采购，加强整个国家谈判价格的力量。目前，日本将继续成为世界上最大的 LNG 消费国，国内和全球 LNG 市场有望动态发展。目前日本已经具备构建亚太区域定价中心的条件如下：

（1）LNG 市场需求量大、供应充足。

随着 2014 年 11 月 Hibiki LNG 终端的商业启动，日本全国 LNG 接收能力增加到 190 万吨/年（262 亿立方米/年），相当于世界总量的 26%。2015 年，3 个额外的大型码头或码头扩建，年均总装机容量达到 350 万吨。2014 年的能力利用率为 47%，比 2013 年的 48% 略有下降。利用率一般平均为 50% 作为进口季节性的结果。2014 年 LNG 进口额比 2013 年增长了 1.5%。自此以后，需求量迅速增长。需要建立天然气区域定价中心，必须要有充足的天然气供应才能形成市场交易。为此，日本已与美国达成 LNG 进口协定，2017 年开始日本可从北美每年进口 1700 万吨 LNG。在支持个体和企业寻找廉价气源方面，日本政府一向表现积极，采取了许多鼓励措施，包括税收优惠，如日本进口 LNG 的关税为 3%，增值税为 4%，进口环节综合税率为 7.1%，这还没有日本 8% 的消费税高，这些鼓励措施极大地提升了日本个体和企业开展天然气贸易和投资的积极性和竞争力。在气源多元化方面，日本国内形成了以 Inpex、Japex、三菱商事、三井物产、住友集团等为主导的及其他各类公司共同参与的上游供气市场（主要包括上游勘探开发和 LNG 进口）。

（2）处于 LNG 贸易路线战略位置。

日本独特的地理位置使得其在进口 LNG 中占据了优势地位。自从美国爆发页岩气革命后，北美地区的 LNG 价格逐渐降低，日本的战略位置保证了日本既可以进口来自澳大利亚、马来西亚等国家的 LNG，也可以保证其可以从东海岸进口北美的 LNG。

从图 5.7 可以看出，日本进口 LNG 来源越来越丰富，自最初的大部分集中于从印度尼西亚进口到目前气源分布广泛。2015 年日本进口 LNG 总量近 1200 亿立方米，进口来源自澳大利亚（占比 22.9%）、马来西亚（占比 18.7%）、卡塔尔（占比 15.8%）、俄罗斯（占比 8.5%）、阿拉伯联合酋长国（占比 6.7%）等。

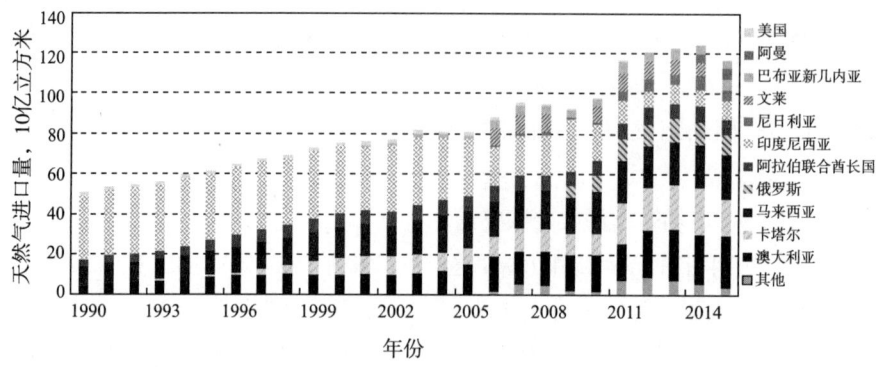

图 5.7　1990—2015 年日本按国家分列的天然气进口量

Fig. 5.7　Japan's natural gas imports by country, 1990—2015

注：2015 年数据为预计数据。

资料来源：国际能源署（2015），天然气信息数据库，www.iea.org/statistics/.

（3）日本天然气基础设施日益完善。

①储存容量和 LNG 终端。

虽然日本没有地下设施来储存处于气态的天然气，但它有 31 个运行中的 LNG 接收终端，2015 年年底天然气储存容量约为 10 亿立方米。大部分 LNG 终端均为位于东京、大阪和名古屋的主要人口中心，靠近主要的城市和制造中心，由地方电力公司单独或与天然气公司合作拥有。这些天然气公司也拥有日本的 LNG 油船队伍。目前正在建设或正在进行试运行项目将在 2020 年前建成投产。日本的总库容达到近 30 天的国内天然气消耗。该国计划在现有码头建设新的 LNG 设施或扩大储存能力，这将在不久的将来给国家带来额外的储存能力。

LNG 终端由电力公司、城市燃气公司等钢铁公司和地方政府所有。电力公司拥有接近 LNG 储存容量的一半，其次是燃气公司（超过 40%）。在 31 个运营 LNG 码头中，11 个由电力公司、燃气公司、工业或地方政府共同赞助。

②管线。

日本国内已经形成了区域划分但公平开放的管道网络。日本先后在 1995 年和 1999 年推动天然气公用事业改革，放开对国内天然气管道运输的管制，引入更多的外部竞争。此后，日本不再限制天然气公司、电力公司或贸易公司建立自己的输配管网，只需要在投建时报政府审议即可。在此政策的推动下，日本形成了一批新的私有管道服务公司，但各服务公司自营管网相对较短，只有城市配气管网，缺少长输管网。日本是用气大国，管道基础设施设计用于连接终端和附近的市场。各地区之间的管道互联性很小，内部管道网络有限。受制于地理区位，国家被广阔的水域隔开，无法修建跨境管道[136]。国家之间的物理连接很少，对 LNG 进口更为依赖。

通常，日本进口的 LNG 先到达分布在沿海各地的接收站后，再经由天然气公司和管道服务提供商拥有的城市管网系统输送到终端用户。日本国内天然气市场消费地主要集中在城市，城市配气管网系统主要由城市天然气公司负责建设运营。

由于不存在管网容量限制，日本法律规定城市天然气管网可由第三方公平接入，拥有天然气管网的企业都必须公布其向第三方提供运输服务的条件和条款，有义务向第三方授权准入其管网，不得拒绝和歧视第三方用户，管网运输价格必须向日本经济产业省通报，并由其审议批准。日本政府也不断地完善国内的管网建设，未来会形成更加完善的管道网络。

（4）公平竞争的下游多级分销市场。

日本在国内通过出台税收减免、信贷优惠等政策鼓励新天然气企业进入，甚至各级政府还直接参与投资创办天然气企业。2013 年，日本全国共有 209 家天然气零售企业，其中 180 家是私营企业，29 家为各级地方政府所有。除了部分电力公司经营天然气外，日本城市燃气公司主要有东京天然气、大阪天然气、东邦天然气、西部天然气等。分用户类型看，面向东京、大阪和名古屋等大都市的天然气供应主要由东京天然气、大阪天然气和东邦天然气通过自营管网直供，而面向中等规模用户的天然气供应由 119 家企业负责，面向小规模用户的供气服务由 81 家企业负责。经过五轮次市场化扩大改革，日本下游城市天然气供应形成了公平竞争的市场格局，按照市场机制自主协商定价部分占到 65%，35% 的面向小型用户部分需要由政府管制定价。

（5）完善的金融市场和金融机构。

日本的股市、债市、衍生品种类繁多、机制完善，对金融机构的风险控制、法律监管、市场机制十分成熟。日本的金融自由化程度、国际化程度都很高，能够有效利用海外市场和外资。

第一个日本 OTC 交易所（JOE）——促进 LNG 不可交割的远期交易是在

2015 年 7 月 31 日实现的，并且在此之后也不断地完善。

（6）由于电力和天然气市场的开放，加强了日本 LNG 采购商的市场化行为。电力市场的全面开放于 2016 年 4 月开始，2017 年 4 月全面开放天然气市场，这大大改变了日本全球最大的 LNG 消费国电力和天然气公司的行为。具体来说，由于能源需求预测不明确，LNG 采购商将寻求更灵活多样的方案（区域，采购周期，价格公式等）。

此外，扩大可再生能源的引进将进一步增加 LNG 需求的不确定性。在自由化的电力和天然气市场，LNG 的采购成本直接影响到这些公司的竞争力。为了适应这种变化，日本企业将尝试利用灵活的市场作为优化和对冲其 LNG 组合数量和价格的手段。短期来看，一些长期合约盈余的买家可能会在日本和海外成为现货卖家。新的采购模式很可能会被广泛采用，结合采购的新方式，即不同的企业在市场上进行短期或现货采购 LNG，传统的采购人员为每个项目签订长期合同的采购模式暂时不能被否认。日本采购模式的变化可能是改变全球 LNG 市场的关键驱动力。

5.4 新加坡构建亚太区域定价中心分析

5.4.1 新加坡天然气产业链结构发展历程

新加坡于 1992 年通过连接马来西亚的第一条管道开始进口天然气，城市天然气增长的历程与其他发展中的亚洲经济体相似（虽然新加坡的天然气规模较小）。

在这两条根本性原则的基础上，新加坡天然气市场开放在诸多方面都看齐欧美市场。输配与销售实现分离，而且，正在扩建的裕廊岛 LNG 接收站刻意将所有权和运营权分离，成为亚洲首个开放的 LNG 接收站；天然气批发价格放开，目前仍与原油价格挂钩，待裕廊岛 LNG 扩建完成后，不同计价方式的 LNG 进入储罐，届时将会动摇与油价挂钩的计价方式；而 2008 年颁布实行的《燃气管网准则》（Gas Network Code）为新加坡的天然气管网运行、管输能力分配、管输系统运营商（Transmission System Operator，TSO）以及托运人的责任确立一个清晰的管理框架，使得燃气管网向第三方无歧视性开放真正成为可能。

新加坡最值得称道的是其良好的金融环境。新加坡充分发挥其地理位置优势，目前已经成为世界最大的原油贸易中心之一。新加坡政府也雄心勃勃，意欲将新加坡打造成为全球大宗商品贸易中心，并通过全球贸易商计划（Global Traders Program），给予在新加坡设立交易柜台的交易商以税收优惠。此举吸引了大量的能源贸易公司入驻。天然气企业也自然蜂拥而至。大量的国际能源交易企业汇聚新加坡，天然气贸易所需要的金融服务触手可及。早于2010年，新加坡便推出了LNG掉期交易产品。鉴于其大宗商品贸易基础设施建设已经较为成熟，在其LNG接收站尚未建成之前，新加坡已初具LNG贸易中心规模了。

5.4.2 新加坡天然气市场化定价分析

新加坡政府在2000年3月11日宣布按所有权不同将可竞争的燃气业务部分从非竞争的部分中分离出来。所有的燃气输配送网只能由一个燃气公司拥有，对所有参与者开放并非垄断地使用。

竞争性能源市场将为新加坡经济的能源定价、基础设施和能源效率措施的投资提供信号。新加坡对天然气市场的态度可以被认为是亚太地区宽松的方式之一。

（1）天然气行业的运输和商业活动分离。

2001年新加坡的《天然气法》将商业活动与天然气部门的运输活动分开。新加坡煤气公司在2002年剥离了其商业活动。商业天然气进口活动被分拆出售给天然气供应有限公司和天然气零售城市燃气有限公司（均转让给国有投资公司淡马锡）。2008年，胜科天然气的网络资产也转移给了新加坡煤气公司（胜科煤气保留了其商业进口和销售活动）。随后，新加坡煤气公司在新加坡拥有并经营天然气网络（天然气和城市燃气），并受新加坡能源市场管理局监管。新加坡煤气公司现在是新加坡电力（SP）的子公司。同样，新加坡正在建设的液化天然气终端是亚洲第一个开放接入终端，故意将基础设施的所有权与商业活动分开。由独立监管机构新加坡能源市场管理局进行监管。这有效地将商业活动与新加坡有关基础设施的活动分开。

（2）价格放松在批发层面。

新加坡放开了天然气批发价格。然而，批发价格仍然反映了油价走势，这与印度尼西亚和马来西亚的长期进口合同与石油有关。与油价走势的相关性可能在2014年之后发生变化，新加坡LNG公司码头扩建完成，LNG定价水平进入新加坡市场，进一步淡化PNG进口设定的石油指数商品价格。

（3）充足的管网容量和非歧视性的管网进入权限。

新加坡的第三方准入在2008年生效的"天然气管网规范"（GNC）中得到了保证，为新加坡综合天然气管网制定了规则。GNC为网络上的管输系统运营商和托运人建立了一个清晰的网络运营框架、能力分配和责任，使得他们能够公开和非歧视地进入天然气管网。在新加坡开发LNG终端的决定将使新加坡的进口能力远远超出目前的国内消费需求。液化天然气终端的初始阶段通过英国天然气公司（BG）需要承包能力4.1亿立方米；随着这种能力迅速增加，政府决定扩大产能。在一个8.7亿立方米（2010年）的天然气市场中，新建LNG终端的最终产能将达到8.2亿立方米，将提供相当大的供应能力。为了商业化运营液化天然气终端，政府需要一种让液化天然气进入市场的方法。

为了实现这一目标，新加坡政府实施了PNG的进口管制，允许建立对LNG的需求。自2006年以来，天然气的进口管制已经生效，并且允许旧的PNG合同履行。新的PNG供应合同必须经过新加坡能源市场管理局批准，并且只能用于非商业用途和其他用途。巴布亚新几内亚供应允许以桥接方式签订，并将在2013年4月之前终止（该新加坡LNG公司终端将于2013年5月开始商业运营），剩下的一大障碍就是政府在新加坡LNG公司码头开始运营之后将如何让天然气进口发展。最初，在液化天然气终端开始运行后，PNG进口限制不会被修改。政府愿意支持天然气领域的竞争，但表示，只要新加坡LNG公司的第一阶段未完全签约，它将限制PNG和LNG之间的直接竞争。随着第一阶段全面签约，第二阶段新增产能建设全面展开，澄清巴布亚新几内亚进口限制的前景对于市场各方对新加坡天然气市场竞争力的信心至关重要。在2013年以后的新加坡天然气市场中，新的PNG的第三方准入限制可能会使新加坡天然气市场的竞争力降低。政府及时披露新PNG和新加坡LNG公司终端第二阶段的产能分配有利于增加市场的信心和竞争力。

（4）市场参与者的数量。

由于新加坡天然气市场与周边天然气市场相比规模较小（约100亿立方米），销售是否能够产生足够的流动性来推动未来天然气价格仍有待观察。新加坡天然气市场上有九家托运商正在活跃，其中六家已经在新加坡LNG公司码头预订了总计2.7亿立方米的能力。新加坡天然气市场将由5个天然气进口商在新加坡LNG公司投入运营时提供。新加坡能源市场管理局与英国天然气公司（BG）签署了一项收集者协议，其中规定了向新加坡供应液化天然气的定价细节和其他条款和条件。英国天然气公司（BG）作为 LNG 聚集器的角色是聚集来自新加坡所有天然气最终用户的再气化 LNG 的需求，并从其全球组合中为这些最终用户采购 LNG 供应。这大大增加了向新加坡提供天然气的上游来源的数量，随后的扩张将使更多的竞争来源的 LNG 出现。正如中国所提到的，新加坡有能力促进 PNG 和 LNG 之间的竞争，增加可能的上游竞争者（如果目前的进口限制得到妥善解决）。新加坡 LNG 公司码头不仅可以为新加坡市场提供服务，而且还可以通过再出口能力服务于更广泛的亚太地区（如果经济允许的话）。随着 LNG 再气化基础设施在东南亚地区的扩张，这将增加新加坡 LNG 公司运营的相关市场区域，从而增加供应和需求的竞争对手数量。

（5）金融机构的参与。

新加坡目前是全球最大的石油贸易枢纽之一，在亚洲不断增长的市场中处于中心位置。政府长期以来一直希望成为亚洲主要的商品中心，通过全球贸易商计划（Global Traders Program）吸引商品交易商，该计划为企业在新加坡设立交易柜台提供税收优惠。这导致能源贸易公司大量流入。

天然气公司也开始在新加坡设立交易柜台。各种国际石油公司的存在确保了金融服务的可用性，以迎合天然气贸易行业。新加坡的银行在 2010 年引入了金融 LNG 互换。在已经很强大的大宗商品交易基础设施的支持下，新加坡甚至在 LNG 进口实体基础设施建立之前就将自己建立为 LNG 贸易中心。

5.4.3　新加坡构建亚太区域定价中心的条件分析

新加坡市场化程度较高，但基础设施有待发展。

（1）法律和政策基础良好。

2001 年，新加坡通过《天然气法》，明确输配和销售分离，并由新加坡能源市场管理局（EMA）负责监管；此外，新加坡贸易和工业部（MTI）于近年确立了能源定价权，明确竞争性的能源市场有助于形成合理的能源价格，并给能源基础设施建设和提高能效措施提供价格信号。这些法律和法规的颁布使得新加坡天然气市场成为亚洲地区政府干预最少、最宽松的市场[137]。

（2）天然气基础设施的第三方准入程度高。

早在 2008 年，新加坡即颁布实行了《燃气管网准则》，为天然气管网运行、管输能力分配、管输系统运营商以及托运人的责任构建了一个清晰的管理框架，使得燃气管网可以无歧视地向第三方开放，实现销售与配输的分离。目前正在扩建的裕廊岛LNG接收站也是亚洲首个实现第三方开放的LNG接收站。

（3）金融体系比较完备，场外衍生品市场比较成熟。

在充分发挥地理和历史的优势下，新加坡目前已经成为世界最大的原油贸易中心之一。大量的国际能源企业以及金融机构汇聚新加坡，使得新加坡可以提供天然气贸易所需的充足的金融服务。另外，新加坡在石油现货贸易发达的基础上，发展了比较成熟的场外衍生品交易市场，包括互换、价差合约等场外衍生品。这些衍生品的发展能够与现货、期货交易相互补充，实现规避风险和跨期、跨市场、跨品种套利等操作，从而完善天然气市场的交易体系。

（4）基础设施有待完善。

与日韩相同，新加坡同样缺乏国产天然气，而进口途径目前仅一条从马来西亚进口天然气的跨国管道和一个LNG接收站（裕廊岛LNG接收站）。裕廊岛LNG接收站目前的年接收能力仅有900万吨（约合125亿立方米），其储气能力相对有限。另外，新加坡国内的市场规模为100亿立方米，国内市场参与主体有限。市场规模和基础设施问题一定程度上制约了新加坡天然气实物交收规模，不利于天然气期货市场的发展。新加坡近两年来也在积极扩建裕廊岛LNG接收站，并规划新建LNG接收站等，以进一步完善天然气贸易所需要的基础设。

5.5 中国构建亚太区域定价中心分析

5.5.1 中国构建亚太区域定价中心的条件分析

为争取天然气定价话语权、抢占地区性基准价格建立的先机，亚太主要港口城市纷纷提出在2014—2020年间构建天然气交易中心，新加坡将打造全球天然气贸易中心作为其未来5年的发展战略；马来西亚投资13亿美元修建边加兰LNG终端，目标直指2020年建成亚洲LNG交易中心。紧迫的外部形势倒逼着中国加速推进天然气交易中心的构建工作。构建天然气交易中心需要满足内在基础、硬性条件、软性条件3个方面的要求，其中内在基础包括成熟的天然气现货和期货交易平台、充沛的天然气供给量；硬性条件包括良好的港口和国际交通位置、完备的基础设施、国际天然气能源与金融公司；软性条件包括自由开放的市场结构和健全的法律监管体系。

（1）现货与期货市场已开始起步。

中国天然气期货市场虽尚未形成，但已呈现出萌芽态势。2013年8月22日上海自由贸易区设立，开始推进转口离岸业务和大宗商品流通，为天然气交易提供了平台支持；2013年11月22日，上海国际能源交易中心揭牌成立，业务范围包括组织天然气等能源类衍生品上市交易、结算和交割，有利于推动能源期货市场建设，发挥其风险管理、价格发现、供需调节等功能，标志着天然气期货交易迈出了关键一步。

（2）充沛且快速增长的天然气供给量。

中国天然气供给主要来源于国产天然气、进口管道气和进口LNG这3个部分。根据国际能源署全球能源数据，中国还有非常规天然气发展潜力，预计2020年国内煤层气和页岩气产量将达到400亿立方米，占国产气的15.4%。充沛且快速增长的天然气供给量为交易中心的构建奠定了坚实的内在基础。

（3）天然气供应源及供应商趋于多元化，基本达到了天然气交易市场的供应竞争条件。

目前，中国天然气市场已形成了国产陆上气、海洋气和LNG，进口管道气和LNG的多元化供应格局。除中国石油、中国石化和中国海油三大石油公司外，地方石油公司、浅层气公司、煤层气公司、煤制气公司、LNG生产公司、页岩气勘探开发公司等中小型天然气生产商也在向市场供应天然气。

（4）已实现天然气跨区域调配，可以保障天然气交易的气量交割。

2013年，中缅天然气管道工程成功投产运营并与西气东输二线的中贵线连通。至此，中国不但实现了两个陆上天然气进口通道的相互连接，同时完成了西北、西南管道气与东北和东南沿海LNG气源的互联互通，形成了覆盖全国主要省区的骨干天然气输送管网，跨省和区域的天然气资源调配成为现实。新疆、川渝地区、北京、陕（西）甘（肃）宁（夏）地区、广东、上海、沈阳等地已经逐渐形成中国重要的天然气管道枢纽或天然气供应集散地。

（5）天然气市场需求旺盛，用户有购买现货天然气的需求。

在中国经济持续稳定增长和社会不断进步的推动下，市场需求量不断增加。局部地区在冬季天然气消费高峰期或突遇气温骤降时，天然气供应较为紧张。在天然气供应受限的情况下，用户希望增强天然气供应的灵活性，以市场价格购买更多的天然气。上海石油交易所推出 LNG 现货交易后，市场反应积极，交易量稳定增加。

（6）国家政策支持，开展天然气现货交易的时机基本成熟。

2012 年，国家发展改革委颁布了新的《天然气利用政策》，能源局发布了《天然气发展"十二五"规划》，并以上海石油交易所为平台，牵头发起了迎峰度夏 LNG 现货交易；2014 年年初，国家发展改革委和能源局相继出台了《天然气基础设施建设与运营管理办法》和《油气管网设施公平开放监管办法（试行）》，解决了制约天然气现货交易的管道第三方准入问题；此外值得一提的是，国家发展改革委在 2013 年对天然气价格机制进行了拟市场化改革，为实行天然气现货交易创造了条件。

（7）上海的区位优势明显。

天然气交易中心构建的部分硬性条件为良好的港口和国际交通位置，以及国际能源与金融公司。而上海在这些方面的优势十分突出，主要集中体现在以下 5 个方面：①上海地理区位得天独厚，航运可辐射全球主要 LNG 市场，是亚太地区重要的港口城市；②上海正致力于建设国际金融中心，金融市场配套齐全，金融人才资源和管理经验丰富，有助于构建金融期货市场；③上海 LNG 接收站设施完备，洋山深水港附近的接收站便于国际买家交割，五号沟 LNG 站便于国内买家交割；④上海是国内唯一能够实现西气东输、川气东送、进口 LNG 互联互通的城市，天然气运输便捷；⑤上海市场环境良好，能源消费集中，所处长三角地区是重要的重化工业基地。上海的上述区位优势将在很大程度上推动天然气交易中心的建设和发展。

必要性是交易中心构建的内因，外部紧迫性则是外因，内外因素都在推动着中国将构建天然气交易中心提上议事日程。中国具备天然气供给量充沛、现货期货市场已起步、上海区位优势突显等优势，但也存在着市场化改革尚未到位和法律监管体系还不健全的短板。运用 SWOT 分析框架总结中国构建天然气交易中心的优势、劣势、机会和挑战，从而提出 SO（利用机会、发挥优势）、WO（利用机会、规避劣势）、ST（发挥优势、减小威胁）、WT（规避劣势、减小威胁）4 条发展战略[138]。

5.5.2 中国构建亚太区域定价中心竞争力分析

（1）AHP与目标线性加权函数方法原理与步骤。

为了对各主要竞争国家建立天然气区域定价中心的竞争力进行评分，采用多目标线性加权函数法，即：

$$S = \sum_{i=1}^{m} W_i \cdot \sum_{j=1}^{n} W_{ij} \cdot \sum_{k=1}^{q} (W_{ijk} \cdot R_{ijk}) \ (i=1,\cdots,m; j=1,\cdots,n; k=1,\cdots,q) \quad (5.1)$$

其中，m 为一级指标个数，n 为二级指标个数，q 为三级指标个数；W_i 为第 i 个一级指标在总指标体系中所占的权重；W_{ij} 为在第 i 个一级指标中选取的第 j 个二级指标在该指标中所占的权重；W_{ijk} 为在第 i 个一级指标中的第 j 个二级指标中选取的第 k 个三级指标在该指标中所占的权重；R_{ijk} 为当一级指标为第 i 个、二级指标为第 j 个、三级指标为第 k 个时候的评分值。对于三级指标的分值，根据所获得的数据及条件分析，以优、良、中、差、无为标准分为五个等级，分值从低到高为 1~5 分。

通常用以确定权重主要是通过德尔菲法（Delphi Method）、模糊数学法（Fuzzy Method）和层次分析法（Analytic Hierarchy Process，简称 AHP）等。本文采用层次分析法，即通过对天然气行业专家进行咨询，对亚太天然气区域定价中心主要竞争国家的各个指标进行分析与比较，分别构建判断矩阵，然后计算出定价中心评价指标的权重。

AHP 是通过排序向量来表示不同因素之间的重要性差异即相对重要性，在使用其进行目标评价选择的过程中可分为 4 个基本步骤：

①针对目标选择、决策问题的特点建立符合需要的层次结构模型。层次架构模型一般包括以下几个部分：目标层 A、一级指标 B、二级指标 C、三级指标 D 及备选对象层 P。

②构造两两判断矩阵和层次单排序。针对研究的具体问题，通过 Delphi Method 和 1~9 标度法来由专家逐个构造出各层因素之间的两两判断矩阵。

③层次单排序。设 B 层指标数为 m，然后运用和积法对 $A - B_i$ 的判断矩阵 $\overline{A}$ 的每一列做归一化处理，得到正规化矩阵 $(\overline{a}_{ij})_{m \times m}$，

其中：
$$\overline{a}_{ij} = \frac{a_{ij}}{\sum_{i=1}^{m} a_{ij}} \quad (i=1,\cdots,m; j=1,\cdots,m) \quad (5.2)$$

对正规化矩阵每行进行求和,有:

$$W_i = \sum_{j=1}^{m} \overline{a}_{ij} \quad (i=1,\cdots,m; j=1,\cdots,m) \quad (5.3)$$

再对向量 W 进行归一化,得:

$$W^{(1)} = (W_1^{(1)}, W_2^{(1)}, \cdots, W_m^{(1)})^T \quad (5.4)$$

同理可得,二级指标层 C 对一级指标层的相对权重分别为:

$$W_i^{(2)} = (W_{i1}^{(2)}, W_{i2}^{(2)}, \cdots, W_{is}^{(2)}, \cdots, W_{in}^{(2)})^T \quad (i=1,\cdots,m; s=1,\cdots,n) \quad (5.5)$$

其中 $s=1,\cdots,n$,n 为二级指标层中的准则数目。由式(5.5)中得到二级指标层 C 相对于一级指标层 B 的相对权重为:

$$W^{(2)} = (W_1^{(2)}, W_2^{(2)}, \cdots, W_s^{(2)}, \cdots, W_m^{(2)})^T \quad (5.6)$$

依次类推,同理可得,三级指标层 D 对二级指标层的相对权重为:

$$W_j^{(3)} = (W_{j1}^{(3)}, W_{j2}^{(3)}, \cdots, W_{jt}^{(3)}, \cdots, W_{jq}^{(3)})^T \quad (j=1,\cdots,n; t=1,\cdots,q) \quad (5.7)$$

其中 $t=1,\cdots,q$,q 为三级指标层中的准则数目,由式(5.7)中得到三级指标层 D 相对于二级指标层 C 的相对权重为:

$$W^{(3)} = (W_1^{(2)}, W_2^{(2)}, \cdots, W_s^{(2)}, \cdots, W_n^{(2)})^T \quad (5.8)$$

④进行一致性检验。判断矩阵的一致性指标为:

$$C.R = \frac{C.I}{R.I} \quad (5.9)$$

其中,单排序一致性指标 $C.I = \dfrac{\lambda_{\max} - n}{n-1}$,$R.I$ 为随机一致性指标。

通常,只要 $C.R \leqslant 0.1$,就认为判断矩阵通过一致性检验,否则就要对判断矩阵进行调整。

⑤层次总排序。层次总排序及三级指标层是相对于目标层而言的,其综合权重为:

$$W^{(0)} = W^{(3)} \cdot W^{(2)} \cdot W^{(1)} = (W_0^{(0)}, W_1^{(0)}, W_2^{(0)}, \cdots, W_q^{(0)}) \quad (5.10)$$

(2)基于综合评价模型的实证研究。

前文中已经分析过了,目前亚太天然气市场中主要的竞争国家有中国、日本和新加坡，因此本文的研究对象就确定为中国、日本和新加坡。

①数据处理。

根据层次分析法的原理，要对一级指标、二级指标及三级指标之间两两重要性进行赋值形成判断矩阵，判断矩阵的制定采用德尔菲法。根据前面的天然气区域定价中心评价体系，将 AHP 评价模型输入 yaahp 软件，并通过软件生成一份调查问卷。将此份调查问卷发放给天然气领域的 10 位相关专家，并详细描述各指标的内涵，以便获取准确的判断。此次调研数据来自的调查人群专业性较高，具有较高的参考性。

将回收的问卷运用 AHP 软件进行统计处理，对各个专家的打分结果进行一致性检验，结果显示都通过检验，是可以参考的数据来源。

② AHP 法赋权重。

将各个专家结果录入 yaahp，给各位专家赋予平均权重，并且按照各专家排序向量加权算术平均的方法，采用群决策面板，通过专家群决策得出各级指标的权重如表 5.2 至表 5.4 所示。

表5.2　第1个中间层中要素对决策目标的排序权重

Table 5.2　Ranking weights of elements in decision-making goals in the first middle tier

中间层要素	权重
自身条件	0.3362
外部环境	0.3587
物理基础	0.3051

表5.3　第2个中间层中要素对决策目标的排序权重

Table 5.3　Ranking weights of elements in decision-making goals in the second middle tier

中间层要素	权重
市场化改革进程	0.3092
充足的市场供给量	0.2663
完备的基础设施	0.2403
成熟的现货、期货交易平台	0.0699
优越的地理位置	0.0648
配套的金融和法律环境	0.0495

表5.4　第3个中间层中要素对决策目标的排序权重

Table 5.4　Ranking weights of elements in decision-making goals in the third middle tier

中间层要素	权重
产业链改革进程	0.2397
天然气产量	0.1795
储气库的储气量	0.1235
天然气进口量	0.0868
天然气管道长度	0.0796
定价机制改革进程	0.0695
天然气法律监管程度	0.0407
天然气现货交易平台	0.0383
LNG 接收设施容量	0.0372
港口货运量	0.0331
便利的国际交通位置	0.0317
天然气期货交易平台	0.0316
金融发展程度	0.0088

③亚太主要竞争国家评价分析。

根据前面的分析可知，中国、日本和新加坡都正采取一系列的政策手段使得国内天然气市场往自由化方向发展，逐步建立亚太天然气区域定价中心，旨在使本国的天然气交易价格辐射整个亚太天然气市场。下面将根据亚太天然气区域定价中心竞争力评价体系，对中国、日本和新加坡进行系统的对比分析。

关于三级指标的具体数据如表 5.5 所示，其中难以量化的数据根据赋值法进行补充（赋值法按照由低到高评分为 1 ~ 5，1 代表数量很少、发展水平很低或者存在劣势，5 代表数量充足、发展水平十分完善或者存在绝对优势），最终中国、日本和新加坡三个国家的指标进行了相互对比，对指标进行了综合打分。

表5.5 天然气区域定价中心竞争力评价指标数据

Table 5.5 Evaluation Index Data of Natural Gas Regional Pricing Center

一级指标	二级指标	三级指标	中国	日本	新加坡
自身条件	充裕的市场供需	天然气产量（亿立方米）	1384	—	—
		天然气进口量（亿立方米）	723	1085	132
	成熟的现货、期货交易平台	天然气现货交易平台	4	2	3
		天然气期货交易平台	2	3	2
物理基础	完备的基础设施	天然气管道长度（千米）	74000	2124	—
		储气库储气量（百万立方米）	5.3	0.6	16.7
		LNG设施容量（万立方米/年）	690.5	1818.4	54
	优越的地理位置	港口货运量（百万吨）	10734	821.5	593.3
		便利的国际交通位置	5	3	4
外部环境	市场化改革进程	产业链改革进程	3	4	5
		定价机制改革进程	3	2	4
	配套的金融和法律环境	(M2−M1)/GDP	16.8	14.4	6.2
		天然气法律监管程度	3	3	4

资料来源：BP世界能源统计年鉴；国际LNG进口商组织；日本经济产业省；新加坡海事和港口管理局；中国交通运输部；世界银行；中国人民银行；日本银行；新加坡金融管理局；横滨市港湾局；大阪市港湾局；名古屋港管理局；北九州市港湾空港局；东京都港湾局；上海石油交易所；新加坡交易所；天然气领域相关专家。

下面对赋值的数据进行分析，中国已经逐步设计并且建立起了天然气现货交易平台，交易量正逐渐上升；日本的天然气现货交易平台交易量较为有限；新加坡基于开放的金融环境，天然气现货市场发展前途可观。关于期货市场，中国上海期货交易所正全力推进国际原油期货平台，积极吸引境外投资者参与国内的期货交易，为中国天然气期货交易平台的推出提供了全面、可靠的经验；2013年5月，日本政府宣布全面实施构建LNG期货交易中心的尝试，目前也正在发展中；新加坡正积极推进全球贸易商计划，旨在将新加坡打造为具有全球影响力的大宗商品贸易中心，但是针对天然气期货交易平台的建设还处于初级阶段。中国、日本与新加坡都位于亚太较为便利的交通位置，但是综合来看中国处于亚太区域的地理中心，航运可以辐射到中东、东南亚、中亚、东北亚及北美等各大天然气市场；新加坡相对于日本来说，处于亚太较为中心的位置，交通较为便捷。关于产业链改革进程，中国只有下游市场相对处于竞争状态，上游、中游大部分由石油公司垄断；日本上游多为LNG进口商、中游管道也逐步放开，下游放开了对城市燃气的监管，处于较为开放的状态；新加坡在市场开放很多方面都看齐欧美市场，上游市场主体众多，管输与销售分离，管网实现第三方准入，下游也有充足的市场参与者，是亚太区域政府干预最少、最宽松的市场。关于定价机制，中国已经由政府指导的"成本加成定价"方法逐步向"市场净回值"方式发展；日本还是多采用与JCC挂钩的定价方式；新加坡天然气价格在一定程度上由市场提供信号。关于法律监管程度，中国还没有颁布关于天然气的系统法律，较为成熟的有《天然气利用政策》，没有独立的监管机构；日本出台的有《天然气利用法》，也不存在独立的监管机构；新加坡通过了《天然气法》，虽然没有独立的监管机构，但是新加坡能源市场管理局与新加坡贸易与工业部共同监管，相对较为独立。

通过对上面三级指标数据进行分析，并结合中国、日本和新加坡三个国家天然气市场的发展状况，对天然气区域定价中心竞争力的三级指标进行综合评分，由低到高按照 1~5 的顺序进行打分，其中 1 代表具有很大劣势，5 代表具有很大的优势，具体评分结果如表 5.6 所示。

表5.6　天然气区域定价中心竞争力指标综合评分

Table 5.6　Comprehensive scores of competitiveness indicators of regional pricing centers

	二级指标	三级指标	中国	日本	新加坡
自身条件	充裕的市场供需	天然气产量	5	1	1
		天然气进口量	4	5	3
	成熟的现货、期货交易平台	天然气现货交易平台	4	2	3
		天然气期货交易平台	2	3	2
物理基础	完备的基础设施	天然气管道长度	5	3	1
		储气库储气	4	2	5
		LNG设施容量	4	5	2
	优越的地理位置	港口货运量	5	4	4
		便利的国际交通位置	5	3	4
外部环境	市场化改革进程	产业链改革进程	3	4	5
		定价机制改革进程	3	2	4
	配套的金融和法律环境	(M2-M1)/GDP	5	5	4
		天然气法律监管程度	3	3	4

④基于多目标线性加权函数的综合评价及结果分析。

根据上文中的公式（5.1）

$$S = \sum_{i=1}^{m} W_i \cdot \sum_{j=1}^{n} W_{ij} \cdot \sum_{k=1}^{q} (W_{ijk} \cdot R_{ijk}) \quad (i=1,\cdots,m; j=1,\cdots,n; k=1,\cdots,q)$$

将各三级指标权重与综合评分通过多目标线性加权函数进行综合评分可得结果如表 5.7 所示。

表5.7 天然气区域定价中心竞争力综合得分

Table 5.7 Comprehensive Score of Natural Gas Regional Pricing Center Competitiveness

国家	中国	日本	新加坡
得分	3.93815	2.9657	3.3459

通过对 AHP 权重打分结果分析，权重较大的指标是产业链改革进程（权重为 0.2397）、天然气产量（权重为 0.1795）和储气库的储气量（权重为 0.1235）。也就是说，产业链改革进程较迅速、天然气产量较大和储气库的储气量较大的国家会占据一定的优势。

再分析中国、日本、新加坡三国天然气区域定价中心竞争力指标综合评分，我们可以看出在 3 个国家中，新加坡是天然气产业链改革进程最快的国家，在储气库的储量方面也占据优势，中国在天然气产量方面占据优势。剩余 10 个指标虽然权重较小，但是也都对天然气区域定价中心竞争力的得分起到一定的作用。

最终，通过目标线性函数加权函数的方法，可以得出中国得分为 3.93815，日本得分 2.9657 及新加坡得分 3.3459，排名由高到低依次为中国、新加坡和日本。其中，中国建立亚太区域定价中心竞争力优势明显。分析来看，中国具有丰富的天然气资源，可以生产大量的天然气，虽然中国天然气产业链改革进程较为缓慢，但是中国的天然气进口量、管道长度等指标方面都存在优势，整体来看，中国竞争力最强。新加坡作为产业链改革进程较为完善的国家，在这一方面就占据了优势，并且其在储气库的储气量方面也都占据很大优势。日本作为依靠进口天然气的国家，天然气产业链改革进程缓慢、并且基础设施方面也存在很大的完善空间，所以在竞争力方面处于劣势。

综合来看，中国的天然气市场目前在亚太区域处于优势地位，在建立亚太区域定价中心方面有很大的竞争力。中国应该抓住现在的大好形势,做出一系列建立亚太区域定价中心的行动,争取在中国建立亚太区域定价中心,获得亚太区域天然气贸易的定价权。

5.5.3 中国构建亚太区域定价中心路径分析

亚太区域定价中心落地中国应制定一个 5 ~ 10 年的路线图（图 5.8）。首先,开展交易中心试点。可以在上海等区域建立有第三方准入的天然气管网和透明的天然气价格形成机制,形成可竞争的天然气需求和供应,这一点目前看来已经实现,交易中心建设还需不断完善和加强市场竞争性。其次,扩大试点区域的地理面积,增加买家和卖家的类型,同时加强市场监管。再次,试点效果逐渐显现,吸引更多的生产和消费者参与市场交易。随着越来越多和日趋多样的机构进入天然气枢纽贸易,贸易的优势会因网络效应而增加,枢纽中心定价的用途和范围将不断增长,直到达到地理的极限。

此外,总结欧美国家的发展经验后认为,天然气交易市场的发展伴随着市场结构、合同模式、定价方式和监管机构的演进。一般来说,随着市场化结构的演进,定价方式将从政府管制（成本加成法）过渡到与油价挂钩（净回值法）,再逐步过渡到与气价挂钩;合同模式将以"长期合同—短期合同—现货交易—期货交易"为发展过程（某些过程也可能几种合同模式共存）;管理机构转变过程体现为"政府—监管机构—竞争主导"。中国对于亚太地区天然气定价中心的争夺也将伴随市场化过程,不同阶段需要完成不同的市场化改革任务。

图 5.8　中国天然气交易中心建立路线图

Fig. 5.8　Roadmap for the establishment of China natural gas trading center

第一步：开展双边协商天然气现货交易——先利用进口气、国产增量气以及价格不受监管的海上天然气、煤层气、页岩气、煤制气等非常规天然气开展天然气现货交易,逐步扩大到所有天然气。川渝地区、北京市和上海市是率先开展天然气现货交易试点的最佳地区和城市。

第5章　亚太地区天然气区域定价中心形成分析

第二步：建立区域天然气交易市场——区域天然气交易市场作为上海石油天然气交易中心分中心来建设，交易通过天然气电子交易平台公开竞价形成，由专门媒体公布天然气成交信息，并上报汇总至上海石油天然气交易中心统一发布价格指数。先期可选择在北京市、上海市、川渝地区等省(市)、地区建立。

第三步：培育和建立国家级天然气交易市场——将上海石油天然气交易中心发展成为国家级天然气交易市场，进行全国范围内重要天然气交割点的管道天然气现货交易和 LNG 现货交易，实现上海石油天然气交易中心的天然气业务在全国的影响力。同时，积极吸引国外天然气生产商、供应商、进口商、用户和交易商的积极参与，推升现货天然气交易量，适时推出期货合约，增加交易品种和流动性。

第四步：建立亚太地区天然气区域定价中心——实现上海天然气交易中心在亚太区域的影响力，通过新增进口天然气长期协议项目，在合同定价条款中引入上海石油天然气交易中心的价格影响因素；争取在亚太地区的天然气交易合同中引入上海石油天然气交易中心的价格影响取得突破；海外天然气用户在上海石油天然气交易中心交易。

5.5.4　中国构建亚太区域定价中心框架设计

为实现亚太区域定价中心的建立及亚太地区天然气基准价格的形成，需要积极构建以市场调节为中心资源配置体系，实现能源体制和交易机制顶层设计，坚持天然气现货市场带动期货市场的发展路径（图5.9）。

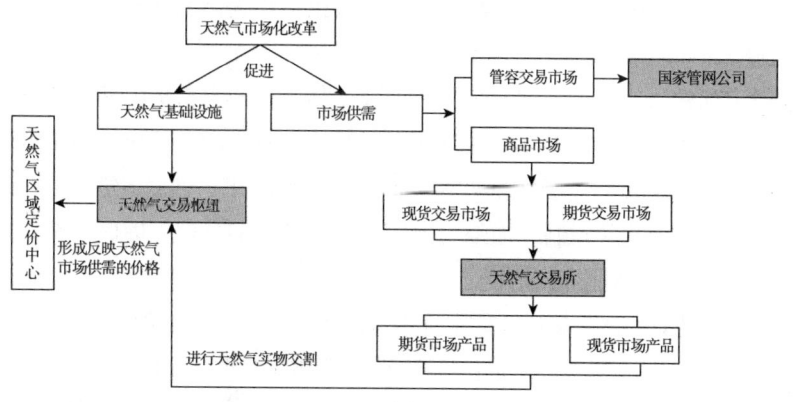

图 5.9　中国构建亚太天然气区域定价中心框架

Fig. 5.9　China's construction of Asia Pacific Gas regional pricing center framework

（1）全面推进价格机制和管理体制改革，实现交易价格的市场化，应该坚持循序渐进、有序推进的原则，需要分以下四步。第一步：推进天然气市场化改革，打破由政府管制的成本加成定价方式，取消对天然气出厂价格的限制，扩大净回值定价法的试点范围，逐步推广到全国，建立起上游生产市场与下游消费市场的价格联动机制，实现天然气价格初步的市场化。第二步：在净回值定价法逐步实现的基础上，积极培育天然气现货交易市场。市场交割点应集中选择天然气的生产地、省际管道运输交汇点、管道运输终端、LNG运输港口等，逐步通过贸易商签订双边交易合同，实现天然气出厂价、LNG到岸价、城市燃气门站价和终端用户价格等不同节点价格的市场化。第三步：在国内天然气现货市场以及多个天然气交易中心成立后，大力推动天然气交易平台建设及交易合约标准化，提高天然气现货贸易交易履约率和交易量。同时要积极筹备天然气期货交易中心，设计标准化天然气期货合约，适时推出天然气期货价格。第四步：积极扩大天然气价格的亚太市场影响力。一方面要加大交易市场的开放程度，推进交易市场的主体结构的多元化，扩大期货交易规模，增强交易市场的流动性；另一方面，加强与国际主要天然气交易市场以及期货交易所的沟通与合作，建立良好的互动协作机制，提高基准价格在国际市场的知名度和影响力。

（2）注重完善天然气行业基础设施的建设，打造现代物流服务体系。加强天然气上下游产业基础设施的完整性和配套性，要努力确保每个环节的输送和接受能力相匹配。注重基础设施之间的合理布局，重点建设天然气产地、贸易港口、运输终端等交易场所，积极打造集天然气运输、转运、仓储于一体的现代物流运输体系。

（3）加快天然气市场交易平台的建设。努力打造覆盖国内外天然气市场的交易服务体系，加快天然气现货期货以及管容贸易的电子交易和实货交易平台建设，以及天然气现货和期货产品及合约的设计。同时，建立资金结算平台，强化资金风险控制，加强与国内外主要银行的合作，确保天然气贸易资金划汇便捷、顺畅、安全。

（4）培育具有市场影响力的报价机构，构建系统科学的报价体系和价格指数。建立天然气市场数据搜集的信息系统，确保电子交易平台中交易主体的询盘、报盘、交易量、交易价格等信息能够及时得到反映；同时，科学编制价格指数，优化交易机制，并加大与知名媒体的合作，做好天然气基准价格的宣传工作。

5.6 亚太区域天然气定价中心情景模拟分析[138]

在全球经济形势下，许多亚太地区进口商已开始通过建立天然气交易中心确立自己的区域天然气定价基准。目前，新加坡、日本和中国正引领东亚地区的交易中心建设。本章前几节已分析各国构建定价中心的条件，可以看出新加坡贸易中心较为成熟，引领了亚太地区贸易中心化建设，但中国、日本仍有很大竞争力建设亚太区域定价中心。本节使用 Nexant 世界天然气模型（WGM）（Nexant，2016）模拟以现货市场价格作为交易基准价格和提高改进东亚合同的灵活性对中国或日本构建东亚定价中心进行情景模拟，将考察东亚建立贸易中心和改变合同条款方面的潜在影响，包括向交易中心基准价格定价方式的过渡和取消 LNG 合同目的地限制，对上海和东京间对东亚交易中心的潜在竞争性进行分析。

5.6.1 WGM 模型基本内涵

世界天然气模型（WGM）是以全球供应成本最小化为目标的线性规划。它涵盖了世界上每个生产或消费天然气的国家。各国均被视为 WGM 中的一个节点。该模型的数据库包括各国的历史和预测消费的数据，气田的生产储量、产能和成本曲线，管道和 LNG 液化和接收站能力，存储容量，节点间的合同贸易量，价格公式等。尽管大多数国家被设定为单一节点，但一些大国，如澳大利亚、加拿大、中国、印度尼西亚、马来西亚、俄罗斯和美国等被进一步划分为若干节点。例如，俄罗斯分为 7 个节点，每个节点都有自己的供需和合同特征。节点按季度平衡，以考虑季节性需求变化、供应波动、基础设施能力和存储容量的灵活性。模型基于节点层次水平进行优化，但为了便于理解，描述结果仍被将汇总至国家或区域层面。

该模型假设天然气市场将在预测期内供应充足，其中主要生产国的供应能力按照国际能源署《世界能源展望》中低成本水准进行预测。因受基础设施的限制，该模型使生产和运输成本最小化以满足全球的需求。除了需要遵守长期合同的约定外，节点间的贸易量还受限于可利用的基础设施能力。长期合同可以续约或选择在现有合约期满后，改为现货交易。如果指定了出口和进口节点，则该模型将至少从出口地到进口地照付不议（TOP）。照付不议以外的部分可以转移到其他进口节点或地区，乃至于不进行生产。现货交易可以替代任何超出合同义务外的所需的可利用的液化和气化容量。现货价格由边际生产成本、供应需求平衡和替代燃料成本等因素共同决定。

依据本书对天然气定价区域的划分，我们专注于对东亚地区消费者和生产者的影响地区，所以模型中亚太地区主要天然气交易区为中国、日本、韩国、中国台湾地区，亚太地区出口商和亚洲其他地区都会对天然气基础设施，需求和供应等因素进行建模。为便于分析和研究，我们对区域进行了分类，如表5.8所示。

表5.8 区域分类

Table 5.8 Regional classification

区域	国家及地区
东亚地区	中国
	日本
	韩国
	中国台湾地区
俄罗斯	俄罗斯
亚太地区出口商	文莱、马来西亚、印度尼西亚、巴布亚新几内亚、澳大利亚
亚洲其他地区	孟加拉国、中国香港、印度、蒙古、尼泊尔、巴基斯坦、斯里兰卡、朝鲜、阿富汗、新西兰、新加坡、柬埔寨、缅甸、菲律宾、泰国、越南
非洲	阿尔及利亚、安哥拉、贝宁、博茨瓦纳、喀麦隆、刚果、科特迪瓦、刚果民主共和国、埃及、赤道几内亚、厄立特里亚、埃塞俄比亚、加蓬、加纳、肯尼亚、利比亚、摩洛哥、莫桑比克、纳米比亚、尼日利亚、塞内加尔、南非、苏丹、多哥、突尼斯、坦桑尼亚、赞比亚、津巴布韦
欧洲	奥地利、比利时、捷克共和国、丹麦、芬兰、法国、德国、希腊、匈牙利、冰岛、意大利、卢森堡、荷兰、挪威、波兰、葡萄牙、斯洛伐克共和国、西班牙、瑞典、瑞士、土耳其、英国、阿尔巴尼亚、波斯尼亚和黑塞哥维那、保加利亚、克罗地亚、塞浦路斯、马其顿（前南斯拉夫马来群岛）、罗马尼亚、塞尔维亚、斯洛文尼亚、爱沙尼亚、拉脱维亚、立陶宛
中亚及独联体国家	亚美尼亚、阿塞拜疆、白俄罗斯、格鲁吉亚、哈萨克斯坦、吉尔吉斯斯坦、摩尔多瓦、塔吉克斯坦、土库曼斯坦、乌克兰、乌兹别克斯坦
拉丁美洲	阿根廷、玻利维亚、巴西、智利、哥伦比亚、古巴、多米尼加共和国、秘鲁、特立尼达和多巴哥、委内瑞拉、乌拉圭、牙买加、波多黎各、巴拿马
中东	巴林、伊拉克、伊朗、以色列、约旦、科威特、黎巴嫩、阿曼、卡塔尔、沙特阿拉伯、叙利亚、阿拉伯联合酋长国、也门
北美	加拿大、墨西哥、美国

5.6.2 亚太区域天然气定价中心情景模拟

（1）模型假设和输入。

根据经济增长、能源密度和从业人口增长情况估算每个节点的外贸需求❶。供应依据生产国每个天然气田的成本曲线进行估算。该模型考虑了支持国际贸易所需的基础设施，包括生产领域和盆地中的管道、LNG 液化、再气化终端、储存设施以及相关成本。该模型录入了所有已知的销售合同，投产与规划建设中的基础设施（管道和 LNG 液化和再气化设备）。❷合同数据包括商品的产地和目的地、年成交量（ACQ）、起止日期、价格公式。此外，模型中还输入了季节性需求变化、供应波动和储存能力（储量与产能）等基本变量。

该模型中包含了与长期天然气合同（石油价格指数合约）挂钩的欧洲和亚洲石油产品价格❸模型使用从 2006 年到 2013 年的历史数据，展望期可达 2035 年。

（2）基准组情景。

本部分简要概述了模拟的基准组情景（就消费、生产、LNG 贸易和现货价格而言）。标准情景的更多细节可以在 Andrews-Speed 等人（2015）的论文中找到。在标准组情景中，展望期（2015—2035 年）期间，全球天然气生产和消费的累计平均增长率（CAGR）为 1.49%。全球天然气产量和消费量从 2015 年的 35610 亿立方米增加到 2035 年的 47900 亿立方米（图 5.10），这与国际能源署的预测（国际能源署，2014b）基本一致。天然气消费量增幅最大

---

❶ 预测的天然气需求量与实际消耗量不同。需求是对模型的输入，消费是模型的输出。消费几乎总是等于需求。但由于供应瓶颈，燃气价格高于替代燃料价格而导致燃料转换，因此消费可能低于需求（需求面减少 - DSR）。

❷ 该模型数据库录入了所有已知的销售合同，投产和规划中的基础设施（管道、LNG 液化和再气化设备）。

合同信息包括货物的产地、目的地，合同年成交量（AC），合同起止日期，价格公式是关键参数。

基础设施信息包括设施所处地点、运行起止日期、产地、目的地，管线容量、运营的起止日期以及运输费用等信息。

❸ 具体而言，日本一揽子石油进口均价（JCC）经常被用作LNG合同的基准价格，特别是在远东地区，HFO（高硫燃料油）价格是欧洲定价天然气合同的基准。

的是亚洲，特别是中国和印度。拉丁美洲、非洲和中东的天然气消费量也迅速增长。

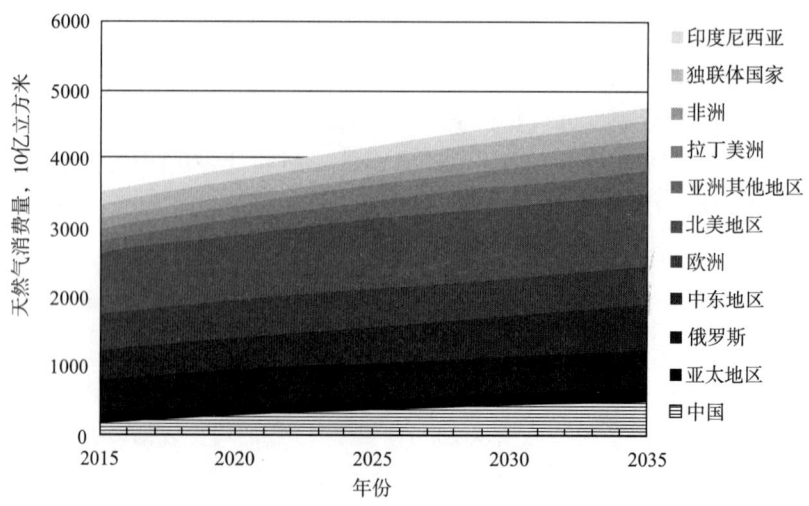

图 5.10　按地区分析的天然气消费量预测（2006—2035 年）

Fig. 5.10　Natural gas consumption forecast by Region (2006—2035)

资料来源：模型预测。

受美国非常规天然气开采热潮以及加拿大（较小程度上）的影响，北美地区天然气产量预计将快速增长。受中国天然气需求上升以及澳大利亚产量增加的推动，亚洲地区天然气产量将大幅增加。2020 年后出口导向型的非洲地区天然气产量增加，而中东、拉丁美洲和苏联加盟共和国的产量增长主要是受国内天然气需求增长的影响。常规天然气产量下降，欧洲产量下降，好在页岩气的开采减缓了 2025 年后的下降速度（图 5.11）。

全球 LNG 贸易量从 2015 年的 330 亿立方米增加到 2035 年的 4970 亿立方米，其中主要是来自亚洲地区，特别是东亚地区的 LNG 进口。直到 2035 年，亚太地区的出口商在东亚地区（中国、日本、韩国和中国台湾地区）主导了该地区 56% 以上的液化天然气的供应。在展望期，中东地区液化天然气需求超过 17%。北美和非洲将该地区的 LNG 供应份额从 2015 年的 0% 扩大至 2035 年的 27% 以上。随着经济增长，俄罗斯和中亚国家的管道气增加，预计 LNG 流入东亚的速度前期将迅速增长，后趋于稳定。2028 年后，LNG

流入东亚的边际量减少,特别是从非洲到中国的液化天然气进口量减少。(图5.12)因为与 LNG 相比,管道气在边际水平上更具竞争力。随着管道气的增加,从俄罗斯到中国的 LNG 贸易量也会减少,这更导致了 LNG 进口总量的减少。

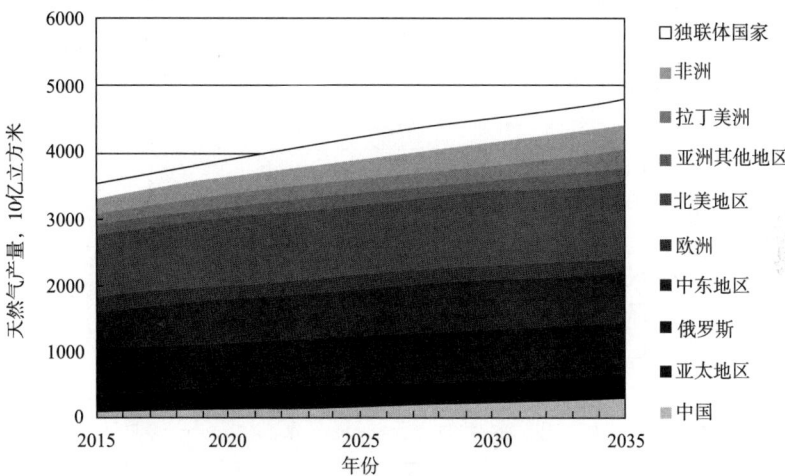

图 5.11　按地区分析的天然气产量预测(2015—2035 年)

Fig. 5.11　Natural gas production forecast by Region (2015—2035)

资料来源:模型预测。

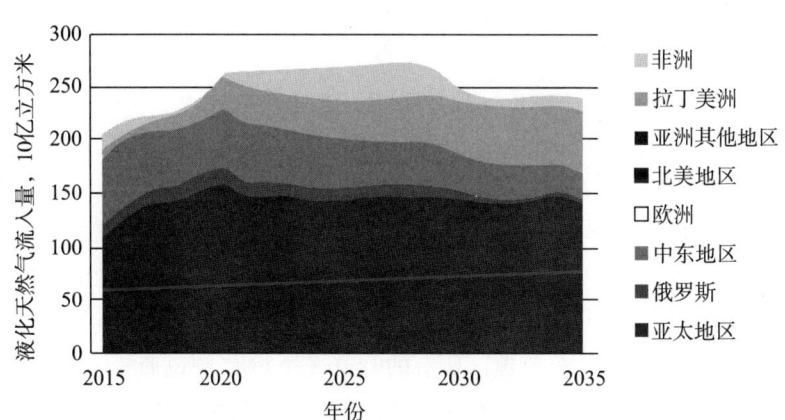

图 5.12　2015—2035 年液化天然气流入东亚资料

Fig. 5.12　Data of LNG inflow into East Asia in 2015—2035

资料来源:模型预测。

亚洲现货价格整体呈现上涨态势，到2019年下降（与油价下跌一致），随后上涨（图5.13）。中国的需求增加导致中国天然气现货价格走势快速增长，该节点中的现货价格达到最高（12.5美元/百万英热单位），紧随其后的是亚洲其他地区价格。预计亚洲地区的市场价格可能会更高。因LNG现货出口增加和俄罗斯管道气出口减少，所以欧洲油价上涨。与中国价格相比，因日本和韩国的高价油价格指数合约到期，东亚（日本和韩国）的价格在2028—2030年略有下降。

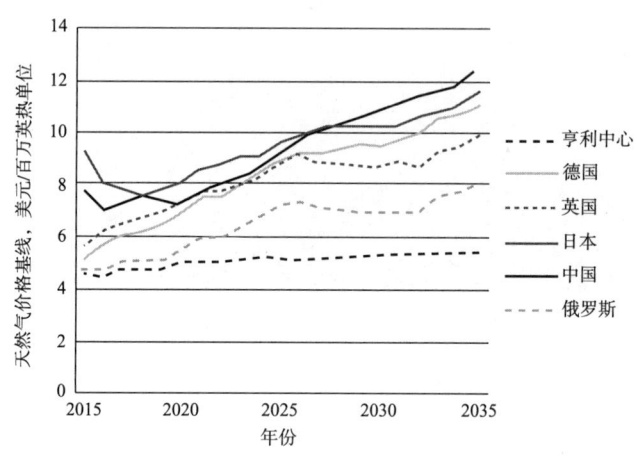

图5.13 天然气价格基线（2015—2035年）

Fig. 5.13 Natural gas price baseline (USD / MMBtu) (2015—2035)

资料来源：模型预测。

（3）实验组情景。

实验组共设置了6个备选（策略）情景并进行了仿真模拟。

在情景1"上海贸易中心"（S1）中，中国上海贸易中心（现货）价格成为东亚市场管道气和LNG进口的价格基准。上海贸易中心基准价格指数基于上海的天然气供应边际成本（影子价格）和该地区LNG与天然气的气气竞争价格。在2025年后，东亚地区所有的管道气和LNG进口商（中国、日本、韩国和中国台湾地区）都将参照上海贸易中心基准价格指数。这一定价机制类似于当前美国和英国的天然气定价，也被用于模拟该地区交易中心基准价格指数的影响。由于报告中亚洲区域改变价格基准需要5~10年（Rogers，2015），故将2025年设定为该模型中贸易中心基准价格指数启用的年份。Shi

和 Variam（2015）分别从中国市场自由化及其对澳大利亚 LNG 出口影响两个角度对这种情况进行了详细分析。

在情景 2"东京贸易中心"（S2）中，日本的东京贸易中心（现货）价格指数替代了上海贸易中心基准价格指数作为东亚进口商的管道气和 LNG 贸易的价格基准，而其他方面与情景 S1 相同。该情景可以研究不同的价格中心对东亚市场的影响。

在情景 3 和情景 4 中，❶我们删除了东亚地区所有 LNG 合同的目的地条款。在情景 3"中心－无 DS"（S3）中，我们假设区域市场贸易价格与上海贸易中心基准价格指数挂钩。情景 4"石油－无 DS"（S4）保留了标准组中主要与石油价格指数合约挂钩的定价状况。情景 3 模拟完全自由化的区域天然气市场。情景 4 则接近大多数市场观察人士认为可能的现实世界结果。即，将去除目的地条款作为迈向激烈竞争市场的第一步。我们将情景分为 3a，3b 和 4a，4b。情景 3a 和 4a 在 2020 年开始目的地自由合同，而情景 3b 和 4b 则在 2025 年开始。❷模拟中使用的不同国家的贸易中心基准价格指数首先要创建贸易中心和使得国内市场自由化，这需要十年时间准备才能完成。相反，删除目的地条款仅仅是合同方式发生改变，并不依赖于其他长时间准备的先决条件。然而，情景 3b 和 4b 被模拟为可与情景 1 和标准组进行比较。表 5.9 为情景设置摘要。

表5.9　情景设置摘要

Table 5.9　Summary of scenario settings

项目	基准价格：石油（1），上海（2），东京（3）	目的条款 DS
基准	基准价格 1	有
S1：上海贸易中心	基准价格 2，从 2025 年开始	有
S2：东京贸易中心	基准价格 3，从 2025 年开始	有
S3a：中心－无 DS	同 S1	无（从 2020 年起）
S4a：石油－无 DS	同基准	无（从 2020 年起）
S3b：中心－无 DS	同 S1	无（从 2025 年起）
S4b：石油－无 DS	同基准	无（从 2025 年起）

---

❶ 从其节点到节点连接的管道（例如：俄罗斯远东到中国）不允许到达目的地灵活性与 LNG 运往不同港口的情况相同。因此，管道合同不会改变两个目标灵活性情景。

❷ 考虑到 LNG 市场供应过剩的前景以及不再强制实施目的地限制的投资组合供应商不断出现，保守估计需要 5～10 年时间。

（4）情景模拟分析。

①替代价格基准的影响。

区域贸易中心基准价格指数的出现将对天然气的贸易和价格产生影响。当我们将所有东亚地区合约价格指数归入上海贸易中心基准价格指数时（S1），与基准线情景相比中国和日本的现货价格下跌高达 0.8 美元/百万英热单位（图 5.14）。英国和美国的现货价格也会降低。全球现货价格下跌的原因是：天然气竞争导致竞争价格下降。随着澳大利亚、北美和非洲的产量增加，供应量过剩造成了卖方市场。

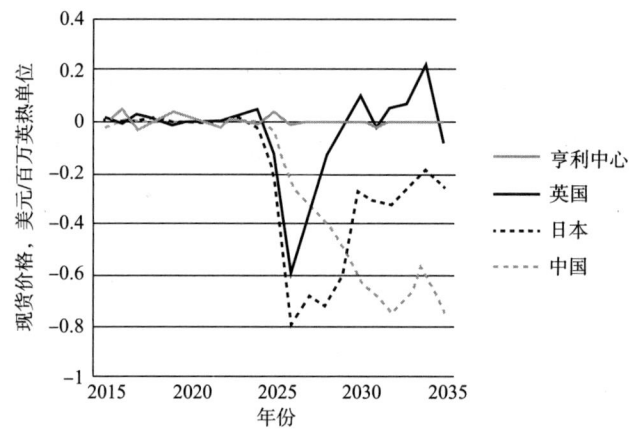

图 5.14　现货价格：上海贸易中心（S1）与基准组情景

Fig. 5.14　Spot price: Shanghai Trade Center (S1) and benchmark group scenario

资料来源：模型预测。

与此不同的是，日本、韩国和中国台湾地区在天然气供给面上并没有受到很大影响。这是因为：亚洲供应与长期合约挂钩条款，所以大部分供应感受不到来自竞争的压力；由于日本、韩国和中国台湾地区的生产选择有限。因此随着需求增加，东亚地区的总合同和非合同进口量也会增加。

贸易量的边际重组可以用中国管道气的成本竞争力来解释，中国的管道气取代了 LNG，而日本、韩国和中国台湾地区则能够转向购入更廉价的澳大利亚天然气❶，中东天然气尚能够维持其竞争优势，而非洲和美国出口商则失去了其市场份额。

---

❶ 与基本情况相比，澳大利亚影子价格平均下跌0.50美元/百万英热单位。

由于中心基准价格指数情形中边际成交价格较低,因此面向中国的管道气出口更具竞争力,导致中亚的出口增加。在中国,从非洲、南亚、俄罗斯和中东进口的 LNG 被国产气和管道气取代。由于(产气省份的)现货价格刺激国内生产,提升了中亚管道气的成本竞争力,LNG 在对中国的出口中竞争力较弱。国内产量增加,LNG 进口量减少,管道进口量增加,这些都提高了中国的能源供应安全(图 5.15)。

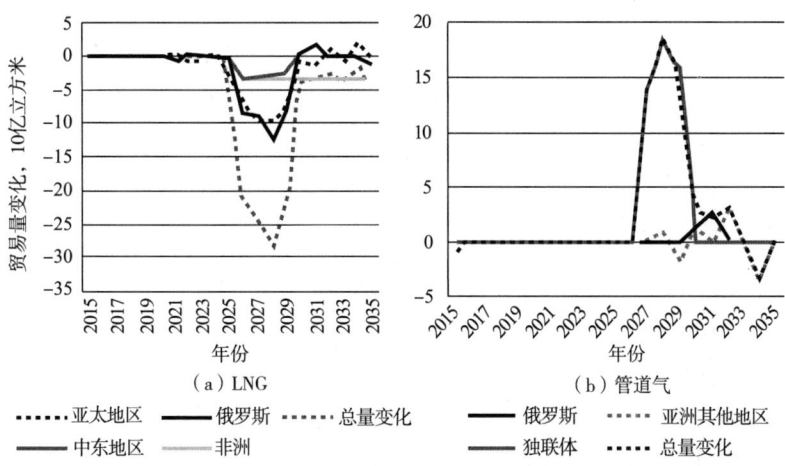

图 5.15　中国 LNG 和管道气的贸易量变化 [上海贸易中心(S1)情景]

Fig. 5.15　Changes in China's LNG and pipeline trade volume [Shanghai Trade Center (S1) scenario]

资料来源:模型预测。

现货价格下降和贸易量边际重组与消费不变相结合,使该地区在采购成本方面有所改善。在中国,管道气与国产气替代进口气,导致一些成本较高的出口商(美国、非洲)在东亚地区的贸易中心定价机制情况下出口水平可能更会降低。

在东京贸易中心情景(S2)中,区域中心基准价格指数的改变与上海贸易中心情景相比,两地区与世界的生产、消费和贸易流动模式方面没有显著差异。

然而,中国现货价格在 S1 与 S2 两情景会有所不同。在上海贸易中心情景中,中国的现货价格比东京贸易中心情景高出 0.4 美元/百万英热单位

（图5.16）。东京贸易中心情景中现货价格的下降是由于：日本市场的LNG气—气竞争是供大于求的市场，故而现货价格走低；中国天然气市场平衡管道气和国内高成本的生产气消费，故而价格稍高。同时也是因为从澳大利亚到日本的平均运费成本较低。

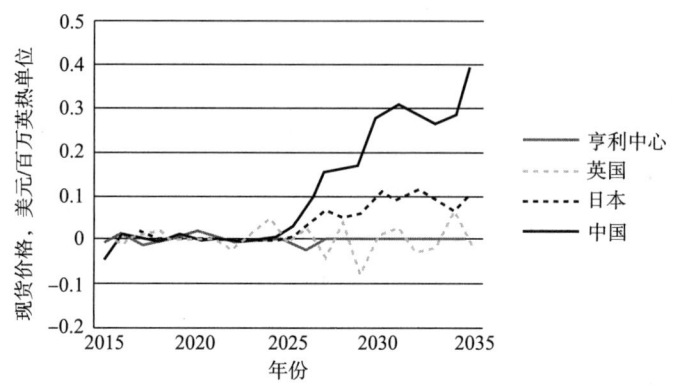

图5.16 现货价格上海贸易中心（S1）与东京贸易中心（S2）

Fig. 5.16 Spot price Shanghai Trade Center (S1) and Tokyo Trade Center (S2)

资料来源：模型预测。

②取消目的地条款的影响。

在S3（中心－无DS）和S4（石油－无DS）中，我们模拟了一个取消目的地条款的东亚市场。也就是说，进口商可以自由使用任何可用的卖方采购货物，并可直接运送到任一港口。在"中心－无DS"情景S3中，与基准情况相比，所有国家的消费模式都保持不变。所有LNG合同中取消了目的地条款。除中国外，该地区的现货价格略有下降。在此期间，由于中国产量增加导致东亚供应增加，国家平衡点价格（NBP）和日本LNG价格下降至0.6美元/百万英热单位。因为该地区市场的竞争程度趋于缓和导致了现货价格下跌（图5.17）。

中国现货价格在过渡期之后有所上涨，但与基准组情景相比缓慢下降。依据建模结果，中国现货价格将在一开始上涨。该模式使资源赤字进口商优先分配较低价格LNG资源。模拟运行中清楚地表明了供应受限的进口商，如日本、韩国和中国台湾地区，将优先获得模型配置的LNG供应。而中国则通过长期开发国内资源和管道气等方式满足其需求，从而导致中国天然气的产

第5章 亚太地区天然气区域定价中心形成分析

量增加，从而也导致价格的上升。模型结果是，中国拥有国内天然气资源，针对市场生产可以更好地平衡需求、增加供应和放松管制（和更具竞争性）（图5.18）。中国天然气产区的中心基准价格指数上涨，进一步刺激了产量的

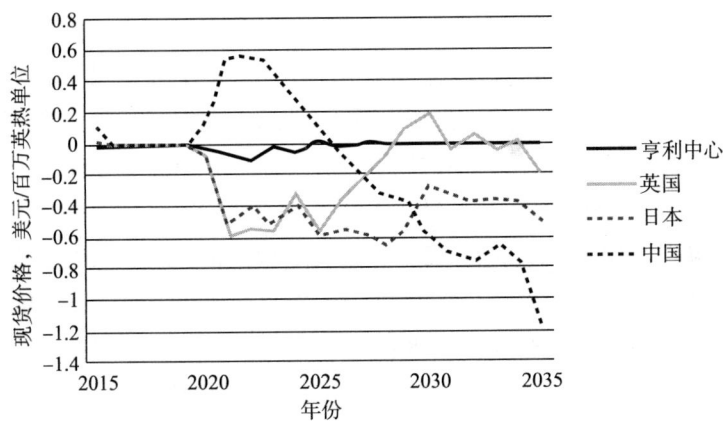

图 5.17　现货价格：中心 – 无 DS（3a）

Fig. 5.17　Spot price: Center - no DS (3a)

资料来源：模型预测。

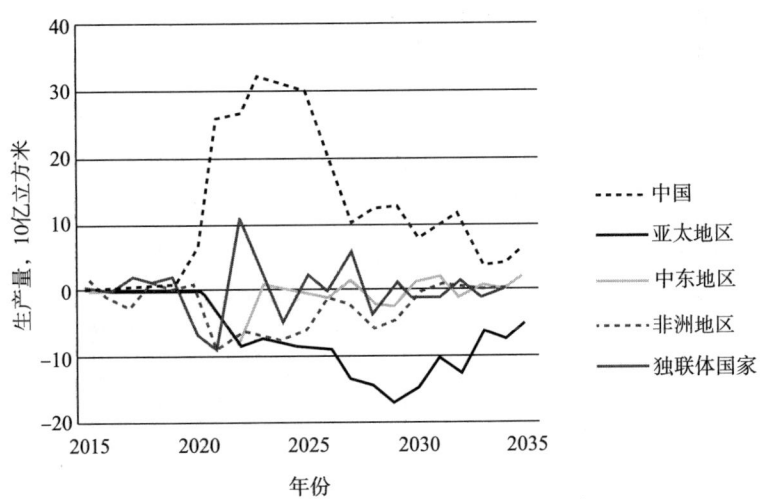

图 5.18　生产：中心 – 无 DS（3a）与标准组对比

Fig. 5.18　Production: 'hub - no DS' (3a) vs. standard group

资料来源：模型预测。

增加。因此,中国将在 2020—2035 年期间增产 251 亿桶(+ 8.3%)成本较高的非常规油气,这使得平均价格上涨 0.90 美元 / 桶。中国国内产量增加将缓和市场紧张局势,使得现货价格长期下跌。

同期中国 LNG 进口量下降,管道气进口量(主要来自中亚和俄罗斯)的增加平衡了液化气的减少(图 5.19)。LNG 进口总量减少 38%,管道气进口总量增长 6%。因此,从亚太地区进口到中国的 LNG 在中国国内生产气和管道气的增加中迅速流失。中亚管道气因为有着华南地区较低的天然气运输关税,所以相较于 LNG 有足够的成本竞争力。上海贸易中心情景(S1)与上海贸易中心无 DS(S3)情景的差异在于 S1 情景中非洲 LNG 出口量将会增加。这意味着从非洲进口到中国的 LNG 可能会比亚太地区的更具成本竞争力。流向中国的管道气呈现出两个高峰,第一个高峰出现在 2021 年,来自俄罗斯的管道气增加。第二个高峰位于 2028 年,来自中亚地区国家的管道气增加。不同的管道气呈现倒"U"形状,其中初始增加的管道量补偿了 LNG 出口的减少。随着国内生产气的增加,管道气进口贸易量减少。

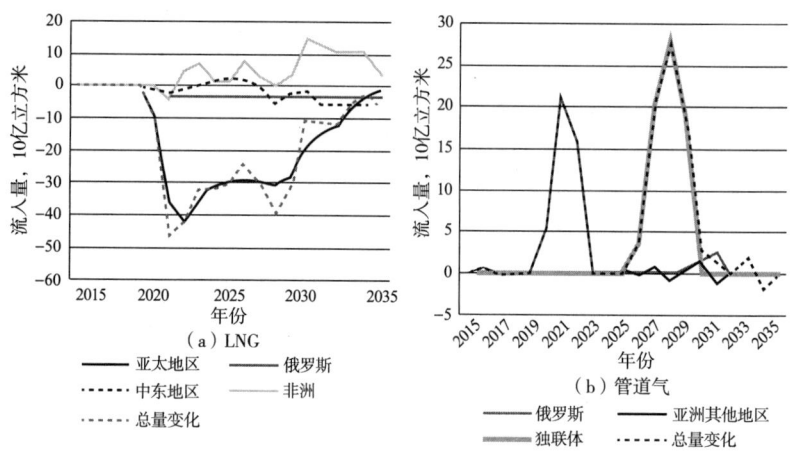

图 5.19 流向中国的 LNG 和管道气:中心 – 无 DS(3a)与标准组对比

Fig. 5.19 LNG and pipeline to China: hub no DS (3a) vs standard group

资料来源:模型预测。

部分来自亚太地区出口商的 LNG 取代了北美和非洲的 LNG 流向日本、韩国和中国台湾地区(图 5.20)。因此,日本、韩国和中国台湾地区市场进口的亚太 LNG 增加,同时从其他地区进口的 LNG 减少。

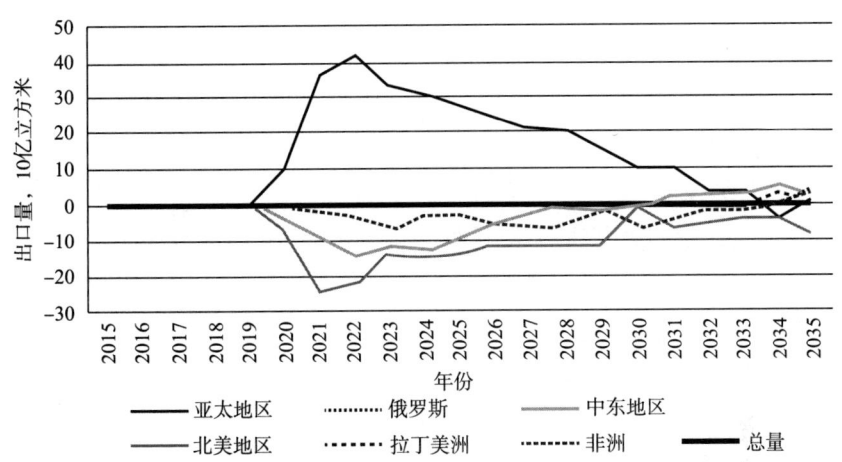

图 5.20 出口日本、韩国和中国台湾地区的液化天然气（S3a 实验组对比标准组）

Fig. 5.20 LNG exported to Japan, South Korea and Taiwan, China (S3a experimental group vs. standard group)

资料来源：模型预测。

在石油－无 DS 情景（S4）中，总产量、消费、LNG 贸易量和管道气贸易量的变化与中心－无 DS（S3）情景中的结果基本一致，表明放宽目的地条款或建立交易中心基准价格指数定价模式都具有相同作用❶。除中国以外，其他地区的石油 DS 和中心 DS 整体都十分相似。因为石油－无 DS（S4）情景中的现货价格较中心－无 DS（S3）情景平均上涨了 0.3 美元/百万英热单位，所以与石油价格指数挂钩的管道气价格较高。特别是中国的现货价格会更高（图 5.21）。

通过结果分析，取消该地区 LNG 合同的目的地限制通常有利于东亚进口商。还可以看出，当目的地条款被删除时，油价挂钩还是交易中心价格基准将没有太大的区别。

③采购成本❷。

替代方案与基准情景相比，世界总采购成本平均下降 2.6%（表 5.10）。因此，可以说贸易中心基准价格指数和取消目的地条款都是具有积极作用

---

❶ 然而，我们注意到，俄罗斯的管道天然气对中国的 LNG 缺乏竞争力，导致贸易量小幅度重组。

❷ 总采购成本=生产成本+管道燃气成本（合同和现货）+LNG 成本（合同+现货）+再气化成本。假定合同为 DES 价格，假设运输费用包含在天然气价格中。

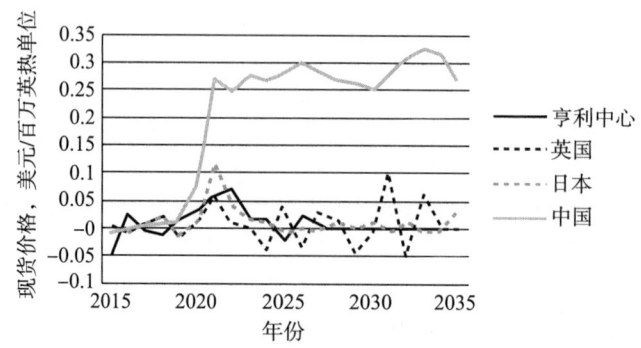

图 5.21 现货价格：中心-无 DS（3a）与石油-无 DS（4a）对比

Fig. 5.21 Spot price: hub no DS (3a) vs oil no DS (4a)

资料来源：模型预测。

的，它们会降低全球总采购成本。贸易中心基准价格指数将把天然气引向那些利润最高的出口地区。虽然合同灵活性的改变使消费者选择从成本最低的生产地购入天然气并将其运输到最需要的地方，但其缺点是加剧了天然气的竞争，因此可能导致现货价格波动。

表5.10 总体采购成本变化

Table 5.10 Changes in overall procurement costs

单位：10亿美元

基于	世界	中国	日本	韩国	中国台湾地区
	22294	6772	2263	1099	380
S1：上海贸易中心	21,770（-2.3%）	6208（-8.3%）	2097（-7.3%）	995（-9%）	356（-6.3%）
S2：东京贸易中心	21,635（-2.9%）	6017（-11%）	2065（-8.7%）	977（-11%）	348（-8.4%）
S3a：中心-无DS	21,360（-4.1%）	5973（-12%）	1913（-15%）	844（-23%）	340（-10%）
S4a：石油-无DS	21,547（-3.3%）	6356（-6.1%）	1915（-15%）	845（-23%）	340（-10%）
S3b：中心-无DS	21,870（-1.9%）	6440（-4.9%）	2075（-8.3%）	958（-13%）	362（-4.7%）
S4b：石油-无DS	22,055（-1.1%）	6442（-4.8%）	2075（-8.3%）	960（-13%）	362（-4.7%）

资料来源：模型预测。

在四种替代方案中，2020年取消目的地条款（情景S3a和情景S4a）的采购成本更低于中心基准价格指数（情景S1和情景S2）。因为前者在LNG和管道气进口的平均价格较低，且可在同样需求的情景下向该地区运来成本最低的液化天然气。但是2020年后，删除目的地条款的效果会降低（情景S3a与情景S3b，情景S4a与情景S4b）。可以预期只有极少数的合同在2025年现有合同到期之后仍然保有目的地条款。

四个东亚进口商采购成本的降低是否能远超世界平均水平十分重要。采取中心基准价格指数方案将降低所有东亚进口商的采购成本（情景S1和情景S2）。与情景S1和情景S2相比，因为假设每个贸易中心的燃料和运输成本相互竞争导致现货价格的边际变化，使得采购成本略有差异。但是，在非DS情景下，四个东亚进口商的利益分配相当多样化。日本、韩国和中国台湾地区在此种灵活供应情况下相较于中国能降低更大的采购成本。一旦LNG合同放开了目的地灵活性，这些进口商可以在竞争激烈但供应充足的低现货价格市场中通过套利或其他商业方式降低成本。相比之下，中国输入的管道气多于LNG，但去除目的地条款的效果却仅限于液化天然气，因此贸易中心基准价格指数对降低中国的采购成本效果显著，而目的地条款的变化却显得不那么明显。因此，进一步向挂钩石油价格指数的管道气贸易引入交易中心竞争价格可以为中国带来比其他东亚进口商更多的利益。

一旦目的地条款被删除，不论是否使用贸易中心基准价格指数，除中国外其他东亚进口商的采购成本几乎相同（S3a与S4a）。这是由于这些进口商本身缺乏天然气生产能力，完全依赖进口LNG。东亚地区LNG供应合同数量将从2020年年初的204个减少到2030年集中于主要地区的63个。因为大部分都是基于现货价格进行交易，所以中心基准价格指数对其而言或有或无，这就解释了另一些对价格指数的小影响。就中国而言，即使没有目的地条款，价格基准也很重要：贸易中心基准价格指数的进一步变化将使解除目的地限制后的收益翻倍。然而，在解除目的限制条款后，所有进口商在贸易中心基准价格指数和石油价格指数之间选择没有区别。

5.6.3 亚太区域天然气定价中心情景模拟结论

本节考察了东亚地区定价基准变化以及天然气贸易合同目的地灵活性改善所带来的潜在影响。研究的问题包括与石油价格挂钩转向贸易中心基准价格指数定价机制、使用上海贸易中心价格作为东亚贸易基准与使用东京贸易中心价格作为东亚贸易基准之间的差别，中心基准价格指数与石油挂钩两种定价情景下取消目的地条款的不同结果。模拟结果表明：四个东亚进口商的贸易中心基准定价、目的地条款的取消将对东亚乃至世界天然气市场有利。但是，对不同利益相关者的影响不同。

尽管一些液化天然气出口国将失去在中国的市场，但他们的出口可能会转向其他东亚国家。天然气采购成本的降低表明出口商也可以从政策变化中受益。此外，无论采用上海还是东京的贸易中心基准价格指数作为东亚四国天然气进口的基准价格都不会产生显著差异。这表明在形成亚太地区定价中心前，必然会先形成多个贸易中心的局面，并可能有多个提供不同基准价格的贸易中心。鉴于存在的共同利益以及各中心之间竞争，东亚进口商应与出口商相互合作，共同促进东亚市场的转型。对于中国而言，由于管道进口的重要地位，价格基准的变化仍然有很大利益，构建亚太天然气区域定价中心仍有一定的竞争力。具体中国如何构建天然气区域定价中心的对策，本书于第 6 章详细分析。

第6章

中国构建亚太天然气区域定价中心的对策

6.1 加快推进天然气产业链结构改革

6.1.1 增加产业链上游市场主体

上游市场具有高成本开发的自然垄断性质,从产业链来看,中国天然气市场上游领域总体上属于政府管制,上游市场主体的集中分布,使得天然气控制在少数的公司手中(中国石油、中国石化和中国海油垄断天然气勘探及LNG进口),天然气的勘探开发效率不高。

北美、欧盟天然气市场的发展,一直伴随着放开上游市场的管制,使得在天然气的勘探、生产、进口等方面实现了全面竞争的局面,促进了北美、欧盟天然气区域定价中心的形成与发展。

为保障天然气进口商的利益,确保能源供应安全,建立合适的天然气市场化价格,还原商品属性,政府相关部门应立法规范天然气市场,建立规范、高效的市场体系。

(1)天然气立法应该要针对国内天然气市场结构及未来发展方向。

目前中国三大石油公司垄断天然气产业链上中下游,阻碍了市场化改革。为提高效率,推进天然气管道市场开放,制定相关法律规则,让符合条件的市场主体均可参与管网投资,确保第三方准入落实到位。

①完善天然气勘查开采体制。坚持天然气矿业权国家一级管理,进一步规范探矿权、采矿权市场主体的准入要求,严格准入标准。加强安全、环保等资质管理,在保护性开发的前提下,允许符合准入要求并获得资质的市场主体参与常规天然气勘查开采,逐步形成以大型国有油气公司为主导、多

种经济成分共同参与的勘查开发体系，建立各类市场主体利益分享、风险共担，公平获得资源、公平承担社会责任的机制。鼓励致密气、页岩气、煤层气等非常规天然气资源，深水、低渗、低压、低丰度天然气田等难动用资源以及边际天然气田的勘查开采。制订鼓励国内天然气资源勘查开采的引导政策。

②实行勘查区块竞争出让制度。制定天然气勘查区块竞争出让办法，公开公平向符合条件的各类市场主体出让相关矿业权。完善天然气勘查合同管理制度，约定勘查投入强度和违约责任，加快勘查进度。发挥重点油气企业的技术优势，鼓励多种所有制资本通过发展混合所有制或以股权合作等多种方式投资国内天然气勘查开采项目，加大天然气勘查开采投入，加快天然气发现和开采。

③实行更加严格的区块退出机制。限期制订和实施科学合理的区块退出管理办法，动态调整法定最低勘查投入标准和矿业权使用相关费用，促进天然气找矿发现。未完成法定最低勘查投入的，探矿权人应依法依规承担责任，直至注销探矿权；存在未完成勘查合同或勘查承诺情形的，应当承担违约责任。

④完善矿业投资管理体制。理顺天然气与其他资源矿业权重叠设置关系，依法、科学协调天然气勘查开采与其他经济社会活动，维护勘查开采秩序和矿业权人合法权益。鼓励天然气探矿权人依法综合勘查开采其区块范围内的多种矿产资源，科学利用和保护天然气资源，提高资源综合利用水平，对煤层气、页岩气和致密气等在同一区块内的，同类型相关资源实行综合勘查开采。研究完善天然气资源开发对外合作机制，制订天然气资源国内外合作准入制度，规定合作对象的资金、人才、技术等准入条件。支持国有企业和各类社会资本按照产品分成合同、技术服务分成合同、提高采收率分成合同等多种模式，开展天然气开发合作。

⑤规范矿业权流转机制。允许油气企业之间以市场化方式进行天然气矿业权转让。完善矿业权转让、储量评估等规则。加强矿产储量评估等技术服务队伍建设，培育高水平的、独立的储量评估机构，完善技术规范，促进矿业权流转。

⑥建立和完善天然气地质资料公开和共享机制。完善天然气地质资料汇交和使用机制，强化企业汇交地质资料的义务。矿业权人缩减或退出勘查、

开采区块时，必须依法汇交成果、原始和实物地质资料。加强政府对地质资料的统一管理，强化成果、原始和实物地质资料的公开利用和共享。接收地质资料的馆藏机构负责地质资料的保管、保密和使用。

另外，政府应该积极引导民营企业进军天然气上游产业，通过降低准入标准和相应的政策鼓励，逐步形成以国有企业为主导，多种民营和外资企业共同开发的竞争性市场结构，通过竞争推动技术的提高和效率的提升。

（2）加强天然气市场监管。

在天然气市场发展的进程中，英美两国都成立了相对独立的监管机构制定和执行政策，对国家主干管网以及跨省管网进行监督管理。建议成立专门的能源交易监管机构，统筹制定规章制度，完善市场监管体系，保证市场秩序，营造良好的市场交易环境。考虑到监管者和被监管者信息不对称导致的监管失灵问题，要充分借助市场力量对垄断环节进行监管，鼓励不同管输企业有序竞争，发挥管输服务用户、行业组织及媒体等多方面的监督管理作用[139]。

6.1.2 破除管网改革难题

成熟的天然气区域定价中心的北美地区和欧盟地区管网十分发达，这也是保障天然气区域定价中心平稳运行的基础。

中国天然气网线的建设仍不足，存在一些问题，主要包括3个方面：天然气的管网的输气量尚不能满足天然气的工业发展的需求量；天然气的输气网线的主干网和地方的联络网的结合尚不完善；对于进口气的天然气的管网的建设，也不能满足中国对天然气进口的需求。因此，应该以政府为主导，国企和地方企业为辅，加大对天然气管网建设的投资建设力度，在这过程中一定要处理好中央与地方、与三大石油公司的利益关系，从而更好地建立四通八达、畅通无阻全国性的天然气的管输网络，并逐步与国外天然气的网线进行合并，形成区域性的大型天然气管输网络。

根据国外发展经验，形成区域性的大型天然气管输网络的同时，管网改革的两个思路是"管网独立"和"第三方准入"。2019年3月19日，中央全面深化改革委员会第七次会议审议通过了《石油天然气管网运营机制改革实施意见》（以下简称"意见"），组建国家石油天然气管网公司（以下简称"国家管网公司"）是其中的核心内容。这表明国家管网公司组建已经进入快车道。

管网公司成立后，管线独立，管输和销售业务分开，其他主体通过管网的公平开放进入市场的概率大增，供给方数量增加，供求机制转为"多对多"[140]。

借鉴国外天然气市场化改革历程和中国天然气行业现状，国家管网公司从成立到建立统一开放、充分竞争的天然气现代市场体系仍将经历较长的过程。成立初期由于管网的供应格局没有大的变化，管网基础设施还不够发达，管网公司从组建到实现运输分离和对第三方公平开放也需要一定过渡时期，建议按现有核定的"管输成本＋合理收益"收取管输费。同时，管输费可以从原来上游卖方内部结算变为与管网公司外部结算。

实施管网独立，操作上要把握7个关键环节。（1）以产权独立为管网独立的最终目标。管网独立涉及人、财、物的重组整合，涉及面广，可分步骤、分阶段推进。首先推进财务独立，实现管网财务单独核算，杜绝交叉补贴。其次推进法律独立，实现管输业务的人、财、物与上下游业务在法律上的分离，避免关联交易。最终推进产权独立，实现管输业务的完全独立。（2）鼓励管网公司采取混合所有制。对于跨区域的主干管网，可采取国有资本控股、社会资本参股的方式；对于支线管网可因地制宜、灵活处理国有和社会资本所占比例。（3）明确管网公司的功能和盈利模式。管网公司应专注于天然气管网的投资运行和天然气传输配送，不再从事天然气买卖业务。管网公司以收取管输费为主要收入来源，不再赚取天然气买卖差价。（4）落实"网运分开"。推动管网投资建设与运营相分离，上游生产商和下游用户均可参与管网投资，获得投资回报，但不得参与管网公司运营，避免关联交易，确保第三方准入落实到位。（5）实现管网互联互通。管网独立后形成的不同层级和多家公司之间要实现互联互通，保证"气畅其流"。对各种来源的入网天然气制定统一标准，保证管网中气体质量稳定、可用和安全。借鉴国外成熟管理经验，合理确定管网中新建管道的压力等级，制定统一的用气设施设计制造参数和气量计量标准，为管网互联互通做好技术准备，避免由于技术标准不一导致的市场分割、混乱。（6）优化天然气定价机制。管网独立后，管输费的确定由市场净回值法转变为成本加成法，天然气销售价格由上游气价加管输费来形成，真正建立上、下游"两头"价格由市场决定，"中间"管输费由政府核定的价格机制。（7）加强监管。政府要对管网投资、运营和维护费用等进行核算，厘清管输成本，明确管输投资回报率。同时，加强对管输行为的监管，确保气源质量、安全输气和履行普遍服务义务。

放开天然气管道市场，实行第三方准入。首先，天然气管道市场的开放一定是建立在满足各地民生需要基础之上的，管道公司可以按照合适的定价方式，与各地的燃气公司以及关键用户签订长期合同，但需要建设一个可以交易空闲或富余管输能力的二级市场。因此，改革前期依然可以由中国石油、中国石化和中国海油三大石油公司继续运营，但必须实时公布管道运营信息，一旦管输能力出现空闲或富余，就必须要租给第三方公司使用。这样不仅可以盘活整个天然气市场，还能让基础设施得到最大化地利用，避免投资浪费。其次，当天然气市场条件逐渐成熟时，适当的引入"第三方准入"机制，同时在设计第三方准入规则的时候要考虑合同气量标准、管容分配以及容量调度这些细致的环节，不同的准入规则会对市场产生力度不同的作用。

6.1.3　构建天然气交易枢纽

天然气交易枢纽的建设要求管网有足够的能力。为加强基础设施建设，吸引各方加强对天然气运输管道、LNG 运输码头、储气库等基础设施的建设和使用，可以对天然气市场现货价格放开约束，让天然气运输、储存等环节得到有力支持，产品可以安全高效地进行交收。

为进一步完善基础设施，应从下面几个方面着手：

首先，一方面，要确保并合理规划以实现天然气产业上、下游基础设施的完整性和配套性，以整个天然气产业链角度，需要加强的基础设施包括天然气运输管道、LNG 运输船舶、LNG 运输码头、天然气储气库、天然气加工工厂、LNG 陆上运输车辆、城市管网、天然气气站等，要保证天然气产业各个环节都能够得到来自基础设施充分、有力地支持，尽量避免由于基础设施方面的不足造成产业效率的降低和资源的浪费；另一方面，要充分意识到合理规划基础设施布局的重要性。在进行基础设施建设之前要进行科学、统筹的规划，要在满足需求的基础之上与周边其他设施相匹配，通过合理的安排努力实现天然气产地、贸易港口、运输终端完美接合，再借以有力的物流体系的支撑建立顺畅的流通机制，努力确保天然气产品能够高效安全地进行交收，从而进一步推动天然气现货交易市场的发展。

其次，要加大天然气储气库设施的建设。目前，随着中国天然气的管网的不断完善，作为天然气网络建设工程的重要组成部分的天然气储气库的建设，也应该加快建设步伐。当前，国外发达国家的储气库建设已经步入了成熟的发展阶段，中国储气库的建设刚刚开始起步，与发达国家差距明显，很多技术还处于探索阶段。加快国内储气库的建设，有助于满足天然气下游用户的调峰需求，还可以在一定程度上优化管道的运行，保障天然气供应，并可以作为国家天然气战略储备，为国家能源安全提供有力支持。

最后，还应该加快 LNG 进口配套设施的建设。目前，中国海上通道进口的 LNG 的量日益增大，相关配套设施的承载能力明显不足。随着中国海上 LNG 进口渠道的进一步扩宽，将会对 LNG 的进口设施的数量和质量提出更高的要求。因此，要以国有企业和地方政府企业为主导，并吸引部分外资和民营资本资进入 LNG 基础设施的建设领域；其次，对于 LNG 接收站的选择要进行优化，降低相应的运输成本；最后，要提高 LNG 基础设施建设的质量，并开发配套的技术，提高设备的运行效率，降低安全风险。

截至 2018 年 3 月，中国共建成 LNG 接收站 17 座，终端接收能力为 6900 万吨/年，接收站年周转率为 66%。现有包括预计投产的 LNG 接收站的接收规模是足够的，但 LNG 接收站却面临窘境。在淡季时，LNG 接收站迎来窗口期，却因为买方市场的动力不足，接收站的接收规模无法发挥储气作用；旺季时，LNG 接收站又处于满负荷运转，难觅窗口期，这就导致 LNG 接收站的利用率多年处于较低水平[141]。

目前国内储气设施的建设还没有完全铺开。究其原因，主要是中国的天然气价格全年基本一致，没有体现出季节性消费的特点，建设储气设施很难取得经济效益。放开对各区域天然气市场现货价格的约束，就可以在价格上体现出天然气季节性消费的特征，才能够吸引各方建设和使用储气设施。这才是利用市场手段解决"迎峰度夏"和"迎峰度冬"的根本手段。

当前，中国仅建立上海石油天然气和重庆石油天然气两个交易中心，且仅为天然气现货交易，交易品种较少，并且缺乏明确定义的交易枢纽，则没法定义基准交割地；由于没有基准交割地，交易产品也就不能标准化，因而不可能出现价格指数，也就不能形成基准价格。

以上海石油天然气交易中心为例，虽然天然气的交易在平台上完成，但目前实物交割地非常分散，同一交割地的供气方和用户数量有限，流动性不足,难以形成反映当地供需关系的区域价格,难以形成具有亚洲或全球影响力的基准价格。因此,可以选取管网较为发达的门站建立多个天然气交易枢纽,在交易中心(所)推出在该交易枢纽进行实物交割的标准化合约,以点带面构建天然气标准化产品,将物理枢纽与交易平台相结合,建立多个试点区域交易枢纽。通过枢纽门站价格之间的关联和互动,将全国市场连通起来,可以共同促进中国天然气市场容量增长和流动性提高。

(1)中国相关地区所具备建立交易枢纽的条件分析。

① 北京市。

北京作为中国的首都,2013 年常住人口约 2114.8 万人,一次能源消费总量约 7345.2 万吨标准煤,是中国典型的特大型城市之一。其次,北京市天然气气源由"陕京一线""陕京二线""陕京三线""陕京四线""大唐煤制气管线"和"唐山 LNG"六大气源构成,分别从城市的南部、北部及东部多个方向进入城镇输配系统,北京市及其周边将形成"一个长输大环+六大气源"的供应体系,形成了多气源、多方向的合理供气局面。再次,北京市已建成城镇天然气管线约 1.8 万余千米、场站设施 1000 余座,涵盖了高压 A、高压 B、次高压 A、中压 A 和低压五级压力级制的城镇燃气输配系统,是全国城镇燃气输配系统压力级制最多的城市之一。北京气源种类多、管网错综复杂,连接中国山西、河北等地区,服务范围广、城市开发强度大,且经济金融繁荣,是中国北方天然气市场的核心地区,也是天然气交易枢纽的可选地之一。

② 上海市。

上海作为中国的金融、航运和贸易中心,不仅具有发达的金融市场和繁荣的工商业经济,还具备便利的区位优势和完善的航运设施。其一,上海拥有发达的管网设施和区位优势,连通着西气东输、川气东送等主干管线,并且拥有较为成熟的 LNG 接收站和气化液化装置,且地处东南亚、中亚和东北亚的地理中心,航运可辐射到中东、东南亚、中亚、东北亚以及未来的北美六大天然气交易市场;其二,具有充足的市场供应和广阔的市场需求。国内自产天然气规模大,产量增长速度快,具有持久强劲的供应能力,同时,中国天然气消费市场前景广阔,增长动力十足,2013 年中国天然气消费量为 1631.4 亿立方米,同比增长 15.4%,随着中国城市管网和 LNG 基础设施的不断完善,这一增长趋势还将不断上升。其三,气源供应多元化格局逐步形成。上海目前通过城市管网与西气东输、川气东送、进口LNG等气源实现互联互通，已经成为汇集多种气源的交易枢纽。目前，上海有国内自产气、中亚管道气、中缅管道气和来自东南亚地区的进口LNG四种气源，分别连通国内、俄罗斯、中东和东南亚天然气市场，未来有可能连通北美天然气市场。其四，较成熟的金融市场和活跃的市场经济。目前，上海石油交易所已经推出了天然气现货交易平台，上海期货交易所也正在全力推进国际原油期货平台的筹建工作。同时，国内LNG市场开放程度较高，价格波动较大，基本建立起了竞争性市场价格，期货合约也逐步标准化。此外，交易市场主体的多元化趋势明显，有利于形成有效的市场竞争。其五，宽松的政府管制和配套的政策支持。上海自由贸易区的建立，致力于减少政府的行政干预，进一步放松管制，良好的政策条件将大力推动天然气市场主体的多元化，积极构建公平透明的天然气自由流通体制。

从上海天然气市场规模及其成熟程度、气源供给、管道（网）基础设施建设情况和地理位置来看，上海是天然气消费最为集中和增长最快的地区，为构建亚太地区天然气交易中心及基准价格创造了良好的条件。

③川渝地区。

川渝地区资源丰富，是中国的主要产气区之一，气源供给充足。据全国第二次油气资源统计结果，天然气总资源量将近全国总量的19%，除了常规天然气，川渝地区的页岩气资源也极其丰富，总资源量占全国的21%，可采资源量占全国的18%。其次，川渝地区具有较完善的天然气区域管网系统。四川盆地内天然气区域管网系统已形成川气自用为主、外部气源补充、具备调峰和战略储备功能的格局，拥有高度完善的环形骨干管网系统、蛛网式的支线管网系统以及相国寺地下储气库等调配支撑系统，集输气管道总长达到4万千米，管网年综合输配能力超过500亿立方米，管网覆盖境内各市县，成为西南能源战略通道枢纽。再次，四川盆地是国内天然气市场最成熟的地区。四川盆地气源和市场紧密结合，下游产业链完整，利用方式多样，是国内天然气市场最成熟的地区。天然气供应川、渝、云、贵区域市场千余家大中型工业用户和1500多万户居民家庭以及10000多家公用事业用户。此外，还外销至两湖、江浙等地。在川渝地区一次能源消费结构中，天然气占比超过12%，远高于全国5.9%的平均水平，行业利用率达80%。2016年，中国石油在川渝地区的天然气年度销量已超过200亿立方米，市场份额在75%左右，居市场主导地位。最后，重庆是"一带一路"的重要支点，是建设交易枢纽的选择。

④新疆。

新疆地域广阔，其天然气资源量占到中国陆上天然气的1/3以上，天然气地质探明储量位于全国第一。新疆天然气基础设施比较完善，目前已经基本形成北疆、南疆和东疆的管网布局。未来几年内，新疆还计划建成环塔里木盆地主管网和支线管网。另外，由于新疆所处的地理位置是中国进口中亚天然气的重要传输地带，周边的俄罗斯、哈萨克斯坦、土库曼斯坦都是中国进口天然气的主要来源国，多元化的气源从这里向中国中部、东部等地区输送，基本具备建立天然气交易枢纽的条件。

⑤陕西。

陕西也是一个能源大省，其天然气储量也十分充裕，尽管天然气储量巨大，但是陕西本省内对天然气的需求并不是很旺盛，这主要源于陕西的能源消费结构，在20世纪90年代主要能源消费以煤炭为主，其次是石油，直到1990年天然气的消费量还几乎为零，从2000年左右开始出现飞速增长，但还未实现大面积推广。

由于产量丰富，需求短缺的情况下，陕西省的天然气主要向京津冀等地区供应。在气化陕西的目标下，省内天然气管道全面覆盖逐渐实现：目前陕西省的天然气长输管网由陕西燃气集团有限公司（以下简称"陕燃"）独家建设运营，共有靖西一、二、三线、咸宝、西渭、宝汉、汉安线等11条干线管道，总里程约2700千米；陕燃及其他城市燃气企业均建设运营天然气支线管道，其中陕燃有支、专、联络线17条，总里程约310千米；陕西天然气长输管网具备的年输气能力为135亿立方米，日输气能力3715万立方米。2014年、2015年长输管网输气量分别为约39亿立方米、48亿立方米，2016年1月至9月份输气量约为37亿立方米。

天然气管道配套设施方面：目前，陕西延长石油拥有1座压缩天然气（CNG）加气母站、3座LNG液化厂；陕燃拥有全长298千米的关中环线储气调峰管道，储气能力543万立方米，另拥有杨凌LNG应急储备调峰项目，储罐储存能力6万立方米，折合天然气3996万立方米，以及9座CNG加气母站；部分城市燃气企业也投运了少量的配套设施。

6.1.4 扩大天然气消费市场规模

近十几年来,中国的天然气市场正蓬勃发展,但是中国的天然气在一次能源中的消费占比始终很小,下游市场规模较小。2014年下半年以来,随着国际油价巨幅下挫,中国经济增长下行压力巨大,国内天然气市场需求疲软,天然气供应出现过剩,国家油气管网公司的成立有利于提高天然气供应能力,打造多元化供应主体。实现输配分离,实现公平开放和第三方准入,将极大地提高天然气供给能力:由于生产后路通畅,将吸引包括外商和民营资本在内的更多市场主体进入国内上游勘探开发环节,中游环节的运输效率提升和下游环节的终端需求潜力释放,也将促使原有的上游开发主体加大勘探开采力度;另一方面,具有终端市场优势的企业,将通过向上游环节延伸实现产业链覆盖,并充分利用现有的管网、接收站等进口LNG甚至管道气,国内供气主体以及气源均朝多元化方向发展,整体提升中国天然气生产供应能力[142]。但是国内天然气继续增长的基础和条件长期存在,急切需要的是扩大天然气下游消费市场规模。

未来一定时期内,对碳排放和环境容量较为敏感的领域内将迎来天然气消费的快速增长机遇,如工业燃料领域内,钢铁、石化、陶瓷等传统工业产业结构升级以及大气污染防治的需要(特别是京津冀及周边地区),天然气置换煤炭的进程将全面加快;在交通领域内,城际客车、重型卡车及内河船舶将向LNG燃料发展;在天然气发电领域,随着国家鼓励政策的落实和电力改革第三方接入的推进,天然气分布式能源项目迎来发展契机。但不同领域的天然气消费增长受多种因素和环境的影响。

(1)城市燃气。

随着新型城镇化进程的推进、人民生活水平的提高以及服务业的快速崛起,城市燃气用气将持续稳定增长,仍将成为中国天然气利用的最大市场,其增长潜力可通过政策支持、价格改革和配套设施等方面进一步提升。

首先,在政策层面,建议加强环境监管,有计划地强制推进天然气替代民、商、服行业的采暖、炊事用煤,以及城市燃气供气范围内的轻工业热力用煤等,同时给予困难用户一定的优惠和补贴。其次,在价格改革方面,在建立规范化的天然气价格形成机制同时,加强对输配气成本的监管,将其控制在合理的区间,才能将上游供应商下调的供应价格传导到基层,让下游用户受益。最后,在配套设施方面,加快支线管网的建设和储气设施的规划建设，实现互联互通和多种气源的公平接入，明确储气责任，确保供气安全。

（2）交通燃料。

交通领域天然气利用在最近几年得到了快速发展，但一方面受国家出台了大量的鼓励和扶持电动车及新能源汽车的政策及措施，致使天然气燃料汽车在出租车、私家车方面的占用率裹足不前，另一方面受国际油价大幅下挫影响，天然气相对于汽柴油经济性明显减弱，加之经济下行压力加大，物流市场低迷等不利因素影响，交通领域用气发展趋缓。

随着越来越多的人士认识到电动车存在电池处理成本高、间接存在碳排放等环保问题，在目前天然气供大于求的形势下，大力发展交通燃料天然气市场具有现实意义，预计将成为未来天然气消费的最重要潜在市场。建议从政策引导与市场开发两方面扩大该市场。

政策层面，建议制定车、船使用天然气（主要是LNG）的技术标准规范，出台鼓励公路客车和货车应用天然气的投资、补贴等方面优惠政策，并加大在有条件的地方推广车船应用天然气的支持力度，如机场的服务运输车辆、港口拖船等，可以发挥政府采购的引导作用，对财政出或补贴的市政、公交、政府等部门的交通工具，设定明确的天然气车的占比等。市场开发方面，重点针对重卡、重汽等重型车辆等价格承受力高的进行开发，同时建议研究制定并出台国家层面的车船用加气站发展规划，促进形成骨干公路加气站网络等。

（3）天然气发电。

在中国天然气消费中，发电用气不断上升，所占比例从2000年的4%提高到2015年的15%。但与占据国内发电市场主导地位的煤电和国家鼓励优先使用的可再生能源发电相比，天然气发电受制于成本约束。天然气发电能够灵活启动，具有很高的调峰、备用等价值，尤其是在可再生等间歇性能源比例提高的背景下，调峰的价值更加显著。应尽快理顺上网电价，制定峰谷电价、峰谷气价，利用低价气发高价电是天然气发电的竞争力所在，并制定相应的优惠政策或补贴政策，充分实现天然气的环保和调峰价值，支持利用天然气改善发电结构，扩大天然气发电用气量。

另外，国家《大气污染防治行动计划》提出要优化天然气使用方式，鼓励发展天然气分布式能源等高效利用项目，同时电力市场化改革特别是售电侧放开为分布式能源的发展提供了重要机遇，分布式能源项目将是天然气利用的重要增量市场。但中国天然气分布式能源发展还存在不少问题，其中包括技术、经济、市场及运营管理等方面的障碍，体现在投资成本大、回收期限长、设备运行以及燃料成本过高，核心是价格问题及并网问题。因此，在国家层面需要更为细化的政策支持，在税收优惠政策、天然气价格折让、上网电价、电力直供等问题上给予指导，在企业层面，需要合理设计、控制投资成本、加大研究和论证，积极开拓能够充分发挥分布式项目冷、热、电供应特点的市场。

（4）工业燃料领域。

天然气作为工业燃料主要用于陶瓷、玻璃、钢铁、水泥、有色金属等行业。在工业燃料方面，无论是从控制大气污染，还是提高能源效率的角度，以天然气替代煤炭都具有广阔的空间。提高煤改气替代，扩大工业领域内的天然气消费量，在目前煤炭价格具有明显竞争力优势的情况下，应当依赖于政策的引导和强制。一是加强环境监管，提高煤炭的使用成本；二是出台煤改气强制政策，如对于新增的锅炉，在北方、东中部空气治理压力大的区域，可以考虑强制使用天然气，不再新上燃煤锅炉，同时在设施替换上给予财政支持。

6.2 统筹构建天然气金融交易平台

6.2.1 中国构建天然气交易中心布局

中国天然气市场正在经历快速发展时期，天然气定价规则呈现地区差异与不平衡性特征。在此背景下，中国迫切需要一个符合实际的定价机制，以推动天然气市场的发展[143-144]。

天然气交易中心（所）的建立，有利于还原天然气的商品属性，形成由市场决定天然气价格机制，其作用是通过交易平台发挥市场作用，实现资源优化配置，同时形成可以全面反映供给、需求和资源稀缺程度的市场价格，反过来引导生产和消费。一旦在某地区形成反映该地区供需基本面的价格，周边地区便可在此基准价格基础上，依据气源成本价、输送成本及供需水平等因素进行调整，形成自己的定价。

从全国各区域天然气市场规模及其成熟程度、气源供给、管道（网）基础设施建设情况和地理位置考虑，中国天然气交易中心（所）的建设布局可以先以管网建设较为发达以及天然气交易密集区域作为核心，开展区域天然气交易市场，通过在交易中心（所）推出以指定交易枢纽进行实物交割的标准化合约，买卖双方交易价格通过天然气电子交易平台公开竞价形成，由专门媒体公布天然气成交信息，并上报汇总至天然气交易中心统一发布价格指数。

交易中心（所）的构建需要依托供给格局和天然气交易的地域特征，在天然气富集区多点开花，遵循"做大现货交易—启动期货交易—加强地区联动—筹划国家级交易中心"的实施路径。

6.2.2 扩大天然气交易中心现货贸易

天然气现货交易的供需灵活性和价格弹性对于保障市场需求、加快天然气产业发展和促进天然气市场发育具有重要作用，也是天然气交易发展一定阶段或时期的客观要求。2011年之前，中国天然气交易采取的是中长期合同，合同交易量每年一签，日或月供气量固定并有最大供气量限制，天然气价格执行国家规定的天然气出厂价。随着中国天然气市场的快速发展和用户群体与数量的急剧增加，这种交易方式已难以适应供用双方在资源、市场和季节等条件变化而引发的天然气供需形势变化。同时，因天然气出厂价远低于其市场价值或替代能源价格，不但影响国内天然气资源的勘探开发和进口，而且刺激不合理需求，造成供需紧张，影响资源节约和优化配置。随着天然气产业的快速发展，中国已发展起了初具规模的现货交易市场，2010年12月17日中国正式推出了能源交易平台——上海石油交易所。2012年至今，上海石油交易所交易规模增长十分明显。

上海石油天然气交易中心自试运行以来，积累了交易中心的建设和运营经验，初步搭建起以交易中心为核心的市场化交易框架。探索了管道天然气、液化天然气（LNG）和LNG接收站接转能力等交易品种，以及现货挂牌和现货竞价等交易模式，对于推进整个产业链的市场化运行发挥了积极作用；编写并发布了中国LNG出厂价格指数、中国华南LNG交易价格指数等四项反映中国油气市场领域的指数，未来还将发布包括管道天然气在内的整个天然气指数，这对交易中心真正能够引领市场是非常关键的。2017年年初，上海石油天然气交易中心酝酿推出混合芳烃交易品种及原油现货交易，通过推动原油和芳烃产品的贸易，为实体经济搭建贸易和结算平台。先期推出的原油和混合芳烃贸易，主要是为国内炼厂搭建沟通和贸易采购平台，同时也将为交易中心开发新品种提供支持。交易中心运营战略定位是"先气后油、先现货后中远期、先国内后国际",争取5年内成为亚太地区石油及天然气交易及定价中心。与此同时,中国天然气现货交易形式逐步多元化,除原本槽罐车运输之外正积极探索通过长输管线交收,覆盖区域也有快速扩大的趋势。尽管现货市场发展态势良好,但想要加速发展以便尽快推出有影响力的区域天然气基准价格,还有很长的路要走。

(1)建立多交易中心(所)。

目前,中国的天然气市场都将是一个由若干区域性市场组成、通过天然气管道连接的松散的联合体,具有明显的区域性。例如新疆、川渝地区、重庆等是中国天然气的主产区或进口气登陆点,北京、上海等省市则是天然气的主要消费区。因此,中国重要的产气区、进口气登陆点和消费区都应该建立自己的区域性现货市场,在全国范围内形成多地区交易中心,一个交易中心的产品可以在多个地区交易中心交易,一个地区交易中心可以交易多个不同交易中心的产品,也就是说,未来上海石油天然气交易中心将可以交易重庆以及其他任何地区交易中心的商品;同理,重庆石油天然气交易中心也可以交易上海及其他地区交易中心的商品。此时,多地区交易中心的成立,加大了天然气市场的流动性、竞争性,扩大了天然气交易的现货贸易。

(2)市场主体多元化。

交易中心现货贸易的扩大,不仅在于交易量提升,需要市场上有足够多的交易者,使市场主体多元化。因此,为了形成公平的市场,需要推进天然气市场化改革,放松管制,形成竞争性的市场环境,使更多的交易者参与进来。

目前,随着国家对天然气价格管制日益放松,化肥用气价格放开,由市场主导价格的气量已占到中国天然气消费总量的80%以上。近期,福建省已启动天然气门站价格市场化改革,西气东输供福建省天然气门站价格由供需双方协商确定。此外,油气管网设施公平开放稳步推进。随着中国加快完善油气管网基础设施,提升设施开放程度,天然气现货贸易将更加活跃。就短期来看,应以调峰用气为抓手,扩大天然气交易中心交易规模,更好地发挥交易中心发现价格、平衡供需的作用。近年来,中国冬季采暖期天然气消费增长迅猛,仅仅依靠少数公司承担保供职责越来越困难,也不容易获得社会理解。如果运用市场化手段反映真实的供需情况,有利于社会各方分担保供压力,推动调峰储气设施建设。因此,稳定的用气量可以采用长期协议合同，而调峰用气可以更多运用市场化手段。这不仅包括气量本身，还包括管道运输能力、LNG 接收站窗口期、储气库服务等，甚至用户有富余气量，都可以在交易中心进行交易。这样操作，市场各方更容易接受，也能提升市场活跃度，显示一部分天然气价格。

（3）提供具有更多标准化的交易产品。

目前，上海和重庆天然气交易中心仅限于现货交易，且交易品种较为单一，在一定程度上也限制了天然气现货的贸易量。拥有多标准化的交易产品是扩大交易中心现货贸易的主要目标之一。天然气采用热值来计量，比较容易标准化。但是就其商品属性而言，还受到时间和空间的影响，需要进一步规范化和标准化。此外，交易中心上市天然气现货和衍生品品种，逐步建立起天然气衍生品市场，扩大天然气现货贸易是非常有必要的。一是可以发现国内天然气市场价格，促进天然气市场价格体系形成；二是提高在天然气国际定价权中的影响力，维护国家能源供应安全；三是提供一个市场风险管理工具，保障天然气稳定供应和生产经营企业正常运营。

如果中国的天然气现货交易市场环境足够良好，天然气现货和衍生品品种的买卖者足够多，交易量足够大，中国天然气衍生品市场就可以弥补亚洲交易时区的缺失。中国进口商在谈判天然气采购协议时，就有可能像美英两国的天然气市场一样，以国内衍生品现货合约价格作为进口天然气资源采购协议的定价基点，在一定程度上改变中国乃至亚太地区传统协议模式中与国际油价挂钩的定价方式。即使中国天然气衍生品市场价格无法成为进口天然气采购协议的定价基点，中国进口商和终端消费者也可以根据国内天然气衍生品市场价格变化进行风险管理和资产配置，从而实现市场配置资源的基础性作用，保障中国能源供应安全及天然气生产经营企业的正常运营。

6.2.3　推动天然气交易中心管容交易

在美国，管网公司众多，如果一个客户要把天然气从一个地方运送到另一个地方，需要在途经的所有天然气管网公司分别预定管容。管容交易采用挂牌拍卖，在管容交易中，所有的管容交易信息都需要在各个管道公司的电子公告牌（Electronic Bulletin Board）上进行公示[145]。

美国州际天然气管道协会（the Interstate Natural Gas Association of America，INGAA）发布跨州管道商业标准，建立了管容交易一、二级市场机制。在一级市场中，管道公司销售运输合同给营销商、当地分销公司和最终用户。其提供的传统服务包括长期、一次管容和可中断的运输服务。在二级市场中，公司和运输合同持有者以长期或可中断运输合同的形式转售未使用的管容。

英国的管容交易分为境内和境外两部分。英国境内的管容都通过英国国家管网公司的 GEMINI 系统交易。第三方公司 Xoserve 负责国家平衡点的运营，职能类似调度中心。托运人需要将天然气注入平衡点时，向 Xoserve 运营的在线系统 UK-LINK 提交入气指令，Xoserve 与国家管网协调，安排天然气从指定入气口进入擒气管网。天然气流出平衡点时，提交出气指令，操作流程类似。托运人之间达成买卖交易后，提交交易指令，标的天然气的所有权实现转移。

欧美国家的管容交易平台一般由各管道公司投资组建子公司专业化运营，管容交易中心与调度中心一般是管道公司下属的两个不同的运营单位。调控中心主要负责管道生产运行，侧重于内部运营优化；管容交易中心主要负责管容高效利用和市场化交易，侧重于与管道上下游之间的有效衔接。管容交易中心先将管容交易数据推送至调控中心，调控中心据此进行管容物理平衡；平衡结果实时反馈给管容交易中心，管容交易中心在此基础上履行交易，并形成交易数据指导调度运行，管容交易中心的对象为管输能力，不是实物商品，而是管道公司的核心服务能力。需要通过专业化的调控平台和管容交易平台一体化运作来实现[146]。

根据国际先进经验，管网公司的管容交易和相关信息发布都选择与第三方合作，可见，由一个统一且独立的第三方来负责管容的交易和分配更有效率。

鉴于此，国家管网公司可以独立于交易中心，利用技术手段，运营或者投资组建子公司专业化运营管容交易中心和调度中心，通过信息管理平台对基础设施运用状况进行实时反馈，公布管网运输能力，公开预售管容交易价格并在第三方平台公开竞价销售，这样用户需要在交易中心和管容交易中心分别购买天然气产品和管输容量。调度中心应拥有强大的数据交换运行平台，通过该平台，各个托运商都可以在该平台提出自己的需求，并按照规程进行修改。同时，调度中心也通过该平台对实际长输管网的运行进行预测和管理，以确保长输管网的运营安全。

国家管网公司也可与交易中心合作，鉴于天然气的物理特性，可以在天然气交易平台捆绑销售天然气商品与管输容量，适时推出"管容+天然气"产品。在管容分配方面考虑对原有管输服务合同的用户给予一定比例的优先权，保证其合理权益。剩余的管容应向第三方公平开放，通过在交易中心进行"管容+天然气"捆绑交易，即输气容量和相应天然气量同时分配，管网公司与天然气供应商一起提供"管容"与"天然气"服务。实现管容分配与天然气交易的有效结合。新的交易模式可以兼顾过渡期和成熟期天然气和管容市场的各类需求，提高了交易效率，有利于形成统一有序的现代市场体系。

6.2.4 推动天然气交易中心期货市场建设

（1）中国天然气交易期货发展。

期货市场非常重要的一项功能在于价格发现，建设更加成熟的天然气期货市场可以推动天然气市场实现市场定价，使天然气资源配置更为科学、合理。目前，国际上流通的相关期货产品多来自北美、欧洲这两大区域性市场，欧洲市场则仅有伦敦国际石油交易所推出了以 NBP 为基准的天然气期货合约，不同于天然气期货市场的"冷淡"，围绕欧洲各管网枢纽形成的小型市场的交易则非常活跃，且以互换交易居多。日本场外交易公司（JOE）于 2014 年推出 LNG 无本金交割远期合约，并于 2015 年 7 月完成首批交易，成为亚洲 LNG 期货市场首个"吃螃蟹者"。然而，中国现在仅仅是建立了天然气现货交易中心，期货市场还完全没有建立。上海周边的宁波大宗商品交易所也于 2014 年推出 LNG 中远期现货合约交易。此外，在"互联网+"政策的引领下，一批由民营企业投资建设的 LNG 电商平台相继成立，采用与淘宝类似的交易方式，对 LNG 贸易环节进行补充。现货市场电子化交易平台的蓬勃发展为期货交易奠定了基础。

期货交易方面，上海国际能源交易中心和重庆石油天然气交易中心分别于 2013 年和 2017 年在中国（上海）和重庆注册成立。两交易中心现在仅仅是建立了天然气现货交易中心，期货市场还完全没有建立。上海周边的宁波大宗商品交易所也于 2014 年推出 LNG 中远期现货合约交易。上海国际能源交易中心是经中国证监会批准，由上海期货交易所出资设立的面向全球投资者的国际性交易场所。成立以来，上海国际能源交易中心一直在推动 LNG 和天然气的期货交易，原油期货的制度设计和市场运作模式，尤其是境外投资者的准入和监管、外币资金的划拨和汇兑、国际化的交易和结算平台建设等方面的设计，为建立一个国际化的天然气期货市场奠定了坚实基础。2018年3月，原油期货在上海国际能源交易中心挂牌交易，进一步推动期货市场的建立。

由纽约商品交易所天然气期货市场经验来看，天然气期货、现货价格相互作用、相互影响，但期货价格相比于现货价格对于市场会产生更大的引导效应；另外，针对市场的价格发现机制而言，真正起到价格发现作用的价格信号来自期货市场而非现货市场，而且如果期货市场运行达到了真正的效率，期货价格对未来某个时刻现货价格决定的能力将会更强。中国对天然气的需求仍处在上升周期之中，加强推动中国天然气期货市场的建立，加大市场流动性，也将助力中国建立亚太天然气区域定价中心。

（2）推动天然气交易中心期货市场建立。

① 建立LNG期货市场。

由于目前LNG价格已完全市场化，且华东地区是目前中国集"气源广、消费大、经济强"多种优势于一体的地区。因此，建议建立以华东地区作为主要交割地的LNG期货市场，以此为切入点建立中国天然气期货市场。在地理位置、气源、基础设施以及政策方面具有"可充分交易、可方便交割"优势的上海市，尽快建立LNG期货市场，并以此为交割地；在交割环节上，可借鉴欧美期货市场的交割经验同步完善现货交易平台，实现期货与现货的对接。然后，建立由国际平台、净价交易和保税交割组成的LNG期货交易系统。由具有丰富经验的上海国际能源交易中心具体运作LNG期货品种，交易标的为LNG标准品（以百万英热单位计量计价），以美元为计价货币（报价不含关税、增值税的净价交易），参与主体包括境内和境外投资者，交割方式为保税交割（保税LNG专用接收站），建立公平规范的LNG期货市场交易平台，在交易规则、交易程序和交易范围上逐步与国际接轨，逐步形成中国天然气期货市场。

② 培育广泛的市场交易主体。

培育广泛的市场交易主体，奠定LNG等天然气期货的良好市场基础。境内投资者包括境内期货公司和境内非期货公司。鼓励天然气产业上中下游企业、相关产业客户、金融机构等国内期货投资者参与市场交易，逐步丰富市场参与者。生产环节参与期货市场主体方面，推进上游领域参与主体逐步多元化。除中国石油、中国石化和中国海油外，鼓励陕西延长石油集团等国有企业、一些参与天然气勘查开采的民营企业以及中国石化石油工程技术服务股份有限公司、中国石油长城钻探工程有限公司、烟台杰瑞石油服务集团股份有限公司等油田服务主体参与。消费环节参与期货市场主体方面，促进更多民营资本进入天然气期货市场。除三大国有石油公司外，鼓励电厂、工业等大用户以及省级管网公司、城市燃气公司（目前国内城市燃气公司超过200家）、小型LNG工厂等企业参与，形成由国内天然气生产商、管道公司、地方配送公司、燃气公司、终端大用户以及金融机构等组成的多层次的天然气期货市场参与主体结构。

6.3 构建亚太天然气区域定价中心

6.3.1 建立天然气交易平台与交易机制

交易平台是天然气现代市场体系的"神经枢纽"，天然气交易平台是天然气市场体系的重要组成部分，也是天然气定价机制改革的重要支撑，具有价格发现功能，巩固完善了天然气市场化定价机制和体系，天然气交易中心的产生，使天然气市场资源配置更加高效和快捷，极大地减少了供需求的波动起伏，促进了经济稳定。同时，交易中心也丰富了市场交易产品，为市场各方提供投机和风险管理的工具，市场各方可以使用相关的天然气交易产品进行投资、套期保值和风险管理，以实现自身利益最大化。

交易中心还提供了有形市场和精细化服务，极大促进了天然气市场现货交易的便捷性和灵活性。国际上，天然气市场化改革相对成功的国家和地区（美国、英国、欧盟、新加坡和澳大利亚等）均建立了天然气交易中心。以亨利中心为代表的美国众多天然气交易中心，为企业提供了非交易性服务、交易性服务和信息服务三大类别的服务，涉及天然气运输储存、所有权交易清算、交易信息发布等；英国的国家平衡点（NBP）也提供天然气的交易、运输及信息发布等多种服务项目。交易中心在天然气市场中起到了统筹兼顾、协调各方的重要作用，最大限度维护了天然气市场的各方正常运行。

基于中国情况，首先要扩大目前交易服务体系覆盖范围至整个市场，增加授权服务机构的数量，合理规划营业网点布局范围，加速培养市场服务人员，使市场参与者在交易、结算、定价、融资和天然气配送这个贸易全过程都享受到全方位、优质的服务；其次，要不断强化天然气现货期货贸易的实货交易和电子交易两方面的平台建设，同时不断完善、升级现货和期货贸易的交易系统，在信息容量和信息质量方面寻求新的突破，实现及时、精确地反映国内外主要天然气市场参与者询盘、报盘以及交易的相关信息；第三，要通过加强与国内外主要银行、金融机构的合作搭建起更高效的资金结算平台，提高天然气贸易过程中资金的流动效率，还要通过与银行的合作强化资金监管确保交易资金安全；最后，要使天然气市场交易机制不断优化、不断推进以实现交易流程简单透明、风险可控的目标，使交易机制的系统性、科学性和开放性不断强化。此外，要在天然气现货和期货产品及合约的设计方面不断努力，通过符合市场要求的设计，为区域天然气基准价格的推出提供便利。

以上海、重庆石油天然气交易中心为依托，推动天然气交易平台建设及交易合约标准化，提高天然气现货贸易交易履约率和交易量。适当扩大天然气现货交易品种和相关金融产品，积极培育天然气现货交易市场。减免手续费用，鼓励各类交易主体通过交易平台自主进行现货及中远期交易。适时出台相关的天然气金融产品，尝试建立天然气期货产品、天然气掉期产品、天然气期权产品及天然气信托产品等。建立天然气期货交易市场，并继续推动现货市场的改革，为国内能源公司规避风险、增加流动性提供更多的选择[147]。

6.3.2 建立和完善交易中心报价体系

一个市场价格的影响力与其报价体系密切相关，科学、高效的报价体系将使价格信号的效用发挥到最大，因此，要建立有影响力的天然气定价中心一定要建立起合理的报价体系。

首先，要疏通天然气现货交易市场价格信息的采集渠道，科学合理地选择信息采集点，配备专业信息采集人员，建立高效的信息采集和信息评估体系，加大对不合理的市场价格的筛选、剔除工作，确保现货交易市场传递出的价格信息真实、可用；其次，建立高效的天然气市场数据搜集、传递、发布的信息系统，确保在电子交易平台中参与者的询盘、报盘、交易量、交易价格等信息能够得到及时、准确地反映；第三，价格指数编制要有充分的理论依据，要充分结合市场价格、天然气合约单位等情况编制对天然气市场变化趋势有较强反映作用、与其他能源价格便于比较的价格指数体系；最后，要通过加大与行情数据运营机构以及国内外知名媒体机构合作，实时发布交易所天然气的价格行情，通过快速、有效地发布，传导扩大价格指数的知名度和影响力，为推出天然气基准价格做好宣传工作。

6.3.3 完善区域定价中心的金融支持

天然气区域定价中心的建立离不开金融支持，例如美国面向亚洲出口的LNG同时与一些金融产品相伴而行（如以亨利中心价格为基础的计价体系以及纽约商业交易所天然气期货等），以此为天然气定价提供基础保障。中国也可借助天然气交易平台的整合以及上海的金融优势来进一步提升相关金融支持能力，研究创建中国能源发展银行的可能性，同时结合未来国际LNG买方市场趋势，缩短目前盛行于亚洲的长期协议定价方式中的合同期限以及争取摆脱亚洲地区天然气定价与原油挂钩的模式，从而提升中国天然气定价方面的综合能力。此外，在发展初期，为培育天然气区域定价中心，政府可以给予交易中心财税优惠和融资支持。在交易中心资本金、交易税费、低息贷款等方面给予扶持，在交易中心涉外引入国际能源、金融公司、贸易商时，适当在市场准入、注册登记、外汇管理和人员进出境等方面给予政策支持。

推出天然气期货可以促进中国天然气工业的发展，主要包括两个方面：一方面，天然气期货的推出，可以促进中国天然气生产运输企业、大型工业用户积极参与储气库的投资建设；另一方面，由于期货市场具有严格的交易规则、标准的实物交割条件、透明的交易价格和多重财务保障等特点，天然气期货市场的建立和正常运行，可以反过来对现货市场产生影响，使现货市场更加规范有序。另外，期货市场具有价格发现和套期保值的功能，投资者可以通过买卖一定的天然气期货合约，锁定一定的价格和数量，通过期货市场实现规避风险的目的。天然气期货价格也具有一定的导向作用，既可以为天然气用户根据资源供给状况调整消费量争取一定的时间，又可以促使产品附加值较高的产业用户提高节能意识。

因此，推出天然气期货有助于降低交易费用、缓解终端用户价格压力、发现价格趋势、优化资源配置，为中国天然气企业提供有效的规避风险的工具。如果不尽快建立天然气期货交易，极有可能会使中国在国际天然气市场中的定价话语权丧失殆尽。中国应该积极推出天然气期货合约，建立天然气期货市场，促进形成亚太地区的天然气基准价格，争取进口天然气定价的主动权，维护中国的经济利益和国家能源安全。然而目前中国的金融体制落后于实体经济的发展，在期货市场方面存在诸多问题，如期货结算系统不完善、缺少专业人才、期货市场建设经验不足等。若想建立天然气现货和期货两个市场并且走国际化路线，必须积极推进金融体系的改革。主要措施有建立完善结算系统，设计标准化合约，加强人才培训。尤其是标准化期货合约的推出，必须要在国内市场上找出天然气产业公认的标准天然气——拥有相应的储气库，实际交割便利，并可用于市场供求调节。只有逐步完善金融市场建设才能为中国天然气期货合约的推出提供操作性保障。

6.3.4 确定基准枢纽分步形成亚太基准价格

根据欧美发达国家经验，建立基准价格需要两个重要条件：建立一套可信度高的天然气价格指标以代替油价；足够多数量的交易方使用这样的指标作为定价基准。而形成交易指数最核心的问题在于如何增加交易量和交易透明度。交易中心作为独立第三方在此方面独具优势。

在中国这样一个多层次天然气市场中，交易中心并非越多越好。根据中国电网改革经验，全国各省市均建有自己的电力交易中心，每个中心之间相互独立、缺乏联动，将整个中国电力市场割裂成三十余个小市场，既不方便国家统一监管，也难以形成有效的市场竞争和互动。因此，构建全国统一的天然气交易市场至关重要，通过交易中心将分散的交易集中起来，转变为公开、透明的市场交易，有利于促进竞争、打破垄断、暴露矛盾，推动体制改革和价格改革，逐步建立健全市场体系，从而提高市场效率。

交易枢纽需要大量的基础设施和有力的运行作为支撑，其建设过程比交易所要更具有挑战性。在建设的众多交易枢纽中，还需要确定一个类似于"亨利中心"这样的基准交易枢纽。这个基准枢纽必须要有足够的流动性且和其他枢纽连通，其价格对不连通枢纽没有指导作用。确定基准枢纽，可以集中有限的交易，形成更大的总体流动性。虽然说物理条件是基准枢纽的必要条件，但不是充分条件。市场对基准枢纽的信任也非常重要。

上海作为长三角经济带龙头，是重要的天然气消费区，可以发挥其市场优势和区位优势，以长三角地区作为基准枢纽，在上海市选择交易中心重点发展，以其天然气市场价格作为基准价格。

在分步形成亚太基准价格过程中：

（1）实付统一按热值计价。中国国内天然气销售采用按体积计量计价方式,和国际贸易中普遍按热值计价的方式不能衔接,按体积计量这种方式会受到温度和压力条件的影响,而温度和压力在不同地方不同季节可能会有差异。天然气越来越多地作为燃料使用,不同气源地的天然气热值往往有较大差异,产生的效率和效益因此有不少差别。很多进口液化天然气热值高但价格也不低,进入管网和国内一些相对低热值的天然气混合销售给进口商带来了很大经济压力。另一方面,付同样的价格使用热值更低燃气的用户也觉得委屈。以体积来计量计价而以热值来衡量价值的矛盾导致不同天然气的互换交易性下降,不同天然气在管网间用户间的流动可能性减少。

（2）制定天然气交易的行业标准,加快天然气交易中心电子交易平台的建设;鼓励各类交易主体通过上海的天然气交易市场自主进行现货及中远期交易,减免手续费用,交易平台探索创新模式实现财务上的可持续发展。同时也不限制各类地区性天然气交易平台的发展,促进交易中心平台交易维持较为活跃的状态。另外,根据市场发育成熟程度,逐渐缩小实行价格管制的天然气数量范围,改进计价公式并加快调整频率,使消费者逐渐适应价格波动[148]。鼓励气源供应方、管道经营公司、输配公司将天然气供给量、管道输送能力、开采和运输价格等信息公布在网上,通过一个公开的网上交易平台。终端消费者可以通过网络了解价格信息,使天然气交易更加透明,竞争机制逐渐趋于完善。电子交易平台会推动天然气现货市场的繁荣,为将来建设期货市场奠定基础。

（3）扩大天然气市场对外开放。在国内天然气市场经过一段时间的重组和调整之后,随着市场主体多元化和竞争性产供需格局的形成,以及国内市场基准价格机制趋于成熟的情况下,进一步对外开放国内天然气市场。首先要开放的是对外出口的心态,加强国内气价和周边日本、韩国、中国台湾地区等价格的关联。依托中国具备天然气供给国、通道国、消费国的多重身份,发挥承东启西、贯通南北的地缘优势,联通土库曼斯坦、乌兹别克斯坦、日本、韩国、俄罗斯、印度尼西亚、澳大利亚等天然气供给国和消费国,重点打造亚洲区域性的天然气贸易中心,进一步完善液化和气化项目基础设施的建设工程,从而有利于未来5～10年内来自澳大利亚、卡塔尔、美国、俄罗斯、中亚等国家和地区的天然气能够跨区域流通,实现贸易的自由化。

对天然气管网储备设施要采取开放态度。在中国库容进一步扩大后,富余能力可以由周边国家相关企业租用；富余管网能力也可向周边国家开放，使他们能够借道输送或置换来自欧亚大陆内部的天然气资源。

要对外资参与国内天然气产业链各个环节给予更大自由度和灵活性，包括公开竞标资格、控股比例等。对国内尚缺乏成熟实用技术的领域如页岩气、煤层气和海上深水开发等要加大对外开放力度，通过国内外交流合作尽快提高国内勘探开发和生产能力，提高国内供应水平。

（4）加快人民币货币结算功能。依托于中国、中亚、俄罗斯的天然气贸易合作，中国应进一步完善建立人民币结算的天然气价格体系，加强多方的战略合作，在经济一体化发展的基础上制定定价机制，争取主导亚太地区天然气贸易规则。

国家管网公司成立运营后，天然气行业随着市场化不断加深和完善，交易中心将形成包括管输能力市场、天然气现货、中长期交易市场、天然气期货衍生品交易市场等多层次市场体系。交易中心通过开发新型交易产品、放宽平台准入门槛、结合国家优惠政策等在全国范围内建立统一的交易平台，逐步吸引更多交易方、增大天然气线上交易量；同时，健全价格指数发布机制，及时、透明地发布交易信息，逐步以交易价格代替采编价格，发布天然气"交易价格"指数，更好地反映天气、市场供需情况。在"交易价格"指数建立后，交易中心的线上长期协议可优先挂靠"交易价格"指数；同时，交易中心利用会员优势，在会员企业的线下交易中首先进行指数推广。在试点区形成影响力后，价格指数再逐渐向全国推行，并在国际贸易中进行试点，最终建立中国的天然气基准价格。

6.4 建立与市场化定价相适应的规则体系

6.4.1 建立储运设施规则

储运设施规则的建立是市场化定价规则体系的重要内容，由于市场规则的变化增加了系统运营商服务供应的复杂性，对市场参与者设定了更多的规则和要求。构成与市场化定价相适应规则的关键要素，包括：准入服务模式、管输费体系、容量分配机制、容量交易方式和拥塞管理机制等，下面进行具体介绍：

（1）准入服务模式。

储运设施的销售商或托运商有申请进入储运设施的权利，同时系统运营商有提供相应服务的义务。通常情况下,储运系统运营商与销售商以合同约定的方式规范服务模式,包括服务种类、服务质量、时间跨度、路径约束等方面。

①服务种类与天然气储运设施种类相关。例如,天然气管道系统可提供输送服务以及与输送服务相关的平衡服务、无通知服务等;储气库可提供与季节性调峰相关的储气、采气服务等;LNG 接收站可提供 LNG 资源卸船、装船、储存以及气化服务等。

②服务质量体现在服务可靠性的差异上。以天然气管道为例,根据可靠性差异可分为固定管输服务和可中断管输服务,固定管输服务是指在正常情况下(排除不可抗力因素),管道运营商不能中断为用户提供的管输服务,可中断管输服务是指管道运营商可根据市场需求中断管输服务。

③时间跨度体现为服务期限的差异。系统运营商根据市场需要设置服务时间跨度,用户可以自由组合不同期限的服务合同,从而获得最佳的经济效益。以管输服务为例,包括年度、季度、月度、日前和日内的长期和短期的管输服务产品。

④路径约束可分为"点对点"(P2P)输送服务和"入口/出口"(E/E)输送服务。其中,"点对点"输送合同中规定了详细的输送起点和终点,不能更改输送路径;"入口/出口"输送是指合同允许在特定管网进口点或出口点输入或提取天然气,而不必约束路径。"入口/出口"输送模式提供了更加灵活、有效率的路径约束条件,能够对市场需求变化做出更快速的反应,与竞争性天然气产业链结构相适应。此外,还存在一种更加灵活的输送模式——邮票型输送,即允许托运商可以不加约束地在管输系统任意入口、出口进出管网系统。邮票型输送模式是"入口/出口"输送模式的特殊形式。

(2) 管输费体系。

与市场化定价相适应的规则中,管输费定价方法既要有"价值性",即能充分反应管道运营商的运营成本,体现管输服务的市场价值,还要有"灵活性",即需要简单、灵活、高效的计价方式,与多元化、竞争性的市场相适应。随着自然垄断属性的管道拆分的逐步推进,管网角色正在发生转变,管输计价模式也需要与之匹配变化,"输气收费、不输气不收费"一部制和"一线一价"的传统管输费定价模式显然不适宜。

①计价体系。

在计价体系选择上,要综合考虑该管输费体系能否有效反映管输成本,提高其公开透明性，对所在天然气市场环境有足够的适应性。通常计价体系与管输合同路径约束条件相适应，即存在"点对点"计价体系和"入口/出口"计价体系。其中"点对点"计价体系的输送费用与输送距离挂钩，适用于管输距离占输送成本权重较高的管线；"入口/出口"计价体系不再考虑流经路线，而是根据进气点和下载点预定的进出气能力来衡量，不同的入口和出口可能面临不同的管输费用，管输费为入口费用和出口费用之和，管输费用的差异性是入口和出口能力的市场需求价值性上的体现。

②计价模式。

不同于中国现行的"输气收费、不输气不收费"的传统管输费定价模式，成熟的天然气交易市场下，大多数国家都采用以北美国家为代表的"两部制"管输费模式，费率计算建立在允许最大收益和预期需求的基础上，包括两种收费依据：a. 将管输使用者预定的管输能力作为收费依据，称为管输容量费，又称为容量费，主要用于弥补管输运营商的固定成本；b. 将实际天然气输气量作为收费依据，称为管输使用费，又称为商品费，主要用于弥补管输运营商的可变成本。

（3）容量分配机制。

在与市场化定价相适应的规则体系下，容量分配概括起来主要有两种方式：先到先得预定方式和招标拍卖方式。

①先到先得预定方式。

先到先得预定方式是系统运营商给定服务价格，谁先申请使用，谁先获取服务。先到先得容量分配的好处是，可以方便快捷地分配管输服务，操作成本比较低；不足的地方在于当服务需求量高于系统能力时，分配机制不灵活，当需求量高于系统能力时通常会采用拍卖或按预定比例分配的方式来分配服务容量。欧盟部分成员国，例如德国、法国、荷兰、比利时、西班牙、意大利等，其长输管网系统和输配管网采用先到先得的方式进行管输能力分配；比利时、希腊、西班牙的LNG接收站短期现货接卸服务也采用先到先得的方式。在北美，可中断或短期固定管输服务能力会采用先到先得方式。

②招标拍卖方式。

招标拍卖方式一般在能力需求量大于系统可供容量时使用，采用招投标或者拍卖的方式对容量进行分配，以公平、公开的方式最大限度发挥储运系统服务能力。拍卖过程通常以低价开始，直到系统能力满足需求量为止。合同招标通常会在一个开放窗口期内申请投标,系统运营商根据托运商竞标情况选择给予服务。北美地区大多数管道公司采取合同招标的方式进行容量分配,招标过程中本着"延续性""持久性"和"价高者得"三原则。欧盟各成员国采用拍卖方式也越来越普遍,例如英国、爱尔兰、波兰、匈牙利等国就采用拍卖方式。欧盟的 No984/2013 天然气管网节点容量分配机制规范中,强制规定欧盟范围内所有跨境节点必须采用拍卖方式。系统运营商在确定容量分配机制的时候,需要评估在第三方准入制度下的竞争强度,选择合理的容量分配方式。监管机构可能会制定强制性规定,要求已获能力的托运商放弃一定比例的预订能力给新托运商。这样的规定在英国和欧盟都有应用,该规定能够保护中小托运商的权益,促进市场竞争。不管采用何种方式,监管机构会设定最高价格的"天花板",以防止管道公司因垄断造成的服务暴利。

(4)容量交易市场及交易平台。

①容量交易市场。

容量交易市场是在储运设施规则较为成熟后的新兴市场,是指将储运系统的工作容量作为交易物品进行买卖,使得业内人士能购买储运服务。容量交易市场由两级市场组成,即一级市场(又称输送量预定),由系统运营商提供给托运商的输送量和集输服务;二级市场(又称输送量贸易),指有临时富余输送量的托运商可以在市场上将这部分输送量转卖给输送量不足的托运商,从而提高储运设施的使用效率。二级市场的贸易机制主要有两种,通过富余输送量的拍卖或通过两个托运商之间的双边贸易来进行。

②容量交易平台。

储运系统运营商应通过网络预订平台提供服务,可自行运作,也可以通过一个合作代表运营商来运作。联合预定平台应当根据相关规定分配系统能力,同时应当授予用户获得二级市场交易的功能。美国没有全国性统一的管网容量交易平台,一般各大管道公司建立各自的容量交易平台,在容量交易平台上公布所属管道和各个节点的剩余能力、服务种类、合同招标窗口期、气质准入要求、管输费率等准入基本信息,用户根据需求向管道运营商提交容量使用申请,实现容量预定和退订等服务。

欧盟由于成员国众多,跨境贸易复杂,为了构建统一的天然气市场,欧盟将各成员国各公司管网容量交易整合成了 3 个交易平台:PRISMA、GSA(波兰、捷克)和 RBP(匈牙利、罗马尼亚)。其中 PRISMA 是欧盟最大的管网能力交易平台,可实现长期、短期管网能力的预定、拍卖以及二级市场交易。PRISMA平台中公布的各类信息包括:管网中各节点名称,管道运营商,可获服务类型,节点剩余能力,服务期限,供应区域,气质类型(高、低热值),流向信息(进口/出口、单一流向、多重流向),拍卖信息(投标窗口期、交易时间、管输服务费、起拍价格),交易程序信息等。

(5)拥塞管理机制。

管输拥堵是指管输需求超过管网最大输送能力的情况,包括合同拥堵和物理拥堵两个概念。物理拥堵是指管网系统输送能力已经达到峰值,不能再满足需求量,缓解物理拥堵的办法是新建储运设施。合同拥堵是指管网在物理上有剩余输送能力,但已有的合同能力已经达标,有需求的管输使用者不能使用剩余能力,这种情况又称为管输拥塞。监管机构和系统运营商需要设立相应管理程序避免管输拥塞的发生。为防止托运商囤积管输能力,遏制拥塞问题发生,许多国家推出"非用即失"机制(UIOLI),即托运商在合同规定的时间内,若其使用量小于预订量,或预订了能力但没有按期使用,则该输送权利可以被剥夺,可通过在二级市场出售的方式放弃该部分预定量。例如欧盟所采用的"固定管输能力日前非用即失机制"和"长期非用即失机制"。"非用即失"原则的推出可以防止托运商"囤货"问题的出现,若托运商为降低违背该准则的风险而过分缩短预订时间或过分减少预订能力,则可能会影响该托运商后期预订能力的灵活性;若长期违约,则可能失去未来使用剩余能力的权利。新加坡的"非用即失"规则规定,若托运商在最近半年内使用的能力少于预订能力的80%,则有可能会失去使用剩余能力的权利。

6.4.2 建立市场准入规则

市场准入制度是关于依法具备法律主体资格的自然人、法人或者其他组织进入市场的某一特定领域或者某一特定行业进行营利活动所必须具备的条件的法律规范的总称。需要特别注意的是,市场准入制度仅仅表明国家对企业进入市场的态度。如果想使市场准入制度落到实处,真正发挥其启动特定市场领域或者行业发展的需要,就需要制定相关的配套制度。只有这样,才能保证市场准入制度能够真正发挥作用。

关于天然气的市场准入制度模式,需要将天然气产业链上、中、下游天然气市场的市场准入制度和天然气产业链上、中、下游之间的关系结合起来,才能更好地认识天然气产业链市场准入制度的模式。目前,关于天然气产业市场准入制度的模式,具体可以归纳为两种:一种是市场准入制度的封闭模式,加上天然气产业链的纵向一体化模式;另一种是市场准入制度的开放模式,加上天然气产业链的上中下游相对独立的模式,也就是国际上通行的"X+1+X"的模式。

为了在天然气市场引入竞争机制,需要对天然气市场上下游纵向一体化的发展模式进行拆分,实现天然气产业上、中、下游相对独立的发展,可以允许天然气产业上中下游各个领域的天然气企业之间相互持股,但是禁止一领域对另一领域控股。这样既可以实现天然气产业链各个领域的协调发展,还可以避免天然气企业出现利用市场支配地位操纵价格,影响天然气市场健康发展的情形出现。具体来说,建立与市场化定价相适应的市场准入规则,有如下几个方面。

(1)天然气产业上游市场的市场准入制度。

从前文分析可知,中国天然气产业上游是一种自然垄断的状态。分析《中华人民共和国矿产资源法》等相关法律文件,可以认为中国天然气产业上游勘探开采领域的寡头垄断是行政垄断的结果。因为行政审批的结果就是目前中国陆上天然气产业上游勘探开采领域仅有中国石油、中国石化、陕西延长石油集团三家,而且还针对特定区域。

就某一特定区域来说,经过长输管道的天然气在达到某一城市的城市门站时,就这一城市而言,其气源仍然是单一的。对很多的城市而言,这种垄断是客观存在的。但是,不容忽视的一个客观事实是:中国自有的陆上天然气资源储量有限。

现有的研究成果显示,中国有丰富的煤层气和页岩气资源。中国煤层气资源储量丰富,居世界第三位,仅次于俄罗斯和美国。尽管煤层气产业投入高、回收期长,但是随着市场对天然气需要的增长以及科学技术的不断进步,煤层气的开发应该有着非常广阔的前景。与天然气产业上游领域不同的是,中国煤层气和页岩气的勘探开采还有很长的一段路要走。在这样一个背景下,从煤层气勘探开采企业和页岩勘探开采企业的市场准入制度入手来考虑实现气源多元化目标是可能的,也是具有现实条件的。因此,中国政府应该不失时机的实行宽松的市场准入制度,制定扶持政策,坚持培育和拓展多元化煤层气市场。同样,中国也有丰富的页岩气资源。页岩气资源的勘探开发具有巨大资源潜力和勘探开发远景。气源的多元化不能仅仅以天然气为着眼点，同时还要以煤层气和页岩气为着眼点，只有这样才有可能实现天然气产业上游企业之间的竞争。因此，中国政府应在全盘考虑天然气、煤层气、页岩气等资源的基础上，制定宽松的页岩气勘探开采企业市场准入制度，鼓励页岩气的勘探开发，这是实现中国能源安全供给、多元化发展的重要战略选择，也是低碳经济背景下，中国向清洁能源经济模式转变的必由之路。

（2）天然气产业中游市场的准入制度。

早在2002年召开的关于中国天然气改革的国际研讨会上，除了天然气生产企业认为由于管道投资是生产活动的一部分，应该保留生产和运输的一体化之外，将天然气产业的运输服务和生产相分离，并对第三方实行运输准入，这一点已经获得了普遍的认同。尽管中国政府已经通过相关的政策表明鼓励更多市场主体进入天然气长输管道的建设领域。但是，由于天然气产业上游市场具有封闭性，管道运营与上游天然气的构建与完善同属某一企业集团，因此管道运营的利润没有保障，从而阻碍了外资与民营资本进入天然气产业中游管道建设市场的步伐。

建立合理的市场准入制度有助于规范天然气产业的市场秩序，可以促进天然气产业中游市场的开放，可以促进天然气行业中游的良性竞争局面的形成。就中国而言，政府应该借鉴美国对其天然气产业中游管道运输领域实施的特许经营制度，对管道运营实行严格的市场准入制度。这样既可以防止天然气管道运营造成的环境和安全影响，也可以确保管道设施与实际需求相符合，并避免管道企业滥用市场支配地位。同时，应该在天然气产业中游的市场准入制度中，明确要求获得天然气管道运营的特许经营权的企业，对下游市场天然气配售企业可以持股，但是不能控股。这样做，不仅能够实现管道企业的独立性，而且也能实现天然气产业链各个环节的协调发展。

在法律框架的要求下，储运系统运营商在满足为用户服务的条件下，应公平、无歧视地提供适应市场需要的各类服务，例如长短期管输服务、储气库储气及采气服务、LNG储存及气化服务等。系统运营商通过制定可操作的准入申请和审批流程，建立责任与赔偿约束机制，保障设备安全平稳运行；建立规范化交易平台，准入信息（剩余能力、供应区域、流向信息、服务窗口期、服务类型、相关费率、申请流程等）和各类准入标准（例如气质组分、热值、质量、压力、温度、计量方式等），公开透明地在平台上予以公布，容量交易可在公共平台上实现。

（3）城市燃气公司以及调峰设施建设和运营的市场准入制度。

天然气行业的下游市场主要包括天然气销售与配送的业务。从中国的现状来看，天然气的配送与销售由城市燃气公司进行。各地方政府对城市燃气公司实行特许经营的市场准入制度。有学者认为，这样做将会阻碍天然气产业下游开放性市场的形成。因为配送业务具有自然垄断性，而销售业务却可以引入竞争机制，所以建议应该分别建立两者的市场准入制度。从纯粹理论分析的角度来看，国际通行的"X+1+X"的发展模式是可以行得通的。但是，应该认识到在中国广大地区，天然气产业下游终端市场的发展很不平衡。在有些地区，上海、广州等城市，天然气产业下游终端市场的发展比较成熟，但在其他广大地区终端市场的发展则仍然不够成熟。在这种情况下，是否实现天然气产业终端市场中配送业务和销售业务的分离，需要具体分析。

对于那些天然气产业终端市场发展比较成熟的地区，在多个气源的情况下，可以尝试使用"X+1+X"的运行模式。这样，不仅可以防止配送公司滥用市场支配地位，同时也可以为第三方准入制度的引入奠定条件，从而在下游天然气销售市场引入竞争机制，发挥市场在资源配置中的作用。对于那些天然气产业终端市场发展比较落后的地区，它们的配送管网体系的建设才刚刚开始发展。如果不顾这种客观事实，一味推行"X+1+X"的运行模式。这样非但不会促进这些地区天然气配送管网的发展，而且可能会起到相反的作用。因此，在这些地区，应该首先实现天然气配送业务和销售业务的合并进行，授予终端市场销售业务的特许经营权，这样反而会促进天然气产业终端市场的发展。对于这些地区而言，等到这些地区的天然气配送管网比较成熟的时候，再来推行天然气产业终端市场配送业务和销售业务的分离，或许更能起到一个好的效果。

此外，天然气终端市场的发展，与地方经济的发展关系密切，与地方政府的决策有很大的关系。例如，天然气终端市场的配送和销售业务属于城市公共事业的一部分，其定价体系受地方政府的影响比较大。因此，对于天然气产业终端市场来说，要考虑各个地区城市管网系统发展程度的具体情况，由于各个地区配送管网发展的不平衡性，在气源供应比较稳定、天然气消费需要比较稳定的情况下，再考虑实行天然气产业下游市场的开放的市场准入制度。

目前，中国仍然缺乏对天然气储气库等调峰设施的建设的总体规划，对天然气储气库等调峰设施的建设也没有准确的、透明的权利义务配置。这对于天然气储气库的建设非常不利。就天然气储气库等存储设施、调峰设施建设和投资的市场准入制度而言，不仅需要实行开放的市场准入制度，开放投资市场，而且要实施相应的配套制度，使这些天然气基础设施的投资商和运营商能够看到利益空间。只有这样，才能使天然气市场准入制度真正地起到其应有的作用。

6.4.3 建立市场交易规则

在现代化社会发展中，尽管中国已经出台了一些相关法律规定，但是并没有对天然气交易做出系统的法律规定，这就导致天然气的交易规则仍然存在很大的问题。很多时候，人们会用当前中国现行的《中华人民共和国合同法》来解决其中存在的问题，但是在天然气交易过程中，仍然还有很多较为特殊的问题，特别是供需关系严重失衡，天然气供给企业与用户之间的利益并没有得到保障，从短期的利益来看，虽然我们可以采用行政手段来对天然气市场进行合理的管理，可以协调天然气双方的供需关系，能够稳定天然气市场秩序，但是从长远利益来看，这一方法并不能够满足社会主义发展的需求。所以，我们只能够在过去已经颁布的相关法律法规的前提下使天然气市场实现规范化，稳定交易秩序，并从中国实际情况出发，制定科学合理的天然气交易方式，从而促进社会主义市场经济的健康发展。

天然气交易规则是各大天然气企业实现交易而遵循的一种行为准则，根据这一准则，天然气供给企业、用户或者相关行业必须要自律。

（1）规范天然气交易规则的重点内容。

在规范天然气交易规则的过程中，我们需要突出的重点大致有以下四点：首先，对于天然气交易的主体实现了规范化，要求其主体为供应方、运输方以及需求用户三方；其次，要求天然气供给企业在交易过程中所采取的交易方式必须具有长期性、稳定性以及连续性的特点；再次，要求在交易过程中所参照的合同应为国家规定的有法律效应的合同；最后，在天然气资源运输过程中，要求天然气企业与天然气用户遵守国家贸易的相关交易原则。

(2) 规范天然气交易规则的建议。

①天然气交易方式既要符合商品交易规范，与相关的法律法规相一致，又要符合国际惯例。

②天然气供应企业和用户，作为相对独立的市场竞争主体和法人实体，要签订规范的《天然气买卖合同》，并与承运人签订规范的《天然气运输合同》。要严格按《中华人民共和国合同法》办事，维护经济合同的严肃性，通过签订和履行合同，保障天然气企业和用户双方的合法权益。

③实行天然气运输明码标价，运用现代网络技术，运输费用按照国家统一规定的标准进行收取，并且要提高结算效率，有效降低天然气代收、代垫费用的呆坏账风险。并实施预防监督，禁止乱收费和搭车收费。

④尽快设立和完善天然气销售合同范本，详细规范天然气销售合同的内容，包括市场交易成员、交易合同、交易品种、周期、方式、交易价格等，最大程度上减少纠纷的发生。

6.4.4 建立管容交易规则

天然气管输容量的利用，必须保证进出天然气系统的气体平衡。管网进出模型（Entry/Exit Model），是欧洲普遍采用的一种客户和运营商利用输气管网系统的规则，该规则是运营商为客户提供容量和服务的基础，定义了运营商的服务，客户需求的匹配方式、系统约束等内容，气体平衡区与临近的国内/外平衡区相连，连接点输送天然气，并分为流入点和流出点。气体平衡区内天然气设施包括气田生产、高压天然气管道、配气管网、储气库及需求区（居民、电厂及工业用户等）等，不同设施隶属不同参与者，比如长输管网运营商、配气管网运营商、生产商、储气库运营商、居民、电厂公司、工业客户。各参与者间签订服务合同，利用天然气基础设施，保证进出天然气基础设施的流量达到平衡。

中国已实施的油气基础设施公平准入制度，应建立市场化的天然气容量配置机制，渐进性的颁布天然气容量交易法律法规。

在规定的详细要求条款下制定适合本国的储气库产品和运营规定，有利于储气库容量利用的推广。同时应注意单条管道储气库间、区域性或全国性储气容量利用和运营的标准化。

中国储气库相继建成，与天然气管网连接运营，可考虑建立搭建容量交易平台，提高管网和储气库的利用效率。在已建管容交易平台的基础上，逐步拓展交易品种、交易方式，持续完善监管和信息披露体系，从现货逐步向金融衍生品市场发展，最终建立开放的市场架构。在进行容量分配机制设计时为了促进竞争，应考虑对新的市场主体开放一定的容量。容量分配机制主要解决的是一级容量市场的规则问题，还应引入二级容量市场来优化管道容量的使用，并允许用户交易管道容量。同时，还需要明确管输费用设定规则、标准合同、天然气质量标准和调度安排等。调度管理办法同样十分重要，它不仅有利于优化实际的天然气容量管理，还有助于在托运商未使用预定管道容量时解决不同合同之间的差异，从而提高管道容量使用效率。简洁明了的管输费用形成机制有助于吸引更多的托运商。可借鉴美国和欧盟的成功经验，结合中国的市场实际情况，设计相对简单的管输费用形成机制。例如，计算主干网络管输费用时可采用基于距离的方法，计算区域市场内的管输费用时则可采用单一费率（邮票法）的方式。同时，还应建立管输费用（成本）监审机制并出台相关的监管办法。

6.5 建立与市场化定价相适应的监管体系

6.5.1 容量市场监管机制

成熟的容量分配规则和完善的市场交易体系，使得用户能够方便及时地以合理价格获得天然气容量，从而提高了天然气现货市场交易的灵活性和便利性，也极大促进了区域定价中心的形成、发展与成熟。

对于容量市场的监管机制我们可以参考欧洲的做法，欧洲天然气容量市场主要是天然气管道容量、储气库容量和部分 LNG 接收站容量的交易市场。容量市场的交易受到政府严格监管，欧盟天然气管网监管机构包括欧盟委员会和各成员国政府监督机构。欧盟委员会主要负责制定政策法规和发展战略规划，监督法令执行，并将有关情况向欧洲议会和欧盟理事会汇报。各成员国政府监督机构主要负责争议处理，建立透明、有效的监管和控制机制，各环节业务分开，管道向第三方开放。

由于天然气输气和配气管网具有自然垄断的属性，英国政府被迫施行严格监管。天然气和电力市场办公室作为直接监管机构，基于新公共管理理论确立了以特许经营为基础的监管框架，核心目标是通过价格监管来实现管网运行的经济和高效，其他目标包括管网平衡、保障供应和防止垄断等。

借鉴英国的做法，我们可以将价格监管的目标定为：①风险与收益平衡。既要确保输配气公司获得与风险相匹配的投资收益，又要防止其利用垄断地位获得超额收益。②降低输配气管网的运行成本，实现用户整体利益最大化。③减少交叉补贴，实现不同用户间的公平，现在与未来用户间的公平。

6.5.2 建立交易中心的重点监管

从监管层次来看，交易中心的监管要在国家天然气监管机构和地方天然气监管机构的多层次的监管之下，其监管内容首先要符合国家和地方的监管职能，再进行具体的细分，针对交易中心的监管机构其具体职能包括：

（1）制定和实施有关天然气交易中心监督工作的规章与规则；

（2）管理和制定天然气上游、中游、下游准入许可和交易规则；

（3）监控交易中心内部天然气市场交易的运行，维护天然气市场秩序，促进公平竞争；

（4）会同国家、地方安全生产行政主管部门，监督管理天然气安全生产情况，参与有关事故的调查与处理，统计、分析天然气安全生产信息；

（5）会同国家、地方价格行政主管部门，统计、分析天然气企业的价格信息，监督、检查有关天然气价格规定的执行情况；

（6）建立监督管理信息系统，并进行实时的信息披露；

（7）对交易中心内天然气企业的违法行为进行立案调查，并在授权范围内实施行政处罚；

（8）负责处理交易中心内天然气市场中的投诉、申诉，并对当事人之间的纠纷进行调解或裁决；

（9）国家或地方法律、法规规定的其他天然气监督事项。

除了具体的监督职能之外，对交易中心也要运用多种监管手段进行重点监管。

首先，要推出针对天然气交易中心的法律机制。这部法律的主要监管内容应该包括：① 天然气交易中心市场准入、项目审批、价格制定、普通服务、有序竞争、合同文本、信息公开等方面的法规，规定天然气交易中心准入等的程序和基本条件，规定必须依法经过严格审批；② 交易市场规制法律法规，对天然气市交易的具体规则和天然气价格水平做出规定；③ 通过法律手段,对天然气产品和服务的质量提出严格要求,对于供给方的气源进行严格把控;④制定规制天然气交易双方严格按照交易中心的交易规则进行交易的体系,保证交易顺利进行。制定与实施对交易中心的法律机制,将对提高天然气利用效率起到重要作用,同时也有利于调节整个天然气交易中心的供求关系,进一步对整个区域的天然气勘探、开发、储运、供应、贸易环节物质利益关系起到疏导与调整作用。

其次,要设立与法律相配套的具体监管条例。为了便于法律与政策的顺利推行与操作,要建立与法律、政策配套的条例和细则。针对不同的国家政策或是法律法规,交易中心应依照国家规定,以交易中心为监管对象,设立更加详细与具体的细则与法规,将国家政策和法律法规进行落实与实施。建立健全天然气管理体制建立和完善天然气管理体制是天然气交易中心进一步发展的需要。只有健全的管理体制,法规才能顺利实施,监管才能实现。

最后,设置独立的监管机构。天然气交易中心应该设有专门的监管机构,专门负责整个交易中心的监管。该机构对交易中心的各个环节的顺利依法运行进行监管。监管内容应包括规定不同参与方的职能、权利、义务以及天然气行业的监管原则;协调天然气行业上中下游各个环节的关系;在具有自然垄断性质的领域适当引入竞争机制,对不具有自然垄断性质的领域进行有效监督以减少利益冲突。所有参与方提供一个公平竞争的环境,应逐步形成完整、透明、公平的、以市场化原则为基础的法律规制框架。

6.5.3 完善市场监管层次

中国天然气产业的政府管理还存在一些不足,特别是政府的政策制定与监管职能没有相对区分开,且政府机构限于人力和专业技术力量,也缺少健全、程序化的监管。因此,中国应借鉴英国、美国、加拿大等发达国家的做法,设立相对独立的天然气监管机构,该机构应独立于政府并且具有司法审判功能,在政府政策框架内制定具体的天然气监管细则,并负责政策的执行。这样可以有效地避免政府对天然气企业生产经营的干预,保证政府能源政策的落实,使其更易于为公众所监督。该机构的规制领域应集中在天然气产业下游,也就是天然气管输价格、服务标准、公共安全、环境保护、健康卫生等方面。为确保政策有效执行,在城市配气领域应建立两级监督体制,即将中央政府制定相关政策和法规的职能延伸到城市配气领域,而具体规制职能则由地方政府负责。

构建中国天然气行业的监管体系,要坚持中央与地方监管体系相协调。坚持中央与地方监管体系相协调主要是基于中国地域辽阔的主要特点和行政管理体制上中央和地方分级管理的现实状况而提出的。天然气行业的下游领域,涉及地方上的各个城市,全部依靠中央一级的监管体系,监管必然会力不从心,起不到期望的效果。在地方各层建立起相呼应的监管体系,在解决区域性问题时,调动地方上的监管体系,可以提高监管的执行力。同时,由于中国幅员辽阔,各个区域天然气行业的具体情况不同,根据区域特点变换监管方式便于局部性的问题解决。总的来说,地方上的监管体系与中央一级监管体系,既是被领导与领导的关系,又是相互配合、相互协调的关系,共同构成中国天然气行业的立体式统一监管体系。

具体而言,中国天然气行业监管体系应包括四个层次,天然气事务协调机构、国家天然气管理机构、国家天然气监督机构和地方天然气监管机构。

(1)天然气事务协调机构。

天然气行业不是一个孤立的行业,它与石油、煤炭等能源领域里的其他行业、电力行业都有着千丝万缕的联系。天然气行业发展与改革,无论从宏观战略上,还是运作过程中,都会对其他行业的利益有着很大的影响。天然气行业内部,管理体系与监督体系两条线,在制约的过程中会不可避免地产生各种矛盾;上游、中游、下游各个环节的利益分配也是不可消除的冲突。这就需要一个层次最高的协调机构来解决这些问题。设立天然气事务协调机构,使其作为天然气行业监管体系金字塔的顶端。它的具体职能是:

① 根据国家能源发展战略,经过国家能源咨询委员会的批准,制定天然气行业的发展战略和改革方案。

② 协调天然气行业与其他行业之间的关系。

③ 协调管理体系与监管体系之间的关系。

④ 协调行业上游、中游、下游之间的关系。

(2)国家天然气管理机构。

国家天然气管理机构统领全国、全行业的天然气管理工作,应当具有的职能包括:协调天然气发展与环境、社会目标,促进天然气能效的提高,构建全面具体的天然气管理体制框架,制定天然气发展政策,组织实施各项制

度,加强国际交流与合作,管理国际天然气贸易,管理天然气储备等。具体而言,负责以下工作事项:

① 预测天然气供需、天然气进出口与天然气生产能力;

② 制定促进天然气利用合理化和提高天然气效率的政策措施;

③ 会同国务院价格相关行政主管部门,制定和调整天然气资源、天然气产品、天然气服务的政府监控价格;

④ 会同国务院科技行政主管部门,组织实施天然气及相关产品关键技术的研究、开发与推广应用;

⑤ 会同国务院标准化行政主管部门和其他相关部门,制定与天然气相关的产品和服务标准;

⑥ 发布天然气基础数据与信息;

⑦ 提供涉外天然气事务的政策建议;

⑧ 法律、法规规定的其他天然气行业管理事务。

(3)国家天然气监督机构。

独立于国家天然气管理机构,设立专门的国家级的监督机构,该机构的主要职能在于:制定天然气监管的政策目标,其中包括安全、环保目标,被监管者的权益目标和公众参与目标;市场准入许可和收费,如资源开发、管道建设、销售许可证,管道运输费率和费率规则的制定;市场价格监管和行为监管,处理违法事件等。具体而言,负责以下工作事项:

① 制定和实施有关天然气监督工作的规章与规则;

② 办理和管理天然气上游、中游、下游许可证;

③ 监控天然气市场运行,维护天然气市场秩序,促进公平竞争;

④ 会同国务院安全生产行政主管部门,监督管理天然气安全生产情况,参与有关事故的调查与处理,统计、分析天然气安全生产信息;

⑤ 会同国务院价格行政主管部门,统计、分析天然气企业的价格信息,监督、检查有关天然气价格规定的执行情况;

⑥ 建立监督管理信息系统;

⑦ 对天然气企业违法行为立案调查,并在授权范围内实施行政处罚;

⑧ 负责处理天然气市场中的投诉、申诉,并对当事人之间的纠纷进行调解或裁决;

⑨ 法律、法规规定的其他天然气监督事项。

（4）地方天然气监管机构。

地方天然气监管机构在其设置、职能和职责上与国家层次的监管机构相似，并重点落实监管的法律、法规和政策，具体实施工作区域性监管工作，同时根据本区域的具体监管特色与国家级的监管机构进行协调。

6.5.4 运用多种监管手段

（1）加强社会性市场监管。

天然气的利用对于建设低碳城市具有相当重要的作用，加大天然气的消费利用，是实现低碳经济发展的最佳能源选择之一。为促进天然气产业链的低碳化进程，有必要对其加强社会性市场监管，市场监管的程度将关系到人民群众的根本利益和发展低碳经济的实际效果。加强天然气产业社会性市场监管应当包括：①规制天然气进出口许可，根据国内需求调控天然气出口量；②在技术、经济、环保、安全、健康等方面审批跨国及跨省输气管道建设项目，排查管道周围的安全隐患；③依法对天然气项目进行环境效果评价，对管道设计、建设、运行、维修中的人员安全、环保等进行审批和检查；④保证管输和服务收费的非歧视性；⑤规制西部边远地区和海上天然气的勘探开发；⑥及时进行天然气管输的应急处置；⑦研究国家天然气能源状况，向能源部门提出合理、有效利用天然气的建议。

（2）完善审批制度和社会监督机制[149]。

具体做法是成立燃气消费管理委员会，完善调价、定价审批程序，并在《政府价格决策听证暂行办法》基础上广泛征求社会各利益团体的意见和建议，使天然气整个产业链听证会制度逐步完善。在建立有中国特色的天然气审批制度时，要参考国外已经实施的燃气审批制度，根据中国的具体情况，结合新颁布的《中华人民共和国行政许可法》，以行政审批和部门规章为基本内容，进一步完善天然气审批方面的法律法规框架，紧紧围绕建立科学合理的审批管理机制、规范高效的审批运行机制、严密完善的审批监控机制而努力，从市场准入、项目审批、价格制定、有序竞争等方面规范天然气市场环境，并且逐步完善责任追究机制。

（3）采用法律手段监管。

中国还没有专门的"天然气法"，建议国家尽快颁布《天然气法》。这部法律应包括天然气业务的中游和下游部分，规定不同参与方的职能、义务、权利及天然气行业的监管原则，以减少利益冲突，并为所有参与方提供一个公平竞争的环境。除此之外，出台适用于天然气行业的有关市场准入、价格制定、项目审批、有序竞争、普通服务、合同文本和信息公开等全方位的法规。由此逐步形成一个以市场化原则为基础的完整的法律体系框架。使天然气产业可以"有法可依，依法育市"。

天然气法规应与国家工业企业经济法规相协调，又自成完整的配套体系，因而应达到以下要求[150]：①系统性。天然气法规配套齐全完整，由基本法规、行业配套法规和地方配套法规组成，纵向上形成政府管理的宏观调控体系，横向上形成中介机构相联系的管理服务体系，力求达到组合完整、协调运行的法规系统。②配套性。这是对组成天然气各项管理法规的相互关系要求。天然气法规是中国工业经济管理中的一个行业管理法规，它不但与国家的工业经济管理法规相配套，而且本身还应有实施细则相配套。这样既体现国家宏观调控的总原则，又要体现微观上易于执行的可操作性要求。③协调性。协调性应包括两层意思。一是经济法规之间的协调性。天然气法规与中国经济法规，以及天然气法规间应相互协调；二是天然气工业经济体制改革与法制建设的协调性。法制建设应促进改革，为改革提供法律保障，反过来，也应该增强法制意识促进法制建设，使改革与法制建设协调进行。④客观性和公正性。客观性和公正性是相辅相成的，公正性以客观性为基础。天然气法规应以事实为依据，反映天然气经济的客观规律，从而体现法规的公正性、经济利益关系分配的合理性，营造一个公开、公平、公正的生产经营和市场环境。⑤量化性。天然气法规是调整天然气工业与社会各个方面的经济关系的法规，应体现可操作性和经济责任的确定性。也就是说，法规条款应尽量达到量化要求，经济关系和经济处罚条款应量化具体，经济责任明确，奖惩分明。尤其是实施细则，不应含糊，应准确界定法规的条款内容。

（4）运用条例和规章手段监管。

要建立与法律、政策配套的条例和细则，以利于操作。建立健全天然气管理体制，建立和完善天然气管理体制既是天然气发展的需要，也是天然气立法的重要内容之一。只有健全的管理体制，法规才能顺利实施，监管才能实现。现在，中国油气管理体制的主要症结在于行政管理职能与监管职能、政府职能与企业职能还未真正分开，管理体制改革要彻底解决政府职能的"错位"与"缺位"问题。因此，政府的行政管理职能应相对集中，设立一个对能源统一归口管理调控的行政部门,专司能源政策、战略和规划职责,独立制定油气上游行业的调控和监管的方针政策。根据国外经验和油气商品的特殊性,油气上游行业应是一个在政府严格监管下的竞争性市场,应建立完备的监管体系。其职责是独立行使监管权,贯彻执行和监督实施能源管理部门制定的方针、政策,监管油气资源的合理利用,对勘探开发中的利益纠纷进行仲裁,确保能源的协调发展、国家经济利益和安全。同时应实行中央和地方的双重职能管理,省市的能源管理部门在于制定中央能源管理部门颁布的方针政策和法规的实施细则,地方监管部门对其细则的贯彻和实施进行监管。

参考文献

[1] 刘毅军，程鹏飞，刘虹. 天然气产业链下游市场的风险因素分析[J]. 国际石油经济，2003（11）：35-38.

[2] 刘毅军，宋燕，李善祥. 天然气改价的昨天、今天和明天[N]. 中国经济导报，2009-8-25.

[3] 庞名立. 世界大气田概说[J]. 石油科技论坛，2010，29（04）：14-18+79.

[4] 贾小乐，何登发，童晓光，等. 全球大油气田分布特征[J]. 中国石油勘探，2011，16（03）：1-7+6.

[5] 何乾伟. 世界天然气管道建设对我国的指导[J]. 油气储运，2017，36（07）：759-768.

[6] 田瑛，单蕾，孙春良，等. 国外天然气管道建设历程及对我国的启示[J]. 石油规划设计，2010，21（05）：1-6+50.

[7] 吴长春. 世界天然气发展水平[J]. 天然气工业，2010，30（9）：91-96.

[8] 阎光灿. 世界长输天然气管道综述[J]. 天然气与石油，2000（03）：9-19+1.

[9] 王玉梅，洪丽萍.《管道科学技术论文选集》文摘（九）欧洲主要跨国及洲际天然气管道建设概况[J]. 油气储运，2005（06）：30.

[10] 李伟. 欧洲天然气管网发展对我国天然气管网规划的启示[J]. 国际石油经济，2009，17（06）：45-48+61+96.

[11] 范华军. 亚洲油气管道建设的特点及发展趋势[J]. 中外能源，2010，30（9）：91-96.

[12] 刘麟贞. 世界地下储气库发展概况[J]. 公用科技，1995（03）：15-14.

[13] 丁国生，李文阳. 国内外地下储气库现状与发展趋势[J]. 国际石油经济，2002（06）：23-26+63.

[14] 苏欣，张琳，李岳. 国内外地下储气库现状及发展趋势[J]. 天然气与石油，2007

（04）：1-4+7+66.

[15] 潘楠. 美欧俄乌地下储气库现状及前景[J]. 国际石油经济，2016，24（07）：80-92.

[16] 陆争光. 美国地下储气库发展现状及其启示[J]. 中国石油和化工经济分析，2016（09）：43-46.

[17] 赖元楷. Mini LNG在中国的发展[C]. //中国城市燃气学会LNG专业委员会2009年煤层气液化主题年会论文集. 2009：1-13.

[18] 程劲松，白兰君. 世界液化天然气工业发展综述[J]. 天然气工业，2000（03）：101-104+0.

[19] 姜正侯，席德粹. LNG及其在中国华东地区引进的可能性[J]. 上海煤气，1998（02）：17-19.

[20] 张耀光，刘桂春，刘锴，等. 液化天然气船舶（LNG船）制造国内外进展[J]. 海洋经济，2012，2（06）：7-14.

[21] 李健胡. 美日中LNG接收站建设综述[J]. 天然气技术，2010，4（02）：67-70+80.

[22] 天然气史话[J]. 西部资源，2011（04）：45.

[23] 陈赓良. 国内外天然气利用的现状与展望[J]. 石油与天然气化工，2002（05）：231-234+225.

[24] 秦园，李涛，龙孺湘. 2016年全球天然气市场发展综述[J]. 天然气技术与经济，2017，11（03）：1-6+81.

[25] 石蓓，高兀，石楚. 我国天然气发电的相关问题与建议[J]. 天然气技术，2002，2（1）：64-67.

[26] 李婷，王秀芝. 从可替代能源看天然气价格[J]. 石油化工技术经济，2006（06）：10-13.

[27] 侯利红. 大面积"气荒"席卷数个省市各地紧急应对[N]. 第一财经日报，2005-12-15.

[28] 吉恩·泰勒尔. 产业组织理论[M]. 张维迎，译. 北京：中国人民大学出版社，1997.

[29] Fattouh B. An Anatomy of the Crude Oil Pricing System. Oxford Institute for Energy Studies WPM, 2011.

[30] 胡仁霞，李峰. 争取国际铁矿石定价权策略分析[J]. 国际经济合作，2008（02）：83-86.

[31] 陈玉财, 李姝. 我国大宗商品定价权的现实思考与策略选择[J]. 价格理论与实践, 2009（04）: 67-68.

[32] Dahl CA. International Energy markets: understanding pricing, policies, and profits[M]. Penn Well Books, 2004.

[33] Tobin J. Natural gas market centers and hubs: a 2003 update[J]. Energy Information Administration Special Report, 2003: 1-13.

[34] Talus K. United States natural gas markets, contracts and risks: What lessons for the European Union and Asia-Pacific natural gas markets?[J]. Energy Policy, 2014.

[35] Stern J. International gas pricing in Europe and Asia: A crisis of fundamentals[J]. Energy Policy, 2014, 64: 43-48.

[36] IEA. Developing a natural gas trading hub in Asia: Obstacles and opportunities [R]. Paris: OECD/IEA, 2013.

[37] International Energy Agency. Development of competitive gas trading in continental europe[M]. International Energy Agency, 2008.

[38] HEATHERP. Continental European gas hubs: Are they fit for purposes[R]. Oxford: Oxford Institute of Energy Studies, 2012.

[39] Park H, Mjelde JW, Bessler DA. Price interactions and discovery among natural gas spot markets in North America[J]. Energy Policy, 2008, 36(1): 290-302.

[40] VANYADE, Walls WD. Open access and the emergence of a competitive natural gas market[J]. Contemporary Economic Policy, 1994, 12(2): 77-96.

[41] International Energy Agency. Development of competitive gas trading in continental europe [M]. International Energy Agency, 2009.

[42] Rogers HV, Stern J. Challenges to JCC Pricing in Asian LNG Markets[M]. The Oxford Institute for Energy Studies, 2014.

[43] 胡奥林, 秦园, 陈雪峰. 中国天然气现货交易构思[J]. 天然气工业, 2011, 31（10）: 101-104.

[44] 梁琰. 全球主要天然气交易中心及期货合约的特点[N]. 期货日报, 2015-12-22（003）.

[45] 段言志, 史宇峰, 何润民, 等. 欧洲天然气交易市场的特点与启示[J]. 天然气工业, 2015, 35（05）: 116-123.

[46] 周军, 梁光川, 杜培恩, 等. 欧洲天然气储气库概况与运营模式[J]. 油气储运,

2017, 36（07）: 759-768.

[47] 方秀玉. 试论我国期货市场国际化及其国际定价中心功能的发挥[J]. 黑龙江对外经贸, 2006（08）: 94-96.

[48] 刘宝和. 西南（中国石油）油气区（卷十三）[M] // 中国油气田开发志. 北京: 石油工业出版社, 2011.

[49] 王继洲, 张荣华. 简明中国石油发展史[M]. 东营: 中国石油大学出版社, 1997.

[50] 王仰之. 中国石油编年史[M]. 北京: 石油工业出版社, 2015.

[51] 刘毅军. 天然气产业链及其价格研究[M]. 北京: 石油工业出版社, 2019.

[52] 国务院办公厅. 能源发展战略行动计划[EB/OL].（2014-06-07）[2015-04-03]. http:// www.gov.cn/zhengce/content/2014-11/19/content_9222.html.

[53] 刘毅军. 中国天然气价格形成机制演变及趋势[J]. 天然气工业, 2015, 35（04）: 107-116.

[54] 刘毅军. 中国天然气产业链"十二五"整体规划透视[J]. 天然气工业, 2013, 33（02）: 105-109.

[55] 刘毅军. 天然气价改警惕生产商"吹风"[N]. 中国能源报, 2012-10-22（014）.

[56] 国家发展改革委. 关于改革天然气出厂价格形成机制及近期适当提高天然气出厂价格的通知[EB/OL]（2005-12-23）[2015-04-03]. http: //www.sdpc.gov.cn/zwfwzx/zfdjjggg/tyq/200512/t 20051227_128898.html.

[57] 国家发展改革委. 关于西气东输天然气价格有关问题的通知[EB/OL].（2003-09-28）[2015-04-03]. http://www.chinalawedu.com/news/1200/22016/22034/22529/2006/3/wa03557162613236002918-0.html.

[58] 国家发展改革委. 加快落实天然气价格调整方案的通知[EB/OL].（2010-07-22）[2015-04-03]. http://fgw.xjalt.gov.cn/info/1108/2237.html.

[59] 国家发展改革委. 关于在广东省、广西自治区开展天然气价格形成机制改革试点的通知[EB/OL].（2011-12-26）[2015-04-03]. http://www.ndrc.gov.cn/zwfwzx/zfdj/jggg/tyq/201112/t20111227_452950.html.

[60] 国家发展改革委. 关于进一步做好当前天然气供应保障工作的通知. [EB/OL].（2013-06-13）[2015-04-03]. http://yxj.ndrc.gov.cn/gzdt/201306/t20130619_546194.html.

[61] 国家发展改革委. 关于调整天然气价格的通知[EB/OL].（2013-06-28）[2015-04-03]. http://www.gov.cn/gzdt/2013-06/28/content_2436328.htm.

[62] 刘毅军. 调整天然气价格其背后调什么？[N]. 中国石油报. 2013-07-02（2）.

[63] 刘毅军. 气价调整是与非[J]. 中国石油石化，2013，（14）：36-37.

[64] 刘毅军. "气荒"徘徊，"荒气"将至[N]. 中国能源报. 2015-02-16（1）.

[65] 国家发展改革委. 关于建立健全居民生活用气阶梯价格制度的指导意见[EB/OL].（2014-03-20）[2015-04-03]. http://www.sdpc.gov.cn/zcfb/zcfbtz/201403/t20140321_603692.html.

[66] 国家发展改革委. 天然气基础设施建设与运营管理办法[EB/OL].（2014-02-28）[2015-04-03]. http://www.sdpc.gov.cn/zcfb/zcfbl/201403/t20140320_603521.html.

[67] 国家能源局. 油气管网设施公平开放监管办法（试行）[EB/OL].（2014-02-13）[2015-04-03]. http://zfxxgk.nea.gov.cn/auto92/201402/t20140224_1768.htm.

[68] 中共中央. 关于全面深化改革若干重大问题的决定[EB/OL].（2013-11-12）[2015-04-03]. http://www.sn.xinhuanet.com/2013-11/16/c_118166672.htm.

[69] 毛家义. 中国天然气管输价格管理体制与定价机制的历史演进[J]. 国际石油经济，2017，25（12）：31-37+45.

[70] 马芸菲. 天然气计价方式谋变热值计价：酝酿试水[N]. 中国经济导报，2014-04-19（B02）.

[71] 封帆. 中国天然气行业监管法律制度研究[D]. 北京：中国地质大学（北京），2009.

[72] 谢治国. 推进天然气期货交易 加快行业市场化进程[J]. 国际石油经济，2018，26（06）：5-9.

[73] 谢茂. 美国天然气产业发展的经验与启示[J]. 国际石油经济，2015，23（06）：30-36+110.

[74] 李宏勋，潘长青. 美国天然气产业发展分析[J]. 生态经济，2011（12）：136-138+165.

[75] EIA. Natural Gas Market Centers: A 2008 Update[R]. Energy Information Administration, 2009.

[76] 杨凤玲，周庆方，杨庆泉. 美国天然气价格研究及启示[J]. 天然气工业，2004（04）：114-117+16-17.

[77] Essandoh-Yeddu J. Natural Gas Market[M]//Advancesin Natural Gas Technology. InTech, 2012.

[78] 董超，张玉华，李锋. 英美天然气行业政府管制的特点及借鉴[J]. 江汉石油学院

学报：社会科学版，2001，3（4）：20-21.

[79] Hollas D R. Gas Utility Prices in a Restructured Industry[J]. Journal of Regulatory Economics, 1999, 16(2): 167-186.

[80] 李志学，彭飞. 美国天然气价格形成机制及其对我国的启示[J]. 资源·产业，2005（01）：25-28.

[81] 龙筱刚，莫浩华. 美国天然气价格管理及其对我国的启示[J]. 价格月刊，2009（12）：33-35.

[82] 殷建平，杨瑞. 美国天然气定价机制特点及其对我国的启示[J]. 价格理论与实践，2011（07）：71-72.

[83] 吴炳乾，张爱国. 美国天然气定价机制的分析及启示[J]. 当代石油石化，2011，19（05）：37-41.

[84] 洪波，许红. 欧美的天然气定价机制及价格监管对我国的启示[J]. 石油规划设计，2009，20（01）：5-9+60.

[85] 席涛. 谁来监管美国的市场经济——美国的市场化管制及对中国管制改革的启迪[J]. 国际经济评论，2005（01）：10-15.

[86] 田甜，胡亚才，俞自涛. 美国天然气市场法规及政策演化的启示[J]. 能源工程，2004（06）：1-5.

[87] 冯韶军. 美国天然气市场政府管制衍变简介及评述[J]. 上海煤气，2003（03）：36-38.

[88] 王欢. 美国天然气产业的监管制度探析及对我国的启示[J]. 法制与社会，2010（16）：112.

[89] 刘戒骄. 美国天然气产业监管及其启示[J]. 天然气经济，2005（01）：21-26+79.

[90] Mckenzie RB. American Economic Policy in the 1980s[J]. Southern Economic Journal, 1995, 17(5): 217-218.

[91] 吴杰，董超. 美国天然气管制的历史及启示[J]. 石油大学学报：社会科学版，2001, 17(3): 17-19.

[92] IEA, Natural gas pricing in competitive markets[R]. Energy Information Administration, 1998.

[93] 汪红，姜学峰，何春蕾，武川红. 欧美天然气管理体制与运营模式及其对我国的启示[J]. 国际石油经济，2011，19（06）：25-30+110-111.

[94] 吕建中，司云波，杨虹，等. 美俄欧天然气管网运营管理模式比较及启示[J]. 国

际石油经济，2015，23（04）：28-33+110.

[95] 刘克雨，徐博. 浅谈美国天然气行业的监管政策及实施效果[J]. 当代石油石化，2005（08）：20-22.

[96] 宇燕，席涛. 监管型市场与政府管制：美国政府管制制度演变分析[J]. 世界经济，2003（05）：3-26.

[97] Essandoh-Yeddu J. Natural Gas Market[M]//Advances in Natural Gas Technology. In Tech, 2012.

[98] Investopedia[O/NL]. [2006-12-08]. http://www.investopedia.com/.

[99] Oliver ME. Economies of scale and scope in expansion of the U.S. natural gas pipe line network[J]. Energy Economics, 2015, 52: 265-276.

[100] Moghaddam IG, Saniei M, Mashhour E. Acomprehensive model for self-scheduling an energy hub to supply cooling, heating and electrical demand sofa building[J]. Energy, 2016, 94: 157-170.

[101] EIA. Natural Gas Market Centers: A2008Update[R]. Energy Information Administration, 2009.

[102] Mc Callion, Pauline. TresAmi gas could play same role as HenryHub[J]. Energy Risk, 2010, 7(5).

[103] 安时宜. 国外主要天然气交易中心综述及经验借鉴[J]. 中外交流，2016（19）.

[104] Investopedia[O/NL]. [2006-12-08]. http://www.investopedia.com/.

[105] Mazighi AEH. Henry Hub and national balancing point prices: what will be the international gas price reference?[J]. Opec Review, 2005, 29(3): 219-230.

[106] 李治国，周德田. 基于VAR模型的经济增长与环境污染关系实证分析——以山东省为例[J]. 企业经济，2013，32（08）：11-16.

[107] 肖卫国，卓超. 美国对华直接投资与中美两国经济增长的相关性分析[J]. 经济评论，2008（04）：65-70+91.

[108] 孙阳阳. 人民币实际有效汇率对我国工业制成品贸易条件影响的实证研究[D]. 中国海洋大学，2011.

[109] 刘毅军，汪海. 对美国天然气市场的竞争性分析[J]. 天然气工业，2002（01）：100-103+1-0.

[110] Stern J and Rogers H. The Transition to Hub-based gas pricing in continental Europe[J]. Energy Studies, 2011.

[111] Stewaet Holmes. The development of market center sand electronic trading in natural gas markets[J]. Office of Economic Policy Discussion Paper 99–01.

[112] Moghaddam IG, Saniei M, Mashhour E. A comprehensive model for self-scheduling an energy hub to supply cooling, heating and electrical demand sofa building[J]. Energy, 2016, 94: 157–170.

[113] LinB, JrPKW. What causes price volatility and regime shifts in the natural gas market[J]. Energy, 2013, 55(1): 553–563.

[114] EIA. Natural Gas Market Centers: A2008Update[R]. Energy Information Administration, 2009.

[115] 徐婧，孙泽生. 国外三种天然气交割模式比较研究[J]. 国际石油经济，2015，23（10）：32–38.

[116] FERC, Gas tariff of Sabine pipe line LLC[S]. Federal Energy Regulatory Commission, 2010.

[117] 周军，梁光川，杜培恩，等. 欧洲天然气储气库概况与运营模式[J]. 油气储运，2017，36（07）：759–768.

[118] Patrick Heather. Continental European Gas HUBS: are they fit for purpose[R]. Oxford: Oxford Institute for Energy Studies, 2012.

[119] Guendalina Capece. The evolution of the natural gas supply in Italy: from the Virtual Trading Point to the Gas Exchange[A]; 2nd World Conference On Business, Economics And Management [C]; 2013.

[120] 蒋奇，黄绪春，夏启明. 欧盟第三阶段天然气市场自由化改革及其对俄欧天然气合作的影响[J]. 国际石油经济，2011，19（09）：29–35+109.

[121] Studyon LT-ST market in gas[R]. Groningen: DNVKEMA in collaboration with COWIB elgium, 2013.

[122] Studyon Entry-Exit Regimesin Gas[R]. Groningen: DNVKEMA in collaboration with COWIB elgium, 2013.

[123] European Commission. Quarterly Report on European Gas Markets[R]. Brussel: The Market Observatory for Energy Team DG Energy, 2012.

[124] Jonathan Stern. IS there A Rational e for the Continuing Link to Oil Product Prices in Continental European Long-Term Gas Contracts?[R]. Oxford: Oxford Institute for Energy Studies, 2007.

[125] Patrick Heather. The Evolution and Functioning of the Traded Gas Market in Britain[R].

Oxford: Oxford Institute for Energy Studies, 2010.

[126] Patrick Heather. European traded gas hubs: a decade of change[R]. The Oxford Institute for Energy Studies, July, 2019.

[127] UK NBP gas price assessment: natural gas price assessments. http://www.platts.com/price-assessments/natural-gas/uk-nbp.

[128] VNG is trading Natural Gas at the National Balancing Point. https://www.pressebox.com/inactive/vng-verbundnetz-gas-aktiengesellschaft/VNG-is-trading-Natural-Gas-at-the-National-Balancing-Point/boxid/371835.

[129] 洪波,丛威,付定华,等. 欧美储气库的运营管理及定价对我国的借鉴[J]. 国际石油经济, 2014, 22（04）: 23-29+109.

[130] 胡奥林,何春蕾,史宇峰,等. 我国地下储气库价格机制研究[J]. 天然气工业, 2010, 30（09）: 91-96+129.

[131] 中国石油集团经济技术研究院. 国外天然气储备机制研究[R]. 2013-05.

[132] European Commission. (1998). Directive98/30/EC of the European Parliament and of the Council of 22 June 1998 concerning common rules for the internal market in natural gas (21.7.1998ed., Vol. Directive98/30/EC, pp.L204/1-12): Official Journal of the European Communities.

[133] 殷建平,冀录娜. 世界主要国家天然气价格差异性研究——基于美英德日四国天然气定价机制比较[J]. 价格理论与实践, 2016（05）: 73-76.

[134] 吴珉颉,陈璐. 日本LNG进口酝酿新的定价机制[J]. 当代石油石化, 2018, 26（03）: 19-22.

[135] 王嗣海. 进口液化天然气定价模式研究[D]. 大连海事大学, 2011.

[136] Victoria Z, Mindi F. Perspectives on the development of LNG Market hubs In the Asia Pacific region[R]. Energy Information Administration, March, 2017.

[137] 张卫华. 中新竞争亚洲天然气中心[J]. 能源, 2014（03）: 82-85.

[138] Shi and Variam, Gas and LNG trading hubs, hub indexation and destination flexibility in East Asia[J]. Energy Policy, 2016, 96: 587-596.

[139] 白俊,张雄君. 对于组建国家油气管网公司的思考及建议[J]. 天然气工业, 2019, 39（7）: 127-132.

[140] 刘满平. 国家管网公司将重塑我国天然气市场体系[J]. 中国石化, 2019,（4）: 31-34.

[141] 李伟，王宇纯. 我国天然气市场改革进程回顾及发展路径探究[J]. 中国市场，2019（08）：13-16.

[142] 周淑慧.干线管网独立对中国天然气行业的影响及相关建议[J].国际石油经济，2019，27（6）：1-10.

[143] 徐斌，刘杰帅. 我国天然气交易中心与地区基准价格体系的构建——基于主成分分析法[J]. 价格月刊，2017（10）：1-7.

[144] 郭杰，董秀成，曾叶丽，等.上海构建亚太地区天然气基准价格的思考[J]. 价格理论与实践，2014（04）：44-46.

[145] 上海石油天然气交易中心.天然气价格改革前瞻性研究[R].

[146] 王亮，焦中良，高鹏，等. 中国天然气管网"管容交易+调度运行"一体化模式探讨——中国天然气管网运营机制研究之一[J]. 国际石油经济，2019（8）.

[147] 刘满平. 我国应着力打造亚太地区天然气定价中心[J]. 中国石化，2017（08）：57-60.

[148] 白俊. 中国如何引领亚太天然气价格形成机制[J]. 能源，2015（07）：90-93.

[149] 刘苏. 我国天然气产业政府规制改革路径探讨[J]. 天然气技术与经济，2013，7（02）：3-5+77.

[150] 张孝松. 建立健全我国天然气法规建议[J]. 中国能源，2002（03）：28-32.

后 记

本书是天然气产业链经济与管理理论体系的重要组成部分。作者于1999年就开始从天然气产业链出发，开展天然气经济与管理的研究，多年来，在国内建立起天然气产业链经济与管理研究的独立理论框架，已出版个人专著《天然气产业链下游市场风险研究》（石油工业出版社，2007年4月）和第一作者专著《天然气产业链上游开发规划风险研究》（石油工业出版社，2013年3月）、《天然气产业链下游市场研究》（石油工业出版社，2014年6月）、《天然气产业链可持续发展研究》（石油工业出版社，2014年9月）、《天然气产业链风险研究》（石油工业出版社，2017年11月）、《天然气产业链及其价格研究》（石油工业出版社，2019年3月）。本专著代表的是最新研究成果，也是整体系列研究的独立而重要的组成部分。作为多部专著成果组成的整体研究，该研究成果具有连续性、递进性、独立性。

本书着手于2014年3月，当时为研究生开设的"天然气经济专题"课，开始进行专题研讨，当年4月录制的视频公开课"驱散雾霾的阴影，走进天然气经济"（该课程2015年4月获教育部第七批"精品视频公开课"）辟有天然气区域定价中心专讲。2015年9月开始专著的整体性研究工作，2015年11月下旬明确本专著的主旨及书名，开展系统性分专题的具体研究工作。进入2016年开始，按照专著的三级研究大纲持续推进研究工作。可以说，本专著经过近6年的持续研究推进，中间成果在多种场合进行了各种交流，也公开发表了多篇论文，现在终于可以整体面世了。

本书得以出版问世，凝聚了很多人的智慧和汗水。这里尤其要提到我的研究生们，他（她）们一起参加讨论、研究，使我的研究思想、方法能够渐趋完善。学生们在校期间，只要我不出差，每周固定时间一起研讨，分享研究的快乐，也承受了不顺利时我的坏脾气。同时，我在课堂上痴迷着大学的口述传统，凝练了我的研究思想和方法。学生们的智慧和汗水凝聚在了这部专著中，离开学生不可能有此专著出版！

本书研究撰写过程中，第1章由刘毅军、林娟、吴珉颉、刘虹、孟椿雨、刘彦娜为主完成，第2章由刘毅军、刘瑞雪、林娟、刘天琦、马莉、董亚兰为主完成，第3章由刘毅军、吉庆、吴珉颉、章淑华为主完成，第4章由刘毅军、林娟、李艳丽、章淑华为主完成，第5章（除第6节外）由刘毅军、林娟、刘瑞雪、吉庆、章淑华为主完成，第6章由刘毅军、章淑华、林娟、刘瑞雪、谭源为主完成。在交付出版社的过程中，章淑华、范静静、崔立牟等协助进行校对整理工作。前言、目录和书中图表的翻译工作由刘天琦完成。本专著成果按照由大到小的贡献，排名次序依次为：刘毅军、林娟、章淑华、刘瑞雪、吉庆、谭源、吴珉颉、李艳丽、马莉、刘天琦、刘虹、董亚兰、孟椿雨、刘彦娜、范静静、崔立牟。

本书的第5章第6节经施训鹏教授同意，引用了他的《东亚地区天然气与液化天然气贸易中心——中心基准价格指数和目的地灵活性》文章内容，由孟椿雨完成翻译，本专著在该文章基础上，秉承统一性原则，进行专业名词修改，和模型结论小部分改动，修改和改动经原作者确认并同意。在此，非常感谢施训鹏教授对本部分内容的贡献，如若修改和改动不当，曲解全文之意，为本人之责，读者如有需要，可查看文章的原文。

由于机缘巧合，我从中国天然气产业链进入快速发展的过渡阶段起，特别是自2004年进入快速发展阶段后，见证、参与、亲历了其中的重大事件，预计中国天然气产业链还要经历十年的快速发展，作为一名专门研究此领域内经济与管理问题的学者，我是幸运的！立志著书立说，不负时代机缘！

多年来，我的岳父、岳母时常照顾我的生活，如亲生父母一样从无索取，岳父虽离我而去，笑容依在；我的父亲和母亲早年帮助我的家庭奠定了生活的基础，使我和妻子少尝了生活的艰辛；我的妻子在我困难的时候理解、支持我，生活上优先考虑我的想法，我能够快乐地生活、顺利地工作，与她的付出紧紧相依；我的爱女身心健康、勤奋上进，使我欣慰，也催我奋进！本专著的出版是我对这些关爱的最好回报！

在调查研究、资料收集和出版过程中，得到了石油工业出版社、中国石油大学（北京）、中国石油天然气集团有限公司（及相关企业）、中国石油化工集团有限公司（及相关企业）、中国海洋石油集团有限公司（及相关企业）、中国国家发展改革委、国家能源局、上海石油天然气交易中心等单位领导、朋友的关心、支持和帮助，在此深表谢意！

刘毅军

2020年2月